# 이 사람을 아십니까? 4

| 이승하 지음 |

Q 쿰란출판사

# 서문

## 한국교회 순교자(殉敎者)들

누가 진정 순교자인가? 서머나 교회의 속사도인 순교자 폴리갑이 쓴 〈폴리갑 순교기〉는 '순교자'를 세 가지로 규정했다.

1. '말 증인'이 아니라 자신의 증언으로 고통을 감수한 '행위 증인'만이 진정한 순교자이다.

2. 순교는 하나님의 뜻에 부합해야 한다. 즉 하나님의 뜻이 순교를 정당화하며, 하나님의 뜻과 나의 뜻이 구분되어야 한다. 진정한 순교자는 주님의 뜻을 따라 모든 것을 주님께 맡기는 자이다.

3. 순교를 피하는 것은 원칙적으로 가능하며 인정된다. 그러나 진정한 순교자는 자발적으로 순교하려 나서지도 않으며, 그렇다고 순교를 피하지도 않는다.

초대교회가 이해한 순교자의 조건은 이렇다. 첫째, 순교는 육체적 생명이 끊겨서 죽는다. 둘째, 그 죽음은 그리스도인의 생활과 증거하는 진리에 대한 박해에 기인한다. 셋째, 그 죽음을 자의적으로 수용해야 한다. 즉, 순교는 진리를 증거하기 위해서 세상에 오시고 십자가에 죽기까지 순종하신 그리스도의 모범을 따라 그리스도에 대한 공적인 증거를 행하고 이를 확증하기 위해 주어진 죽음을 기꺼이 수용하는 행위이다. 이처럼 목숨을 바쳐 주님을 증거하는 행위로서의 순교 개념이 서양기독교 전통에서 수용된 가장 분명한 순교 개념이었다.

한국교회는 역사적으로 전통사회에 대한 외부 세력의 도전으로 인식되어 수난을 겪었다. 현대사에서는 일제강점기에 신사참배를 국민적 의무로 강제하고 천황을 신성불가침의 신적 존재로 숭배하게 한 일제로 인해 하루하루가 반역과 비국민의 범죄자로 취급하는 고난의 연속이었다. 또한 6·25 전쟁기에는 어떠하였는가?

김인서는 흐느끼는 심정으로 이런 글을 남겼다.

> 赤龍의 철퇴 하에 일일 천추 죽음의 골짜기에서 헤매나니다.
> 삼천 제단이 무너지고 수백의 제사장이 피의 제사를 드림이여,
> 수만의 성도 목숨을 드렸나니다.
> 삼천리 강산이 초토화됨이어, 백만의 동포가 쓰러졌나니다.
> 오, 세기의 심판, 민족의 내일에 서서 나는 우나니다.
> 소리쳐 우나니다.

평신도 수만과 수백의 목사의 순교라 하지 않았던가. 6·25 전쟁 중 한국교회가 겪은 수난과 순교는 만고에 잊힐 날이 없을 것이다.

한국교회는 기독교 100주년을 기념하여 '백주년 기념사업회'를 조직하였고, 100주년 기념사업의 일환으로 '순교자 기념관'을 경기도 용인시 양지리에 건립하였다.

한국교회 순교자는 세계 2천 년 기독교 역사에서 특이한 기록을 남겼다. 일본 제국주의자들이 신사참배를 강요했으나 한국교회 목

사들이 죽음을 각오하고 절하지 않았으며, 한국에 온 선교사들이 신사참배를 거부하므로 기독교 계통의 학교들이 폐교당했고 나중에는 선교사들이 추방당했다. 그러한 중에 순교자가 태어났다.

그리고 북한 공산주의 아래 순교자가 또 나왔다. 아니, 그전에 만주와 시베리아 추운 벌판에서 한국교회 목사와 성도들이 순교했다. 또 6·25 전쟁 전과 후 한국교회 목사들이 남한과 북한에서 순교했다.

순교자들은 순교할 줄 알고 참았는가? 그렇다. 그래도 핍박을 피하지 않았다. 그들은 순교하기 전에 순교자의 삶을 살았다. 그리고 죽으면서도 칼을 든 사람들을 저주하지 않고 오히려 복음을 전하며 위로했다. 손양원 목사는 "나를 죽이지 말고 예수를 믿으시오"라고 했다. 아들 둘을 총살한 공산주의자가 잡혀서 총살형을 받게 되었을 때 그의 영혼이 저주받을 것을 애타게 여기며 그 청년을 양아들로 삼았다. 이것이 한국교회의 순교자였다. 지금도 북한 땅에서는 순교자가 계속 나오고 있다.

한국교회는 세계에서 가장 부흥된 교회이다. 지금도 그 부흥은 계속되고 있다. 그래서 한국교회 목사들은 "한국교회는 세계선교에 앞장설 것이다"라고 외치며 170여 개국에 퍼져서 선교하고 있다. 그 선교사 중에서도 순교자가 나왔다. 그래도 계속할 것이다. 기독교 역사가 오랜 구미 나라들 가운데는 이제 순교자가 없다. 그래서 세계선교에 서지 못했다.

한국교회는 성령 운동이 일찍 일어났고, 많은 순교자가 있었고, 지금도 있다. 세계선교를 이어갈 것이다. 한국교회 순교자들은 진정한 순교자들이었다.

이 책이 나오는 데 물심양면으로 도와주신 영세교회 이금세 장로님, 김영희 권사님에게 감사하며, 쿰란출판사 이형규 사장과 오완 부장에게 허리를 굽혀 감사를 드린다.

2024년 2월
해방교회 원로 이승하 목사

## 목차

서문 … 2

| | | |
|---|---|---|
| 1 | 최봉석 목사(1869~1944) | 9 |
| 2 | 김석창 목사(1876~1950) | 30 |
| 3 | 김익두 목사(1874~1950) | 45 |
| 4 | 김병조 목사(1877~1950) | 66 |
| 5 | 한경희 목사(1881~1935) | 88 |
| 6 | 남궁혁 목사(1882~1950) | 104 |
| 7 | 정일선 목사(1883~1950) | 124 |
| 8 | 이성휘 목사(1889~1950.10) | 141 |
| 9 | 이도종 목사(1892~1948) | 160 |
| 10 | 안길선 목사(1891~1950.8.24) | 182 |

- 11　김화식 목사(1894~1947)　　　　　　203
- 12　주기철 목사(1897~1944)　　　　　　224
- 13　김동철 목사(1899~1950)　　　　　　245
- 14　손양원 목사(1902~1950)　　　　　　264
- 15　박경구 목사(1903~1950)　　　　　　285
- 16　김관주 목사(1904~1950)　　　　　　306
- 17　김철훈 목사(1904~1948)　　　　　　325
- 18　허은 목사(1913~1952)　　　　　　347
- 19　주재명 목사(1919~1950)　　　　　　367
- 20　김계용 목사(1921~1990)　　　　　　386

# 최봉석 목사(1869~1944)

"회개하라 천국이 가까이 왔느니라"(마 4:17).

"예수천당! 불신지옥!"

사도 바울은 예수에 미친 사람이었다.

"우리가 만일 미쳤어도 하나님을 위한 것이요"(고후 5:13).

사도 바울의 몸은 예수로 충만했다. "살든지 죽든지 내 몸에서 그리스도가 존귀히 되게 하려 하나니"(빌 1:20). 한국에도 예수에 미친 사람, 예수로 충만한 사람이 있었다.

최봉석(崔鳳奭; 權能)은 평양 강경문 안에서 1869년 1월 7일 최준서의 3남 1녀 중 3남으로 태어났다. 그는 6세부터 한문을 배웠다. 총명한 사람이었다. 성격은 괄괄하고 직선적이었다. 그래서 불의를 보면 그대로 지나치지 못했다. 어디서나 탐관오리를 보면 대놓고 욕을 했다. 1885년부터 평양 관찰사 민병석의 통인(通引)으로 8년간 봉직했다. 이후 별장 포수 도령장(別將 砲手 都슈將) 등의 벼슬을 지냈다. 1894년 동학혁명(東學革命)이 일어났을 때 최봉석의 나이는 24세였다.

최봉석이 태어난 조선 말엽, 백성의 삶은 심히 궁핍했고, 정부의 관리들은 극도로 부패했다. 지방 관리들의 폭정에 견디다 못한 백성들에 의해 나라 곳곳에서 민란이 일어났다. 1906년에는 4만 4천 명이 되고, 1910년에는 11만 명으로 늘어났다. 최봉석의 부친 최준서는 평남 강동 창에서 창장을 했다. 지금의 세무서장과 같은 위치였다. 당시 최봉석은 평양 감사 민영휘의 비서에 해당되는 직책을 맡았다.

그런데 어느 날 현감과 부친 간에 언쟁이 벌어졌다. 현감은 양반이고, 창장은 아전(衙前)이었다. "하겠느냐, 못하겠느냐?" "못하외다." "누굴 어떻게 보고!" 흥분한 현감이 급기야 창장을 구타하려는 기세를 보일 찰나 최봉석이 달려들어 현감을 마구 구타했다. 흙발로 몇 번 밟았다. 이로 인해서 5백 리 밖에 있는 평북 삭주(平北 朔州)로 유배되었다. 봉석은 삭주까지 5백 리 길을 발바닥이 붓도록 걸었다. 강 건너에는 중국 사람들이 살고 있었다.

최봉석은 삭주에서 심심하고 따분한 세월을 보내야만 했다. 시름 없이 거문산을 쳐다보기도 했고, 압록강에 나가 보기도 했다. 삭주에는 교회가 있었는데 최봉석은 예수를 믿는다고 성경책을 끼고 다니는 사람이 어쩐지 자기하고 좀 다른 것같이 여겨졌다.

1902년 어느 날, 백유계가 최봉석의 집에 찾아왔다. 둘째 아들을 낳을 무렵 약을 지으러 가서 인사하고 아는 사이였다. 백유계는 최봉석에게 왜 예수를 믿어야 하는지 설명하며 전도했다.

최봉석은 이러한 천리타향에서 자기 신상을 염려해 주는 그 사랑에 감격했다. "그 예수는 누구든지 믿을 수 있는 것이오?" 최봉석은 어쩐지 자기같이 불량한 사람은 믿을 자격이 없다는 생각이 들었다. "하나님은 당신 같은 유능하고 기골이 장대한 인재를 구하고 있습니다. 우리 평북에서는 이번에 팔도에 앞서서 전도회를 만들었습니다. 내 고종제가 되는 양전백이 거기 발기인이 되었습니다. 그러니 전도인으로, 나아가서는 목사가 되어 새 문명을 받아서 우리도 열심히 일해봅시다." 이렇게 되어 쪽성경이나 성경 한 권 받아 읽어보기도 하고, 백유계의 소개로 삭주교회의 신도들과 인사를 하게 되었다. 이것이 1902년 33세가 되던 해의 일이다.

귀양 간 삭주는 그에게 복음이 싹트는 은혜의 장소였다. 어쩌면 그는 고달픈 귀양살이를 통해 이 땅에서 나그네와 같은 인생을 살아야 함을 조금씩 깨우쳐 가고 있었는지 모른다. 어둠의 땅을 빛의 땅으로 기경하는 이는 오직 주님이셨다.

울분에 차서 방탕한 생활을 하던 그는, 한의사이며 삭주교회를 양전백과 함께 설립한 백유계 조사에게 성경책을 받아 읽고 감동해서 예수를 믿게 되었다. 최봉석은 무슨 일이든지 시작하면 전력을 다하는 성품이라 열심히 믿었다. 1903년 34세 때 부인과 함께 학습을 받았고, 평양에서 감리교회의 노블(W.A. Noble; 魯乺乙) 선교사에게 세례를 받았다. 그해 불덩이가 가슴에 떨어지는 꿈을 꾼 후부터 전도하는 열정이 솟구쳐 이후 평생을 전도하는 데 헌신했다.

삭주교회의 설립자 백유계(白留溪)는 유지였고, 한의사였다. 병 고치러 오는 사람들에게 전도를 시작한 것이 결국, 1896년 교회를 세우기까지 발전했다. 백유계를 전도한 이는 그의 고종사촌 동생인 양전백이었다. 양전백은 1895년 마펫 선교사로부터 24세 때 세례를 받은 지 3년밖에 되지 않은 초신자였다. 그가 고종사촌 형에게 전도해서 삭주읍교회가 서게 된 것이었다.

《조선 예수교 장로회 사기》1896년에 분명히 이 사실이 기록되었다. 백유계는 양전백에게 전도를 받은 후에 복음을 전할 목적으로 서적을 잔뜩 사서 지고 갔다고 했다. 그래서 이웃들에게 전파했는데 남녀 다수의 신도가 생겼다. 다음 해 1897년 기와집 일곱 칸을 사고 초가 여섯 칸을 더 사서 교회를 세웠다.

1902년 최봉석이 세례를 받을 무렵에는 의주가 가장 복음이 많이 들어온 곳이었다. 우리나라에서 최초로 예수를 믿은 백홍준, 이응찬 등도 의주 청년이었다. 그리고 백홍준은 한국 최초의 전도사가 되었다. 그뿐 아니라 한국교회의 최초 설립자인 서상륜도 의주 사람이었다. 그리고 한국 최초의 7인 목사 중 양전백 목사도 의주 사람이었다.

우리 배달민족은 사랑이 있는 민족이었다. 그 사랑은 자식, 이웃, 친구, 임금 사랑 등이다. 그러나 그 사랑에도 불구하고 주님 사랑 같은 영원한 사랑, 빛 된 사랑이 없다면 아무것도 아니다. 진정한 사랑과 빛을 발견한 이곳의 청년들은 두 주먹을 불끈 쥐고 맹호출림(猛虎出林)의 기세를 보이기 시작했다. 마펫 선교사가 양전백에게, 양전백이 백유계에게, 백유계가 삭주에서 귀양살이를 하는 최봉석에게 복음을 전했다. 이것이 하나님의 복음 전파의 경로였다.

1903년부터 조선교회에 부흥의 불길이 불고, 1906년에는 교인의 수가 4만 명을 돌파했다. 최봉석은 양전백의 추천으로 매서인(賣書人)이 되어 벽동, 강계, 위원, 초산, 자성, 창성 및 압록강 건너 통화까지 가서 전도하고, 만주 땅까지 다니며 일본인들의 교회 박해 소식을 들었다. 그는 1906년 삭주교회 영수가 되었고, 1907년 평양장로회신학교에 입학하여 그해 벽동읍교회 조사가 되었다.

38세의 중년에 봉급은 30원으로 아들 광윤, 광선과 네 식구가 살아가기에 충분했다. 최 조사는 가가호호를 다니며 전도에 주력하였고, 교회는 날로 부흥했다. 그리하여 25평 기와집을 'ㄱ'자 교회로 신축해서 가운데 휘장을 쳐서 남녀 간에 서로 보이지 않게 막고 예배를 드렸다. 교인 수가 100명 정도 되었으니 당시로는 큰 교회였다.

한번은 방앗간 앞을 지나다가 그 주인에게 전도하려고 "예수천당!" 하고 방앗간을 향해 소리를 질렀다. 망아지는 놀라 뛰고 방아는 엎어져 난리가 났다. 주인이 최 조사에게 달려들었다. 그는 계속해서 "예수천당!"을 외쳤다. 그 방앗간 주인은 뒷날 열심 있는 교인이 되었다.

1904년 러일전쟁에서 일본이 이기자 남만주 철도가 일본 사람의 손에 넘어갔고, 조선은 일본의 보호국이 되었다.

최봉석은 무엇인가 자기 목소리와 억양을 잘 조절해서 마귀가 탁 거꾸러지게 해야만 되겠다는 생각을 했다. 그는 지나가는 사람 중 한 사람도 놓치지 않고 한 번씩은 "예수 믿어라!" 하고 말할 의무가 있다고 생각했다. 예수를 향한 불붙는 사랑이 죽어 가는 영혼들로 옮겨졌다. 그는 자신을 송두리째 불태워서라도 예수를 전하는 것이

1 최봉석 목사(1069·1944)

주된 임무요, 그것이 삶 자체라고 여겼다. 척박한 귀양살이에서 피어난 복음의 꽃은 서서히 한 영혼을 전도의 일꾼으로 변모시켰다.

최봉석 조사는 일본인 연대장에게도 전도했다. 전도자 최봉석 조사의 눈에는 오직 예수가 있을 뿐이었고, 민족의 차별이 없었다. 위풍당당하게 수행원을 거느린 연대장이 말을 타고 오고 있었다. 러일전쟁에도 이겼으니 당시 일본 군인에게 조선 사람쯤은 보호국의 미개 족속이요 경시의 대상이었다. 그러나 최봉석 조사는 일본군 장교도 인간이요 죄인이라고 생각했다. 그리고 주님으로부터 그 믿음이 좋다고 칭찬받은 백부장 생각도 났다.

연대장이 말을 타고 최봉석 조사 앞을 막 지나가고 있을 때였다. "예수천당!" 버럭 소리를 질렀다. 그러자 말이 놀라서 펄쩍 뛰는 바람에 연대장이 말에서 떨어져 기절했다. 일본 군인들이 최봉석의 말은 알아듣지 못하고, 최봉석이 고함치는 소리를 들었으므로 우르르 달려와서 총을 겨누었다. "내가 기도하면 살아요." 헌병들은 말을 알아듣지 못했다. 이때 일본말을 잘하는 사람이 뛰어와서 통역했다. 최봉석 조사는 열심히 기도드렸다. 그랬더니 연대장이 깨어났다.

그 후 일본 관헌들은 연대장이 낙마했던 자리에 "최봉석! 다시 이런 일이 있으면 즉결 처분한다"라고 경고장을 붙였다. 그런데 최봉석 조사는 그 장소에 가서 벽보를 뜯어 호주머니에 넣어 집에 가져가서는 부인 앞에 그 종이를 내놓으며 "이것 보시오. 면류관에 별이 붙었어요" 하면서 기뻐하였다. '예수천당!'으로 그 연대장이 구원받으면 면류관을 받을 것이요, 그 일로 인해 박해를 당하면 빛나는 별을 얻겠다는 것이었다.

그때 힘없이 누워 있던 부인이 "여보, 면류관이고 뭐고 아침거리가 없어요" 하고 신음 비슷한 말을 했다. 그러자 최봉석 조사는 벼락 같은 소리로 말했다. "그렇게 믿음이 없소? 당신의 아버지 하나님께서 세상을 떠나셨소? 하하, 육신만 생각하는 사람, 참 답답도 하군, 기도만 하면 아버지께서 주실 터인데!" 정말로 누군가 저녁 무렵 아무도 모르게 쌀과 찬거리를 사립문 곁에 놓고 갔다. 순수한 신앙의 흔적이 최봉석의 주변에 늘 있었다. 최봉석의 집은 집이라기보다는 변두리에 다 쓰러져가는 움막이었는데 최봉석 조사가 자고 일어나면 누가 갖다 놓았는지 수수 가마, 쌀 가마, 밀 가마 등이 있었다.

최봉석 조사가 조사 시절 죽은 송아지를 놓고 3일간 기도한 끝에 살려내서 하나님께 큰 영광을 돌린 일이 있었다. 매서인으로 돌아다니는 동안 한 궁핍한 농가에 갓 시집온 새댁이 송아지를 좀 살려달라고 부탁했다. 집에 새사람이 들어오고 얼마 안 되어 송아지가 죽었으므로 불행의 씨앗을 안고 있다며 새댁을 구박할 수도 있는 상황이었다. 최봉석 조사는 하루 꼬박 죽은 송아지를 놓고 기도했다. 송아지는 꼼짝도 안 했다. 밤을 새우며 기도하는 열성에 그 집 사람들이 감동했다. "조사님, 몸이 상하겠습니다. 우리가 부탁한 것이 잘못입니다."

최 조사는 하나님을 시험하지 말라는 말씀도 생각이 났다. 무슨 인기 전술이라도 쓰는 것 같아서 부끄러운 마음이 들기도 했다. 그러나 최봉석 조사는 결코 사람 앞에서 어떤 이득을 얻기 위해 기도를 시작한 것이 아니었다. 자신도 모르게 기도를 시작했고, 기도하지 않고는 견딜 수 없었다.

마음 깊은 곳에서 샘물과 같이 솟아나는 기쁨을 느끼면서 최 조사는 3일을 기도하던 중에 죽었던 송아지가 다시 살아났다. 하나님의 특별한 은총으로 기적이 일어났을 때 최 조사는 이렇게 말했다. "예수를 믿으시오. 저는 하나님이 시키시는 대로 한 것뿐입니다." 이

1 최봉서 목사(1869-1944)

사건으로 인해 최 조사의 소문은 널리 퍼졌다.

최봉석 조사가 평양신학교에 다닐 때였다. 어느 날 마펫 교장은 최봉석 조사를 불러 주의했다. "최 조사는 공부를 너무 소홀히 해서 걱정입니다." 최봉석 조사는 교장 앞이라 말은 못하고 속으로 엉뚱한 생각을 하고 있었다. 세상에 마귀들이 우글우글하는데 예수탄을 쏴야지 딴 총알로는 아무 소용 없다는 생각을 하고 있었다. "불발탄은 안 돼! 신학탄은 비둘기에게 공알을 쏘는 거다."

최 조사의 조직신학, 구약신학, 신약신학 등의 점수는 아주 형편이 없었다. 그러나 노방전도 점수 하나만은 100점이었다. 최 조사는 낙제했다. 신학교에서 낙제되어 한 해 더 공부하고 수양하는 것은 괜찮았다. 하지만 자기를 위해서 기도하며 속히 목사가 되기를 바라고 있는 벽동교회의 신자들이 낙담할 때 마음이 거북했다.

낯익은 사람들이 반갑게 인사했다. "이제 목사가 되셨습니까?" "한 해 더 공부하게 되었습니다." 최권능 조사는 빙긋이 웃었다. 그 다음 해에도 낙제했다. 세 번째 낙제하자 그냥 있을 수가 없었.

졸업식은 끝났다. 교수들이 회의하는 것 같았다. 똑똑 노크했다. 문을 열자 선교사들의 푸른 눈동자가 최 조사의 얼굴에 집중되었다. 교수들의 표정은 미묘했다. 민망하고 거북한 듯한 표정이었다. "어떻게?" 교수 한 분이 의논할 일이 있으면 얘기해 보라는 태도를 보였다. "교수님들께 여쭐 말씀이 있어서 왔습니다." "네, 말씀하십시오." 교수들의 관심이 집중되는 중에 최 조사가 말했다. "교수님들, 기도하겠습니다."

"하나님 아버지, 저 같은 미물이 예수를 믿고 신학교에 와서 공부도 하게 하시니 감사합니다. 그런데 이번에도 또 낙제되어 졸업을 못했습니다. 저는 기도하고 전도하는 일에 바빠서 공부를 못하고 세 번째 낙제했습니다. 그러니 어느 세월에 목사가 되겠습니까? 여기 많으신 교수님들의 마음을 감동하시어 저에게도 졸업장을 주셔서 목사가 될 수 있는 길을 열어주시기 바랍니다. 예수의 이름으로 기도합니다. 아멘." 교수들은 무슨 영문인지도 모르고 "아멘" 했다.

시치미를 떼고 최권능 조사는 마펫 교장 앞에 가서 말했다. "교장 선생님, 감사합니다. 저를 이렇게 사랑하셔서 오늘 저도 이렇게 졸업을 하게 됐습니다." "참 안됐고 안타까운 일이오. 그러니 내년에는 열심히 공부하십시오. 전도도 좋으나 열심히 신학 공부도 해야 교회가 부흥됩니다." "목사님, 무슨 말씀이십니까? 좀 전에 제가 기도할 때 '졸업장을 주시어 목사가 될 수 있는 길을 열어주시기 바랍니다. 예수의 이름으로 기도합니다' 할 때 '아멘'이라 하셨잖아요?" 마펫 교장은 놀라서 눈이 휘둥그레졌다.

그때 저만치 앉아 있던 선교사 한 분이 말했다. "최 조사, 우리는 졸업장을 주겠다고 약속한 일이 없습니다." "교수님들, 어찌 이렇게 믿음이 없는 말씀을 하십니까? 기도할 때 구한 것을 이미 받은 것으로 확신하는 것이 기도하는 바른 자세가 아닙니까?" "그건 억지입니다."

그런데 마펫 교장의 얼굴이 환해지기 시작했다. 할 말을 다 한 최 조사가 교수실을 나오려고 할 때 마펫 교장이 최 조사를 불렀다. "하나님은 구하는 자에게 주십니다. 맞습니다. 최 조사는 우리 신학 교육에 보탬이 되는 학생 생활을 해주었습니다. 우리가 눈이 어두웠던 것입니다. 방금 하나님은 저에게도 총명을 주셨습니다." 교장은 최권능 조사에게 졸업장을 주기 위해 교수들을 설득했고, 결국 최 조사는 평양신학교를 졸업하게 되었다. 최 조사의 하나님을 향한 순수한 사랑과 열정이 교수들의 마음을 움직이는 원동력이 된 것이다.

《장로회 사기》를 보면 1913년 최권능 조사가 평북노회에서 목사

안수를 받은 기록이 있다. 후일 보수신학의 본체인 총회 신학대학 학장이 된 박형룡 박사는 7세 때부터 14세의 소년이 될 때까지 벽동교회에서 자라서 최봉석 조사가 목사가 된 후까지 있다가 그에게 학습을 받았다.

1913년은 대한예수교 장로회 총회가 조직된 다음 해였다. 이 해에 장로회신학교 제6회 졸업생은 34인이었다. 그중에는 총회장을 지낸 분이 두 분이나 있었다. 김선두(7회), 김영훈(16회) 두 목사였다. 그중에는 산동 선교사 김영훈, 사병순이 있는가 하면, 계효언 목사의 아버지 계리영 목사가 있었다. 그중에 화제의 인물이 있었으니 그는 최봉석 목사였다.

최봉석은 졸업한 그해 평북노회에서 목사 안수를 받았으며, 벽동읍교회 위임 목사로 부임하여 1년간 시무했다. 1914년 평북노회 전도부에서 최성주 목사와 함께 만주지방 전도목사로 파송 받아 만주로 가서 봉천성 통화현을 중심으로 남만주 지역에 전도를 시작했다.

만주에 와보니 불쌍하게 사는 농민들의 형편이 심각하였다. 강냉이 한 가마니에 딸을 파는 부모가 있었다. 우리 동포들도 긴 겨울 동안 노름과 술타령으로 지내는 사람이 많았다. 그러나 예수를 믿는 사람들의 형편은 비교적 괜찮은 편이었다. 당시 남만주 철도를 수중에 넣은 일본 군대가 만주에 들어와 있었다. 이 무렵 만주에 와서 사는 우리 동포 중에는 마적들과 싸우기 위해 총칼을 가지고 있는 사람들이 많았다.

최 목사는 길을 가다가 무엇이 어른거리기만 해도 "예수!"라고 외쳤다. '예수'라는 말만 해도 중국 사람들은 알아들었다. 그런데 그 한마디가 사람들의 골수를 쪼갰다. 그에게는 남들이 지니지 못한 비상함이 있었다. 마치 유대 땅에 여호와 하나님을 외쳤던 예레미야가서 있는 듯했다.

그의 외침은 영혼을 울리는 뇌성이었다. 하나님의 능력이 임하는 곳에 믿음의 역사가 일어났다. 이를 통해 만주 전도의 불이 댕겨졌고, 가는 곳마다 교회가 세워졌다. "예수천당!" 그의 목소리에는 이상한 위엄과 힘이 있었다. 그는 1923년 남만주 노회장으로 피선되었고, 같은 해 남만주 노회에서 개척전도 공로 표창도 받았다.

그는 목사 안수 후 위임목사로 부임한 벽동읍교회에서 안주할 수 있었다. 그러나 자신의 사명이 전도하는 것임을 잊지 않고 떠났다. 만주에서도 한 교회를 개척하면 지도자를 교육해서 세우고 다른 곳으로 떠났다. 마치 서부활극에서 주인공이 한 마을에서 악당들을 제거하고 그곳에서 편히 살자고 해도 기어이 그곳을 떠날 때와 같이 그의 뒷모습은 매우 아름다운 것이었다.

어느 날 최 목사는 사람들이 모인 데를 찾아가다가 "타향살이"라는 노래를 들었다. 고향을 떠난 지도 오래되었고, 제2의 고향인 삭주를 떠난 지도 12년이 되었다. 그동안 50개의 교회를 세웠다. 삭주에는 둘째 아들과 딸 광옥이가 있었다. 대동강과 가족의 얼굴도 보고 싶어졌다. 큰아들 내외는 만주에 남기고 최 목사는 귀국했다. 삭주의 집을 팔고 고향인 강동으로 이사했다.

이 무렵 최 목사와 가까이 지낸 노영선 목사의 간증이다. "어느 날 나는 최 목사와 동행해서 평양으로 도보여행을 했다. 무진에서 조반을 먹고 가는데 큰길이라 사람들이 많았다. 최 목사는 한 사람도 빼지 않고 전도하며 40리 길을 걸어갔다. 대동교에 오니 사람이 너무 많았다. 그 무리를 향해 '예수천당!'을 외쳤다. '예수천당! 예수 믿읍시다.' 만나는 사람 누구에게나 외치는데 공교롭게도 교역자도 만나게 되었다. 교역자들이 '나는 목사요', '나는 전도사요' 하면 최 목사는 그 말이 떨어지기도 전에 '벙어리!' 하면서 교역자들을 꾸짖었다. '송장이 수의 입고 다니는 것 같구나! 어서 전도하시오!'라고 외치기도 했다."

그는 1926년 귀국해서 평안남도 강동교회에 부임했고, 이듬해부터 산정현교회 전도목사가 되어 평양을 중심으로 수안, 곡산 지방에 전도를 계속했다. "예수천당! 불신지옥!" "회개하고 예수를 믿어라!" 등을 외치며 만나는 사람마다 붙들고 전도했고, 서문밖교회 곁에 있는 인덕 서관 2층에 전도관을 차리고 평양 시내 전도를 추진했다.

그가 평양에서 그렇게 전도할 수 있었던 데에는 길선주 목사의 주선이 컸다. 생활이 어려워 곤란할 때 길선주 목사는 최 목사가 떠나면 한국의 예루살렘인 평양성이 망한다고 하면서 돌보아 주었다. 그리하여 평양에는 최 목사의 "예수천당!"이 끊이지 않았다. 평양의 새벽 4시에는 늘 최 목사의 "예수천당!" 소리가 새벽을 깨웠다.

하루는 채필근 목사가 지나가는데 최 목사가 큰 소리로 "예수천당!" 하고 소리를 질렀다. 놀란 채 목사가 "나 채 목사요" 하니 최 목사 하는 말이 "채 목사는 목사지만 벌지 목사요" 하였다. 평안도 사투리로 '벙어리'를 '벌지'라 했다.

또 하루는 남궁혁 박사 부인이 서문통 거리를 지나갔다. 최 목사는 그 뒤에서 "예수천당" 하고 소리를 질렀다. "나 남궁 목사 부인이에요" 했다. 최 목사는 "목사 부인도 전도 안 하면 벙어리요. 신학 교수 부인은 왜 전도 안 해요?" 했다.

최 목사는 찬송을 부르는 것을 좋아했다. 한번은 거리로 다니면서 "예수 사랑하심은 거룩하신 말일세~"를 부르고 있었다. 일본 경찰이 시끄럽다고 소리치니 "자동차가 뿡뿡 울리는 소리는 시끄럽지 않고 내가 찬송을 부르는 소리는 시끄럽다는 말이오?" 하였다. 그는 경찰서에 잡혀가서도 말했다. "당신들은 교통사고를 막기 위하여 자동차 소리를 그냥 놔두지만 나는 지옥으로 가는 영혼들을 구하기 위하여 찬송을 부르오." 경찰은 어쩔 수 없이 최 목사를 풀어주었다고 한다.

방지일 전도사가 며느리만 믿는 집에 심방을 갔다가 그의 시아버지에게 들은 말이다. "최 목사께서 그렇게 크게 소리를 지르면 아이 밴 여인은 아이가 떨어질까 염려되니 한번 말씀드려 주시오." 그래서 최 목사와 둘이 있을 때 말씀드렸다. 그랬더니 최 목사가 하는 말이 "나 최 목사가 하는 일이 그 일이오. 그 일을 하지 않으면 나는 할 일이 없는데 족제비가 꼬리 없으면 소용없다고, 최봉석이 그 일을 하지 않으면 할 일이 없어지는데 어떻게 하겠소?" 하는 것이었다. 그래서 방 전도사는 "목사님 하시던 대로 하세요"라고 했다.

평안북도 어느 산골 마을에서 전도하던 때 일이었다. 마침 화전(火田)을 만들기 위해 산에다 불을 질렀는지 한 곳에서는 온통 연기가 하늘을 가리고 있었다. 화전민들의 집은 한 곳에 모여 있지 않았다. 두세 집 정도 모여 있어도, 또 5리나 가야 다른 집들이 있었다. 고구마를 심은 밭이 펼쳐져 있었다. 집 앞에는 아이들이 어린애를 업고 서서 낯선 사람의 얼굴을 신기한 듯이 보고 있었다. 어디서 물이 흘러가는 소리가 들렸다.

최 목사는 "사람 죽는다! 사람 죽네!" 하며 냅다 소리를 질렀다. 집에서 사람들이 신을 신기 무섭게 달려왔다. "뭐야?" "예수 믿고 천당 가시오. 예수 안 믿으면 다 죽소!" "뭐 어째? 이놈의 영감쟁이가 누굴 놀리는 거야?" "여러분, 예수 안 믿으면 다 죽어요. 알겠어요?" 장정들은 화가 나서 최 목사를 때리려 했다.

최 목사는 얼른 도망치려 했다. 그러나 60대 노인이 빨리 뛸 수가 없었다. 그때 문득 생각나는 것이 있었다. "나는 하나님의 사신이오!" 목소리는 벽력 같았다. 마패 비슷한 메달을 내보였다. 워낙 위엄 있던 사람이라 모두 그 자리에 엎드러지고 말았다. 그 메달은 남만주에 전도 목사로 파송 당시 장로회 총회에서 표창 받을 때의 은메달이었다. 그 은메달을 내보이자 저녁 햇빛에 반짝반짝 빛나는 것이 산골 농민들 눈에는 암행어사 마패로 보인 모양이었다.

"흙이나 파는 두더지가 뭘 압니까? 용서하십시오." 모두 싹싹 빌었다. "나는 여러분이 이런 깊은 산골에서 하나님을 섬길 줄도 모르고 지내는 것이 불쌍하여 하나님 섬기는 도리를 가르쳐 주려고 온 하나님이 보내신 사신이오. 아까 내가 한 말은 거짓말이 아니오. 사람은 하나님을 안 섬기면 다 죽소!" "하나님만 섬기면 우리 죄는 다 용서되는 겁니까?" 이렇게 되니 문제는 간단했다. 인근에 사는 사람들을 모두 불러 모았다. 그리고 교회를 하나 더 세웠다.

황해도 곡산은 미신이 아주 성한 곳으로 전도가 어려운 고장이었다. 최 목사는 자진해서 곡산에 갔다. 그는 우선 사당부터 찾아가서 불을 질렀다. 동네 사람들이 모두 나와 한편에서는 대성통곡을 하면서 우리 동네 망한다고 울부짖었다. 청년들은 최 목사를 죽이려고 달려들었다.

그들은 최 목사를 사당 옆 구덩이에 생매장하려고 몰아넣었다. 그리고 어린아이로부터 노인까지 저마다 손에 돌멩이를 들고 던지려 했다. 마치 스데반 집사처럼 처형을 당할 순간이었다. 그때 최 목사는 화전민들을 전도할 때 사용한 은메달 생각이 나서 번쩍 꺼내 들었다. 그리고 고함을 쳤다.

"이 십자가에 새겨진 것은 대한예수교장로회 총회에서 받은 은메달인데, 이것을 가지고 있는 사람을 때려죽여도 괜찮으면 죽이시오!" 이렇게 외치니 그 황해도 산골 사람들도 그 메달을 무슨 마패로 알았는지, 서서히 돌멩이를 땅에 내려놓았다. 그리고 오히려 모두가 무릎을 꿇고 엎드려서 빌었다. "우리가 모르고 그랬으니 살려주시오." 그러자 최 목사가 "살려면 예수를 믿으시오! 사는 길은 오직 예수 믿는 길이오" 하였다. 최 목사는 이곳에서 3개월을 머물며 교회를 세웠다.

번뜩이는 최 목사의 지혜에 담긴 하나님의 손길이 미치지 않는 곳이 없었다. "예수천당"을 외치고 다니는 것을 가장 잘 이해해주고 고맙게 생각한 분이 길선주 목사였다. 당시 평양만도 초교파적으로 50여 명의 교역자와 2만여 명의 신도가 있었다. 최 목사는 집에 있는 신주(神主)를 때려 부수는 것부터 시작해서 우상과의 싸움을 일평생 계속했다.

평안북도 초산 지방을 지나는데 점잖은 분이 걸어가고 있었다. 두루마기에 중절모를 쓴 것이 촌사람치고는 그럴듯했다. "여보, 영감님, 예수 믿고 구원받으시오." 전도용지를 주니 "나는 천도교 대령이오. 우리나라는 포덕천하(布德天下)에 광제창생(廣濟蒼生)인데 그깟 놈 서양 종교 시시한 예수를 누가 믿겠소" 하고 노발대발하며 "당신 같은 이나 천당인지 지당인지 잘 가소" 하면서 최 목사가 주는 전도용지를 뿌리쳤다. 최 목사의 말이 "한 가지 묻겠소. 여기 좋은 쌀밥 한 상 있고 저쪽에는 똥이 있다면 당신은 어느 것을 먹겠소?" "에이, 여보시오. 그걸 말이라고 하오?" 노발대발하는 것을 보고 최 목사는 말했다. "내 말 좀 들어 보시오. 예수는 좋은 밥이고, 천도교는 똥이오. 제발 밥 먹고 잘 사시오."

전도는 매우 힘든 일이었다. 귀신 땅지를 불살랐다고 어떤 부인에게 부지깽이로 옆구리를 찔려서 깊은 상처를 입은 적이 있었다. 밤에 불량배들이 몰려와서 몽둥이와 돌로 때려 까무러쳐 죽은 줄 알고 버려둔 때도 있었다. 얼마가 지났는지 모르지만 일어나라는 예수의 음성을 듣고 깨어보면 이상하게 아픈 데도, 맞은 자리도 없었다. 너무 기뻐서 "예수 누구신고 하니~" 찬송을 부르면서 또 전도의 길을 떠났다.

그는 전도를 다니다가 너무 시장해서 기진맥진했다. 얼마를 걸었는지 알 수 없으나 촌락이 가까운 논두렁 길을 걸어가다가 쓰러지고 말았다. 정신을 잃고 있다가 졸졸 물 흐르는 소리에 깨어보니 올챙이와 작은 물고기가 있는 것을 보고 그것을 잡아먹고 기운을 회복하여 동리에 들어가 전도하고 교회를 세웠다. 교회가 서면 최 목사는 지도자를 골라 성경과 찬송을 가르쳐 자리를 잡아 주고 또 다른 곳으로 전도의 길을 갔다.

1938년 총회가 신사참배를 가결하자 최 목사는 공개적으로 이를 반대했으며, 일경이 그를 체포하려고 하자 교인들의 권유로 평북 선천군 신미도에 피신했다. 다음 해 어느 날, 집에서 짚으로 신을 만들고 있었는데 일본 형사가 밖에 와서는 유창한 우리 말로 "주인장 계십니까?" 하고 찾았다. 처음 보는 사람이니까 꼭 전도해야 하겠다고 문을 열고 "예수천당! 불신지옥!" 하며 큰소리를 질렀다. 그는 그 자리에서 체포되었다.

1939년 5월 선천경찰서에 구금되어 신원조사가 끝나자 평양경찰서로 넘어갔다. "취조는 때리는 건가, 사실을 알아보는 건가?" 최 목사는 몽둥이로 때리는 형사에게 어처구니가 없다는 듯이 항의했다. "닥쳐! 여우 같은 놈의 늙은이!" 형사가 곤봉으로 더욱 세차게 난타하니 최 목사는 콘크리트 바닥에 거꾸러졌다. 온몸이 찢기고 터져 피투성이가 되었다. 그러면서도 그의 입에서는 예수탄이 튀어나왔다. "예수천당!" "이게 아직 매가 모자라는 모양이군!" 또 몽둥이찜질이었다. 최 목사는 아프다는 소리 대신 "예수천당!"이라고 소리 지르기 시작했다. "예수천당!" "예수천당!" 형사가 이상해서 물었다. "영감 말끝마다 '예수천당!' 하는데 대체 그게 무슨 뜻이오?" "내 몸에는 예수가 가득 차 있고, 그래서 내 몸이 꿈틀거릴 때마다 예수가 내 입에서 밖으로 튀어나와요. 형사가 나를 때리면 때릴수록 예수가 내 입에서 튀어나오는 게요." 형사는 어이가 없어 웃으면서 몽둥이를 내려놓았다.

최 목사는 평양형무소로 이감되었다. 평양으로 압송되어 고문과 취조를 당했는데 그 죄목은 1) 독립운동, 2) 일본 천황을 무시하고 하나님을 공경, 3) 선교사인 미국인과 연락 공작, 4) 예수의 재림, 천년왕국 도래, 5) 교인들을 선동 독립운동, 항일 사상 고취, 6) 교회의 원로로서 후배들을 선동 신사참배 반대 등이었다.

그는 주기철, 채정민, 이기선, 방계성, 한상동, 고흥봉, 김인회, 최덕지, 주남선, 안이숙 등 전국 각지에서 잡혀 온 신사참배 반대 운동자들과 함께 평양형무소에 수감되어서 옥중 투쟁을 계속했다. 그는 취조당할 때도 "예수천당!"을 외쳤으며, 같은 감방 안에 있는 일반 죄수들에게 전도하며 성경공부를 했다.

6년간 형무소 생활 중에도 최 목사에게는 많은 일화가 있다. 새벽이면 최 목사가 일어나서 "예수 사랑하심은~" 찬송을 불렀다. 그러면 죄수들도 따라 불렀다. 고문당할 때도 "나는 머리부터 발끝까지 예수로 가득 차 있어서 예수 외에는 모릅니다" 하였다. 하루는 부인이 면회를 왔다. 부인을 보고 눈인사를 하고는 "항상 기뻐하라!" 그러면 부인은 "쉬지 말고 기도하라"라고 대답했다. 이것이 면회였다.

그는 1944년 3·1절을 기해 40일 금식기도를 시작했다. 고문으로 몸이 약해진 데다가 70세가 넘은 고령으로 40일 금식기도가 끝난 4월 11일 병으로 쓰러져 결국 병보석으로 풀려났다. 형무소는 "한국예수교장로회 목사 최봉석은 몸이 극도로 약해 건강해질 때까지 집이나 병원에서 기거하는 것을 허락하며, 보석 중에 어디서나 전도하는 일은 절대 금한다"라는 조건으로 그를 석방했다. 이리하여 최 목사는 감옥에서 평양 기홀병원으로 옮겨졌다.

링거 주사를 맞으려고 해도 가죽과 뼈가 마주 붙어서 바늘을 꽂을 수 없어 미음과 과일즙을 조금씩 마시게 했다. 위문객이 줄을 이었다. 병원의 장기려 박사는 최 목사의 안정을 위해 면회사절을 요구했으나 "장 박사, 그리 마시오. 나에게 오는 형제를 기쁘게 맞아주는 게 도리요" 하고 문병 오는 사람들을 다 만났다.

1944년 4월 15일 오후 한 시, 최 목사는 가족과 교인들이 지켜보는 가운데 "하늘에서 나를 오라고 전보가 왔구나!" 하고 가느다란 목소리로 "고생과 수고 다 지나간 후 광명한 천국에 편히 쉴 때 인애한 주 모시고 사는 것 영원히 내 영광 되리로다" 하고 부르던 찬송가 소리가 점점 작아지더니 얼굴에 웃음을 띤 채 조용히 눈을 감았다. 유해는 19일 고등계 형사들의 눈을 피해 200여 명의 문상객이 모인 가운데 평양 돌박산 기독교인 묘지에 안장되었다.

최봉석 목사는 학식이 많은 사람은 아니었다. 신학에는 관심이 적었고, 오직 기도와 전도에만 열중한 나머지 평양신학교에서 세 번이나 낙제했다. 그는 세속적인 성공이나 명예에는 철저히 무관심한 사람이었다. 그는 오직 혼을 꿰뚫고 영혼과 직접 통하기를 원했다. 전도하고 교회 세우는 일 외에는 모두 분토로 여겼다. 그는 27년간 전도했는데 만주에서 12년간 50개, 국내에서 15년간 30개, 합해서 약 80개의 교회를 세웠다.

최봉석은 1913년 평양 장로회신학교 제6회 졸업생 34명 중 하나로 졸업한 뒤 목사가 되었다. 그는 목사가 된 후 큰 도시에서 큰 교회를 맡지 못했다. 평안북도 강계, 초산, 위원, 벽동에서 전도목사로 사역했다. 그는 70여 교회를 설립하고 예배당을 지었다. 그는 한 교회에서 목회에 성공한 것은 아니나 여러 교회 개척자로 많은 일을 했다. 최봉석 목사는 말년에 평양에서 전도했다.

그는 찬송을 많이 불렀다. 특히 "예수 사랑하심은 거룩하신 말일세~"라는 찬송을 늘 불렀다. 전도 찬송이었다. 마지막 숨을 거두면서도 "고생과 수고 다 지나간 후"를 불렀다. 찬송은 매우 아름다운 기도였다. 성경을 다독했다는 기록은 없으나 그는 성경을 인용하며 전도했으며, 교회에서 성경을 가르치고 암송했다.

그의 삶은 신학적으로 분석해야 한다. 사도 바울의 회개 과정을 밟았으며, 사도 베드로적인 전도자로 살았으며, 열두 제자 중 사도 야고보 같은 순교자의 길로 뚜벅뚜벅 걸어갔다. 그의 신학은 회개와 천국이었다. 이것은 회개함으로 예수 그리스도의 구원을 확신했음을 의미한다. 이로써 그리스도인의 참된 삶을 이루어 갔다. 그리고 인생 삶의 소망은 오직 천국이었다. 이런 점에서 길선주 목사와 같은 신학의 공통점을 찾을 수 있다.

최봉석 목사는 오직 하나님의 영광을 위하여 자신을 초개와 같이 여기고, 복음을 위해 일생을 헌신했다. 그는 한국교회에서 신화 같은 존재이면서 역사 앞에서 제대로 평가받지 못했다. 그는 "예수천당! 불신지옥!"을 소리 높이 외치며 피 묻은 그리스도의 십자가 복음을 힘껏 전한 순교자이다.

지금도 서울역 앞에서 "예수천당, 불신지옥"이라고 외치는 소리가 확성기를 통해서 들려온다. 그러나 그 소리를 들으려는 사람은 별로 없는 듯하다. 왜 그럴까? "너희가 듣기는 들어도 깨닫지 못할 것이요 보기는 보아도 알지 못하리라"(사 6:9)라는 이사야의 말과 같다. 어떤 이들은 지금 그런 소리로 전도가 되지 않는다고 한다. 그럴지도 모른다. 그러나 외치는 이들은 사명으로 외친다.

최권능 목사에게는 복음 전파와 진리를 위한 싸움만 있었다. 다른 복음을 강요하는 일제 앞에 조금도 타협하지 않았다. 그래도 최봉석 목사는 상대적으로 덜 알려졌고, 그의 역할도 제대로 인정받지 못했다. 최봉석 목사는 신사참배 반대 운동에 앞장서다가 주기철 목사, 박관준 장로, 박의흠(朴義欽) 전도사, 서정명 등과 함께 순교했다.

76세라는 고령에도 조국의 교회와 이 민족을 가슴에 품고 옥중에서 40일 금식기도를 하며 하나님께 무릎을 꿇고 나아갔다. 최봉석, 그는 온몸으로 복음을 전하고 철저히 실천한 사람이요, 복음 전파와 선교와 교회 개척에 앞장서고, 신사참배 강요 앞에서도 타협하지 않고 역사 앞에서 살았던 예수의 확실한 제자였다.

순교자의 삶은 항상 주님을 향한 충성으로 살았다. 최권능 목사는 그렇게 일본인들에게 고통을 겪으면서도 그들을 욕하지 않고 계속 "예수천당"만을 외쳤다. 이것이 순교자의 진정한 모습이었다.

"너는 말씀을 전파하라 때를 얻든지 못 얻든지 항상 힘쓰라 범사에 오래 참음과 가르침으로 경책하며 경계하며 권하라"(딤후 4:2).

"나는 선한 싸움을 싸우고 나의 달려갈 길을 마치고 믿음을 지켰으니 이제 후로는 나를 위하여 의의 면류관이 예비되었으므로 주 곧 의로우신 재판장이 그날에 내게 주실 것이며 내게만 아니라 주의 나타나심을 사모하는 모든 자에게도니라"(딤후 4:7-8).

예수의 비유처럼 하나님께서는 모든 사람에게 달란트를 주셨다. 최봉석 목사에게는 전도의 달란트를 주셨다. 그래서 신학교에서 세 번씩 졸업을 못할 정도였으나 자기는 맡은 달란트를 위해서 살았다고 했다.

최봉석 목사는 한국교회 역사에서 특별한 목사였다. 한 교회에 머물지 않고 전도해서 교회를 세우고는 지도자를 교육해서 맡기고 또 다른 전도지로 나아갔다. 그리고 그가 진정 순교자라 할 수 있는 점은, 그렇게 자기를 핍박하고 매를 때리고 죽기까지 감옥에 가두어 두었던 일본인이나 일본인 앞잡이로 이용당했던 한국인 형사들도 결코 미워하지 않고, 그들도 회개하고 예수를 믿어야 할 사람으로 여기고 끝까지 전도했던 전도자였다는 것이다.

예수에게 미친 사람, 이 얼마나 자랑스러운 호칭이며, 면류관인가! 최권능 목사는 예수의 사랑으로 불붙은 자였다. 그는 자기의 생명이 붙어 있으면 그 전체를 예수의 삶으로 알았다. 그는 예수를 위해서 죽고자 했고, 예수를 위해서 살고자 함으로 스스로 무의식까지 예수와 일체가 되기를 원했다.

그는 참으로 예수뿐이었고, 믿음의 그 무한한 환희를 안 전도자였다. 그는 지식을 애써 구하지 않았다. 예수를 전하는 확성기가 되면 그만이었다. 예수를 전하는 기계로도 족한 것이었다. 전 생명을 바쳐 구원의 생명이 되고자 백절불굴(百折不屈)의 전도자가 되었다. 새벽 공기와 함께 하나님으로부터 받은 그 생명의 입김, 전도로 그 빚을 갚고자 한 자였다.

1 최봉석 목사(1869·1944)

## 2
# 김석창 목사(1876~1950)

김석창(金錫昌)은 1876년 12월 21일 평안북도 철산군 여한면 연수동의 가난한 가정에서 아버지 김원옥과 어머니 밀양 박씨에게서 1남 1녀 중 장남으로 태어났다. 본관은 경주(慶州)였다. 한때 경상도 경주에서 유년기를 보냈다.

김석창이 태어났을 때 그의 가정은 가난했고, 양반도 아니었다. 아무런 소망이 없었다. 그렇다고 특별한 종교적 신앙도 없었다. 조선에서 평범한 가정도 아니었다. 공부해도 뚜렷한 지위를 얻을 수 있는 것도 안 되었다. 그러나 다른 아이들이 다니는 서당에 다녔다.

어렸을 때 마을에서 경영하는 한문사숙(漢文私塾)에서 천자문(千字文)과 사서삼경(四書三經)을 읽었다. 당시의 천자문은 모든 향교와 개인 사숙에서 밥벌이를 위해 학교 기초교육으로 문자를 암기식으로만 가르치는 교재가 아니었다. 이는 인생을 살아가는 데 바른 삶을 살도록 하는 내용으로, 오랫동안 사숙에서 사용한 교재였다.

천자문은 한 면에 8글자로 이루어진 125개의 문장으로서, 이 문장을 통해 우주의 이치와 인간의 도리를 깨우치기 위해 만들어진 인문학적인 요소가 가득 담긴 책이며, 논어(論語)에서 주역(周易)까지 3,500년 동안의 동양철학을 총망라한 인간교육을 위한 최고의 고전 입문서였다. 그러나 그는 막연하게 서당의 훈장이 가르치는 대로 배웠다.

김석창은 어릴 때 이미 인간의 귀중함과 윤리 도덕의 기초를 잘 다졌다. 석창은 인간의 도리를 배웠으므로 성장해서 서당에서 훈장을 했다. 유학의 교육은 조선 500년 동안 힘있게 이어왔다. 이 유학은 사실 조선 500년 시대에 유일한 도덕이요, 종교였다. 석창은 이것을 아무런 생각 없이 배웠고, 그렇게 가르쳤다. 당시에는 이것이 한 인간의 삶이었다.

가정에서는 아버지와 함께 농토를 일구었다. 그리고 사회의 전통에 따라 나이가 되어 고향에서 결혼했다. 누구의 제의였는지 알 수 없으나 철산 구석에서 선천으로 이사했다. 특별한 계획이 있어서 이사한 것은 아니었다고 여겨진다. 그러나 선천은 그의 가정에 새로운 빛이 비치는 곳이었다. 이미 이곳 선천에는 미국 북장로교 선교부가 자리를 잡고 선교에 열중하고 있었다. 청년이 된 김석창은 자신은 원하지 않았으나 새 세상을 만난 것이었다.

그것은 역사의 흐름이었다. 때마침 선천 선교부에서 선교에 힘을 쏟고 있는 위대모(Rev. Norman C. Whitmore; 魏大模) 선교사를 만나게 되었다. 이것이 하나님의 역사였다. 그는 위대모 선교사에게 전도를 받았다. 그리고 그길로 부모와 함께 온 가족이 예수를 믿었다. 위대모 선교사의 안내로 그들은 선천읍교회에 출석했다. 김석창은 부모보다 열심히 믿었고 확신에 이르렀다. 김석창은 강인한 성격의 소유자였고 하나님께서 택하셨으므로 배운 것에 머물지 않고 확신의 신앙을 갖게 되었다.

막연하게 유교의 영향을 받았던 김석창이었다. 천자문과 사서삼경을 배웠으므로 유교의 철학에 물들어 있었다. 그런데 성령의 역사로 곧 기독교 신앙인이 되었다. 누구보다 열심히 믿었고, 위대모 선교사가 가르치는 새로운 성경의 진리를 알게 되었다. 위대모 선교사는 김석창을 유심히 보았다. 김석창은 서당의 훈장도 해서 사람을 가르칠 수 있었다. 그리하여 위대모 선교사에게 교회의 조사로 인정받아 전도인이 되었다.

위대모 선교사는 평안북도 의주와 선천 두 곳을 염두에 두었는데 여러 가지를 고려하던 중 마펫과 위대모 두 선교사가 결단을 내려 경의선 철로에 위치하며 서북지방 교통의 중심지가 된 선천을 선교지부로 선정했다. 이로써 선천은 평북지방 기독교 발전의 중심지가 되었으며, 나중에 이곳은 '한국의 예루살렘'이라고 불릴 만큼 부흥 발전했다.

선천은 미국 북장로교 선교부에서 설정한 4대 선교거점 중 한 곳이었다. 1896년 위대모 선교사를 선천에 파송했으며, 이미 예수교인이 되었던 소수의 사람과 함께 집회를 시작했다. 김석창은 초기에 전도를 받은 사람이었다. 위대모 선교사는 선천 선교의 시초였다. 그를 도와서 열심히 선교한 인물이 양전백이었다.

이것은 하나님의 선택에 따라 김석창의 미래를 환하게 보여주는 출발이었다. 그리해서 한국교회에 큰 족적(足跡)을 남길 인물로 출발했다. 김석창이 기독교인이 된 것은 하나님의 선택이요, 섭리였다. 그러한 하나님의 역사로 김석창을 통해서 민족운동도 일어나게 되었다. 김석창은 그때부터 위대모 선교사를 열심히 돕는 전도자로, 민족을 깨우치는 데 온 정성을 다했다.

이 무렵 선교부에서는 이곳 선천에도 미션 학교를 설립해야 한다는 의견이 있었다. 그 결과 1906년 드디어 남자들이 교육을 받을 수 있는 교육의 장이 열렸다. 이미 이곳 선천읍에는 1900년에 여성 교육기관인 보성여학교가 설립되었다. 그때 비교적 늦게 시작되었으나 남성들에게도 교육의 기회가 왔다. 양전백, 소정관 등이 함께 주도적인 역할을 했으며, 자금도 후원했다. 이름하여 신성학교(新成學校)가 설립된 것이었다. 김석창은 이 학교에서 윤리와 한문을 가르쳤다. 교사로서 학생들을 가르치는 일은 목회에도 크게 유익했다.

김석창은 신성학교가 나라와 민족을 위하고 이 겨레를 사랑하는 민족 지도자를 기르는 학교가 되기를 간절히 바라고, 자신도 학교를 위해 큰 몫을 감당했다. 특히 나라 잃은 백성 중에 젊은 학생들을 교육한다는 것은 매우 중요한 선교 사역이었다.

김석창은 신성학교에서 민족을 가르치고 신앙을 갖게 하는 성실한 교사로 크게 노력했다. 그럴 때 선천 선교부 위대모 선교사는 김석창에게 평양장로회신학교에 진학해 민족을 품은 교회 지도자가 될 것을 권유했다. 이것은 위대모 선교사의 꿈이요, 하나님의 섭리라고 생각한 것이었다. 김석창은 이에 주저하지 않고 얼른 응했다. 교

2 김석창 목사(1876·1950)

육은 필요하나 그보다 더욱 필요한 것은 영혼을 구원하는 것이라고 여겼기 때문이었다.

한 가지, 자신이 과연 성직자로서 자질이 있느냐 하는 것이었다. 이것은 하나님께서 그를 뽑으셨다는 사실을 인정하면 되었다. 그리고 훌륭한 목회자가 되도록 자신이 최선을 다하면 되는 것이었다.

이를 기뻐하며 청년 조사 김석창은 곧 평양장로회신학교에 입학해서 천자문과 사서삼경을 공부하듯이 학업에 열심히 임했다. 그는 사서삼경을 배우면서 이미 공부하는 자세가 되어 있었다. 그래서 교역자로서 필요한 신앙적인 인격도야(人格陶冶)에 최선을 다한 결과 조선예수교장로회 총회가 조직되기 직전인 1911년 3월 제4회로 평양장로회신학교를 졸업했는데 동기생은 15명이었다.

선천군에 백현교회가 세워졌다. 그곳에 돌림교회 신자 김원부 부부가 이사 와서 복음을 전파한 결과 강득풍, 노상희가 믿고 읍내 교회에 다니며 예배드렸다. 신자가 점점 증가해서 60여 명이 되므로 예배당을 신축하고 교회가 분립하니 김석창 조사가 인도했다.

선천 보신교회가 설립되었다. 먼저 본읍교회 부인 김기반이 와서 열심히 전도함으로 김치원, 김치형, 김윤문, 오치숙, 이용덕 등이 믿어 성 읍내 교회에서 열심히 예배하니 후에 선교사 위대모와 조사 김석창이 와서 교회를 돌아보고 분립했다. 그래서 선천 가물남교회가 분립되었다.

평북노회에서는 그에게 졸업과 동시에 선천 남교회를 개척 설립할 수 있도록 전폭 지원했으며, 김석창은 그해 가을 노회에서 목사 안수를 받고 자신이 개척 설립한 선천 남교회의 담임목사가 되었다.

뜨거운 전도의 열정으로 선천읍교회의 성도들이 증가하자 현대식 예배당 건물을 건축했고, 교인도 1천 명이 넘었으므로 교회를 분립하려고 모두의 의견을 물어 또 하나의 교회를 세우기로 했던 것이다. 교회는 김석창 목사가 목사 안수받은 것을 기회로 선천 남교회와 분립되었다. 본래의 교회는 선천 개울 북쪽이므로 선천 북교회로 하고, 김석창 목사가 분립하는 교회는 남교회로 했다. 이내 남교회의 교세도 북교회를 능가할 만큼 부흥했다.

그는 사명감에 불탔다. 그래서 열심히 기도하고 성경을 묵상했다. 성도들의 신앙이 향상되게 하려고 성령 충만한 교역자가 되기 위하여 영적 능력을 주시기를 간절히 기도했다. 선천 개울 남쪽은 일대 변혁과 부흥을 이루었다.

선천에서는 유지요, 양로원과 학교를 설립하고 자선사업에도 큰 공헌을 한 장로가 있었다. 사회, 관청의 요인들과 교제도 빈번했던 그가 술좌석에 앉았다는 말이 퍼지게 되었다. "교회로서 어떻게 하느냐?" 뒤숭숭한 말이 돌았다. 그를 징계할 것이라는 말이 있었고, 그의 아들들이 출세했으므로 교회가 평안할지 모두 주목하는 때였다.

예배 설교가 끝난 후 당회장인 김석창 목사는 정중한 어조로 말하였다. "섭섭한 당회의 치리 건을 알려드립니다. 우리 교회 박 모 장로는 술을 마셨는지는 모르나 술좌석에 동석했던 것은 사실이므로 교회 규칙상 당분간 장로직을 휴직시킵니다. 앞으로 그런 일이 없기를 바라며 그 잘못이 자신에게 느껴져 회개함이 확실할 때에 해벌할 것입니다. 기도합시다." 그 자신과 그 가족들이 동석했으나 숙연할 뿐이었다. 과거에는 이렇게 치리권이 엄중하게 행사되었다.

초대교회에서는 교인 수가 적었고 전도하기도 어려웠으나 교회에서 책벌하는 일은 엄격하여 목회자들이 결단으로 교인들 앞에서 죄를 범한 사람을 그 직책 고하를 막론하고 징계했다. 후에 그 장로는 진심으로 회개하고 자복했으므로 김석창 목사는 당회를 통과하여 교우들 앞에서 해벌을 선언했다.

1912년 조선예수교장로회 총회가 설립되면서 김석창 목사는 부회계를 역임했고, 독노회 시에는 회계도 역임했다.

김석창 목사는 목회에 열중하면서 민족을 깨우치는 일에 최선을 다했으므로 여러 차례 일본 경찰에 체포되어 옥고를 겪었다. 선천에서의 3·1 독립운동 사건 때 양준명, 홍성익 등과 함께 선천군 지역의 만세운동을 주도했다. 이 운동의 주동자를 색출하기 위해 혈안이 되었던 일본 경찰 당국은 평소 사상을 의심하고 있던 김석창 목사를 지목해 그를 구속했고, 그와 함께 모의했던 양쪽 학교의 교사들까지 구금, 평양형무소에 수감했다.

1920년에는 8월 24일 미국 의원단 일행이 경성부에 방문하여 선천군을 통과한다는 소식이 들려왔다. 김 목사는 선천 지역 유지들과 회합하여 조선의 독립을 희망함을 알리고자 그 의원단에 진정서를 제출하고, 선천역과 선천경찰서에 폭탄을 던지고 만세시위를 일으켜 다른 나라에 우리 민족의 독립의지가 열렬함을 널리 알리겠다는 계획을 세웠다.

그러나 국경의 경비가 강화되면서 거사에 사용할 무기가 늦게 들어오게 되어 미국 의원단이 선천을 통과하는 시기에 계획대로 실행하지 못하게 되었다. 이에 광복군 총영 결사대원이요 신성학교 졸업생인 박치희(朴致毅)가 9월 1일 새벽 3시에 선천경찰서에 가서 이학필이 밖에서 망을 보는 사이에 폭탄을 던져 건물 일부를 파괴했다. 그리고 최급경고문(最急警告文) 등 몇 종류의 유인물 수십 매를 살포하고 피신했다.

이때에도 일제 당국은 김석창 목사가 연계되었다며 그를 끌고 가서 심한 고문을 가했다. 그리고 1921년 4월 12일 평양 복심원에서 소위 폭발물 취체(取締) 벌칙(罰則) 위반(違反) 및 다이쇼 8년(1919) 제령 제7호 위반 등의 혐의로 징역 8년 형을 언도하였다. 이에 상고까지 했으나 같은 해 7월 2일 고등법원 형사부에서 상고가 기각되면서 결국 김석창 목사는 이 일로 인해 8년간의 긴 옥고를 치렀다. 김석창 목사는 이때 받은 잔혹한 고문의 여파로 평생 팔을 자유롭게 쓰지 못하는 불구의 몸이 되었다.

선천 남교회 성도들은 감옥에 수감된 김석창 목사를 위해 옥바라지는 물론 그의 가족들을 지극한 그리스도의 사랑으로 돌보는 일에 열심을 다했다.

> "잘 다스리는 장로들은 배나 존경할 자로 알되 말씀과 가르침에 수고하는 이들에게는 더욱 그리할 것이니라"(딤전 5:17).

여기서 "잘"은 헬라어 칼로스(kalos)로 '탁월함, 정직함'이라는 뜻이고, "다스린다"는 헬라어 프로이스테미(proisthemi)로 '앞서다, 인도하다, 실행하다'의 뜻이 있다. 원어대로 직역하면, '탁월하고, 정직하게, 앞서서, 인도하며 실행한 목사'라는 말이다. 바로 이것이 판정승 목회자형이다.

> "너희를 시험하는 것이 내 육체에 있으되 이것을 너희가 업신여기지도 아니하며 버리지도 아니하고 오직 나를 하나님의 천사와 같이 또는 그리스도 예수와 같이 영접하였도다 너희의 복이 지금 어디 있느냐 내가 너희에게 증언하노니 너희가 할 수만 있었더라면 너희의 눈이라도 빼어 나에게 주었으리라"(갈 4:14-15).

갈라디아 교우들이 바울 사도를 천사같이, 그리스도 예수같이 대하였고, 눈이라도 빼주었을 것이라고 한 것은 양면을 생각해야 한다. 첫째가 바울 사도의 믿음과 증언이었다. '갈라디아 교인들은 나를 천사같이, 그리스도 예수같이 대해주고 눈이라도 빼줄 사람들이다'라고 생각하고 있다는 점이다. 이 마음이 있을 때 어찌 교인을 아끼지 않겠는가? 어떻게 대할 것 같은가?

둘째는 교인들이 목회자가 눈이라도 빼줄 사람에게 하는 사랑으로 대해주는데 어찌 지극히 대하지 않겠는가? 여기서 판정승하는 목회자가 된다. 한국교회에서 판정승하는 목회자가 시무하는 교회는 무슨 일을 해도 문제가 없다. 그러나 판정패하는 목회자가 시무하는 교회는 무슨 일을 해도 문제가 많다. 그러므로 '힘써 할 일'을 찾기보다 판정승하는 목회자가 되는 것이 급선무다.

출옥 후 1926년 9월 11일 오후 8시부터 17일까지 평양 서문밖예배당에서 대한예수교장로회 제15회 총회가 열렸다. 총회장에 김석창 목사가 선출되었다.

그의 임기 내 사업은 이랬다. 금강산 교역자 수양관 설립, 현금 당국에서 수정함으로 종교법안이 중대한 관계가 있은즉 특별히 심사위원 4인을 택하여 그 법안을 상세히 심사한 후 당국에 진정, 항의하여 선교에 장애가 없도록 교섭할 전권을 맡기는 것이 좋을 줄 알고 심사위원을 여좌히 선정 보고하며 한석진, 함태영, 김영구, 박용희 등을 선출했다. 남만노회에서 본 총회 총대는 20당회에 총대 2인 선정하자는 헌의는 작년 총회에서 "유안건으로 한 대로 15당회에 총대 2인씩 선정하는 것이 가한 줄로 아오며." 기타 여러 사항을 결의했다.

대한예수교장로회 제16회 총회가 1927년 9월 9~15일 원산 광석동 교회에서 모였다. 참석 총대는 목사 89명, 장로 89명, 선교사 34명이었다. 개회예배는 총회장 김석창 목사가 "하나님의 뜻을 분별하라"(롬 11:33~12:8)는 제목으로 설교했다.

임원을 선거하니 총회장에 김영훈 목사, 부회장에 염봉남 목사가 선출되었다. 주요 사항으로 내빈으로 정진수(북감리회 연회), 쁘래늘 박사(미국 장로회), 로스 목사(중국 선교사)가 참석하였다. 고 원두우 목사 기념비를 제막하기로 하고, 토마스 목사 순교 기념회(회장 마펫)를 조직하였고, 남경에 유학생 해산으로 선교를 중지하기로 보고받았다.

금강산 수양관 건립을 당국으로부터 인허받았고, 기부금 모금 활동까지 인가를 받았음을 보고받았다. 이에 한석진 목사에게 모든 문제를 맡김으로 한석진 목사는 전국 교회를 순회하며 모금했다. 또한 하기 아동성경학교 교사 강습회를 각 노회에서 개최하도록 하였고, 전국 여전도회를 조직하도록 하였다. 그리고 프린스턴 신학교에서 145권, 동교 전 교수(同校 前 敎授) 데이비스 부인이 100권, 아살 박사가 420권의 서적을 평양신학교에 기증했음을 보고받았다. 그리고 조선총독부 철도국에 목사 철도 이용 할인권을 요청했으나 거부되었음을 보고받았다.

김석창 목사는 총회뿐 아니라 평북노회장을 세 차례나 역임하는 등 교무에 몸 바쳐 열심히 사역하던 중에 8·15 광복을 맞았다. 일제 말기에는 일제의 고등계 형사들에 의해 정상적인 목회를 할 수 없었으나 해방되자 선천 남교회 원로목사로 추대되었고, 1946년에는 성역 40주년 기념 표창도 받았다. 이것은 대한민국에 대한 크나큰 하나님의 축복이요, 한국교회에 더욱 큰 은혜라고 여겼다. 그러므로 더욱 신앙의 열정을 다하여 교회를 성장시켜야 한다는 각오로 온 교우들과 함께 전도에 힘쓰고 서로 교제하는 일에 최선을 다했다.

광복 후 그는 선천군 인민위원회 위원이 되었다. 어떤 연고로 인민위원회에 들어갔는지 알 수 없다. 그 위원회가 무슨 위원회였는지도 알 수 없다.

1946년에는 곽산교회에서 예배를 마치고 귀가하던 중에 괴한들에게 피습당해 오랫동안 병상에 누워 있어야 했다. 이 괴한들이 어떤 쪽이었는가? 공산주의자들이었는가, 민주주의자들이었는가? 여하튼 그는 오래 병상에서 일어나지 못할 정도로 폭행을 당했다.

공산주의자들은 그가 회유되지 않을 것을 알고 술 먹은 군관을 시켜 교인들이 보는 앞에서 짓밟기도 했다. 이러므로 김석창 목사를 모욕하고 상하게 해서 활동하지 못하게 하려고 했다.

그래서인지 북조선 노동당의 횡포로 북에서는 신앙생활이 어려울 것으로 보고 1947년 진갑 잔치 석상에서 가족들에게 모두 월남할 것을 권유했다. 그러나 자신은 교회를 위하여 교인 한 사람이라도 남아 있으면 목자로서 끝까지 돌보아야 할 임무가 있으므로 월남하지 않겠노라고 선언하고 교회를 지키고자 했다. 그의 의지가 워낙 강해서인지 가족들도 아무 말을 하지 않고 안내자에 의해서 월남했다.

하지만 1950년 6·25 전쟁 발발 후 북한 땅을 지키던 그는 유엔군이 북으로 진격하자 유엔군 환영 행사를 주도했다가 유엔군이 철수한 후 선천군이 다시 조선인민군의 수중에 넘어가자 1950년 12월 20일경 총살당했다.

김석창 목사야말로 우리의 영원한 목자장 되신 예수 그리스도의 선한 목자였다.

"나는 선한 목자라 선한 목자는 양들을 위하여 목숨을 버리거니와"(요 10:11).

주님께서는 자기 양을 위하여 목숨을 버리셨다. 말씀대로 김석창 목사는 순교를 각오한 성실하고도 진실한 참 목자였다.

목사요, 독립운동가였던 김석창 목사를 기리기 위하여 세워진 교회가 있다. 1983년 5월 영락교회 한경직 목사의 인도로 헌당되었던 지금의 충성교회는 정세준 목사가 부임한 후 군선교 기관의 후원으로 보수 공사를 했다. 교회의 지붕 보수와 예배당 전면 개축과 주방, 교육관, 화장실 등의 수리를 끝내고 감사예배를 드리게 되었다. 감사예배에서 구충서 목사는 "거룩한 부담은 축복입니다"라는 제목으로 메시지를 전했다. 이학수 목사가 축도했다.

군인 교회로 시작한 것은 김석창 목사의 신앙과 정신을 이어받은 것이었다. 그는 공산주의와 끝까지 싸우다가 순교한 분이었다. 그러므로 지금 북한이 남한을 적화통일하려는 데 대한 새로운 사명으로 끝까지 싸워 승리해야 한다는 사명을 감당하기 위함이었다. 이 교회에서 신앙생활 하는 분들은 군인들이 많으며, 민간인이라도 싸우는 신앙으로 마귀의 세력을 타도하고 자유민주주의 대한민국으로 통일한다는 애국심으로 십자가 군병으로 임하고 있다.

김석창 목사는 성자의 칭호를 받을 만큼 덕망 높은 목사였다. 일제하 어려웠던 동토의 식민지 시절에 이어 1919년 3·1 민족 독립운동과 6·25 전쟁을 겪는 와중에도 조선예수교장로회 총회를 이끌어 왔고 한국기독교 선교 100년사에 아름답게 한 송이의 백합화가 되어 한국교회 미래의 지향점을 제시한 훌륭한 교회 지도자로 대를 이어 향기를 발하고 있다. 김석창 목사 같은 순교적인 희생과 헌신, 모범이 있었기에 오늘의 한국교회가 있음을 기억해야 하겠다. 1963년 대한민국 정부에서는 그의 애국 활동을 기억하고 건국공로훈장을 추서하였다.

순교자 김석창 목사의 신앙은 그 자손에게로 이어지며 빛나고 있다. 김석창 목사의 아들 김희철 장로는 가난한 목회자의 삶에서 희생양이었다. 아버지 김석창 목사는 명철하고 은사가 돋보인 넷째 아들 김희철이 목사가 되기를 바랐으나 결국 아버지의 뜻을 따르지 못하고 장로가 되었다. 목회자 아버지의 고단한 삶을 보아온 김희철은 아버지의 뜻을 따를 수가 없었다.

크게 빗나가지는 않았으나 목회자의 길은 가지 못했다. 아버지의 뜻을 어긴 것이 평생의 짐이 된 김희철 장로는 평생 목사님을 열심히 섬기는 신앙인으로 살았고, 맏아들 김광식 장로가 목사가 되기를 간절히 바랐다.

아버지 김희철 장로가 할아버지 김석창 목사의 뜻을 따르지 못하고 목사가 되지 않은 것처럼 김광식 장로도 아버지의 뜻을 따르지 못했다. 아버지의 뜻을 따르려고 연세대학교 신학과까지 진학했다. 그런데 신학을 공부하며 점점 목회에 대한 부담감을 얻는 대신 자신감을 잃었다. 그리고 우연히 도미 기회를 얻어 미국으로 건너가면서 목회자의 길을 접었다. 이민자의 삶으로 정착하고 살아오면서 여유 없는 삶을 핑계 삼아 자연스럽게 목회자의 길을 접은 것이었다.

할아버지의 뜻을 따르지 못한 아버지가 자신을 대신하여 아들이 목사가 되기를 원하였던 그 뜻을 어긴 것이 김광식 장로에게는 평생의 짐이요, 부담이었다.

그는 이민자의 삶을 시작하면서 공무원이 되었다. 다른 길을 생각하지 못하고 살았다. 그러나 늘 마음 한편에 가지 못한 길에 대한 아쉬움과 부담이 남아있었다. 그래서 목사의 마음으로 섬기는 일들을 시작했다.

우연히 시작한 사역이 마약 중독자 순화 사역이었다. 마약 중독자들을 도와 그들이 마약의 사슬에서 벗어나는 것을 도왔다. 그들이 중독을 이기고 새 삶을 살게 하는 재활 프로그램이었다. 열심히 돕고 섬겼다. 나름대로 보람도 느꼈다. 그런데 한계를 느꼈다. 문화와 언어의 장벽이 너무 컸다. 한인 커뮤니티였으나 섬겨야 할 대상들이 주로 한인 2세 젊은이들이었다.

마약 중독자 순화 사역에서 직면한 한계로 고민하다가 호스피스 사역에 눈을 뜨게 되었다. 제대로 사역하고 싶은 마음에 한국으로 건너가 샘물호스피스에서 연수도 받았다. 2001년 5월 1일 공식적으로 이 사역을 시작했다. '엔젤스 크리스천 호스피스'라는 비영리 법인도 만들어 활동을 시작했다. 인생의 마지막 지점을 보내고 있는 환우들을 돕고 그들을 섬기는 것은 의미 있고 보람된 일이었다.

환우에게 복음을 전하고 환우의 천국 삶을 준비하게 하는 사역이었다. 호스피스 사역은 많은 희생과 헌신을 요구했다. 육체적 섬김과 노동은 물론 감정 노동이기도 했다. 쉽지 않았다. 그러나 많은 사연과 간증을 남긴 호스피스 사역은 큰 보람으로 남았다.

힘든 호스피스 사역을 돕던 사람들이 지치고 힘들어하는 시점에 김광식 장로는 원목실 사역을 시작하게 되었다. 김광식 장로의 아내 김사정 권사가 간호사로 오래 근무한 LA 카운티 병원 원목실의 요청을 받은 것이다. 친분이 있는 병원 원목실 관계자의 추천과 권유로 시작한 원목실 사역은 환자들과 그 가족들을 대상으로 전문 사역을 제공했다. 예컨대 상담과 영적 돌봄을 제공했다.

그러나 때로는 자질구레한 심부름도 했다. 예를 들면, 통역과 무보험자들을 소셜 담당자에게 안내하는 일 등이었다. 이런 섬김과 돌봄을 통하여 주님 사랑을 전하며 직간접으로 복음을 전하는 일은 감사하고 복된 일이었다. 이런 일을 하면서 하늘에 계신 아버지 김희철 장로님과 할아버지 김석창 목사님을 뵐 면목이 생겼다.

김광식 장로는 40년 이상 섬겼던 LA 영락교회를 떠났으나 나성영락교회를 위한 기도를 쉬지 않는다고 했다. 현재 섬기는 기쁜우리교회도 김 장로의 기도 제목이다. 더 바르게, 더 건강하게 성장하기를 기도한다. 그것은 진짜 예수쟁이의 기도요, 소원이었다.

한 알의 밀알은 땅에 묻혀 썩으나 싹이 돋고 잎이 피어 꽃을 볼 수 있게 되면 열매를 맺는다. 한 알이 몇 알이 될지 아무도 모른다. 목사 한 사람의 후예들, 후배들이 자라서 더 많은 열매를 맺기 때문에 예수께서 말씀하신 '한 알의 밀' 역사는 무한한 역사를 이룩한다. 오늘 한국교회에는 이런 한 알의 밀 역사가 계속되고 있다.

한국교회의 미래는 순교자들의 피 위에서 세계 끝까지 복음의 선두자로 뻗어갈 것을 믿으며, 하나님 우리 아버지의 능력과 예수 그리스도의 복음을 들고 세계에 있는 한 사람, 한 사람을 찾아가 그리스도의 십자가와 부활의 복음을 전하는 일을 감당해야 할 것이다.

# 3
# 김익두 목사(1874~1950)

"믿는 자에게는 능히 하지 못할 일이 없느니라"(막 9:23).

장로교 목사이자 유명한 부흥사였던 김익두(金益斗)는 1874년 11월 3일 황해도 안악군 태원면 평촌리(黃海道 安岳郡 泰元面 平村里)에서 농부인 아버지 김응선(金應善)과 어머니 전익선(田益善) 사이에서 3대 독자로 태어났다. 어려서부터 한학을 공부했으며, 16세에 과거에 응시했으나 낙방했다. 17세가 되면서 상업을 했는데 뜻대로 되지 않았고, 친구의 빚보증을 잘못 서서 유산을 모두 잃으며 삶에 회의를 느꼈으며, 술을 많이 마시고 노름을 좋아하는 생활로 타락했다. 그는 악명 높은 불량아로서 안악군 일대에서 그 이름을 모르는 사람이 없을 정도였다. 누구나 그에게 대항했다가는 모조리 때려눕히는 완력가인지라, 그를 아는 사람들은 시장에 가는 도중에 서낭당 앞을 지나게 되면 "오늘 김익두를 만나지 않게 해달라"고 빌었다고 한다.

안악시장에서 그가 술과 냉면을 외상으로 먹고 갚지 않는 것은 예사였으며, 그렇다고 잘못 건드리면 무슨 변을 당할는지 모르기 때문에 한마디도 그에게는 독촉하지 못했다.

어느 여선교사가 그에게 전도지를 주면서 예수 믿기를 권고했다. 그는 전도지를 받아 쥐자 코를 풀고 그 종이를 돌려주며 그 선교사를 희롱했다. 그러니까 여선교사가 "청년, 그렇게 하면 코가 썩지요" 한 말을 그는 평생 잊지 못했다.

27세인 1900년 봄에 김익두는 친구 박태환(朴泰煥)의 전도로 안악군에 있던 금산교회에 갔다. 여기서 그는 미국인 선교사 스왈른(Swallen W.L.)의 "영생(永生)"이라는 설교를 듣고 기독교에 입교했으며, 신약성경을 1년에 100번이나 독파하는 독실한 신앙인이 되었다.

그 후 1901년 7월에 김익두는 부인, 어머니와 함께 신앙을 고백하고 스왈른에게 세례를 받을 때까지 언행을 삼가 조심했고, 한결같이 기도하면서 성경을 100독할 정도로 생활을 경건하게 했다.

하루는 술친구가 찾아와서 술을 마시자고 유혹했다. 그는 지금 약을 먹는 중이어서 술을 마실 수 없다고 거절했다. 무슨 약을 먹느냐고 물었다. "나는 지금 신약과 구약을 먹고 있다"라고 대답했는데 이는 물론 신구약 성경을 읽고 있다는 뜻이었으며, 기독교인들이 신구약의 보약을 먹고 산다고 하는 말은 김익두로부터 비롯된 것이었다. 1901년 그가 27세 되던 해 주일에 하나님 앞에서 경건히 신앙을 고백하고 스왈른 선교사에게 세례를 받았다.

이런 그가 예수 믿고 새사람이 된 후 부고장을 돌렸다. 사람들은 그가 죽었다는 소식에 기뻐했다. '그놈 잘 죽었다' 하는 심정으로 장례를 구경하러 장례장소로 가서 의자에 앉아 기다렸다. 모두 슬퍼하는 것이 아니라 김익두가 죽었다는 사실 하나로 기뻐했다. 그런데 잠시 후 죽었다던 김익두가 걸어 나오며 하는 말이, "여러분, 제 장례식에 오셔서 감사드립니다" 하는 것이었다. 참석한 사람들은 혼비백산하여 난리가 났는데 김익두가 말했다. "여러분, 걱정하지 마십시오. 과거 김익두는 죽었습니다."

김익두가 예수를 믿은 후 어느 날, 냉면 집에서 일하는 아이가 보기도 싫고 밉기도 해서 뜨물 찌꺼기를 그가 지나가는 옆에 확 뿌렸다. 주인은 그 광경을 보고 얼굴이 파랗게 질려서 그 애를 몹시 책망했다. 그런데 김익두가 말 한마디 없이 그냥 지나갔다. 주인이 말하기를, "오늘은 그가 무슨 생각이 있어서 그냥 지나간 모양이나 다음 장날에는 우리 집은 망하게 되었다" 하면서 크게 걱정했다. 다음 장날이 되어 김익두가 그 집 앞을 또 지나가면서 하는 말이 "예수 믿으시오"라고 전도했다. "옛날 김익두가 아니고 새로 난 김익두올시다. 당신에게 지은 외상값은 후에 모두 갚아 드리겠소" 하자 주인은 무슨 영문인지 몰랐으나 크게 숨을 내쉬며 마음을 놓았다.

그 후로 그는 매서인이 되었다. 성경과 전도지를 손에 들고 집마다 방문하며 예수 믿으라고 전도하면서 성경을 팔았다. 스왈른에게 전도실력과 신앙을 인정받은 그는 28세인 1902년 신약종상(新藥種商)을 경영하여 1년에 1,000원의 수익을 올렸으나 재령읍교회가 전도사로 초빙하자 번창하는 약종상(藥種商)을 그만두고 월급 4원의 교역자 생활을 시작했다.

그가 재령교회에 부임했을 때 교인은 여자가 10여 명이고 남자는 단 한 명밖에 없는 빈약하기 짝이 없는 교회였으나 1년도 못 되어 여자 30여 명, 남자가 10여 명, 주일학교 어린이는 40~50명에 이르렀다.

그해 10월에 김익두 전도사는 스왈른 목사의 부탁을 받아 신천(信川)으로 옮겼는데 이때부터 "김익두의 신천", "신천의 김익두"가 되었다. 1903년 신천 지역의 개척 전도사로 파송되었다. 신천에서도 그는 새벽기도, 신약과 구약을 하루에 각각 2장씩 숙독, 냉수마찰, 가정에서 하루 세 번 예배 등 자기의 원칙을 굳게 지켰다.

그리고 항상 손에 성경을 들고 틈나는 대로 읽었으며, 길을 걸을 때는 하나님께 기도드리는 습관이 생길 정도로 열중했다. 김익두는 1906년 3월 평양장로회신학교에 입학하여 1910년 제3회로 졸업한 후 황해노회(黃海老會)에서 목사안수를 받았다.

한번은 김익두 목사가 신천 서북교회에서 목회할 때 여름날 부흥회를 인도하기 위해서 보따리를 메고 산을 넘고 있었다. 산을 넘다가 너무 덥고 힘들어서 산 위에 올라가서 웃통을 벗고 땀을 식히고 있었다. 그런데 맞은편에서 술에 취한 사람이 비틀거리며 올라오더니 김익두 목사를 쳐다봤다. 그러면서 "야! 인마, 너 왜 나보다 먼저 올라왔어?"라고 시비를 걸더니 다짜고짜 주먹질을 했다.

그런데 김익두가 술 취한 사람이 때리는 것을 그냥 맞았다. 옛날 같으면 한주먹에 날려 버렸을 텐데 꾹 참고 때리는 대로 맞았다. 술 취한 사람은 뭐가 그리 신이 났는지 '이사 나간 집 굴뚝 부수듯이' 김익두 목사를 마구 두들겨 팼다. 한참을 때리다가 정신을 차려보니 상대방이 전혀 대항하지 않으니까 이상하다고 생각하고 숨을 몰아

쉬고 씩씩거리며 김익두 목사를 째려보았다.

그러자 김익두 목사가 말하기를, "형님, 다 때렸소?" 하면서 손을 내밀어 악수하면서 술 취한 사람의 손을 꽉 잡았다. 한때 평양 깡패였기 때문에 그 손이 무지막지했다. 술 취한 사람은 손이 아파서 번쩍 정신이 들었다. 그리고 겁이 났다. 그때 김익두 목사가 술 취한 사람의 손을 꽉 붙잡고 한 유명한 말이 있다. "예수는 내가 믿고 복은 자네가 받았네!"

그 사람에게 "내가 바로 김익두네. 내가 예수 믿기 전이라면 자네는 오늘 여기서 장례식까지 치르는 건데 내가 예수 믿은 덕에 복은 자네가 받았네." "아이고 형님, 그러면 저는 어떻게 할까요?" "뭘 어떻게 해, 당장 날 따라와." 그리고는 그 사람을 데리고 가서 부흥회에 참석시켰다. 술 취한 사람은 그날 예수를 믿고 술 주(酒)자, 주님(酒任)을 버리고 오직 살아 계신 주님(主任)을 믿어 나중에 장로가 되었다는 일화가 있다.

한국교회에는 1907년을 기하여 놀라운 성령 부흥의 큰 불길이 일어났다. 이 불길은 평양 장대현교회에서 모인 사경회 때 그 절정을 이루었으며, 낮에는 성경공부, 밤에는 부흥 전도 집회로 대성황을 이루었다. 이 집회에서 일어난 부흥의 불길은 전국 방방곡곡으로 널리 번져 맹렬하게 타올랐다. 이로 인하여 많은 교회가 설립되었다.

이 부흥운동을 계속해서 인도한 지도자로는 영계의 아버지 길선주 목사가 있고, 그와 함께 김익두 목사가 있어 양대 인물로 추앙되었다. 김익두 목사가 부흥회를 인도한다고 하면 수십 리 밖에서 사람들이 몰려와 인산인해를 이루었고, 교회 안에는 물론 밖에 다락을 메고 그 위에 올라서서 설교했다. 삼천리 방방곡곡 어느 곳이든 그는 찾아갔으며, 그 당시 한국의 교인이라면 김익두 목사의 힘 있

3 김익두 목사(1874~1950)

는 설교를 듣지 않은 사람이 없었다고 해도 과언이 아니다.

그의 설교는 예수의 십자가와 그의 보혈에 의한 속죄, 회개에 따른 중생체험(衆生體驗), 부활(復活)과 천국(天國)의 영생복락(永生福樂) 등이 중심이었는데 설교에서 나타나는 신비스러운 능력과 매력에 청중들은 도취되었다.

1919년 10월 평안남도 어느 교회에서 사경회를 마친 후 그를 찾아온 목사와 마가복음 16장 17~18절의 말씀을 가지고 토론이 있었는데 '만일 주님께서 병 고치는 능력이 지금도 필요하다면 왜 우리에게 이 은사를 주시지 않겠는가?' 하고 스스로 생각했다. 그는 길가의 앉은뱅이 걸인을 보고 병 고치는 이적이 자신에게 있는지를 시험하기 위하여 그 곁으로 가서 "일어나라" 하고 손을 잡아 일으켰다. 그러나 앉은뱅이는 그대로 앉아 쳐다만 볼 뿐 전혀 일어나려는 기색도 보이지 않았다. 그는 기도하기 시작했다. "내가 그 능력을 얻지 못함은 믿음이 약한 탓이 아니겠습니까? 믿음을 더하여 주시옵소서." 그는 간곡히 기도하여 1개월 후부터 놀라운 이적이 나타났다.

1919년 가을부터 김익두 목사는 서울의 남문밖교회에서 이재형 목사와 함께 시무했다. 이곳에서 김익두의 겸손한 태도와 기도 생활, 능력 있는 설교, 성경 사랑과 해박한 지식 등이 믿는 사람들의 입에서 입으로 전해져, 그에게 여러 교회에서 사경회를 인도해 달라는 청탁이 왔다.

1919년 10월 강동(江東) 영파교회 사경회에서 본격적인 신유의 능력을 갖춘 그는 그 뒤 많은 병자를 고쳤다. 기록상으로 최초의 이적은 1919년 12월 경북 달성군 현풍교회 사경회 때의 일이다.

수백 명의 교인이 참석한 중에 병자 박수진(朴守眞)이 끼어 있었다. 그 병자는 10년 전에 아래턱이 떨어져 갖은 방법으로 치료했으나 효력이 없으므로 이제는 거지가 되어 세상에서는 아무 소망 없이 예수 믿겠다는 생각으로 교회에 나와 있었다. 김익두 목사는 그 불쌍한 정경을 보고 너무나 가련하여 기도하기 시작했다. 김익두 목사는 아침부터 저녁까지 금식 기도했다. 3일째 되는 날이었다. 그 병자의 아래턱이 완전히 올라붙었다. 그는 하나님의 특별한 은혜를 감사하기 위하여 이름을 박수은(朴受恩)으로 고쳤다.

이후 1920년 4월 영남지방 집회 때에는 많은 병자가 치유받는 집단적 기적 현상으로 발전했다. 이때부터 그는 '권능의 사자'로서 전국적으로 부흥회를 열면서 도처에서 기사와 이적을 나타냈다.

1920년 6월 31일 평양 연합부흥회에는 그의 설교를 들으려고 6,000여 명이 모였다. 이후 그가 제9회 대한예수교장로회 총회에서 총회장에 피선된 후 그해 10월 서울 승동교회에서 2주간 열린 연합부흥회에는 연인원 1만여 명이 참석하여 철야 기도하며 통회 자복의 뜨거운 눈물을 흘리는 대성황을 이루었다.

당시 김익두는 '신유와 기적을 수반한 부흥운동'을 주도하면서 '병어리가 말하고, 앉은뱅이가 걷고, 17년 된 혈루증 환자가 쾌유되며, 소경이 눈을 뜨는'(마 11:5) 이적을 일으킨 인물로 소문이 났다.

김익두 목사를 초빙하여 평양 지역에서도 특별부흥회를 개최했는데 시내 일곱 교회의 교인들이 크게 감동되어 금전과 비녀, 반지 등으로 6만 원을 연보했으며, 많은 병자에게 안수해서 치료를 받은 사람이 많았다. 김익두 목사는 길선주 목사의 1907년 대부흥운동의 뒤를 이어 1919년부터 부흥사로서 큰 성과를 올렸으며, 그 뒤를 이은 사람이 이성봉 목사였다.

1920년 9월에 부산진교회에서 부흥회를 인도하고 있었다. 김낙언의 아들 김두수가 태어나서 8개월 만에 앉은뱅이가 되어 8년을 지나오다가 김익두 목사가 부흥회를 인도한다는 소문을 듣고 아버지와 함께 집회에 참석했다. 그는 강대상 바로 밑에까지 기어나가 앉았다. 이를 본 김익두 목사의 마음에 불쌍한 마음이 있어 안수기도하고 손을 잡아 일으키니 즉시 걷게 되어 온 교회가 기뻐하고 하나님께 영광을 돌렸다.

이와 같은 이적은 많이 일어났다. 4년 된 다리 병이 완쾌되는가 하면, 18년 된 혈루증이 깨끗이 낫고, 소경이 눈을 뜨고 곱사등이 펴졌다. 이러한 이적의 소문이 퍼져 그가 집회를 열면 각처에서 수백 명씩 병자들이 몰려들었다.

그 당시 〈기독신보〉는 김익두 목사의 이적을 대서특필하며 예수 이후 2천 년 뒤에 이러한 기사가 나타났음을 크게 보도하여 세계교회가 떠들썩했다. 그러나 이러한 일에 대한 반발도 있었다. 어떤 사람들은 김익두 목사가 미신을 가르친다고 했으며, 좋지 않은 평이 있었다.

김익두 목사는 이러한 사태를 주시하면서 자기의 병 고치는 일 때문에 사회에 물의가 일어나고 교회 안에 의견충돌이 생긴다면 덕스럽지 못하다고 판단했다. 그리하여 그는 병 고치기 위한 기도를 조심했고, 이후로 그 수를 극히 제한했다.

그의 이적을 비판하는 사람들, 즉 황해도 재령의 임택권 목사는 1919년 '이적증명회'를 발기하여 3년 동안 김익두 목사를 통해 치유 받은 자들의 신상과 기록을 사진과 함께 정리하여 1921년 1월에 《조선예수교회 이적 명증》이라는 책자로 발간했다.

또한 황해노회(黃海老會)는 1922년 장로회 총회에 헌의하기를, 장로회 헌법 정치 3장 1조에 "금일에는 이적 권능이 정지되었느니라" 조항을 수정할 것을 헌의했는데 총회는 이 안건을 신경과 성경 진리에 위반되는 조건이 아닌즉 개정할 필요가 없다고 결의하고 각 노회에 회부했는데 그 결과는 부결되었다. 이 일로 김익두 목사의 신유 부흥집회는 고비를 맞게 되었다.

한편, 기독교가 제국주의의 수족이요, 자본주의의 주구로서 일제에 협력했다는 이유로 반기독교 운동을 벌이던 사회주의자들은 김익두 등의 부흥사들을 "고등 무당"이라고 비난했다. 1922년 5월 9일 〈동아일보〉는 김익두의 부흥회가 십자가의 정신을 체현하는 것보다 미설 기적(迷說 奇蹟)을 추구한다고 비판하는 사설을 썼다.

팽대되어 가는 사회주의, 공산주의 세력은 김익두 목사가 기독교인들뿐 아니라 비기독교인들에게까지 그 영향력을 확대해 가는 것을 용인할 수가 없었다. 1926년 2월 25일 이민 교포들이 많이 사는 만주국 간도 용정교회에서 부흥회가 열렸을 때, 간도 각지에서 모여든 반기독교 청년들이 인산인해를 이뤄 부흥회가 열린 교회당을 포위하고 살벌한 분위기를 조성하며 김익두 목사의 설교를 방해했다.

다음날 부흥 집회에도 이들이 몰려와서 "김익두를 끌어내려라", "박애헌(용정교회 당회장) 목사를 끌어내려라" 등 공갈 협박을 자행했다. 심지어 폭도들은 강단에까지 올라가서 설교하던 김익두 목사를 비롯하여 캐나다 선교사 로스 목사와 장로들을 철봉으로 구타했고, 교회당 기물을 함부로 부수는 만행을 거듭했다.

그러나 부흥회는 계속되어 매일 600~700명이 모여 격렬한 설교를 들은 결과 새신자와 믿음의 신자가 많이 있는 중에 금주, 금연한 자도 있었다. 또 예배당을 증축하기 위하여 500여 원을 연보했고, 믿음으로 병을 고친 자도 많이 있었다.

그가 담임했던 남대문교회의 지식층 청년들이 중심이 되어 그가 기독교 신앙을 미신적 신앙으로 끌어내리고 병을 고친다면서 우매한

자들을 미혹한다고 매도했다. 이는 확실히 반기독교 운동이었으며, 엄연히 성경에 기록된 성령치유의 은사를 정면으로 거절한 위험한 자유주의신학의 물결이 교회 안에 침투해 들어오고 있는 증거였다.

일제의 억압 속에서 암울한 시절을 보내고 있던 대중들에게 김익두 목사는 그 초자연적 성령의 역사를 통하여 한국교회에 생명력을 불어넣었다. 그리고 3·1 독립운동 후 희망을 잃은 민중들의 삶에 용기를 불어넣어 준 그 시대의 예언자였으며, 그 시대에 하나님께서 우리 민족에게 보내주신 위로의 메신저였다.

그가 이끈 부흥 집회 수가 776회요, 설교 횟수가 2만 8천 회, 교회 신축이 150처, 그의 감화로 목사 된 사람이 200명, 치유받은 자가 1만 명이 넘었으니, 그의 생은 한마디로 '복음을 위한 삶'이었다.

김익두 목사의 부흥회는 한국교회에 새로운 형태를 창조했다. 그 원인이 무엇이었는가? 그것은 김익두 목사의 신앙형태에 원인이 있었다. 그는 열정적이었고 성경을 많이 읽고, 기도를 많이 한 사람이었다. 그리고 그는 성격적인 면에서 열정이 솟아났다. D.L. 무디에게서 볼 수 있었던 큰 능력이 나타났다. 그것도 그의 성격과 그의 신앙적 노력이 분명하게 나타났다. 김익두 목사의 부흥회가 미친 역사적 의의에 대해서 민경배 목사는《일제하의 한국기독교 민족 신앙운동사》에서 다음과 같이 기록했다.

"역사 자체에는 주기를 전진과 창조의 돌파력으로 전환시키는 잠재력이 전능자로부터 주어져 있다. 1920년대의 위기를 새 희망과 창조적 동력으로 전환시킨 거대한 섭리의 손길이 김익두 목사에게서 나타났다는 사실을 우리는 주목하고 싶다. 교회나 선교 상황 보고서 어디를 찾아보아도 그 당시 김익두 목사가 끼쳤던 엄청난 정신적 영향을 버금할 만한 운동이나 인물에 대한 지시가 없다.
김익두 목사가 시대적 새 기운이 정신적인 것에 대한 현저한 환기로 가득 차고, 전례 없이 복음에 압도되는 민심의 향방에 앞장서 그 파급을 지도할 수 있었기 때문이었다. 장로교에 진흥 운동이라는 것이었다. 그러나 그것도 김익두 목사의 부흥회의 격류 속에서 그 위치가 잡혔던 한 흐름이었다."

우리 교회사에서 어떠한 의미가 있는지에 대해서 한 선교사는 말했다. "우리는 주님께서 조선 땅에 바울이나 베드로와 같은 사도를 일으켜 백성들에게 복음의 진리를 증거할 수 있도록 해주시기를 오랫동안 간절히 기도해 왔다. 이 무거운 책임의 자리에 우리 주님께서 김익두 목사를 세우신 것이 확실하다.
우리는 그가 계속 겸손하게 말하고 우리 주님께서 힘을 주셔서 신자들의 신앙을 견고히 하며 불신자들을 회개하게 할 수 있도록 기도해야 한다."

일제는 기독교를 저들의 식민통치에 커다란 장애물로 간주했다. 그들은 교회를 항일애국사상의 발상지로 보고 교인들을 백안시했다. 그들은 음으로 양으로 기독교를 탄압했으며, 노골적인 배교 수단으로써 신사참배를 강요하기에 이르렀다. 신사참배는 두말할 것 없이 우상숭배요, 우상숭배는 설사 그것이 외부의 강압으로 마지못해 저지른 일이라 하더라도 하나님에 대한 모독임이 틀림없었다.

그래서 당시의 많은 교역자와 신도들은 이 신사참배 문제로 큰 시험에 빠졌다. 저들의 박해에 굴복하지 않고 끝까지 버틴 사람도 없지는 않았으나 본의 아닌 억울한 희생자가 많이 생기게 되었다.

하루는 종로경찰서에서 형사 한 사람이 김익두 목사를 찾아왔다. 김익두 목사는 '올 것이 왔구나' 생각했다. "나를 연행하러 왔소?" "아니, 그게 아니라 상부의 지시가 있어서요." "지시라니요?" 그러자 형사는 신사참배 문제를 끄집어냈다. 신사에 참배하는 것을 국민 된 도리니, 교계의 지도자가 이것을 외면해서는 안 되지 않느냐는 것이었다. "우리 교인은 하나님을 마음의 아버지로 알고 있으므로 딴 신을 섬기지 못합니다. 당신 같으면 두 아버지를 섬길 수 있겠소?" 김익두 목사는 반문했다.

"신사에 참배하는 것은 국민 된 의례로써 고개를 한 번 숙일 뿐인데, 그렇다고 딴 신을 섬긴다고 할 수는 없지 않습니까?" 속이 뻔히 들여다보이는 말이었다. 김익두 목사가 끝내 거절하자 형사는 "상부의 지시가 있으니 선생께서는 생각하셔서 후회가 없도록 하세요"라고 뒷맛이 쓴 말 한마디를 던지고 가 버렸다.

그 후 형사들이 번갈아 매일같이 찾아와서 신사참배를 종용했으나 김익두 목사는 요지부동이었다. 하루는 형사가 와서 김익두 목사와 몇 마디 말을 주고받더니, "정 그러시다면 당국으로서도 잠자코 있을 수는 없겠군요" 하며 가버렸다. 며칠 후에 형사가 다시 찾아와서 "서장님이 선생을 좀 보자고 합니다"라고 했다. 김익두 목사는 하는 수 없이 형사를 따라나섰다. 서장은 김익두 목사를 안내한 형사를 밖으로 내보내고는 신사참배 문제를 꺼냈다.

"보고는 들었습니다. 남의 이목 때문에 참배를 거절하신다면, 내가 모실 테니까 잠깐 같이 신사에 올라갔다 옵시다." 서장으로서 김익두 목사에게 할 수 있는 마지막 선심이었다. "그럴 필요 없습니다." 김익두 목사는 한마디로 거절했다. "간단한 일인데 그럴 것 없지 않습니까? 협조하시면 앞으로 목사님의 부흥운동에 힘이 되어 드리지요." "나는 절대로 두 신을 섬길 수 없어요." "끝까지 고집을 부리는 군. 좋아!" 서장은 이렇게 쏘아붙였다.

김익두 목사가 끌려 들어간 곳은 군데군데 핏자국이 남아 있는 때가 절은 다다미방이었다. 형사가 김익두를 방 안 바닥에 꿇어 앉히고 나가더니 곧 두 형사가 들어섰다. "영감, 고집 좀 작작 부리지 그래." 첫 마디부터 거칠었다. 김익두 목사는 많은 매를 맞고 풀려났다.

1940년 신의주 제일교회에서 부흥회를 마치고 돌아오는 길에 김익두 목사는 일본 경찰에 연행되어 교인들과 함께 신사참배를 했다. 일제는 이를 기독교인의 황국신민화를 위한 선전자료로 삼았다. 그러나 1942년에는 신사참배에 반대하다 종로경찰서에서 15일간 극심한 고문을 당하기도 했으며, 일제가 함구령을 내려 황해도 은율군 장련면에 감금당하기도 했다. 김익두 목사는 그곳에서 해방을 맞았다.

8·15 해방이 되었으나 나라는 분단되었다. 김일성이 북한을 공산주의 국가로 형성했다. 1947년 9월 소위 '조선 민주주의 인민공화국'이 탄생된 후, 김일성과 강양욱은 반공사상의 온상인 기독교를 조직적으로 통제하기 위해 결성한 '조선기독교도 연맹'을 범국가적 기독교 단체로 확대 개편하기로 했다. 처음에는 교역자들에게 가입할 것을 요구하더니 1948년부터는 일반 신도들의 가입도 요구했다.

북한교회는 다음 세 가지 선택의 길에 섰다. 신앙의 자유를 찾아 월남하거나, 북한에 머물면서 교회를 지키다가 순교하거나, 강양욱 목사처럼 공산주의 이데올로기에 편승해 김일성을 지지하는 것이었다. 김일성의 외종숙인 강양욱은 북한에 있던 2,000여 교회를 공산정권에 편입시켰다. 1943년 제38회 평양신학교를 졸업한 그는 '조선기독교도 연맹'의 설립을 주도하고, 1946년부터 사망할 때까지 조선기독교도 연맹의 위원장을 맡았다.

하루는 교회 제직들이 김익두 목사에게 몰려와 "목사님, 저들이 우리를 한데 묶어 활동을 제재하려고 하니 어떻게 하면 좋습니까?" 하고 물었다. "우리가 저들과 싸우는 길은 두 가지요. 밖에서 싸우는 것과 안에서 싸우는 것이요. 지금 우리의 여건으로 볼 때 밖에서보다 안에서 싸우는 게 유리할 것 같소." 제직들은 김익두 목사의 의중을 알 수 있었으나 기독교도 연맹에 가입하는 것을 반대하는 교역자들이 신경쓰였다. "그러나 순교를 각오하고 연맹에 가입하지 않으려는 목사들도 많아요."

"그건 물론 장한 일이오. 그렇지만 누구나 순교할 수도 없고, 또 그렇게 돼서도 안 돼요. 다 죽고 나면 양 떼들은 누가 이끌어 가겠소?" 제직들은 김익두 목사의 이런 고충을 헤아려 기독교도 연맹에 이름을 올리기로 했다.

그런데 이듬해 봄이었다. 하루는 민청에서 청년 몇 사람이 김일성의 사진을 들고 신천(信川) 김익두 목사를 찾아와서 교회 안에 걸라고 했다. 김익두 목사는 기가 막혔다. "대체 누가 이 사진을 우리 교회에 걸라고 하던가?" "그건 알아서 뭐합니까? 국민으로서 국가 원수의 사진을 거는 게 이상할 것 없잖아요." "나는 못 걸겠네! 강양욱에게 가서 내가 못 걸겠다고 전하게."

이 광경을 목격한 교인들은 김익두 목사에게 머지않아 큰 변이 생길 것 같아 불안하기 짝이 없었다. 그런데 예상과는 달리 며칠 후에 강양욱이 승용차를 타고 와서 김익두 목사를 극진히 모시는 것이었다. "대체 어디로 가는 겁니까, 강 선생?" "방송국에 가서 연설을 좀 해야겠습니다." "갑자기 연설이라니요?" 김익두 목사는 방송 연설을 거절했다. 그러나 이로 인해 김익두 목사에게 큰 박해가 올 것이었다.

당시 김익두 목사는 기독교도 연맹에 강제로 가입되었고, 1949년에는 기독교도 연맹 총회장에 임명되었다. 이는 그의 제자이자 김일성의 이종사촌인 전(前) 목사 강양욱(康良煜)의 강권과 감언이설에 의한 것이었다.

김익두 목사는 1950년 10월 14일 신천(信川) 교회에서 새벽기도회를 인도하던 중 후퇴하는 인민군이 난사하는 총에 맞아 순교했다. 그의 나이 76세였다.

김익두 목사는 한국교회의 최초 부흥사였다. 그의 10년에 걸친 부흥회는 1907년 성령운동을 크게 번져나가게 했으며, 전국적으로 많은 사람이 회개하고 돌아왔다. 또한 그의 이적을 통해 고침을 받은 이들이 많았다.

김익두 목사는 무려 50여 년 동안 국내, 만주, 시베리아 등지를 두루 다니면서 총 776회의 부흥회를 인도했고, 1만 명의 질병을 치료했고, 150개 교회를 개척했다. 그의 설교와 전도를 통하여 258명의 목사가 배출되었고, 그중에는 한국교회 최초의 신학박사 학위를 받은 남궁혁 목사와 한국교회의 순교자 일사각오(一死覺悟)의 신앙인 주기철(朱基徹) 목사가 있다. 또한, 2만 8천여 회의 감동적인 설교로 많은 사람을 기독교로 개종시켰을 뿐만 아니라 그의 부흥회 설교 13편을 모은 《부흥회설교집》(1940년)이 남아 있다.

김익두는 초월적 신비주의 운동가로서 한국교회의 부흥회를 대표하는 '이적의 부흥사로 널리 알려졌다. 그는 3·1 독립운동 뒤 민족적 좌절을 겪고 사회변화와 각종 이데올로기의 대두로 인해 의기소침해 있던 폐허의 한국교회에 영적인 각성을 도모하여 위로와 희망을 주었으며, 신유(神癒) 신앙운동으로 재기의 에너지와 열기를 불어넣어 주었다.

아울러 그는 19세기 말 미국의 유명한 부흥사인 무디에 비견해서 "한국의 무디"로 평가되었다. 또 안수기도로 병을 고치는 이적으로 "과학을 초월한 불가사의(不可思議)를 행한 자", "신비의 잠을 깨운 자" 등으로 불리며, 이후 한국교회의 독특한 부흥회의 전범(典範)을 마련한 영적 능력을 지닌 목사로 기억되었다.

김익두 목사의 부흥사경회 운동에는 몇 가지 특징이 있다.

하나는, 대형 집회의 성격이다. 일제하에서 그의 부흥 강설회에 버금갈 만한 청중 동원의 거대한 집회가 따로 있었던 것 같지 않다. 김익두 목사의 이적 기사를 의심했던 밀스(J.N. Mills) 박사도 서울 승동교회의 집회를 보고 "숨가쁠 만큼 인상적"이라 했으며, 북장로교 선교사 로즈(H.A. Rhodes, 魯解理) 박사는 "수도에서 열렸던 사람 최대 최초의 대집회"였다고 증언했다.

그의 성회는 어디를 가나 그 지방에서 전례 없는 인파에 휩싸이곤 했다. 가령, 1920년 8월 신천(信川) 성회(聖會)에는 남녀 수천 명이 밀려들어 교회당 뜰까지 인산인해를 이루어서, 사경 시간에는 본 교회 신자들이 양보해서 불참하도록 권유했다. 실로 그날은 장날을 방불케 했다. 실제 장사꾼들이 곁들여 장사 속셈으로 몰려들기도 했다.

또 그해 10월 연백에서도 집회 인원이 인산인해였고, 원산에서는 성경공부 때마다 수천 명씩 모이고, 병을 고친 자가 180명이었으며, 제주에서도 1920년 말인데 5백여 명이 운집한 성황이었다. 마산에서는 1921년 설날의 성회인데도 때마다 수천 명씩 모여서 열기가 넘쳤다.

1920년 8월 사리원에서 열린 부흥사경회에는 무려 4~5천 명이 운집했는데 교회당 안팎이 인파로 덮였고, 심지어 담장 위까지 올라가서 설교를 듣는 교인이 많았으며, 예배당 대문 밖에는 음식점과 과

일 장사들이 모여들어 임시 시장을 차릴 정도였다. 성진에 갔을 때도 같았다. 교회당에 모인 인원이 다 들어갈 수 없어서 보신여학교 앞뜰에 천막을 여럿 치고 개회했으나 운집하는 성도와 병자가 매일 수천 명에 달하는 대성황이었다. 김 목사가 가는 집회는 어디나 예외가 없었다.

다른 특징은 부흥사경회의 시간 배정인데, 대개 기본적인 원형이 하나 있었다. 새벽기도회, 오전 2~3시간에 걸친 성경공부, 오후 시간에 요리 공부, 그리고 저녁 시간에 설교회라 하여 부흥회 핵심의 설교 전도가 있었다.

1933년 5월 19일부터 일주일 동안 개최된 새문안교회 부흥회는 시정이 꽉 차 있었다. 주야 일주일 전체를 그 교회에서 경청했으나 때에 따라 어떤 감정의 폭발, 외침, 눈물, 신체적 진동이 성회를 달구었다. 그의 십자가에 대한 시행과 보혈의 주제 설교, 회개에 대한 심판 모면의 권고, 능력의 성령이 폐부를 찌르는 그의 칼날 같은 호소력에 불이 붙으면 예배는 불같은 열기와 정서적 폭발로 휩싸여 눈물과 찬송이 넘쳤다. 때로 그것은 죄 용서의 은사에 대한 끝없는 감격이요, 때로는 임박한 심판 앞에서 전율하며 속죄를 갈망하는 두려움과 불안의 외침이기도 했다. 그러나 그것은 모름지기 하나님의 사랑과 십자가의 보혈에 대한 찬송과 감동이었다.

그의 설교 내용은 예수의 십자가와 보혈, 그리고 회개였다. 그 큰 입으로 익살과 유머를 곁들여 흉내 내면서 설교할 때면 교인들이 완전히 매료되었다. 집회에서 상투쟁이 상투를 자르게 하고, 일 전짜리 연보를 연보함에 넣으면 그는 내려가 그 큰 두 손으로 움켜 교인들 면상에 와락 뿌리며, "이따위를 하나님 앞에 바쳐!" 하고 노려봤다.

겨레는 그날 마음의 위로와 힘에 압도되어 거듭되는 감격에 목놓아 울었다. 그래서 한편에서는 찬송하는 소리, 한편에서는 회개하는 울음소리가 그치지 않았다. 더구나 간증 때 감격의 강도가 압도했다. 생전 걷지 못하던 11세 된 앉은뱅이가 신유의 기적으로 서서 걷게 되자 사람들은 "어린 듯 미친 듯 박장하는 소리, 집이 떠나가듯 했고, 평양 연합집회 때에는 미친 듯 취한 듯 흥분된 신경을 걷잡지 못했다"라는 증언이 있다.

다음은, 기도 치병의 이적이었다. 그 신유(神癒)의 대상은 대개 빈한한 층이었고, 심지어 거지들도 있었다. 이 신유의 능력은 다만 기도의 정성 때문이었다. 서울 승동교회 성회 때에는 10일간 계속 금식기도 상태에서 부흥사경회를 진행했다.

치병 방법은 다양한데, 대개 그의 활동 시기에 따라 바뀐다. 우선 초기에는 개별 안수기도였다. 이적은 그때 곧 기적적으로 나타나는 것이 아니다. 때로는 한 주일, 혹은 몇 달의 시간이 걸려 나타나기도 했다. 기도도 한 번 할 때가 있고, 어떤 때는 특정인을 위해서 장시간, 그리고 심지어 4, 5차례 한 일도 있었다. 그리고 기도 받은 사람이 다 치병 된 것도 아니었다.

다음 단계에서는 환자들이 너무 많이 몰리기 때문에 부흥회가 끝날 무렵 시간을 따로 정해서 같은 병종의 단위로 따로 앉혀서 기도했다. 그러나 서울 집회 때부터는 병자 쪽에서 신앙심을 가지고 기도하면서 김익두 목사를 바라보기만 해도 거리와 관계없이 쾌유되는 일이 나타났다. 부흥 집회 기간 중 사흘가량 금식기도하고 치병만 하는 데에도 수백, 수천의 환자들을 치료할 방법이 없었던 불가피한 조건이 이런 기도 치병 형식으로 가게 한 것이 확실했다.

함석규 목사의 아들 함덕용 군은 용천에서 병중이었는데 함태영 목사가 권유하여 데리고 와서 서울 윤치소 장로 집에서 김익두 목사의 기도로 쾌차하게 된 일이 있었다.

이런 김익두 목사에게는 두 가지 실수가 있었다.

먼저는, 신사참배 문제였다. 1940년 신의주 제일교회 부흥회에 갔다가 일경에 붙들려 교인들과 함께 신사참배를 한 사실이었다. 이것은 교인들의 안전을 위해서 취한 일이었다. 그러나 그는 항상 신사참배를 반대했다. 그래서 일본 제정 말기에는 함구령을 내렸고, 황해도 운율군에 한 과수원에서 거주제한을 받았다. 신사참배에 참여한 문제로 해방 후 채정민 목사에게 꾸지람을 들은 일이 있었다.

다음은, 해방 후 북한 공산당 북괴 정부 수립을 위한 총선거를 1946년 11월 3일 주일에 실시하기로 했다. 그런데 교회들의 반응이 좋지 않았다. 5도 연합 노회의 태도는 확고했다. 이 문제에 대해서 그 노회는 다음과 같은 결의문을 채택하고 당국에 통고했다.

"북한의 2천 교회와 30만 기독교 신도들은 신앙의 수호와 교회의 발전을 위하여 다음 5개 조항의 교회행정의 원칙과 신앙생활의 규범을 택정 실시하고 있으므로 귀 위원회의 적극적인 협조를 바라 마지않는 바입니다."

그런데 그 5개 조에 주일에는 예배 외의 여하한 행사에도 불참한다는 것, 정치와 종교의 엄격한 구분, 교회당은 예배 외의 목적에 사용할 수 없다는 것, 현직 교역자가 정계에 종사할 때는 교적을 사면해야 한다는 것, 그리고 교회는 신앙과 집회의 자유를 확보한다는 내용이었다.

그런데 김익두 목사는 강양욱의 '조선기독교도 연맹' 총회장직을 맡았다. 그러므로 공산주의에 협조했고, 정치 활동한 경력을 가졌다는 것이었다. 방북단이 평양에 갔을 때 신천사건(信川事件)에 관련된 김익두 목사의 사진이 "미제의 이중간첩"이었다는 것이었다. 신천박

물관에는 그의 사진이 수십 년 동안 걸려 있었다.

그는 1950년 10월 14일 신천(信川)교회에서 새벽기도회를 인도하던 중 후퇴하는 인민군이 난사하는 총에 맞아 순교했다. 이때 이를 말리던 신도 5명도 함께 순교했다. 김익두 목사의 생애는 76세로 마쳤다. 그의 유해는 교회 정원에 가매장되었다가 그해 11월 29일 신천군 제직회 주최로 신천 지역 50개 교회가 모여 서부교회에서 장례식이 거행되었다.

고신대 이상규 교수는 "한국교회 순교자 수를 1만 명 정도까지 산정하고 있는 것은 자료의 결핍에서 오는 추정이나 불분명한 추정은 순교자에 대한 개념 정립의 부재에도 그 원인이 있다"라고 하면서, "한국교회는 그동안 자연재해나 사고사 등 인간적 실수로 인한 희생자나 사고자들에 대해서 단지 그리스도인이라는 이유로 '순교자'로 칭하는 일이 있었다"라고 했다. "일례로 단지 전도여행 중 사망한 사람도 순교자로 칭한 일이 있었다"면서, "순교자 칭호의 바른 수여를 위해서는 '순교'의 개념이나 용례에 대한 신학적 이해와 교회사적 용례에 대한 정리 작업이 필요하다"라고 주장하였다.

이전에도 다수의 논자가 '순교자'로 지칭하고 있는 토마스 목사를 순교자로 볼 수 있을 것인가에 대해 의문을 제기한 일도 있고, 해상 사고로 사망한 아펜젤러, 교통사고로 사망한 말스버리 선교사를 순교자로 볼 수 있는가 등에 대한 논의가 일기도 했다.

순교자에 대한 개념 논란은 이미 교회사에 나타나 있다. '순교'에 대한 개념 정리와 관련한 논란은 한국교회만의 일은 아니다. 초대교회 때는 순교에 대한 지나친 열망이 신앙적 자살, 곧 자발적 순교로 이어지기까지 하여, '누가 순교자이며, 순교자라는 칭호를 얻기 위해서는 어떤 조건을 갖추어야 하는가?' 하는 순교자 개념 정리가 절실히 요구되었다.

이에 대하여 이상규 교수는, 초기 교회가 이해했던 순교자의 조건은 "순교는 육체적 생명이 끊어지고 참으로 죽어야 하며", "그 죽음은 그리스도인의 생활과 증거하는 진리에 대한 박해에 기인한 것이어야 하며", "그 죽음을 자의적으로 받아들여야 한다는 세 가지였다"라고 설명했다.

하지만 이 교수는 "한국교회에서는 순교와 관련해 전통적 입장의 순교개념이 지지를 받고 있다"라고 하면서, "따라서 한국교회는 '순교자' 개념에 공동의 의견을 수렴하여 확정하는 논의를 활성화해야 한다"라고 강조했다.

내가 순교자가 되고 싶다고 되는가? 그렇지 않다. 순교는 때가 있다. 내가 지금 광화문 네거리에 나가서 "나는 순교자가 되고 싶다"라고 외치면 순교자가 될 수 있는가? 지나가는 사람들이 정신 감정을 받으라고 권고할 것이다. 리처드 김(김은국)의 작품 《순교자》 속에 나오는 순교자들이 있다. 그들이 과연 순교자인가 하는 의문을 던진다. 순교자는 끝까지 자신의 믿음을 포기하지 않고 확신 속에서 죽어야 했다. 이런 면에서 김익두 목사는 진정한 순교자였다.

## 4
## 김병조 목사(1877~1950)

김병조(金秉祚) 목사는 한국교회사에서 별로 알려지지 않은 무명의 목사이다. 더욱이 그가 3·1 독립운동 당시 민족대표 33인이었다는 것을 아는 사람조차 거의 없다. 그러나 그의 인생을 살펴보면 평생토록 목회자의 길을 걸으면서도 3·1 독립운동부터 임시정부에서까지 중요한 역할을 감당한 독립운동가였다. 그는 목회자요, 독립운동가요, 사학자요, 교육자요, 언론인이었다.

평생을 독립운동과 항일운동에 헌신했던 김병조 목사는 해방이 되자 모든 교역자가 줄지어 남하하여 이북 교회는 목자 없는 교회로 변하는 상황에서도 남하를 권유하는 이들에게, "내 나이 70에 얼마나 더 살겠다고 남하하겠소. 죽는 날까지 목자 없는 양을 지키겠소" 하며 남아서 정주군 바산면 청정교회를 담임하고 있었다.

김병조 목사는 1877년 1월 10일 평북 정주군 동주면 복명동에서 김경복(金京福)의 3남 중 2남으로 출생했다. 이곳에서 10대를 농업에 종사하며 집안이 매우 가난했음에도 어려서부터 재질이 뛰어나 6세부터 서당에 보내 한학(漢學)을 공부하게 되었다. 사서삼경(四書三經), 제자백가(諸子百家)를 통달한 그는 마을 군수의 천거로 18세 때 궁궐 찰방(察訪)으로 임명되었으나 그는 학문 이외에는 관심이 없어 사양했다.

개항 이후 외세의 침략과 침탈 앞에 무방비 상태로 내던져진 나라와 민족의 운명을 보면서 근대화의 필요성을 절감했다. 특히 그가 태어난 정주는 1811년 홍경래 난의 중심지였고, 또 중국을 거쳐오던 서구 문물의 수입 근거지였다. 그래서 일찍부터 근대화 바람이 거세게 몰아쳤다. 다른 지방보다 먼저 기독교가 전파되고 신식 학교가 들어선 것도 이런 까닭이었다.

1897년 19세에 그는 고향에서 80여 리 떨어진 평북 구성군 관서면 조악동에 서당을 차려서 교육에 종사하다가 1899년 22세에 조악동 하숙집 주인의 맏딸 최윤조와 혼인하였다. 그 후 관서면보다 일찍 개화된 방현면으로 옮겨 서당 삼희재(三希齋)의 훈장으로 초빙되면서 변산학교로 개편했다.

김병조의 고향 정주는 서울과 신의주를 잇는 교통의 요지로 러일전쟁 전후 경의선 철도가 지나갔다. 애국계몽의 교육사업에서도 정주는 앞서갔는데, 민족교육의 요람인 오산학교가 세워진 것이 1907년이며, 이외에 정주 지역에 사립학교들이 세워진 시기도 1906년에서 1909년 사이였다. 1901년 25세 때 상투를 자르고 구성군 방현면에 변산학교(辨山學校)를 설립하고 1908년 기독교 학교를 인수하고 교장이 되었다. 그가 한학을 공부했다고 해서 이러한 시대적, 지역적 분위기에서 떨어져 있지 않았다. 외세를 막고 민족 발전을 이루기 위해서도 사회 근대화가 필수적임을 그는 인식하고 있었다. 그의 이 같은 생각은 1903년부터 구체화되었다. 그것이 변산학교의 설립이었다.

1908년 서당을 폐교하고 변산학교를 설립하여 근대식 교육을 했다. 망국의 원인이 퇴락한 유교 사상과 국민의 무지에서 비롯된 것으로 여긴 그가 서북학회와 대한협회 등 애국계몽단체에 가입하여 활동한 것도 이 무렵이었다.

개화기 서북지방은 한국 개신교 역사의 전초기지로 일찍부터 민족열과 개신교 신앙이 결합된 수많은 신앙 인물들이 배출된 지역이었다. 김병조가 신식 학교를 시작한 구성군은 1895년에 김병조의 먼 친척인 김이련, 김관근 부자가 사기면 향산동에 초가 예배당을 세운 것으로 시작해서 1904년 방현면 하단동 남시(南市)에 두 번째 교회가 설립되었다. 이어 1905년 구성면에 구성읍교회가, 광산이 많던 이현면에는 길상교회가 연이어 세워지는 등 개신교 복음이 퍼졌다.

관서면 서당 시절 김이련, 김관근 부자로부터 처음 복음을 접했을 때만 해도 김병조는 삼강오륜(三綱五倫)의 유교가 월등한 종교임을 내세워 배척했다. 그 후 방현면으로 옮긴 뒤에도 김관근 부자의 전도는 계속되었다.

김병조에게 복음을 전한 김관근은 한국인 최초 세례교인인 백홍준의 사위로 언더우드에게 세례를 받았다. 독립협회 평안도 지부장을 지냈으며, 1910년 평양신학교 제3회로 졸업한 당대 개신교 지도자로, 선천의 양전백도 김관근의 전도로 기독교인이 되었다. 김병조는 김관근에게서 기독교 신앙과 민족의식에 많은 영향을 받았다.

1907년 새해, 방현면 남시(南市)에 대화재가 발생하여 80여 채의 초가가 전소되고 많은 이재민이 발생하는 사건이 있었다. 마을 주민들은 이방 종교가 들어와 토착 귀신이 노해서 벌을 받은 것이라고 일대 소요를 일으켰다. 남시 대화재 소문이 평북 대리회에 전해지자 대리회는 산하 교회들로 구호 연금을 거두어 마을 복구에 나섰다. 이 일로 마을 사람들의 원망은 사라졌으며, 김병조의 마음도 움직였다.

유교에는 없는 만민평등, 박애주의가 기독교에 있음을 알게 되면서 김관근의 전도에 귀를 기울이게 되었다. "네가 예수를 믿고 지도자가 된다면 그동안 배운 지식이 큰 도움이 될 것이다. 기독교는 지금 파죽지세로 퍼져나가 관서지방 곳곳에 교회가 세워지고 있단 말이야. 일단 남시교회(南市教會)에 나가봐 믿음이 생겨날 거야."

구성군 내 기독교 계통 사립학교들이 연이어 세워지고 방현면을 지나는 기차 소리와 함께 밀려오는 일본 군국주의의 위협에 김병조에게는 새로운 시대정신이 절실했다. 1909년 마침내 김병조는 32년 동안 신봉해 온 유교에서 벗어나 1909년 9월 김관근(金灌根) 목사의 인도로 개종했다. 마음이 서자 믿음을 향한 갈증은 그를 기독교 진리의 세계로 깊이 파고들게 했다.

남시교회에서 신앙생활을 시작한 김병조는 2년 후인 1911년 1월 22일 같은 곳에서 라부열 선교사에게 세례를 받아 정식 기독교인이 되었다. 그는 애국자를 키우기 위해 교육을 했다. 그런데 이제는 애국에 예수를 우선으로 교육하며 신앙을 갖고 민족 계몽을 시작했다.

4 김병조 목사(1877~1950)

일제는 1911년 애국계몽단체인 신민회를 '데라우치 총독 암살사건'으로 엮어 평안도와 황해도 중심의 많은 기독교 인물들을 투옥하였다. 이 사건으로 큰 해를 입은 지역은 평북 선천으로 46명이 기소되었고, 정주는 34명으로 그다음이었다. 이 가운데 이승훈, 이명룡, 양전백, 선우혁 등은 3·1 독립운동에도 참여한 민족인사들이었다.

기독교인이 되었으나 여전히 한문 교사였던 김병조는 1913년 2월 19일에는 선천 남교회에서 열린 제3회 평북노회 추천으로 평양신학교에 입학해서 열심히 공부하면서 민족문제에 눈뜨게 되었다. 동시에 관리교회 조사로 목회를 시작하여 1914년에는 그 교회에서 장로가 되었다. 1917년 평양신학교를 제10회로 졸업하고, 평북노회에서 목사 안수를 받은 후 관리교회를 시무했다.

1년 한 학기제인 신학교 학제에서 학업과 목회를 겸하는 경우가 많았는데 김병조도 5년 만인 1917년 6월 제10회로 평양신학교를 졸업했다. 졸업 후 1918년 8월 19일 정주읍교회에서 열린 제14회 평북노회에서 김병조는 안승원, 조상섭, 송문정과 함께 관리교회 전임목사로 임명되어 목회자의 길을 걷게 되었다.

김병조의 5년 신학교 재학 시기는 그의 인생에서 인적, 사상적 기반이 형성되는 전환기였다. 이 기간에 그는 남강 이승훈을 비롯하여 유여대, 강규찬, 김경덕, 김규찬, 배은희, 윤하영, 김인전, 송병조, 장덕로, 선우훈, 변인서, 함태영, 김승만, 이명룡 등 기독교 민족운동 관계 인물들과 깊이 교제했다. 특히 '105인 사건'으로 투옥된 지 6년 만에 가출옥한 뒤 1916년 3월 평양신학교에 입학한 이승훈과의 만남은 기독교 신앙과 민족운동의 결합을 직접 터득할 기회가 되었고, 이외에도 송병조, 조상섭, 이원익 등과의 관계는 훗날 임시정부로 이어지는 직접적인 계기가 되었다. 함태영을 제외하면 김병조는 대부분 서북 지역 기독교인들로부터 민족주의 신앙관을 내면화하는 계기가 되었다.

세계 제1차 대전 후 윌슨의 민족자결주의에 영향을 받아 식민지 조선의 기독교인들도 국내외에서 적극적인 민족운동의 활로를 모색했다. 1918년 신한청년당을 조직한 김규식, 서병호, 선우혁 등은 1919년 2월 2일 상해에 모여 김규식을 파리 만국평화회의에 한국 대표로 파견할 것을 결정하고 장덕수를 일본으로, 여운형을 노령으로, 선우혁과 김철, 서병호를 국내에 파견하여 국내외 정치, 사회, 종교계를 망라한 거족적인 독립운동의 방법을 모색할 것을 계획했다. 국내로 파견된 선우혁은 2월 6일경 평북 선천의 양전백 목사를 찾아 방문 목적을 말했다.

"미국 대통령에 의해 민족자결주의가 제창되자 민족자결의 소리는 유럽 각 민족 간에 일어나 지금은 세계 풍조가 되었다. 이 기회에 우리 조선 민족도 독립운동을 기도하면 반드시 목적을 달성할 수 있을 것이다. 그러므로 상해에 있는 교포들은 협의 끝에 김규식을 파리로 보낼 것을 결정했다. 이때 국내에서도 소리를 크게 높여 독립운동을 일으킬 필요가 있다. 그리고 파리 대표자에 대해서는 운동비를 모아 성원해 줄 필요가 있으니 이 일에 진력해 주기 바란다."

선우혁은 이승훈과 동향인 평북 정주 출신으로, 민족대표 33인에 포함된 이명룡 장로의 사위 선우훈의 형이며 흥사단원이기도 했다. 선우혁으로부터 독립운동 계획과 후원금 문의를 받은 양전백은 평북 지역 기독교인들과 의논하여 성사시키기로 약속했다. '105인 사건'으로 선우혁과 함께 투옥되었던 양전백 목사는 1916년에 장로교 총회장을 지낸 교계 지도자였다. 양전백 목사의 동의와 협조를 구한 선우혁은 다음날 고향인 정주로 가서 이승훈을 만나 평양과 서울의

**4** 김병조 목사(1877~1950)

교계 지도자들과 거국적인 독립운동의 방책을 구할 것을 논의했다.

김병조가 '민족대표 33인'에 참가한 경위는 이랬다. 선우혁과 논의한 이승훈은 1919년 2월 11일 서울에서 최남선, 송진우와 만나 독립운동에 기독교 측의 참가를 약속한 뒤 동지를 규합하기 위해 평북 선천으로 갔다. 마침 2월 12일은 제15회 평북노회가 선천 남교회당에서 개최되기 일주일 전으로, 전례대로 사경회가 먼저 열리고 있었다. 그 당시 김병조는 1918년 11월 27일 평북노회에서 분립한 의산노회 임원으로 김승만, 장덕로, 유여대 등 노회원들과 함께 사경회 기간에 노회 사무 인수를 위해 선천에 머물고 있었다.

2월 12일 밤 양전백의 집에서 의산노회 임원 4인(김승만, 유여대, 김병조, 장덕로)과 선천 북교회 백시찬 장로, 홍성익 장로 등은 거사에 동참할 동지를 구하려고 찾아온 이승훈과 만나게 되었다. 이 만남에서 이승훈은 서울에서 진행 중인 기독교계와 천도교계 지도자들의 독립운동 계획을 설명하고, 거국운동에 평북 지역 기독교인들의 참가를 독려했다.

이에 김병조를 포함하여 양전백, 이명룡, 유여대 등 4인이 기독교 민족대표로 동참하기로 결의했다. 또한, 이 자리에서 평북 지역 거사는 지역 분담으로 진행할 것과 김병조, 유여대, 김승만, 장덕로 등 4인이 의주, 삭주, 창성, 벽동 등 의산노회 관할 지역을 맡기로 정했다.

이날 밤 모임에서 김병조와 유여대는 거사에 관한 한 이승훈을 전적으로 신임하여 민족대표 서명을 위한 인장도 그에게 위임했다. 2월 14일 김병조와 유여대가 다시 양전백의 집을 찾아 도장을 맡긴 사실에서 사전 결의가 실행에 옮겨진 것으로 볼 수 있다. 이 내용은 3·1 독립운동 관련 공판기록에서도 확인되었다.

이것으로 1919년 3월 1일 태화관 선언식에 김병조, 유여대가 불참하게 된 경위도 설명되었다. 즉 2월 12일 논의에서 거사 당일 이들은 평북 지역의 시위와 독립선언서 배포 등의 임무를 맡기로 모의된 것이었다. 아래의 글에서 거사 당일 김병조의 동선이 확인되었다.

"의주는 유여대, 김병조, 김승만, 장덕로 4인이 음력 정월 10일에 평북노회 축하차로 선천에 가서 양전백의 집에서 십여 동지로 더불어 국가의 광복을 논의한 후 의주 일대의 거사는 4인이 분담하고 김병조, 김승만은 비밀기관의 간부가 되고, 유여대는 시위운동의 회장이 되어 운명에서 태극기와 선언서를 준비하며 50여 교회와 사회 각 단체에 통고문을 밀포하여 2월 29일 밤에 군내 양실 학원에서 회의하고, 다음 날 경성 전(京城 前)에 와서 즉시 이원익, 김창수, 안석응 3인으로 선언서를 도, 군, 양 청급 경무국 헌병대에 전달하고 시민에게 고르게 한 후."

위에서 3월 1일 거사와 관련해 비밀기관이 등장하고 있음이 확인되었다.

이 시기 해외 운동과 국내를 연결하는 비밀기관의 설치가 중요했고, 이 일에 상해 신한청년당과 서북 기독교계의 논의하에 김승만, 김병조 등이 참여하기로 모의했다. 이를 위해 김승만은 이승훈으로부터 받은 900원의 자금을 지원받아 안동으로 건너갔고, 김병조는 해외로 나가기 전 먼저 평북 일대 잠행을 결의했다.

1919년 3월 1일 태화관 독립선언식에 서명한 민족대표 33인 중 평북 출신자들은 이승훈, 양전백, 유여대, 김병조, 이명룡 등 5인이었다. 의주는 서울과 함께 전국에서 가장 먼저 만세시위가 시작된 곳으로, 3월 1일부터 4월 4일까지 총 44회 시위가 전개되었다. 거사 당일 김병조는 유여대, 이원익, 김창수, 안석응 등과 함께 의주 시위에 참여했고, 평북 도내 각처를 돌며 격문을 전달하는 등 '비밀 통신' 임무를 수행했다.

이때 김병조의 순행에 동행했던 용천 출신의 홍원범의 증언을 통해서도 이러한 내용이 확인되었다. 평북 일대를 순행하여 시위에 참여한 김병조는 3월 25일 밤 의주로 돌아와 집에는 기별하지 못한 채 상해로 출발했다. 신의주를 거쳐서 얼어붙은 압록강 철교를 건넌 김병조는 안동에서 영국 상선을 타고 15일 후 1919년 4월 10일 상해에 도착했다.

상해에 도착한 후 김병조 목사는 임시정부 의정원 활동을 중심으로 한인교회 목회, 교육, 저술 활동 등 다방면에 걸쳐 해외 민족운동에 참여했다. 김병조 목사가 상해에 도착한 4월 10일은 제1회 대한민국 임시정부 의정원 회의가 개최된 날이며, 김병조는 4월 22일 제2회 회의부터 의정원 의원으로 참석했고, 4월 30일부터 개최된 제4회 회의에서 손정도, 김현식, 이광수, 이원익, 이희민 등과 함께 평안도 대표로 참석했다.

김병조 목사는 7월 7~19일 의정원 제5차 회의 중 2일째 상임위원회 조직에서 법제위원회 이사로 임명되었으며, 8월 18일부터 9월 17일까지 의정원 장소를 개자이로에서 하비로 민단 사무소로 옮겨 개최된 제6차 회의에서 외교위원회 상임위원장이 되어 1920년 3월 25일 의정원 의원직을 사임하기까지 임시정부에서 활동했다.

김병조의 의정원 활동은 외교 관계 문서 작성과 역사편찬사업 등 주로 언론 홍보 활동에 관계되었다. 이는 초기 임시정부 활동이 외교 노선에 비중을 둔 연장선에서 이해될 수 있다.

임시정부 산하 구미위원부가 이승만과 서재필을 국제연맹에 파견하여 김규식과 함께 활동할 계획을 세우자, 임시정부 의정원은 제5회 의정원 회의에서 외부부장 안창호의 제의로 국제연맹에 제출할 '청원서'를 작성, 심의할 기구로 '국제연맹회 제출안건 작성 특별위원회'를 구성했는데 김병조, 오의선, 최창식, 정인과, 이춘숙 등 5인이 선정되었다.

이어 제6회 의정원 회의는 '국제연맹회 제출안건 심사특별위원회'를 새로 구성하여 위원장 조완구, 위원에 장붕, 김병조, 고일청, 유경환 등 5인을 선출하고, 앞서 임의 작성한 '청원서'를 수정하도록 했다. 이때 수정된 청원서는 후술할 《한일관계 사료집》(전 4권)과 함께 국제연맹에 제출되었다. 이외에도 1919년 5월 23일 신한청년당 대표 여운형이 파리에 파견되는 것에 맞춰 목사 김병조, 안승원, 손정도, 장덕로, 조상섭, 배형식, 이원익 등과 장로 김시혁, 김승만, 조보근, 장붕 등 11인의 연서로 국제연맹회와 장로교 만국 연합 총회와 미주 각 교회 앞으로 "한국시사 진술서"를 작성하여 발송했다.

비슷한 목적에서 김병조는 손정도와 함께 "한국기독교 대표들이 중국 기독교에 고하는 글"을 써서 한국의 독립운동에 대한 중국 기독교의 관심을 촉구하는 등, 한국 독립의 필요성을 세계에 알리는 일에 주력했다.

1919년 6월 파리강화회의가 종결된 후 세계사의 주요 무대는 아시아 태평양 지역으로 이동했다. 이에 임시정부는 1920년을 '독립전쟁의 원년'으로 선포하고 열강에 대한 외교와 선전 활동을 강화했다. 임시의정원에서 물러난 김병조는 안창호의 요청으로 1920년 4월 국무원 산하 선전위원회 이사직을 맡아 선전업무를 담당했다. 당시 임정의 선전업무는 내무/외무부 관할 이원체계였으나, 안창호 주도로 한국, 중국, 구미 등 각지의 선전업무를 통합적으로 관장할 목적으로 임정 선전위원회를 조직하여 안창호를 위원장에, 김병조를 이사에 선정했다.

선전위원회는 산하 선전대를 두어 국내 연통제, 교통국 통신망과 연결되었고, 대외적으로는 임정의 외교활동 기능도 담당했다. 김병조는 선전위원회 실무를 총괄하는 한편 3·1 독립운동 1주년에 맞춰 국내 만세시위 운동을 기획하는 등 적극적인 활동을 전개했다. 1921년 4월 신익희와 함께 한중 호조사를 창립하여 한중 양국 간의 상호 협력과 친선 도모를 통해 공동으로 항일운동을 전개하는 기틀을 마련하기도 했다.

임시정부에서 김병조의 이름은 1923년 '국민대표회의' 준비과정에서 마지막으로 등장했다. 1920년 이후 임시정부의 위상과 독립노선을 둘러싼 다양한 목소리들이 분출되면서 국민대표회의가 모색되었는데 김병조는 안창호 중심의 '임정 개조론'의 입장에서 상해 측 발기인으로 참여했다.

### 임시정부 역사편찬사업과 《한국 독립운동 사략(韓國 獨立運動 史略)》 저술

임시정부는 3·1 만세운동 이후 한국 독립운동사를 체계적으로 정리하여 이를 통해 국제사회에 알리고 역사 전적(典籍)을 구비할 목적으로 5월 12일 제4회 의정원 회에서 안창호를 총재로 주임에 이광수, 간사에 김홍식, 위원에 김병조, 이원익, 장붕, 김한, 김두봉, 박현환, 김여제, 이영근 등의 임시사료편찬위원회를 구성했다.

1919년 7월 2일부터 시작된 사료 편찬 작업은 1919년 9월 6일 단행된 임시정부 제1차 개헌에 따른 정부 개조안이 반영되어 역사편찬

사업도 국무원이 직접 운영하는 형태로 변경되었다. 그 결과 기존의 사료편찬위원회는 해산되었으나 김병조와 이원익 2인은 '국무원 사료 입조 사무 촉탁'으로 유임되어 김여제, 김석황, 김성봉 등 22명의 편찬 조역과 함께 9월 23일《한일관계 사료집》전 4권의 편찬, 간행을 완료했다.

일본의 한국 침략사를 정한론으로부터 시작하여 분석, 검토할 의도에서 편찬된 이 자료집은 전술했듯이 '국제연맹 청원서'와 함께 김규식 편에 국제연맹에 제출되었다.

사료 편찬 작업에서 자료 수집의 책임을 맡았던 김병조는 수집된 자료를 기초로 1921년《한국 독립운동 사략(韓國 獨立運動 史略)》(上) (이하《사략》)을 저술하였다. 상해에서 한글과 중문으로 발간된 이 책의 표지명은 《한국독립운동사(韓國獨立運動史)》로 일반에게 보급되어 널리 애독되었다. 1894년부터 1920년까지 총 17장으로 구성된《사략》에는 안창호와 구산 우인(龜山 友人) 장재한(張載翰), 그리고 저자 김병조의 서문이 실려 있다.

김병조는 자신이 역사가는 아니나 개국 이래 첫 대업인 독립의 염원과 이를 위해 누군가는 목숨과 맞바꾸는 인의(仁義)에 침묵할 수 없음을 저술 동기로 밝혀 강한 민족의식을 표현했다. 임정 역사편찬 작업이 사료 수집에 충실했기 때문에《사략》도 1차 사료가 매우 풍부하게 제시되었다. 특히 3·1 만세운동 각 지역 상황과 당시 배포된 독립선언문 총 18종이 수록되어 있어 사료적 가치가 매우 크다. 무엇보다 1894년 동학혁명을 "갑오 전역(甲午 戰役)"이라 하여 한국 독립운동사의 첫 기록을 외세에 저항한 "민중 항쟁(民衆 抗爭)"으로 서술했다는 점에서 근대 역사서로서의 면모를 보여주었다.

4 김병조 목사(1877~1950)

新年에 全國 同胞에게

백만 명의 날카로운 우리 용사 일시에 니러나

십삼도에 굳게 닷친 모든 철국 일시에 깨트려

이천만의 결박 밧은 원슈 철사 일시에 풀녀가고

동서구에 만감한 우리 동포 일시에 모혀들어

자유종을 니난 소리 흔천동지(焮天動地) 하는 그날

오직 전능하신 상제께 축도할 뿐. 아멘.

1921. 1. 1. 일재 김병조

## 상해 한인교회 목회와 국민대표회의 이후

거국운동 후 1919년 3월 3일 상해 거주 한인 100여 명이 "광복사업을 보익(補益)하는 단체" 조직을 목적으로 상해 고려 교민친목회를 결성했다. 이 친목회가 9월 22일 상해 대한 민단으로, 1920년 1월 9일에는 상해 거류 민단으로 바뀌었는데, 임시정부가 3월 16일 "외지에 거류하는 대한인에게 자치제를 하기 위한 거류민 단체"를 공포함으로써 임시정부 산하조직으로 편제되었다.

한편 3·1 운동 이후 이주민이 증가하면서 상해 한인교회도 함께 성장했는데 이들은 주일학교와 부설 인성학교를 통해 교민 자녀의 교육을 담당했고, 교민 대상 애국계몽 강연도 개최하여 정치, 종교, 사회 결사 기능을 담당했다. 이들이 장소를 옮기며 드린 예배처소는 곧 거류민단 사무소이자 임시정부 의정원의 회의 장소가 되었다. 김병조도 한인교회 목회와 교육사업, 거류민단 활동과 대한적십자회 등 임시정부를 둘러싼 다양한 방계조직에서 활동했다.

1919년 7월 개자이로 장안리 교민단 사무소에서 시작한 상해교회는 교인 수 증가로 담임목사를 선출하기로 하고 투표로 김병조가 선출되었다. 담임목사 체제 해외 한인교회는 집사, 권찰, 찬양대(단장 김태연) 등 교회 조직을 갖추었는데 한진교, 김태연이 집사직에, 조사에 심종열(沈鐘悅), 권찰에 최병선, 박헌양, 최명선, 이화숙, 최순신 등을 세웠다.

상해 한인교회는 교민사회의 종교적, 정신적 중심이면서 임시정부와도 밀접한 관계를 맺고 있었다. 1919년 현재 상해교회 출석 교인 중 임시정부 요인으로는 담임목사 김병조를 포함하여 송병조(목사, 치리 위원), 손정도(목사, 상의 위원), 정인과(목사, 상의 위원), 이원익(목사, 상의 위원), 조상섭(목사, 상의 위원), 현순(목사), 장붕(장로, 상의 위원), 여운형(전도인), 장덕수(전도인), 선우혁(집사), 한진교(집사), 서병호(집사), 김철(입교인) 등이 주요 직분을 맡고 있었다. 이외에도 이승만, 안창호, 김규식, 이동휘, 유동열, 신익희, 김구, 조소앙, 김순애 등도 상해교회에 출석하거나 직간접적인 관계를 맺고 있었다.

이주민이 계속 증가하자 1920년 초 상해교회는 불조계 하비로 강녕리 교민단 사무소(佛祖界 霞飛路 康寧里 僑民團 事務所)로 처소를 옮겨 예배를 계속했다. 교회 조직이 확대되자 관련 사항을 결정하는 기구로 상의원을 두고 김인전, 정인과, 손정도, 이원익, 장붕, 조상섭 등으로 맡게 했다. 주일학교도 조직하여 김태연이 교장을 맡았으며, 박영윤, 장필석, 김연실, 최명실, 박지명, 정상인, 정애경, 김순애 등이 교사로 활동했다.

1921년 1월 한인교회 담임목사를 재투표한 결과 김병조가 재선되었으며, 교회 구역도 3지역으로 나누어 관리되었다. 이 무렵 세례교인 수만 130명이나 될 만큼 성장하여 1921년 2월에 한인교회는 불조계(佛祖界) 서신교에 있던 중국인의 예배당을 인수하여 독자 예배당을 마련하게 되었다. '삼일당'(三一堂)이란 이름을 가진 이 예배당은

4 김병조 목사(1877~1950)

원래 광제(光緖) 5년(1879) 미국 감리교회에서 중국 기독교인들을 위해 설립한 건물로, 한인교회가 인수할 당시에는 교당이 아닌 중국인 소학교로 활용하고 있었다.

삼일당은 한인교회의 종교활동 외에도 임시정부와 관계된 각종 행사, 집회 장소로도 사용되었다. 대표적으로 1923년 1월 3일부터 6월 7일까지 개최된 국민대표회의 장소로도 이용되었다. 김병조 목사는 1919년 7월부터 1921년까지 한인교회 담임목회를 맡아 조직교회로서 성장시키는 데 헌신했다.

한편, 1919년 7월 초 임정 내무부 산하기관으로 결성된 대한적십자회는 상해 교민의 건강과 질병 예방, 치료 목적 외에도 독립전쟁 준비를 위한 '간호원 양성'의 목적을 띤 임시정부 중요 사업 가운데 하나였다.

국민대표회의는 국내는 물론 상해, 만주, 북경, 노령, 미주 등지에서 120여 개 단체 대표 120여 명이 모여 임시정부의 운명과 독립운동의 방향을 논의하는 중차대한 회의였다.

결과적으로 국민대표회의는 임정 개조와 '창조론'을 둘러싼 의견 대립으로 전체 독립운동 세력을 하나로 묶는 일에 실패했고, 이후 독립운동 세력의 대표로서 임정의 위상은 약해질 수밖에 없었다. 서북계 기독교 지식인으로 안창호를 도와 임시정부에서 활동한 김병조는 대표회의가 와해되자 다른 독립운동가들이 그러했듯, 또 다른 구국의 길을 찾아 만주로 떠났다. 1923년 6월 초의 일이었다.

### 만주(滿洲) 선교와 독립운동, 그리고 귀국(1924~1933)

만주는 지역이 광활하고 종교, 문화가 다양해서 개신교 선교 활동도 일찍부터 봉천(奉天), 홍경 중심의 남만 지역과 연길(延吉), 훈춘

(薰春) 중심의 동만(간도) 지역, 길림(吉林), 신경, 하얼빈 중심의 북만 지역으로 나뉘어 이루어졌다. 상해를 떠난 김병조 목사의 만주행은 선교 목적 외에도 국민대표회의 이후 해외로 분산된 독립운동 세력들과 새로운 길을 모색하기 위한 출로였다.

이를 뒷받침해 주는 근거가 있는데, 만주에 머무는 동안 선교 활동 관계로는 자신의 이름을 '자'(字)인 '김유석'(金有錫)으로, 독립운동 관계로는 '김병조'를 계속 사용했다. 이는 한인 이주민 공동체를 대상으로 한 목회, 선교 활동과 넓고 거친 만주에서 다양한 무장운동 단체들과의 활동을 이원화하고자 한 의도였다.

1923년 6월 김병조가 도착한 남만주 봉천성(奉天城) 지안(輯安)은 일찍부터 평북노회 관할 선교지로, 1918년에는 김병조가 속한 의산노회 소속이었으며, 다시 1921년 4월 21일 남만노회가 조직되면서 통합되었다. 지리적으로 이곳은 압록강을 경계로 김병조의 고향과도 지척에 마주했을 뿐 아니라 이주민 대부분도 서북 출신들이었다. 노회 기록에 의하면, 1923년 5월 23일 남만노회가 통화현 진두현 교회에서 열려 상해에 있는 김유석을 화전자 지방 목사로 청빙했는데 이가 바로 김병조였다.

이어 8월 21일에 열린 제6회 남만노회는 김윤석 목사의 화전자 교회 시무를 확정했다. 김병조는 집안현 화전자, 패왕조 교회를 맡아 목회했고, 삼성소학교, 삼성중학교, 광명학교 등에서 교육 활동과 〈한족 신문〉 발행 등 언론 활동도 이어갔다. 이 시기에 교과서 《대동역사》, 《독립혈사》(獨立血史, 1924) 등을 저술했으나 안타깝게도 두 권의 역사서는 현재 전해지지 못했다.

그리고 김병조 이름이 "불령 단체 관계"(佛領 團體 關係) 건으로 일본 관동청 경무국 보고 문건들에 등장하는 것도 이 무렵이었다. 김

**4** 김병조 목사(1877~1950)

병조는 1924년 2월과 4월 "대한 통의부 조직 명단"(大韓 統義府 組織 名單)에 이름이 올라 있으며, 이후 통의부에서 탈퇴한 뒤 재조직된 임시정부 직속의 "육군 주만 참의부"(1924. 6)에서도 "진동 도독부 고문관"(鎭東 都督府 顧問官)으로, 1925년 9월 조직 개편에서는 이웅해, 김창준과 함께 독립운동계 원로로 "참의부 고문"에 촉탁되었다.

1920년대 중반 이후 해외 독립운동은 항일민족전선을 형성해야 한다는 움직임이 형성되어 임정계의 홍진, 안창호를 중심으로 3부(정의, 신민, 참의) 통합과 민족유일당 운동이 주창되었다. 1927년 4월 1일 동북성 길림에서 안창호는 재만 한인 약 500명이 운집한 대동 공사(大同 公司)에서 민족 대동단결을 역설하였다. 김병조가 남만주의 집안을 떠나 동북 방면 흑룡강성으로 옮겨 간 시기도 이때였다.

김병조가 러시아와 국경이 맞닿은 동북 3성 길림의 목단강 팔면통 밀산(密山)으로 거주를 옮긴 것인데, 여기에는 안창호의 대동단결 연설과 '농민 호조사'를 통한 이상촌 건설 운동과 관련이 있다. 농민호조사는 안창호와 김동삼, 이탁, 오동진, 손정도, 배형식 등이 만주의 값싼 토지를 매수하여 한인 농민들의 협동 호조를 통해 한인사회를 안정적인 이상촌으로 건설하고자 조직한 농민운동 단체였다.

이 일을 추진하는 과정에서 동북 방면으로 거처를 옮기게 되었다. 팔면통 밀산은 북로군정서 관할로 약 100호의 한인들이 거주했고, 모두 기독교 신자들이었다. 이곳에서 김병조는 팔면통교회 목회와 신일 소학교를 세워 교육사업에 전념했다.

그러나 1920년대 후반 들어 일제의 만주 진출이 본격화되자 만주의 행정당국은 배일정책의 일환으로 재만 한인 구축 정책을 실행했다. 한인들이 일제의 '만몽정책'(滿蒙政策)에 이용될 가능성 때문인데, 한인들의 자율적인 교육권을 침해하거나 토지소유권, 상조권, 소작권, 거주권 등을 박탈하는 등 직접적인 피해가 커졌다. 중국 당국의 한인 탄압으로 교회와 학교 중심의 신앙공동체를 이룬 한인 기독교인들의 경우 토지, 식량, 가축 등을 빼앗기거나 상해를 입는 일이 허다했다.

김병조 목사도 1928년 팔면통교회를 시무할 당시 마적에게 붙잡혀 곤욕을 치른 일이 있었다. 1932년 3월에는 교회 성도 임주호, 한영실 부부의 결혼식 주례 후 귀가 중에 마적 떼 160여 명에 납치되어 23일 550원을 주고 풀려났을 만큼 목회와 생활에 많은 어려움을 겪었다. 더욱 사회주의 러시아와 중국 공산주의자들의 반기독교 정서가 확대되면서 한인 기독교 공동체의 피해는 더욱 심각했다.

김병조 목사가 오랜 망명을 접고 귀국을 모색하게 된 것도 이 시기였다. 3·1 만세운동 주동자 기소 시효인 10년이 지났으며, '호랑이를 잡으려면 호랑이 굴로 들어가야 한다'는 결심도 작용했다.

마침내 1933년 4월, 김병조는 1919년 3월 25일 밤 만세운동을 뒤로하고 압록강을 건넌 지 15년 만에 귀국길에 올랐다. 귀국 도중 정차한 신의주역에서 일본에 협력하라는 자술서 작성을 강요받았으나 거절하여 요시찰인의 신분이 되었다.

귀국 후 김병조는 고향인 정주가 아닌 평북 용천군 양서면 동평동에 정착한 뒤 신서, 북평, 동상교회 등을 돌며 시무했다. 세 교회 모두 3·1 독립운동 당시 김병조가 잠행했던 곳으로, 지금껏 그를 기억하는 사람들이 많았을 뿐 아니라 특히 동상교회는 상해 시절 함께했던 송병조 목사의 모 교회이기도 했다.

그러나 귀국 후 요시찰인 김병조의 목회활동에는 감시와 제약이 뒤따랐다. 30리 이상 거리 이동은 주재소 신고 후에 가능했고, 부흥회나 집회에도 감시가 뒤따랐다.

4 김병조 목사(1877~1950)

엄혹했던 일제 말기 1938년 9월 9일 제27회 장로교 총회가 신사참배를 국민의례로 가결한 뒤 교계 지도자들이 먼저 실천에 옮겼다. 30리 밖 이동제한으로 총회 참석이 불가능했던 김병조 목사는 총회 결정에 절망했고, 1941년 용천군 동상교회를 사임한 뒤 목회 현장에서 물러나게 되었다. 은퇴 후 김병조 목사는 5년간 머물렀던 용천을 떠나 고향인 평북 정주로 돌아와 덕언면 덕흥동에서 은둔 생활을 했다.

덕흥동은 3·1 만세운동의 동지였던 이명룡 장로가 은거 중이던 곳으로 김병조 목사를 불러들인 것인데, 이곳에서 그는 해방될 때까지 《한국 독립운동 사략》 하권 집필에 몰두했다.

### 해방 후 비밀 반공 광복단(反共 光復團)과 마지막 유형(流刑)(1945~1946)

1945년 8월 15일 일제가 패망하고 감격스러운 해방이 찾아왔으나 미·소 양군의 분할점령은 한반도를 분단의 새 역사로 몰아넣었다.

해방공간에서 김병조 목사는 민족대표 33인이자 임시정부 요인이었던 경력이 작용하여 소련 군정으로부터 조만식과 더불어 원로 지도자로 인식되었다. 그러나 평안남도를 중심으로 건국 운동에 적극적이었던 조만식과 달리 김병조 목사는 정치 운동으로는 공산주의에 이용당할 염려가 있었다. 조만식이 소련 군정에 정면 대응할 방편으로 조선민주당 창당을 준비하자 김병조 목사도 발기인으로 참여했으나, 자신은 정치를 떠나 지하 비밀운동과 교계 중심의 민족통일운동을 전개했다.

소련군 주도하에 북한이 사회주의체제로 변화해 가자 이에 조응하기 어려웠던 북한의 기독교인들은 미 군정이 있는 남한으로 월남했다. 특히 한경직, 윤하영 등 교계 지도자들의 월남이 많아지자 김병조 목사는 "목사들이 전부 남하하면 북한교회는 누가 지키느냐? 다 늙은 목숨이니 나라도 남아 지키겠다" 하며 북한에 남았다.

이후 김병조 목사는 정주군 마산면 청정교회를 시무하는 한편, 지하 비밀결사대인 '반공 광복단(反共 光復團)'을 조직하여 신탁 통치 반대 운동 등 반소, 반공 운동을 전개했다. 김병조 목사가 조직한 반공 광복단의 실체를 구체적으로 확인해 주는 자료는 아직 없다. 다만 당시 활동했던 인물의 증언에 의하면, 교회 조직을 중심으로 장로, 집사, 청년들을 모아 결사대를 만들고, 각 지역 교회 조직들로 확대해 간 것으로 추정된다. 경성 제대 출신으로 비밀조직에 참여했던 이영호(가명)의 증언에 의하면, 반공 광복단은 각 교회 청년회를 중심으로 북한 전역을 대상으로 점조직 형태로 조직을 시도했다.

조직 방법은 교회 행사와 부흥회, 기념 예배, 집회 등을 활용했다. 이와 같은 비밀조직 방식은 3·1 독립운동 당시 김병조 목사가 평북 지역 잠행 경험, 비밀연락 사무소의 설치, 그리고 백범의 비서였던 장준하가 김병조 목사를 찾아와 백범의 월남 권유를 전했던 사실, 무기를 '국부군'으로부터 받을 계획이었다는 김행식의 회고로 추정해 볼 때 반공 광복단의 반탁운동과 서울 임정계와의 모의가 어느 정도 이루어졌을 것으로 추정된다.

그러나 1946년 12월 24일 광복단 조직이 발각되면서 김병조 목사는 평북 정주에서 주모자로 체포되어 신의주 소련군 특무 사령부로 이송되었다. 이때 이경선 장로(이명룡 장로의 둘째 아들)와 최인학 장로(정주제재소 경영), 평동중학교 교장 김영섭 집사, 주동벽 집사, 김용민, 이기청은 대부분 정주중앙교회, 와읍교회 소속 교인들로 김병조와 함께 체포되었다. 이들을 통해 비밀조직과 활동내용이 밝혀졌는데 소련으로 우송할 식량 수매를 막기 위한 소비조합 파괴, 철도 파

4 김병조 목사(1877~1950)

괴 활동과 북한 전역을 대상으로 교회 중심으로 반공 전단을 살포 했다.

12월에 체포된 김병조 목사는 지병으로 교화소 병감에 잠시 이송 되었다가 1947년 2월 20일 이후 시베리아 수용소로 유형되었다. 유 형지에서 김병조 목사의 마지막 활동은 광복단원 이영호(가명)와 황 해도 해주 출신 반탁운동가 김효진의 증언으로 일부 확인되었다.

1947년 김병조 목사는 시베리아 강제 노동수용소를 거쳐 1949년 쁘리쯔 바이칼호 근방 28호 수용소에 유배되었다. 증언에 의하면, 수용소에서도 그는 한인들을 모아 고국의 광복을 기원하는 예배를 드렸다. 1950년 2월 증언자 김효진과의 잠깐의 만남 이후 김병조 목 사는 다른 수용소로 이감되었으며, 이해 가을 향년 73세로 공산당 에게 죽임을 당해 순교한 것으로 추정된다.

김병조 목사는 1952년 대한민국 정부로부터 순국선열로 지정되었 으나 해방 후 북한에 잔류했다는 이유로 재 이북자 제외 규정(在 以 北者 除外 規程)에 따라 한동안 독립유공자 훈장추서가 보류되었다. 1962년부터 8차례에 걸친 포상심사에서 유족 측은 김병조 목사가 '반공주의자'였음을 증명하는 사료와 기록을 제출했지만 "사망 일자 와 북한에서의 행적을 알 수 없다"로 되돌아왔다. 1989년 제6공화국 때에 해방 후 반공 운동과 소련 유형이 확인됨에 따라 1990년 3·1절 기념일을 맞아 건국훈장 대통령 장(2등)에 추서되었다.

김병조 목사는 해방 후 고국에서의 생애 마지막 2년의 삶이 그보 다 훨씬 길고 더 험난했던 타국에서의 삶보다 더 큰 질곡이 되었다.

일제 강점기 김병조 목사에게서 구원은 민족의 독립과 같은 의미 였다. 해방 후 짧았던 분단의 삶 속에서 구원은 민족통일과 같은 의 미였다. 민족의 독립을 위해 제국주의에 저항했던 수많은 선열이 그러했듯이 그는 자신의 구국을 위한 신념의 길을 걸었고, 민족 분단을 막는 길을 공산주의와의 대결이라 믿었던 수많은 사람이 그러했듯이, 짧았으나 통일을 염원했다. 머나먼 유형지에서 생을 마감하는 순간까지 '광복과 통일'의 염원을 내려놓지 않았다는 증언이 이를 잘 말해준다.

"主의 말씀에 사로잡힌 자를 놓아주시고 눌린 자를 自由하게 하신다 하심을 기억하옵소서. 主께서 한 번 더 矜恤을 베푸셔서 自由를 주시면 다시는 잃어버리지 않키로 뼈에 써 놓으려 하오며 한 번만 더 나라를 許諾하시면 다시는 빼앗기지 않키로 腦에 박으려 하나이다.
허다한 人民이 國家를 위하여 썩은 풀같이 犧牲된 生命과 江같이 흐른 피를 주여, 속히 거두어주시옵소서. 주여, 韓族에게 今生의 自由를 허락하실 餘日이 없으면 곧 主께서 어서 오시옵소서.
十字架의 功勞를 힘입어 祈禱하옵나이다. 아멘."

김병조 목사는 중국을 거쳐서 만주와 나중에는 고국에 돌아와 대한민국의 자유와 민주주의를 위하여 평생 기도하고 교회를 목회하며 공산주의를 막으려고 생명을 다한 진정한 순교자였다는 것을 그의 생을 통해서 확실하게 증명했다.

4 김병조 목사(1877~1950)

## 5
# 한경희 목사(1881~1935)

  한경희(韓敬嬉)는 1881년 11월 5일 평안북도 용천군 외상면 남시리에서 권세를 부리던 한승주의 3남으로 태어났다. 그러나 탐관오리들에게 수탈을 당해 가세가 점점 기울었다. 4세인 1885년 가족들이 양서면(楊西面)으로 이사를 가 농사를 지으며 살았으나 수재로 인해 경제적으로 어려운 형편이 되었다. 6세 때 서당에 다니게 되었으나 일곱 살 때 부친의 사망으로 그것마저 중지할 수밖에 없었다.

다행히 의주에서 장사를 시작한 형들 덕분에 형편이 풀리기도 했으나 청일전쟁으로 의주 전체가 폐허가 되면서 다시 가정이 경제적으로 어렵게 되었다. 평안도 북부 일대를 전전하며 가족과 함께 극도로 힘들게 지낸 한경희는 19세가 되던 1900년 신효정의 장녀 경원(敬元)과 결혼했다.

갑자기 평민으로 전락하자 한경희를 포함한 형제들은 자포자기하는 심정으로 술 취함과 생활의 방탕함이 극에 달했다. 특히 후일 목사가 된 이봉태를 비롯하여 기독교를 전도하는 이들을 마구 구타하기도 했고, 신자들을 박해까지 하여 주변으로부터 많은 비난도 받았다. 그들은 유명한 싸움꾼으로 악명을 떨쳤다.

서양의 전도인을 보면 행패를 부리고 싶어 안달 난 한경희는 1903년에 동문밖교회 전도인으로 후에 목사가 된 송문정의 전도를 받았다. 그가 준 〈구세론〉을 읽다가 성령의 역사를 받고 예수를 믿게 되었다. 같은 해 10월 첫 주일부터 예배당에 나가기 시작했고, 그의 생활은 전적으로 변했다. 그동안의 방탕한 생활이 죄란 것을 깨달았다. 지은 죄를 회개하고 새사람이 되어 가족과 이웃에게 전도하기 시작했다.

이렇게 신앙생활을 하게 되니 가문에서 핍박을 받았다. 하지만 성경 읽기와 기도로 시련을 참아냈다. 마침내 그렇게 핍박하던 맏형 한찬희도 나중에 회개하고 교회의 장로가 되었다.

그는 3개의 교회를 개척한 열성파였다. 1903년 기독교에 입교했고, 그 후 전도 활동을 전개했다.

한경희는 23세가 되던 1904년 6월 22일 동문밖교회에서 부부가 학습을 받았다. 다음 해인 1905년 11월 16일 이 교회에서 선교사 계인수(Carl E. Kearns, 桂仁秀) 목사에게 부부가 함께 세례를 받고 동시에 집사로 피택되었다. 이후 그와 함께 많은 전도여행을 하였다. 자신의 체험에서 우러나는 간증을 하여 청중에게 큰 감동을 주게 되었다.

1904년 러일전쟁이 일어났다. 평안도를 비롯한 서북 지역에 큰 어려움이 있었으나 한경희의 전도는 더욱 빛을 발하기 시작했다. 당시에 목사는 드물어 지역교회를 순회해야 하기에 교인 가운데 교회를 인도할 이를 뽑아 영수라는 직책을 주었다. 그는 1907년 7월 동문외교회의 영수로 선출되어 시무하게 되었다.

그는 1906년부터 평북 용천과 서간도 지역을 오가며 전도를 했는데, 이때부터 국외 선교에 관심을 가졌다. 그는 자신의 학문이 교회를 이끌기에 부족하다고 생각하여 1907년 7월 창신학교 속성과에 입학해 6개월 만에 졸업했고, 이듬해인 1908년에는 오히려 학교 직원들과 인근 주민으로부터 위임을 받아 이 학교의 교장이 되었다.

주님의 말씀을 전하기 위한 그의 노력은 계속되었다. 고향인 의주와 평안도 일대에 어느 정도 그 성과가 나타나자, 1909년부터 한경희는 당시 동포들이 모진 고난 속에서도 이주하여 살던 만주로 눈을 돌리게 되었다. 낯선 땅으로 이주한 그는 고초 속에서도 마침내 홀루투(葫蘆套)와 자피구(夾彼구) 두 교회를 설립할 수 있었다.

1910년에 평양장로회신학교에 입학하여 신학생으로 재학 중에도 전도와 교회 봉사를 열성적으로 했고, 후일 저명한 목사가 되어 한국 교계를 이끌게 되는 동료들을 사귈 수 있었다. 1914년 5월 15일 33세 때 제7회로 졸업했다.

한경희는 평북노회 소속으로, 같은 해 8월 7일 철산읍 예배당에서 3·1 독립운동 때 민족대표 33인 중 한 명인 양전백 목사에 의해 중국 길림성 중동선 지역의 전도목사로 안수받았다. 평북 지역의 여러 유명교회에서 한경희 목사를 청빙하고자 했으나 그는 헐벗고 가난한 만주에 사는 동포를 위해 헌신하기로 작심했다.

당시 만주에 사는 동포들의 비참한 생활에 대해 미국 장로교 선교사 쿡(Welling T. Cook, 鞠裕致) 목사는 다음과 같이 선교본부에 보고했다.

"만주에 오는 조선 이민자의 고통은 심지어 그들의 불행을 실제로 목격하는 사람조차도 완전하게 묘사할 수 없다. 겨울날 영하 40도의 혹한 중에서 흰옷을 입은 말 없는 군중은 혹 10여 명 혹 20여 명 혹 50여 명이 떼를 지어서 산비탈을 기어서 넘어온다. 그들은 만주의 나무 많고 돌 많은 산비탈의 척박한 토지와 더불어 악전고투하며 한 가지 살길을 찾기 위해 새로운 세계를 찾아서 오는 것이었다.

거기서 그들은 꾸준히 노력해서 중국인의 밭 위에 있는 산비탈의 불모지를 괭이와 호미로 땅을 갈고 손으로 심고 손으로 거두며 흔히 생을 유지하기에는 도저히 불가능한 초근목피를 먹으며 살아가는 것이다. 많은 사람이 식량부족으로 죽어 갔다. 부인과 소아뿐 아니라 청년들도 얼어 죽었다. 그들의 생활에 질병이 엄습했다.

여러 명의 조선인이 강에서 맨발로 바지를 걷어 올리고 얼음 조각이 섞인 강을 건너서 저편 언덕에서 바지를 내리고 신을 신는 것을 나는 본 적이 있다. 엷은 의복을 입은 여자들이 신체 대부분을 노출한 채 유아를 등에 업고 갔다. 그와 같이 업고서 서로 조금이라도 체온을 유지하기 위함이었다. 그러니 아이의 다리는 엷은 옷 밖으로 나왔기 때문에 점점 얼어붙어 작은 발가락들이 서로 붙어 버린다. 굽은 등과 주름살 많은 얼굴의 남녀 늙은이들은 끝없는 길을

5 한경희 목사(1881~1935)

걸어서 기진맥진하여 몇 발자국도 걷지 못한다.

젊은이든 늙은이든 다 이러한 모양으로 고향을 떠나왔다. 이같이 과거 일 년간 1920년에 75,000명이나 되는 조선인들이 만주로 건너왔다. 현재 동북지방인 만주에 산재한 조선인들은 500,000명을 헤아린다."

안수 후 바로 사역지로 떠난 한경희 목사는 마적의 출현이 빈번하고 혹독하게 추운 기후 속에서 무려 3,500리 이상을 다니며 전도했다. 또한 소작인이 대부분이라 수탈당하는 등 온갖 어려움을 겪던 동포 농민들에게 조합을 결성하도록 지도했다. 3곳의 조합을 결성하는 성과도 냈다.

한경희 목사는 1914년 8월 만주 지역 독립운동의 본산지이자 이주 한인들이 거주하던 북만주 중동철도 지역에 전도목사로 파견되어 1916년까지 교세 확장을 위해 활동했다. 중동철도 주변 지역은 독립운동기지가 있던 곳으로, 그의 전도 활동은 자연스럽게 독립운동과 연계를 맺게 되었다.

한경희 목사는 그리스도의 말씀을 전파하면서 1914년 당시 만주에 30만 명의 신도를 지닌 대종교와 격렬하게 대립했다. 그는 대종교가 신으로 섬기는 단군(檀君)이 민족에게 중요한 인물이지만 결코 창조주가 아님을 강하게 설파했다.

각고의 노력으로 한경희 목사는 영안현(寧安縣) 신안촌(新安村), 석두하자(石頭河子), 위하현(葦河縣) 일면파(一面派), 목릉현(穆陵縣) 목릉(穆稜), 팔면통(八面通), 그리고 밀산현(密山縣) 백포자(白泡子), 십리와(十里窪) 모두 일곱 곳에 교회를 설립했다. 하지만 총회 전도국에서 노회의 전도 지역을 조정함에 따라 그는 남만주로 이주하게 되었다.

교회는 하나님의 교회라, 한경희 목사가 열과 성을 다한 노력으로 세운 교회는 이후 크게 성장했다.

1915년 후반 한경희 목사는 서간도(西間道)의 전도목사로 임명되어 온 가족이 유하현 삼원포로 이사하여 삼원포, 해룡, 동풍, 서풍, 휘남면의 5개 현을 담당했다. 독립지사들의 망명지이기도 한 이 지역은 경학사, 신흥무관학교 등을 통한 독립운동으로도 유명한 지역이지만 일찍이 미국 장로교 선교사 로즈(Harry A. Rhodes, 魯解理)에 의해 전도가 시작된 지역이었다. 그가 만주선교를 위해 올라가면서 만주 전도가 활발히 전개되었다.

동포들의 생활상은 매우 어려웠는데, 한경희 목사는 전도하면서도 이들의 어려움을 해결하려고 백방으로 노력하고, 또한 민족의식을 고취하는 데 힘써 큰 존경을 받았다.

한경희 목사는 부임 후 그의 고결한 인품에 감동한 지역 지도자들에 의해 방기전(方基典)이 1912년 10월 10일에 설립한 은양학교의 2대 교장으로 부임하였다. 그의 지도로 은양학교는 1918년 학생 수가 800여 명에 달할 정도로 발전하였으나 1920년 일제의 토벌군이 독립군에 대한 보복작전을 벌여 간도 일대를 쑥대밭으로 만든 이른바 경신참변(庚申慘變) 때에 학교의 설립자 방기전 장로는 순교했고, 학교는 불탔다.

한경희 목사도 이때 일본군을 피해 은신할 수밖에 없었으나 다시 삼원포로 돌아온 뒤, 이를 재건하기 위해 노력했다. 은양학교의 정신은 만주 지역에 동포들이 설립한 군정기관인 정의부와 한경희 목사의 열성으로 1921년 개교한 동명학교로 이어졌다.

한경희 목사는 1922년 남만주 장로교의 총 책임자인 남만노회장에 선임되자 더욱 활발히 선교사업을 추진했다. 특히 그는 한인 청년들을 위한 교육사업에 관심이 많아서 학생들에게 기독교 의식과 민족정신을 가르치고자 했다.

1923년 유하현 지역 유지들과 남만노회 소속이자 평양신학교 출신인 기독교인들과 함께 남만조선인교육회를 설립하여 통학에 어려움을 겪던 한인 청년들의 교육수준을 높이고자 남만주 지역에 중학교 과정의 학교를 설립하고자 했다. 1926년 삼성중학교를 설립하여 남만주 한인 청년들에게 수준 높은 근대교육을 제공했다.

한경희 목사는 목사로서 선교사업의 일환인 교육사업에 주력하여 서간도에서의 기독교 발전과 한인 청년들을 위한 민족교육과 근대교육의 기반을 마련했다. 또한 민족진영과의 연계를 통해 독립운동에 가담하면서 국권 회복과 재만 한인의 권익 보호를 위해 힘썼다.

1924년 8월 이래 정의부 계통 학교인 유하현 삼원보 소재 동명학교 교장에 취임하여 1928년 음력 6월 사임할 때까지 민족교육을 했으며, 이후에도 학생들에게 목회 활동과 민족교육을 병행하였다.

한편, 그는 여성의 교육문제에도 관심을 가졌다. 부임 직후, 그가 시무하던 삼원포교회 지도자들이 1914년 10월 설립한 삼성여학교의 교장으로 취임했는데 경신참변 후 학교를 재건하고, 1928년 말 일제 경찰에 의해 체포될 때까지 학교의 발전을 위해 계속 근무했다.

특별히 조선인의 딸이지만 중국인에게 부당하게 팔려가 고생하던 11세 진점순과 9세 박남순을 구하기 위해 평북 지역에 모금운동을 벌였으며, 이들을 구출한 뒤 이들이 결혼할 때까지 자신의 집에서 후원하며 간도 사회 전체로부터 큰 추앙을 받기도 했다.

또한 한경희 목사의 생활개선 노력에 감동되어 한족회에서는 1920년 4월 10일 서간도 전 동포사회에 한족회 총장의 이름으로 금주 금연령이 내려졌다. 이 시기 그는 다음과 같은 허사가를 작사, 작곡하기도 했다.

> 술 마시는 동포들이여 너의 살림 어이하랴
> 술만 먹고 춤만 추면 너의 희망이 족할까?
> (후렴) 어린 처자는 주린 배를 움켜쥐고 앉았으니
> 네 장차 가련하다 술 마시는 자여
> 胡米 밥에 된장찌개 하루 두 번 어려운데
> 술만 먹고 춤만 추면 너희 희망이 족할까?

서간도 지역 전체의 큰 지도자로 인정받게 된 한경희 목사는 독립운동에도 참여했다. 1919년 3월 1일을 기해 서울에서 일어난 기미 독립운동을 간도 지역에서 전개하는 데 앞장섰다. 그의 주도하에 1919년 3월 7일 삼원포의 대화사 예배당에서 2,000여 명이 모여 시위를 했다. 또 은양학교 학생 및 기독교인 300명과 은양학교 예배당에서 만세운동을 주도하면서 서간도 지역 최초의 만세운동을 전개하기도 했다. 그 영향으로 간도와 남만주 전역에 만세운동이 전개되기 시작했다. 그는 이뿐 아니라 간도 지역 독립운동단체의 결성과 활동을 계속 지원했다.

한경희 목사의 지도로 서간도 지역에서 교회는 계속 성장했다. 새로 목회자들이 파송되어 왔다. 또한 한경희 목사의 주도로 서간도 지역에서 다른 지역으로 전도자를 파송하는 일도 점차 늘어나게 되었다. 과거 그에게 전도하다가 핍박받은 일이 있는 이봉태 조사가 평양의 장로회신학교를 마치고 그를 지원하기 위해 오기도 했다.

그러나 1920년 경신참변으로 간도 사회는 큰 피해가 있었다. 이 사건을 보도한 〈독립신문〉에 따르면, 학살당한 동포의 수가 3,469명

5 한경희 목사(1881~1935)

에 달하고 주택이 불탄 것이 3,200호이며, 학교와 교회가 불탄 것이 50여 곳이라 할 정도였다. 〈남만노회록〉에 의하면, 경신참변으로 인한 순교자는 삼원포교회의 안동시, 방기전 장로를 포함하여 33인에 달한다고 했다. 당시 교회는 집중적인 공격을 받아 불탔으며, 순교한 이들 중 상당수는 일본 군인에게 잔인한 방법으로 살해당했다.

이 시기 한경희 목사는 다행히 신자 아홉 가족과 함께 액목현(額穆縣)으로 이주할 수 있었으며, 농민들을 모아 조합을 결성하고 바른 삶의 길을 지도했다. 그러나 그는 1921년 8월 다시 삼원포교회로 와서 교회의 재건에 힘썼다. 성도들과 주민들을 위해 특별 기도회를 했다.

한경희 목사의 사역은 시간이 흐를수록 빛을 발했다. 마침내 1922년 8월 21일 열린 제4회 남만노회에서 노회장으로 선임되었다. 이후 1923년 그는 남만교육회를 설립하여 회장으로 추대되었고, 1924년에는 남만노회장으로 재선되었다. 그때 동포 농민들의 생활 안정을 위해 농민공사(農民公司)를 조직했다.

이어 1925년 다시 남만노회장으로 선출되었으나 이 해에는 어머니가 세상을 떠나시는 아픔을 겪기도 했다. 1926년에는 교회 지도자들과 선교사들의 협조로 흥경삼성중학교(興京三省中學校)를 설립했고, 기독교협진회를 설립했다. 1927년 한경희 목사의 헌신에 감동되어 노회에서는 그를 네 번째로 남만노회장에 추대했다.

한편 많은 중국인이 만주로 들어오고 중국 거주 한인들에 대한 일제의 개입이 노골화되자 동포들의 삶이 더욱 어려워지는 것을 보면서 한경희 목사는 1928년 귀화한족동향회를 주도적으로 조직했고, 간사장으로 선출되었다. 그를 비롯한 기독교 지도자들이 동포들에게 귀화를 권할 수밖에 없게 된 이유는 동포들이 소작인으로는 도저히 생계를 유지할 수 없는 현실적인 문제 때문이었다. 이것이 문제가 되어 한경희 목사를 감시하던 일제가 그를 구속 수감했다.

1929년 1월경 일제 경찰에 체포되어 그해 3월 22일 신의주 지방법원에서 치안유지법 위반 혐의로 징역 3년을 선고받고 옥고를 치렀다. 한경희 목사의 수감 중에 자녀들을 셋이나 잃었다. 첫째 아들 한정옥은 공산주의 사상에 물들었다. 그는 삼원보를 중심으로 공산활동에 빠져 민족주의자들에게 수차례 테러를 자행했다. 어느 날 그는 회의 도중 한 청년에 의해 피살되었다. 셋째 한병옥도 삼원보에서 죽고, 딸 영옥도 치료를 못 받아 죽었다고 했다.

한편, 한경희 목사가 수감되어 있을 때인 1931년 일제는 만주사변을 일으켜 만주 지역을 장악하고 만주국을 세웠다. 이로 인해 만주 일대에서 독립운동을 지원하던 동포들의 고초는 한층 더 심해졌다. 또한 길림성의 가장 동북쪽에 있는 호림(虎林), 요하(饒河), 수원현(綏遠縣) 등에는 기독교 전도가 시작되기는 했으나 전임 사역자를 구하기 어려워 교회의 운영 및 설치에 큰 애로가 있었다.

출옥 후 한 1년 동안 의산노회의 창성교회에서 목회하던 그는 결국 다시 만주로 되돌아갔다. 지원하는 성직자를 찾기 매우 어려운 이 지역의 사역에 한경희 목사는 담대하게 자원했다. 만주 동포를 잊을 수 없었기 때문이었다. 그는 1933년 겨울, 총회 전도부 파송 목사로 다시 간 것이다. 이때 친구들은 그 일대는 공산당과 비적들이 많아 위험하니 가지 말라고 만류했다. 하지만 그는 다음과 같이 답했다.

"나라를 잃고 해외에 망명하여 슬퍼하는 동포에게 복음을 전하여 새 생명을 주고 위로하며 독립정신을 키워주는 만주선교가 나의 사명이다."

전도목사로 파송된 한경희 목사는 1934년 1월 북만주의 밀산현 일대에서 한인 동포들을 일일이 찾아가서 전도하고 교회를 세우는 데 헌신했다.

그러던 1935년 1월 1일, 그는 교인 4명과 함께 북만주 호림현 지방 교회 순방길을 떠났다. 매서운 겨울의 추위와 마적, 공산주의자들의 활동으로 인한 혼란을 걱정하는 주위의 만류에도 불구하고 그는 성도들을 버려진 양으로 버려둘 수 없다고 하여 호림, 요하, 수원현 지역교회를 방문했다.

한경희 목사는 1월 4일 오소리강(烏蘇哩江) 소목하(小木河) 지점에서 40여 명의 공산당원에게 체포되었다. 한경희 목사의 큰아들 청옥이 공산당원이었으니 혹시 이들이 한경희 목사를 알고 있었을지도 모른다. 그 아들은 악명 높은 공산당원이었기 때문이다. 이들은 한경희 목사를 붙잡고 일본의 스파이 누명을 씌웠다. 그리고 그 추위 속에서 두 시간 남짓이나 가진 악형을 다하며 고문을 가했다.

아무 증거도 찾지 못한 이들은 결국, 그 두꺼운 얼음을 사람들을 집어넣을 만큼 깨고, 그 속에 한경희 목사를 그대로 던져 넣으려 했다. 그러나 다른 일행이 도망하려 하자 결국 총살하고 그 시체를 얼음물 속에 집어넣었다. 그때 일행 중 유일한 생존자 이낙섭이 증언하기를, 한경희 목사는 "오, 주여, 이 작은 영혼을 받으소서"라고 세 번 외쳤다고 한다.

만주 벌판의 살을 베는 듯한 추위와 찬바람이 곡하듯 흘러갔다. 결국 그의 시체는 찾지 못했다. 그리스도를 위하여 그리고 이역 천만리에서 외롭게 지내는 우리 동포들을 위하여 한경희 목사는 그렇게 영광의 하늘나라로 간 것이었다. 이렇게 한경희 목사는 55세에 순교했다. 한경희 목사의 순교는 조선 전역의 기독교인들에게 큰 충격을 주었다. 그는 "다니엘의 결심"이라는 기록된 설교를 남겼다.

해방 후 공산주의자에 의해 두 아들을 잃고, 마침내 6·25 전쟁 때 공산주의자들에 의해 순교한 손양원 목사는 설교하면서 한경희 목사에 대해 자주 말했다. 손양원 목사가 신사참배 거부로 1941년 11월 4일 체포되어 광주지방법원에서 재판받을 때 판결문에도 다음과 같이 적혀 있었다.

"(중략) 참 신앙의 고난이란 시련을 겪은 다음에 비로소 얻는 것인 고로 우리는 이 고난을 이기고 신앙을 점점 공고히 하지 않으면 아니 된다. 이런 때를 당하여 지금 교회는 사랑과 지혜와 용맹하므로 일하는 목자를 요구한다. 우리 조선 기독교 교역자는 모두 순교자 한경희 목사와 같이 순교 정신으로 선교에 종사해야만 한다."

한경희 목사의 순교에 대한 기록은 1935년도 제25회 장로교 총회 총회록에 장장 11페이지에 걸쳐 자세하게 일대기 형식으로 게재되어 있다. 이런 일은 실로 예외적인 일이다.

한경희 목사는 남만주 여러 곳을 순회하며 피폐한 삶을 살고 있던 우리 민족 진도에 힘썼으며, 저 먼 북만주 지역도 마다하지 않고 자원하여 갔던 전도의 대사도였다.

한국과 남만주는 지리적으로 연결되어서 역사적으로 언제나 교섭이 활발했다. 더구나 일제 치하에서는 일제의 착취와 생활이 곤고하게 되므로 만주나 그 너머 시베리아 땅을 찾아 떠나는 이민의 행렬이 끊이지 않았다. 그곳에서는 독립운동, 특히 무장독립운동이 과격해서 일제의 군사적 대응이 극심했기에 우리 동포들의 환난은 잠

5 한경희 목사(1881~1935)

잠할 날이 없었다.

　우리 교회는 그들의 아픔과 고난을 외면할 수 없어서 그들을 전도하면서 그들의 생활 안전을 위한 노력 또한 쉬지 않았다. 하지만 거기 따른 환난과 핍박도 우리 교회 역사를 피로 물들게 했다.

　그래서 만주와 그 너머 시베리아에 관련된 우리 교회의 피눈물 나는 역사와 문학이 줄을 잇고 있었다. 총회록이나 연회록에 그런 사건들이 즐비하여 눈물 없이 읽어 내려갈 수가 없었다. 이광수나 박계주, 임옥인, 박종화, 안수길, 그리고 정영택의 문학들이 그 대표적인 것들이었다.

　한경희 목사는 남만주 여러 곳을 순회하며 열정적으로 전도하였다. 더구나 그는 가는 곳마다 우리 겨레들의 비참한 살림을 목격하고 농민공사, 기독교협진회, 농무조합, 한족동향회 등을 조직하여 생활 안전이라든가 우리 겨레들의 단결에 힘을 기울였다.

　그러다 보니 자연스럽게 민족주의를 고취하게 되었고, 그래서 일경의 요시찰 인물로 항상 미행당하는 처지였다. 실제로 1924년 그는 장로교 총회에 참석하기 위해 압록강을 건너오다가 일경에 체포되어 얼마 동안 고생했다. 그러다가 1928년에 다시 체포되어 3년간이나 옥고를 치른 것이다.

　한경희 목사가 출옥 후에 다시 찾아간 곳은 저 먼 북만주 지역이었다. 길림성 북지방이었는데 그곳은 공산주의자들이 대거 활동하던 험악한 지역이었다. 1935년 1월, 한경희 목사는 비참한 지역에서 눈물짓는 동포들을 위로함이 더욱 기쁘며, 주의 도를 전하다가 악당들에게 죽임을 당하는 것이 더 신성하다는 말을 남기고 지역 교회들을 돌아보러 나섰다가 공산당원에게 총살당한 뒤 얼음 구덩이 속에 버려졌다.

왜 한경희 목사는 총살을 당해서 죽었는데 또 얼음 구덩이 속에 집어넣었을까? 아마도 증거인멸을 위함이었을 것이다. 이 사실은 그의 아들 순옥이 삼촌에게 쓴 편지에서 드러났다. 모든 비밀은 드러난다는 것이 성경 말씀이었다.

"감추인 것이 드러나지 않을 것이 없고 숨은 것이 알려지지 않을 것이 없느니라"(마 10:26).

그래서 총회에서 이 사건이 보고되었다.
이 순교의 사실이 알려지게 된 것은 두 주일이 지난 2월 25일의 일이었다. 한경희 목사의 아들 순옥이 그의 삼촌에게 쓴 글에서 처음 그 사실이 드러났다. 그 글이 당시 총회장이던 이인식 목사에 의해서 〈기독신보〉에 전재되었다. 〈기독신보〉는 한경희 목사의 순교에 대하여 사설을 두 번씩이나 실었다.
한데 그의 둘째 아들 순옥 역시 해방 이후에 공산당원에게 총살되었다. 그는 본래 공산당원이었다. 하지만 부친의 순교 이후에 만주신학원을 졸업하고 해방 후에 목사가 되어 평안북도 용천에서 잠시 목회를 한 일이 있다. 그러나 그의 전력 때문인지는 몰라도 공산당원에게 피살되어 행방이 묘연해지고 말았다.
우리는 한경희 목사 일가의 뼈아픈 비극에서 한국 민족 근대사의 통절한 대목을 보는 듯하다. 두 사람은 공산당에게, 한 사람은 민족주의자에 희생되는 그 비극이 예사이던가.
양을 찾는 선한 목자가 양 한 마리를 찾기 위해서 온갖 역경을 마다하지 않는 것처럼, 진실한 목사의 자세는 박해의 위험을 두려워하지 않았다. 성도는 모름지기 가정이나 사회에서 맞이하게 되는 그리스도인으로서의 어려움, 나아가서는 가능한 박해의 상황에 대처하여 굳은 신앙의 자세를 늘 가지고 있어야 할 것이다.

이러한 가운데 한경희 목사를 다룬 사료는 매우 미미한 상태여서 교회사학자들의 관심에서 밀려난 상태였다. 우리나라 일제 강점기 만주에서 복음을 전했던 한경희 목사의 사역과 삶을 정리한 전기가 출판되었다.

미국 풀러 신학교에서 교회사를 공부하던 재미 한인 김만수 목사가 고 이학인 목사의 자료를 기초로 해서 2년여 각고의 노력으로 밝힌 한경희 목사의 일대기가 비로소 세간에 드러났다.

저자는 이 책을 쓰기 위해 두 차례나 중국 현지를 방문, 답사하고, 관련 인물들을 만나 증언을 듣고, 문헌 자료도 꼼꼼하게 조사하여 한경희 목사의 생애를 훌륭하게 역사화하였다.

이 책은 최근 해외 선교의 불길이 일고 있는 '복음의 한류' 현상을 바라보며 현재 해외 선교 활동을 하고 있는 선교사들과 차세대 젊은 선교사 지망생들에게 일독을 권할 만한 책이다.

한경희 목사에 대한 순교 일화는 당시 신사참배 문제로 일제로부터 생존의 위협을 받아온 한국교회 신앙인들에게 더없이 도전을 준 사건으로 인식되었다는 것이 김만수 목사의 연구결과이기도 했다. 이 연구를 위해 중국을 2회나 직접 탐사 취재한 김만수 목사는 "해외 선교 불길이 타오르는 최근 한국의 상황을 보면서 한경희 목사의 민족애 신앙 이야기가 도전을 주었으면 하는 바람"이라며, "선교사 지망생과 일선 목회자들이 탐독하길 권한다"라고 밝혔다.

박용규 교수도 "한경희 목사는 20세기의 사도행전을 주도했던 인물로 기록될 만하다"라고 썼으며, 천안대 기독교학부 장훈태 교수도 "한국의 선교역사에 있어서 귀중한 기록으로 남을 것"이라고 평가했다.

한경희 목사의 순교 역사가 한국교회에 밝히 드러나지 않은 데는 이유가 있다. 그가 순교당한 곳이 중국 북방이었고, 한경희 목사가 그렇게 한국교회에 알려진 목사가 아니었기 때문이었을 것이다. 그러나 김만수 목사가 중국 현지를 두 번이나 가서 조사하고 또 이웃들에게 소식을 들어서 밝혀낸 것이다. 그래서 한 사람의 연구와 추적이 이렇게 큰 성과를 나타낼 수 있었다.

앞으로도 이렇게 밝혀야 할 역사적 사건들이 많이 나올 것이다. 한국교회가 여호와 섬기는 신앙과 예수 그리스도의 고난에 동참하는 역사를 계속해서 이어왔는데 그 역사에서 나타나는 순교적인 사건들을 계속해서 밝히는 것이 한국교회의 사명이라고 여겨진다. 역사를 추적하고 연구하는 것은 후배들이 큰 몫이라고 여겨진다.

대한민국 정부는 1996년 한경희 목사에게 건국훈장 애국장을 추서했다.

## 6
## 남궁혁 목사(1882~1950)

　남궁혁(南宮爀)은 1882년 7월 1일 서울에서 태어났다. 뼈대 있는 양반 가문 출신인 그의 외조부 임형준은 평안감사를 지낸 고관으로, 고종 임금을 보필한 6승지 중 한 사람이었다. 그의 어린 시절은 임오군란 등으로 세상이 어수선했다. 경기도 용인으로 잠시 피란했고, 평안감사로 보임된 외조부를 따라 일곱 살까지 4년 동안 평양에서 자랐다. 그리고 고향에 돌아와 일찍부터 한문을 읽은 그는 장원

급제했다. 평양은 훗날 그가 신학자와 목사로 활동한 주요 무대가 된다.

열네 살 때 서울 배재학당에 입학한 그는 구한말 독립운동가 남궁억을 그의 멘토로 삼았다. 남궁억은 남궁혁보다 스무 살이 많은 함열 남궁 씨(咸悅 南宮 氏) 집안의 어른이었다. 일제강점기 유명한 선각자이자 계몽운동가인 남궁억은 〈황성신문〉의 초대 사장을 지내는 등, 언론인으로 독립운동가로 독립정신 고취에 일생을 바쳤다. 그의 사상적, 정서적 세례를 받는 남궁혁은 1939년 남궁억이 일제의 고문 끝에 숨지자 상주 노릇을 자임하기도 했다.

남궁혁의 청소년기에 우리나라는 소용돌이 속에서 있었다. 한말에 친러시아 정책을 쓰던 명성황후를 일본 자객이 시해하여 항일의 정서를 성사시켰으며, 후에는 일제가 고종 황제를 위협하여 제1차 한일협약을 체결하였다. 민족적으로 위태한 때에 남궁혁은 한국 초기 교회가 민족이 당면한 문제를 외면해서는 안 된다는 민족적 자긍심을 갖게 되었다.

남궁혁은 배재학당 졸업 후 공직에 있으면서 목포세관 세관장까지 했다. 그리고 서울에 올라와 연동교회에 출석했다. 이때 남궁혁은 언더우드와 에비슨 선교사의 부탁을 받은 정신여학교 교장의 소개로 명문 집안 규수를 만나게 되었다. 기독교인이 되어 사랑방을 빌려주고 한국 최초의 소래교회가 설립되게 한 김윤방의 딸, 정신여학교 출신 김함라와 남궁혁은 게일(J.S. Gale) 선교사의 주례로 1908년 서울 연동교회에서 결혼했다.

김함라는 독립운동 가문 출신이었다. 일제강점기 도쿄 유학생들의 2·8 독립선언서를 조선으로 가져와 전국에 배포한 독립운동가 김마리아의 큰언니이자 세브란스 의전 1회 졸업생으로 중국에 망명해 조선독립군의 군의관으로 활약한 김필순의 조카이기도 했다. 독립운동가 김규식 선생은 김함라의 고모부였다.

김함라를 비롯한 주변의 노력에 힘입어 남궁혁은 늦깎이 신학자의 길로 접어들었다. 1917년 평양장로회 신학교에 입학한 그는 1922년 제15회 졸업과 동시에 광주 양림교회 목사로 부임했다. 여기서 그쳤다면 그의 인생 역정은 평탄했을지 모른다.

남궁혁이 목포에서 처음으로 만났던 외국 선교사가 미국 남장로교 파송 변요한(Rev. John Fairman, Preston 邊要翰, 1875~1975)이었다. 남궁혁은 변요한 선교사를 만나 목포 양동교회에 출석하면서 세례를 받고 신앙훈련을 받던 중 선교사의 권고로 목포세관원의 자리를 포기하고 선교사들에 의해 세워진 영흥학교 영어 선생으로 취직했다.

남궁혁은 머리가 비상했다. 어학에서는 거의 천재적인 기량을 나타냈다. 영어는 물론이고 히브리어, 그리스어, 아람어, 16세기 킹제임스 영어 등을 구사했다. 당시 선교사들이 세운 근대식 교육기관들은 민족 각성의 수단으로 미국 청교도 정신을 연구하고 프로테스탄티즘을 가르쳤으므로 그의 의식 저변에도 민족주의가 깔려 있었다.

남궁혁은 광주 3·1 독립운동을 주도한 인물이다. 목포의 변요한 선교사가 1909년 광주에 있는 숭일학교(崇日學校) 교장으로 가고 남궁혁도 숭일학교 학감으로 근무하게 되었다. 이때 그는 북문안교회(北門內敎會; 현 광주제일교회)에 출석했고, 1916년 4월경 광주 양림교회에서 동료인 이득주와 함께 장로가 되었다. 1917년에는 선교사들의 후원으로 평양장로회신학교에서 공부하고 목사가 된 후에는 광주 양림교회를 시무했다. 그는 신학교 입학 전 광주 숭일중학교 교사로 봉직하고 있을 때 영어 실력이 뛰어나 젊은 청년들에게 인기가 있었다.

남궁혁이 평양장로회신학교 재학 중이던 1919년 3·1 만세운동이 일어났다. 마침 방학 중에 광주에 머물러 있던 남궁혁은 이 일을 주도했다. 남궁혁은 자신의 집 앞에서 양림동 일대의 만세운동을 주도했다. 이 일을 기념하기 위하여 현재 광주시는 사회단체의 제안으로 남궁혁을 기리는 조형물을 설치하여 오는 세대에 3·1 정신을 전하고 있다.

김마리아는 동경독립선언에 참여한 후 형부인 남궁혁 목사와 언니 김함라와 함께 광주에서 만세운동 준비를 하는 등 광주와 서울을 오가며 거사를 촉구했고, 3월 10일에 폭발해 4월 8일까지 이어진 광주 만세운동에 주도적인 역할을 했다.

경성에서 거족적으로 일어났던 3·1 만세운동이 전라도 광주에서는 3월 10일부터 4월 8일까지 진행되었다. 양림동 기독교인과 비밀 독서모임이었던 신문잡지 종람소 회원인 젊은 지식인들이 준비했고, 숭일학교, 수피아학교, 농업학교 학생들, 지산면 일곡과 생룡 농민들이 목숨을 걸고 참여한 대규모 독립 만세시위였다. 남궁혁, 김함라, 김마리아, 김필례가 그 주인공들이었다.

경성 출신 남궁혁의 부인인 황해도 출신 김함라는 한국의 잔 다르크라 불리며 2019년 2월 독립운동가로 선정된 김마리아와 친자매였다. 황해도에서 광주로 시집온 김필례는 김함라와 김마리아의 종고모(從姑母)로, 최흥종의 동생 최영욱의 부인이었다.

동경에서 2·8 독립선언에 참여한 김마리아는 동경에서 부산을 경유해서 언니 김함라와 김필례가 사는 광주에 2월 중순 도착했다. 이때 광주에는 동경유학생 정광호가 귀국해 서울에서 인쇄한 2·8 독립선언서를 가지고 내려와 있었다. 《광주제일교회 110년의 발자취》에는 "김마리아가 광주로 가져와 종고모인 김필례에게 전달했고,

김필례는 남편 최영욱의 서석병원 지하실에서 그것을 복사했다"라고 서술하고 있다. 이는 광주 3·1 만세운동에 정광호와 함께 동경에서 활동했던 김마리아도 협력했다는 것을 의미한다.

광주 3·1 운동 전에 김마리아는 수피아학교의 교사로 있던 김함라와 김필례의 주선으로 교직자와 간호원들을 초대하여 독립운동의 필요성을 역설하면서 동참할 것을 권유했다. 그런 다음 2월 21일에는 서울로 가서 황애덕(黃愛德), 박인덕(朴仁德), 신준려(申俊勵) 등을 만나 동경 2·8 독립선언의 소식을 전하면서 여성 독립운동의 전개 문제를 논의했다.

교육계, 천도교계의 지도자들도 만나 재일 동경 남녀 유학생들의 독립운동에 대해 보고하면서 국내에서의 거족적인 독립운동을 촉구했다. 3·1 독립운동이 발발한 날에도 황해도 봉산(鳳山)과 신천(信川) 등지를 돌며 지방 여성들에게 독립운동 참여를 촉구했다. 3월 5일에는 모교인 정신여학교 학생들과 함께 남대문역 앞에서 격렬한 만세 시위를 전개했다가 학생들의 배후 지도자로 지목되어 체포되었다.

김마리아는 경무 총감부에서 혹독한 고문과 조사를 받은 뒤 보안법 위반 혐의로 서대문감옥으로 이감되었다. 6개월 동안 갖은 고문을 받았으나 이를 이겨내고 8월 4일 증거 불충분으로 석방되었다. 이후 대한민국 애국부인회를 조직해 활동의 폭을 넓혀갔다. 서울, 대구를 비롯하여 부산, 전주, 진주, 평양, 원산 등 15개 지방에 지부를 설치하는 등 2천여 명의 회원을 확보했다. 비밀리에 독립운동 자금 수합 활동을 벌여 6천 원의 군자금을 임시정부에 전달했다.

그러던 중 조직원의 배신으로 1919년 11월 28일 김마리아를 비롯한 임원진 등 52명이 일본 경찰에 체포되어 대구의 경상북도 경찰국으로 압송되어 온갖 고문을 받았다. 도산 안창호 선생은 "김마리아 같은 사람이 10명만 있다면 한국은 이미 독립을 했을 것이다"라고 하여 불굴의 독립정신을 가진 김마리아를 높이 평가했다.

남궁혁은 1918년 평양신학교에 입학했다. 그리고 1922년 제15회로 신학교를 졸업하고 전라남도 광주의 양림교회(楊林敎會) 혹은 광주제 일교회(第一敎會)를 1년간 시무했다.

1922년 4월 선교사들의 권유로 미국 뉴저지 프린스턴 신학교 3학년으로 편입학했다. 1년 후 졸업하고 1924년 석사학위를 받았다. 1928년 서울 YMCA 소속 외국인 선교사들이 발행한 〈The Korea Mission Field〉에 유학 경위의 일단을 보여주는 기록이 남아 있다. 로버트 녹스(Robert Knox) 목사는 "내 친구 남궁혁"이란 글에서 신의 기적을 체험한 남궁혁의 인생관이 바뀌었다고 서술했다.

"당초 남궁혁은 가족과 헤어지는 유학 생활에 뜻이 없었다. 어느 날 광주와 순천을 오가던 만원 버스가 협곡에서 60m 아래로 굴러떨어지는 사고를 당했다. 승객 대부분이 큰 부상하는 사고였으나 남궁혁은 뒤집힌 차량에서 무사히 빠져나왔다. 현장에서 즉사할 수도 있던 참사를 모면한 것이었다. 생명을 부지하게 된 그는 자신에게 부여된 특별한 사명이 있음을 깨달았다. 그 길로 사십 대에 유학했다."

나중에 부인 김함라는 광주에 홀로 남아 수피아여학교 교사로 있었고, 훗날 서울 남대문교회의 여전도회를 만들었으며, 이화여자대학교 교수를 역임했다. 주일학교 진흥에 힘써 주일학교 진흥부 전남노회 위원장과 주일학교 연합위원으로 활동했으며, 조선 주일학교 대회 대회장으로 선출되었다. 1924년 스코틀랜드 글라스고에서 열린 세계 주일학교 총회에 한국 대표로 참석했으며, 1922년에는 《최신 유년 주일학교 교수법》을 번역 출판했다.

남궁혁의 영어 실력은 천부적이어서 미국 사람보다 우수하다는 평을 받았다. 선교사들의 권유로 미국에 가게 된 그는 프린스턴 대학에서 석사학위를 받았고, 이어서 리치몬드 유니온 신학교 박사 과정을 마치고 귀국했다. 한국의 신학박사 1호였다. 박사 학위는 1927년에 받았다.

남궁혁은 성경주석을 번역하고, 1928년 〈신학지남〉(神學指南)의 편집 책임을 맡았다. 그때 그의 편집을 돕던 김인서, 김창덕, 강홍수, 김재준과 같은 학생들은 향후 한국교회를 이끌어나가는 괄목할 만한 인물들이 되었다. 그는 훌륭한 제자들을 이끌어갔다.

그는 43세에 외국인들이 교수하던 평양신학교에 한국인 첫 교수가 되었다. 선교사들만이 한국 신학교육을 감당한다는 생각이 바뀌는 때였다. 우리도 선교사들의 반열에서 똑같이 선다는 자신감이 생겼다. 이것은 한국교회가 세계에 부상하고 있다는 함성이었다.

그는 옹졸한 학자가 아니었다. 명문가 양반답게 인격적이고 후배들을 이끌어주고 길을 열어주는 아량이 넓었다. 박형룡 박사도 그의 도움을 받은 사람으로, 그가 미국에서 철학박사 학위를 받고 귀국했을 때 평양신학교의 교수직을 마련했고, 김재준 박사가 가난한 문사로 떠돌 때 사재로 생활을 도왔고, 이성휘, 송창근 박사의 후원자로 진로를 열어줌으로 한국교회에 활기를 찾게 하는 역할을 했다.

한국인으로 처음으로 미국에 유학 가서 평양신학교에 최초 교수로 부임했던 남궁혁 박사는 가히 한국 최초의 거물급 신학자라고 할 경력의 소유자였다. 그는 이눌서(Reynolds, William Davis, 李訥瑞) 선교사를 배출한 남장로교의 버지니아 리치몬드 유니온 신학교에서

1927년에 신학박사 학위를 받았는데 이는 한국인 최초의 신학박사 학위였다. 백낙준 박사가 예일대학교에서 1926년 철학박사 학위를 받았는데 그것은 한국교회사로 받은 역사학 박사였다.

"의를 위하여 박해를 받은 자는 복이 있나니 천국이 그들의 것임이라 나로 말미암아 너희를 욕하고 박해하고 거짓으로 너희를 거슬러 모든 악한 말을 할 때에는 너희에게 복이 있나니 기뻐하고 즐거워하라 하늘에서 너희의 상이 큼이라 너희 전에 있던 선지자들도 이같이 박해하였느니라"(마 5:10-12).

남궁혁 목사는 이 길을 택했다.

소기천 장로회신학대 교수는 "한국인 제1호 미국 유학파 신학박사"라는 논문에서 남궁혁을 일러 "초기 한국교회에 눈부신 역할을 감당한 분"이라고 평가했다. 한국인의 심성으로 한국 신학을 말하므로 한국 신학의 주춧돌을 놓았다는 말이다.

격동의 역사는 그에게 또 한 번의 선택을 재촉했다. 남궁혁 목사는 1932년 평양노회장에 추대되었다. 그리고 그해에 열린 장로회 제21회 총회에서 총회장으로 선출되었다. 남궁혁 목사는 부회장을 거치지 않고 총회장으로 선임되었다. 장로회 신학교 교수로서는 마펫 선교사 이후 두 번째로 총회장에 선출되었다. 그는 총회장으로 선임된 후 9월 14일 토마스 순교자 사업위원회에서 '토마스 선교사 기념 교회당'을 헌당하였다.

한 시대를 고난과 역경 속에서도 굴하지 않고 신실한 믿음으로 살았던 남궁혁 목사는 한국 신학 초창기에 대들보 역할을 했다. 그가 공부한 것은 성서학이었다. 귀국 후에 평양장로회 신학교의 교수직을 수행하는 동안에 그는 성경 번역 사업과 성경주석 발간과 〈신학지남〉 편집과 같은 많은 활동을 하면서 수많은 글을 썼다. 그가 〈신학지남〉에 남긴 글을 종합해 보면, 그의 전공은 신약 신학이었다.

이미 남궁혁의 로마서 강해는 2004년 장로회신대학교 대학원에서 《한국 최초의 신학자 남궁혁의 로마서 강해》로 출판되었다. 이 책은 그의 글이 모두 한자로 기록되어서 오늘의 한글세대가 읽기 어려운 점을 감안해서 모두가 알기 쉬운 한글로 풀어서 출판되었다.

로마서 강해 외에 그는 갈라디아서, 에베소서, 빌립보서, 골로새서에 관한 강해 설교를 〈신학지남〉에 연재했다. 이 점에서 그의 연구는 주로 바울 신학에 중점을 두었다. 그가 바울 전공 신학자라는 사실은 "로마서에 나타난 하나님의 의", "예수와 바울의 신학", "예수의 신학과 바울의 신학", "에베소 서신에 보인 영복", "바울의 생애관" 등의 연구를 통해서도 확인되었다.

남궁혁 박사는 바울 신학을 실천 생활에 적용할 수 있도록 가르쳤다. 그래서 신학생들에게 신학은 신앙생활에 나타나야 한다고 가르쳤다. 이것이 신학 하는 이유였다. 그의 신학이 한국교회에 미친 영향이 바로 이것이었다. 신학자들이 신신학을 배워서 강의했다. 그래서 총회에서나 학계에서 신신학이라고 성토하면 "왜 신학의 영역을 침해하느냐?"라고 반박했다. 이러한 논쟁이 우리 교단에서 계속되었다는 사실을 모두가 알고 있다.

이러한 사실은 신신학자들에게만 아니었다. 근본주의자들이 주장하는 것은 신학과 신앙적 삶이 연결되지 못하고 있다는 것을 알 수 있다. 그들은 자기와 신학이 다르면 적처럼 성토하고 왜곡하면서 반대했다. 이것이 근본주의자들의 삶에서 나타났다는 것을 모두 알고 있었다. 그래서 서울에 조선신학교가 세워졌을 때 서울 남산에 장로회신학교를 재건하면서 남궁혁 목사에게 학장을 제의했다. 이때 남궁혁 박사는 이미 교단의 분열이 시작되었으므로 자신이 학장을 한다고 합해질 수 없으므로 학장을 고사했다.

교단 분열은 신학의 문제였다. 신학이 어떻게 교단을 분열하게 만드는가? 이것은 참으로 신학자들의 오류였다. 그래서 많은 신학자가 편을 가르고 말았다. 신학자들이 신학으로 교단을 분열하는 것은 하지 말았어야 했다.

남궁혁의 신학은 결코 이론에만 머물지 않았다. 그는 성경의 가르침에 성실하려고 온몸으로 노력했으며, 그 가르침을 실생활에 실천하고자 전심전력을 다했다. 이 같은 노력은 그가 전개한 기독교 정화 운동을 통해서도 꽃을 피웠다. 그는 "조선교회는 겨우 반세기도 지나지 못한 기간에도 늙을 대로 늙고 상할 대로 상해서 그 가련한 병적 상태는 가히 눈으로 보기 어려울 만치 되었다"라고 한탄하면서 정화 운동의 필요성을 강조했다.

이러한 삶의 변화를 지향하고 있는 그의 신학은 많은 사람에게 실제적인 교훈을 주었는데 "일하러 가자", "앞으로 나아가자", "일심단합", "그리스도의 일꾼인 우리", "그리스도를 평범한 생애에서 봉사하자", "도끼날 잃은 일꾼", "영생 얻은 회개" 등의 설교는 당시 할 일 많은 한국 사회에서 교회의 대사회적 사명감을 일깨우고 청년들로 사회봉사에 매진하게 하는 역할을 했다.

무엇보다도 남궁혁의 신학은 개혁신학의 원리에 충실히 서 있었다. 그는 개혁신학자로서 자신의 신학적 근거를 칼뱅에게서 찾았다. 이를 위해 그는 칼뱅을 단지 교회 신앙생활의 기초 위에서만 그 정당성을 부여하지 않고, 그 범위를 정치 생활과 과학과 예수와 인간 삶의 미래 전반에까지 넓혀서 이해했다.

그는 이러한 개혁신학의 원리를 확고하게 다지기 위해서 기독교

사상에서 바울 다음가는 중심적 인물로 아우구스티누스를 꼽았다. 다시 말해서 그는 바울의 뒤를 이어서 아우구스티누스가 기독교 사상을 체계화했으며, 그 영향력이 중세를 이어 종교개혁의 시대까지 내려왔다고 평가했다.

여기서 그가 기독교 사상의 중심 주제로 삼은 것은 성경의 정경론, 삼위일체론이었다. 그는 이런 정통신학에 서서 기독교 이단에 관한 연구도 병행하면서 단성론을 경계했다.

그는 오랜 기간 〈신학지남〉의 주간으로, 다양한 사람들의 글을 실었다. 비록 그 자신은 칼뱅의 정통신학에 입각한 개혁신학에 서 있을지라도 당시에 근본적인 신학의 경향성을 가진 분들이나 혹은 그 반대로 급진적이며 자유주의적인 신학의 경향성을 가진 분들에게도 집필의 기회를 주었다. 이것은 그가 오랫동안 기품이 있는 유교적 전통가정에서 성장하여 자연스럽게 중용(中庸)의 도(道)에 익숙한 그의 인격에서 우러나온 결과로 볼 수 있다. 다시 말해서 그는 포용과 수용의 덕을 갖추고 당시 신학계가 좌와 우로 나누어져서 논란을 벌이던 시절에 과감하게 대화와 토론의 장을 제공했다. 그는 신학적 독선과 아집을 경계하면서 오히려 상호 존중이라는 큰 인격의 틀에서 한국 신학이 통합의 발판을 마련할 수 있는 길을 모색했다.

그는 일제강점기에 성경 번역작업을 초교파적으로 추진하는 데 크게 공헌했다. 오늘까지 가장 널리 사용되는 공인 성경도 그가 번역작업을 주도해 1937년 발간한 신약전서 개역본에 뿌리를 두고 있다. 그런 그가 한국전쟁 이후 남북한의 기록에서 모두 사라졌고, 이제 손자가 그의 노력을 더듬는 상황이 되었다.

남궁혁 목사의 설교 중에 "끝까지 힘쓰자!"가 있다. 그 결론에서 "여러분은 불가능이란 말을 사전에서 빼야 한다. 나폴레옹의 호언장담을 기억하는가? 나는 한글 사전에서는 '실망'이라는 말을 빼버리라고 주장한다. 한국 청년에게 실망이란 금물이다. 바라보니 여러분은 오직 대장부가 되어 촌보(寸步)도 퇴보하지 말고 오직 우리 대장 예수 그리스도의 명령 한 마디에 절대복종하여 일보, 일보 나아가 마침내 승리의 면류관을 받고 또 여러분은 자라며 나아가 그리스도의 충만한 데까지 이르기를 간절히 바라서 몇 마디 말을 했다"라고 했다. 1938년 9월 제27회 총회가 신사참배를 결의하자 4개 선교부에서 함께 운영하던 장로회신학교를 폐쇄했으며, 선교사 교수들은 모두 철수했다. 남궁혁은 일제의 신사참배에 맞서서 1938년 9월 20일에 평양장로회 신학교의 이름으로 당시 일제가 국민의례라고 호도하던 신사참배를 결연히 거부했는데 그 결과 신학교가 일제에 의해 폐교되는 슬픔을 겪었다.

그는 신학교가 폐교된 후에도 〈신학지남〉의 편집 주간의 책임을 계속 감당했다. 그러나 1940년 10월 25일 자로 〈신학지남〉마저 일제에 의해 폐간되자, 남궁혁 목사는 다음 해에 중국 상해로 망명했다. 그곳에서 신학 사전 편집과 〈신학지남〉을 교열하면서 거류민단 단장을 맡아 교포들의 생활을 돌보며 함께 눈물 흘리며 위로하다가 해방이 되어 1946년 동포들과 함께 귀국했다. 〈신학지남〉을 계속해서 편집하고 연구하는 것은 신학자로서의 사명을 감당하기 위함이었다.

귀국하자 그는 미국 군정청의 적산관리청장을 맡았다. 일본인들이 남기고 간 재산을 관리하고 처리하는 중대한 직책이었다. 그것은 어마어마한 책임이었다. 거기에는 총독부의 재산을 비롯하여 공공기관이나 개인의 재산과 소유권 처리 문제, 일본 신사 관계의 재산 문제가 산적해 있었다. 사실 우리 교회들도 일본 신사나 신도 종교의 재산들을 일부 불하받아 교회를 시작한 곳이 여럿 있었다. 해방 후 미 군정하에서 정부의 적산관리청장으로 부임하여 공무를 집행하다가 재무세관 국장, 목포 세관장, 재무부 세관국장직을 연이어 수행했다.

그 큰일을 해방 후의 혼란과 부패의 시기에 처리한다는 것은 신학 박사로서는 감당하기 어려웠다. 결국, 그는 그 자리를 사임했다. 1947년 1월 그가 한때 세관에 있었다는 경력 때문에 한국 과도정부의 재무부 세관국장에 임명되었고, 신성 대한민국의 세무행정의 체계를 세운 뒤 교회 본연의 업무에 돌아가기 위해 1948년 사임한 것이다.

항일운동으로 일경에 쫓기는 이승만을 집에 숨겨주고 해외로 망명시키기까지 한 그였지만 그는 이승만 정권하에서도 관직에 연연하지 않고 오직 교회 연합에 묵묵히 헌신했다. 남궁혁 목사는 끝까지 의인으로 살기를 원했다.

그는 1948년 10월 대한민국 정부가 수립된 지 두 달 후에 한국 기독교협의회 총무직을 맡아 어수선했던 해방 후 한국교회의 연합사업에 힘썼다. 그리고 1949년 11월 태국 방콕에서 열린 동남아시아 기독교대회에 참석해 부의장이 되었다.

그는 1950년 8월 23일 장로로 가장한 한 공산당원에게 유인되어 북한에 납북되었다. 장병욱이 쓴 "6·25 공산 남침과 교회"에 의하면, 남궁혁 목사는 납북 이후 "공산주의는 지상낙원"이라고 대공방송을 강요받았지만 거절했다고 한다. 남궁혁 목사는 평양, 군무리, 영변 등 북한 여러 지역을 거쳐 1958년 강제노동 수용소인 양강도 지역의 한 목재사무실로 이송된 후 물도 마시지 않고 입을 다물고 금식하다가 쓰러져 순교했다. 그의 나이 69세였다. 미망인 김함라 권사는 서울 남대문교회에 출석하다가 생을 마쳤다.

순교자는 자기의 강한 믿음의 의지로 선택하는 것이 결코 아니었다. 그리고 순교자가 되고 싶다는 의지로 되는 것도 아니었다. 남궁혁 목사는 하나님께서 그에게 부여하신 달란트를 성실하게 감당했다. 그래서 그 뜻에 복종한 것이 순교였다. 그의 눈에 스데반 집사가 본 것같이 하늘이 열리고 주님이 일어서신 것을 보며 기쁨과 감사로 주님 계신 곳으로 올라갔다.

남궁혁 박사는 한국의 본회퍼와 같은 신학자였다. 본회퍼가 나치 정권에 맞서서 신학자의 살아 있는 양심을 유감없이 발휘한 인물이라면, 남궁혁 박사는 구한말에 의지할 것 없던 민심을 달래고 조선 독립을 위해 분연히 일어나 3·1 독립운동에 나섰고, 6·25 전쟁이 발발하자 남침한 공산군에 의해 납북되어 금식기도를 하던 중에 순교한 신앙의 위인이었다.

김일성의 생모 강반석의 혈족인 강양욱 전 부주석은 평양장로회신학교를 졸업하고 해방 전까지 평양에서 장로교 목사로 활동하다가 분단 이후 북한 인민위원회 상임위원장을 지내는 등 공산주의 권력의 핵심부에 있었다. 남궁혁 목사는 강양욱으로부터 북한 정권 참여 제의를 받았다고 남궁혁 목사의 손자 되는 남궁건(미국명 토니 남궁) 전 부소장(UC 버클리대 동아시아연구소)은 말했다.

그는 "6·25 한국전쟁 직전 김일성 북한 주석이 강양욱을 보내 정권에 참여해 달라고 요청한 것으로 안다. 강반석은 원래 독실한 기독교 집안 출신이며, 김일성 본인도 나중에는 미국 목사들과 성경을 논하고 '아멘'이라는 말과 함께 기도하기도 했다"라고 말했다.

2012년 토니 남궁 전 부소장은 남궁혁 목사의 모교인 미국 버지니아주 리치몬드 유니온 신학대학원에서 할아버지를 조명하는 강연을 했다. 이 자리에서 그는 "남궁혁에게 기독교 신앙은 외세침략에 대한 대응"이라고 규정했다. 또 식민 통치기에 남궁혁이 신학공부에 접어든 사실 역시 "각양각색의 정치적 갈등과 사회적 악습에 대한 해답을 찾고자 한 것"이라고 강조했다.

남궁건 전 부소장은 북미 접촉의 중재자로서 자신의 삶이 남궁혁 목사의 생애와도 운명적 연결이라고 믿는다. "할아버지는 언제나 뒤에서 교회통합을 위해 묵묵히 제 역할을 했고, 나 또한 한반도 평화와 효과적인 외교를 위해 민간 또는 비공식 영역에서 침묵의 메신저 역할을 했다. 어쩌다 보니 내가 북미 교섭뿐만 아니라 남북관계, 통일문제에까지 관여하게 되었는지 나 자신도 의아해했다. 지금 생각해 보면 이념적으로 갈라진 남과 북을 잇는 작업이 할아버지의 유업과 맞닿아 있다고 본다."

한편, 한평생 음악가와 사진작가로 활동하며 미국 내 대표적인 한인 예술가로 평가를 받았던 남궁요설 선생 곁을 10년 넘게 지키며 그의 활동을 도왔던 부인 모니카 남궁 씨는 "선생께서 내가 성경을 읽어드리는 가운데 편안하게 눈을 감으셨다"라고 말했다. 유가족으로 부인 모니카 남궁 씨와 첫 번째 일본 부인 사이에서 태어난 아이린 남궁 씨 등 두 딸이 있다. 장례식은 아카시아 장례식장에서 평강장로교회 박은일 목사의 집례로 진행되었다.

1919년 4월 24일 전라도 광주에서 태어나 다섯 살 때 평양으로 옮긴 남궁요설 선생은 남궁혁 목사의 아들이다. 또 독립운동가이자 언론인, 교육자이며 한국 최초의 신문인 〈황성일보〉의 사장을 지낸 남궁억 선생이 그의 큰아버지였다.

슈베르트 음악을 남달리 좋아했던 남궁요설은 열세 살 때 슈베르트 명 가곡 "보리수" 가사를 "성문 앞 우물가"로 시작하는 우리말로 번역했으며, 일본에서 성악(베이스)을 전공한 뒤 중국 상하이 교향악단 매니저를 지내기도 했다. 1947년 워싱턴 대학으로 유학한 남궁요설은 사진작가로 변신해 '신사실주의 사진'의 지평을 열며 근대 풍경 사진의 원조인 안셀 아담스와 함께 사진예술에 정진했다.

특히 자연을 소재로 한 남궁요설의 작품은 순간을 포착, 마치 유화를 그려놓은 것처럼 독특한 사진예술의 극치를 보여준다는 평을 받았다. 생전에 많은 작품 활동집을 내기도 했던 남궁요설은 그 후 성악가에서 사진작가로 변신한 1950년대 후반부터 촬영 활동을 중단했던 2000년대 초반까지 100여 점을 담은 영문 회고록을 내기도 했다.

미국 최대 발행 부수를 자랑하는 월스트리트 저널(WSJ)은 기사를 통해 회고록을 상세히 보도하면서 "남궁요설 작가의 작품은 연금술적인 아이디어가 대자연과 조화를 이루었다"라고 극찬했다.

시애틀의 전설적인 한인 사진작가 남궁요설 씨는 반세기에 걸친 자신의 작품 활동을 보여주는 사진집《Johsel Nam kung, A Retrospective》출판기념회를 자신의 모교인 워싱턴 대학 케인 홀에서 가졌다. 그는 조이 시애틀과 가진 인터뷰에서 "이번에 발행한 사진집은 40여 년에 걸쳐 심혈을 기울인 작품 활동의 총결산"이라며, "모두 100점의 소중한 사진작품들이 수록돼 있으며, 이 가운데 상당수는 일반인에게 처음으로 공개하는 작품"이라고 소개했다. 남궁 씨는 이번 출판기념회에서 자신의 작품들을 보고 느끼기를 바란다고 말하고, 반세기 가까운 작품 활동 업적을 누군가가 계속 이어나갔으면 좋겠다고 희망했다. 출판기념회에서는 그가 오래전에 촬영한 설악산의 비경을 병풍으로 제작한 작품도 전시되었다.

대형 스크린을 통해서도 그의 작품들을 감상할 수 있었던 이날 출판기념회에는 일본에서 남궁 씨와 함께 공부한 작곡가 김순남 씨의 딸 김세원 씨가 한국에서 참석하고, 시애틀 시의원을 역임한 짐 콤튼 씨가 남궁 씨의 시를 낭독했다.

평생 자연을 주제로만 사진 활동을 해온 남궁 씨의 사진집은 1967년부터 2002년까지 촬영한 작품들과 함께 개인의 일대기를 소개하는 내용도 수록하여 일반인들을 위한 사진집, 친필사인이 들어 있는 슬립 케이스와 딜럭스 박스 등 다양한 판형을 만들었다.

한국에서 열세 살 중학생으로 독일가곡 "보리수"를 한국말로 번역한 남궁 씨는, 16세에 배재학당에서 "보리수"를 원어로 불러 찬사를 받았다. 이날 기념회에서 시애틀 평강장로교회 남성 4중창단이 "보리수"를 불렀다. UW도 지난해 150주년을 맞아 모교를 빛낸 150인에 선생을 선정하기도 했다. 남궁 선생은 워싱턴 주 한인 미술인 협회에 참석하는 한편 매년 1,000달러의 장학금을 내놓으며 한인 후학 양성에도 남다른 헌신을 해왔다.

남궁혁 박사의 손자 남궁건이 남긴 다음의 말은 할아버지인 남궁혁 박사의 나라 사랑의 마음을 우리에게 일깨워준다. "일본에 살 때 다니던 교회 목사님이 '증조할아버지나 할아버지처럼 조국을 위해 일하는 사람이 되어야 한다'라고 늘 말씀하셨다. 수천 번은 들었을 것이다."

할아버지 남궁혁의 나라 사랑은 그의 후손에게도 그대로 연결되어 흐르고 있다.

손자인 남궁건(미국명 토니 남궁)은 전 UC 버클리 대 동아시아연구소(Institute of East Asian Studies) 부소장으로, 1990년대에 북한을 방문했을 당시 있었던 북한 고위 관료와 대화 한 토막을 소개했다. 미국 국적의 남궁건 전 부소장은 평양과 워싱턴 간의 비밀 접촉을 수없이

성사시킨 중재자이자 미국 내 아시아 문제 전문가였다. 북미 막후 교섭을 위해 줄잡아 60회 이상 북한을 방문했다.

그에게는 북미 교섭 중재 말고도 최선의 노력을 쏟게 하는 숙제가 하나 더 있었다. 한국전쟁의 와중에서 할아버지 남궁혁 목사가 전쟁이 터진 1950년 8월 납북되어 공산당 선전에 종사하도록 강요당했으나 이를 거부함으로써 많은 고초를 겪었다. 전 YMCA 회장을 지낸 구자국 씨는 용판동 근처에서 절명했으며, 남궁혁은 중태에 빠졌고, 전 조선신학교 교장이던 송창근 목사와 오택관은 걸음을 잘 걷지 못하여 인민군의 등에 업혀 11월 10일 강계에 도착했다.

남궁건 전 부소장은 한국전쟁 당시 대전에서 북한군에 사로잡혔던 윌리엄 딘 전 24보병 사단장에게도 할아버지의 행방을 물었으나 별다른 소득이 없었다. 남궁건 전 부소장은 북미 막후 접촉을 산파역으로 나서면서 교분이 있던 북한 엘리트들에게 할아버지 문제를 넌지시 언급했던 모양이다. 이에 북한도 1990년대 들어 남궁혁의 행적을 백방으로 수소문했으나 무위에 그쳤다.

할아버지의 납북은 집안의 비극이었다. 그런 비극을 유발한 북한에 대한 가족들의 감정은 "복잡한 마음이었으나 북한에 악의를 가지거나 혐오 또는 증오를 품진 않았다. 그 시절 우리 가족뿐 아니라 많은 한국 국민이 비슷한 사정이었기 때문이다. 나에게 개인의 가족사보다 더 중요한 것은 한반도의 미래이다."

남궁건 전 소장은 1990년부터 아시아 사회 대표단의 일원으로 활동하며 지난 20년 가까이 미국과 북한의 관계가 잘 풀리지 않을 때마다 양자 간에 대화의 다리를 놓아온 숨은 공신의 역할을 했다.

남궁건은 미 특사 리처드슨 방북 때도 역할을 했고, 최근 미 시민권자 한인 케네스 배 씨를 포함해 북한에 억류돼 있던 미국인 3명이 전격 풀려난 것과 관련해 그 막후 협상 역할을 미주 한인이 담당한 것으로 알려져 주목받고 있다. 그는 미·북 간 첫 고위급회담을 주선했고, 이후 여러 차례 북한과 미국을 연결하는 비공식적 고리역할을 해왔다. 몇 년 전부터는 미국 내 대표적 북한통으로 알려진 빌 리처드슨 전 뉴멕시코 주지사의 아시아 문제 상임고문으로 일하고 있다.

남궁건은 한국 기자들에게 "북한은 저를 믿을 만한 중재자로 봅니다. 중립적이고 객관적인 입장에서 일한다고 신뢰하죠"라고 자신의 역할을 소개하기도 했다.

독립운동가 남궁억의 손자이며, 한국인 최초로 신약학으로 신학박사 학위를 받고 평양신학교 교수를 지낸 남궁혁의 손자인 남궁건은 자신의 조부가 일제의 박해를 피해 이주한 중국 상하이에서 태어났다. 그러나 중국에 공산당 정부가 들어서자 그의 가족은 1950년 홍콩으로 옮겼고, 그 후 고등학교를 마칠 때까지 일본에 머물면서 외국인학교에 다닌 그는 미국 대학으로 진학했고, UC 버클리 대학에서 역사학으로 박사학위를 받았다. 한반도 전문가 로버트 스칼라피노와 함께 동아시아 연구소를 이끌고 있다.

〈인디팬던트〉지는 남궁건 씨가 어떠한 공직도 맡지 않았지만 지난 십수 년간 미국과 한국 및 일본의 고위급들에게 북한과 관련한 컨설팅을 제공해 왔다며, 그가 이번에도 최근 북한을 방문해 배 씨와 제프리 파울, 매튜 토드 밀러 등 3명의 미국인이 석방될 수 있도록 전방위적인 로비를 했다고 전했다.

〈인디팬던트〉지는 남궁 씨가 북한과 관련한 주요 협상에 참여한 것이 이번이 처음이 아니라며, 지난해 에릭 슈미트 구글 회장의 북한 방문 때와 빌 리처드슨 전 뉴멕시코 주지사의 고문으로 활동해

왔으며, 지난 1993년 북한 핵 사태 때에도 북한의 핵확산 방지협정 탈퇴문제 해결에 비공식적인 역할을 담당했던 것으로 알려졌다. UC 버클리를 졸업한 남궁건 씨는 글로벌 마케팅회사 '남궁 프로모션' 조지 남궁 회장의 친동생이기도 하다.

순교자의 후손들이 자기를 소개할 때 순교자의 후손이라는 것을 말하며 그 후손으로서 활동한 역사는 곧 한국 기독교의 역사였다. 순교자 후손들이 신앙의 역사를 이어가는 데 최선을 다하고 있다는 사실은 남궁혁 목사의 후손들을 통해서도 밝히 드러나고 있다.

# 7
# 정일선 목사(1883~1950)

　정일선(丁一善) 목사는 1883년 7월 22일 황해도 신천에서 태어났다. 어려서 아버지를 여읜 그는 신앙이 돈독한 홀어머니 밑에서 가난을 유산으로 물려받아 어렵게 자랐다. 그래서 한창 배울 나이에 공부하고 싶었으나 너무 가난해서 감히 엄두도 내지 못하고, 배우고 싶은 마음으로 기도할 뿐이었다.
　그런데 어머니가 덜컥 병들어 눕게 되었다. 먹는 것도 변변치 않은 데다 약 한 첩 쓰지 못하자 어머니의 병세가 심히 나빠지므로 그 어린 마음에 절망을 느꼈을 것이다.

일선은 눈앞이 캄캄해졌다. 그는 울면서 어머니를 살릴 방도를 찾으려고 동리를 헤맸다. 그때 노인 한 분이 혀를 찼다. 그리고 지나가는 말로 "이런 때는 손가락을 잘라 흐르는 피라도 먹이면 혹 살아나는 법이 있는데…." 노인의 말이 그의 귀에 번쩍하고 들렸다. 그는 그 길로 집으로 달려갔다.

부엌에 들어가 칼과 도마를 찾았다. 식사를 준비해 본 적이 없으므로 칼이 어디 있는지 알 수 없었으나 더듬어 찾아서 도마 위에 손가락을 놓고 칼로 내리쳤다. 붉은 피가 물총처럼 쏟아져 나왔다. 손가락을 움켜쥔 일선은 방으로 뛰어 들어가 어머니의 입에 피를 넣어 드렸다. 온통 어머니를 살려야 한다는 생각뿐이었다. 다행히 어머니는 기적처럼 죽음에서 자리를 털고 일어났다.

나이가 들면서 정일선은 배우고 싶은 향학열을 억제할 수 없었다. 낮에는 일하고, 밤에 서당에 다녔다. 몸은 피곤해도 공부한다는 것만으로도 그는 즐거웠다. 이것이 그를 살려냈다. 그는 배워야 산다는 말을 항상 되뇌고 있었다.

그러다가 정일선은 늦은 나이인 27세가 되어서 숭실중학교에 입학했다. 통신강좌를 통해 중학교 검정고시를 치른 후였다. 그는 열심히 일해서 학비를 충당했다. 아버지가 없는 가정에서 가장 노릇까지 해야 했으니 막노동도 마다하지 않았다. 손에 잡히는 대로 노동이며 장사며 무엇이든지 했다. 그 어려운 신고의 세월을 보내면서 그는 중학교뿐 아니라 숭실전문학교까지 고학으로 마쳤다.

그리고 평양신학교에 진학해 함태영, 김길창과 같이 공부했다. 어려운 가운데도 항상 노력하고 기도하며 공부해서 1923년 제16회로

7 정일선 목사(1883~1950)

졸업했다. 그의 나이 40세였다. 정일선은 목사가 되기 위하여 40년을 줄기차게 달려온 셈이었다.

그가 이렇게 끊임없이 신학교까지 달려온 이유가 무엇인지 자신도 잘 알 수 없었다. 특별한 소명감이 있는 것도 아닌 것 같은데 말이다. 그러나 하나님께서는 그가 모르는 가운데 부르신 것이었다.

그는 평양노회에서 목사 안수를 받았다. 그는 꿈과 같은 지난 세월을 회상하며 눈물을 흘렸다. 그리고 평양 서문밖교회 당회장으로 부임했다. 정일선 목사는 신학교 시절 서문밖교회에서 조사로 3년 동안 재직했었다. 정일선 목사는 서문밖교회에 재직하며 숭의여학교에 강사로 출강했고, 몇 년 후에는 서문밖교회를 떠나 안악읍교회로 옮겼다.

미국 북장로회 선교부는 황해도 선교를 위해 황해도에 선교기지를 세우기로 하고, 후보지로 황해도의 중심지인 해주와 안악과 재령을 검토했다. 안악이 후보지 가운데 하나가 된 것은 교회가 왕성했기 때문이다.

북장로회 선교부는 교통이 편리하다는 이유로 1906년에 재령에 선교기지를 세우기로 결정했는데, 만일 이때 안악으로 결정되었다면 안악은 황해도 장로교회의 중심지가 되었을 것이다.

안악읍교회는 김백영(金伯榮) 전도인의 전도로 여러 사람이 믿으면서 시작되었다. 안악경찰서 뒤쪽에 송영기(宋榮基)라는 사람이 살았는데 그의 기와집이 초창기의 안악읍교회였다. 이 예배당을 흔히 '귀담뒤 예배당'이라고 불렀다.

이 예배당에서 예배드리고 있을 때 부속학교를 설립해서 운영했는데 이 학교가 발전해서 안신학교(安新學校)가 되었다. 김구 선생의 부인 최준례 여사가 이 학교의 교사로 있었다. 김구 선생이 상해로 망명한 후 모친 곽낙원(郭落園) 여사가 안악에 머물렀는데 정일선 목사와 안악의 여러 교회가 물심양면으로 곽 여사를 도왔다.

초기에 교회 안에 어려운 문제가 있어서 흔들리기도 했으나 이것을 잘 극복하고 부흥하고 발전했다. 정일선 목사가 담임하고 있을 때 그는 열심히 기도하며 성도들을 격려하고 찬송하고 말씀으로 전하니 교회가 크게 부흥해서 교인 수가 500명에 이르렀다. 안악읍교회는 경찰서 뒤에서 시작해서 신장리, 연당, 안신학교 터 등으로 옮겼다.

정일선 목사는 교회가 부흥되므로 자연스럽게 예배당을 건축하자고 성도들을 일깨웠다. 온 성도들이 힘을 합해서 열심히 기도하고 예배당을 지어서 정일선 목사가 담임하고 있을 때인 1930년 비석리에 석조 예배당을 신축하고 정착하게 되었다. 정일선 목사는 안악교회를 반석 위에 올려놓았으며, 안악교회에서 16년을 목회했다.

성전 건축은 건물을 크게 건축하는 것으로 끝나지 않는다. 더 중요한 것은 성전 건축을 통한 성도들의 신앙 성장이었다. 그리고 성도들이 성전을 향하는 마음이 곧 신앙으로 이어졌다. 그래서 성전을 지키기 위해서 목사들이 순교를 각오하며, 성전을 지키는 것은 성도들을 지킨다는 엄청난 내용을 갖게 되는 것이다. 성전은 곧 예수의 몸이요, 성도들의 몸이다.

초기에는 쿤스(E.W. Koons: 港禮彬) 선교사가 안악읍교회를 지도했다. 쿤스 선교사는 황해도 지역 장로교회들을 위해 열심히 헌신했고, 1913년부터는 서울 경신학교 교장으로 교육 선교에 온갖 힘을 쏟다가 일제가 선교사들을 강제추방할 때 한국을 떠났다.

1918년에는 오득인(吳得仁) 목사가 부임했다. 오득인 목사는 1910년대 초기에 조사로 안악읍교회를 섬기면서 교회 안에서 일어

7 정일선 목사(1883~1950)

난 어려운 문제를 잘 해결하고 교회를 부흥시킨 분이었다. 오득인 목사는 상해 임시정부와 손을 잡고 독립운동에도 힘을 썼다. 그다음에 양석진(梁錫鎭) 목사가 안악읍교회에서 목회했다. 양석진 목사는 평양장로회신학교 1916년 제9회 졸업생으로, 주로 황해도 일대에서 목회하신 분이었다.

1938년 장로교 제27회 총회에서 신사참배를 결의하므로 조선 장로교회에 지각변동이 일기 시작했다. 신사참배를 하지 않는 교역자는 목회할 수 없게 되었다. 목사들은 교회에서 쫓겨나지 않기 위해 울며 겨자 먹기 식으로 신사참배를 했다.

하지만 정일선 목사는 달랐다. 교회에서 쫓겨나 굶어 죽는 한이 있어도 신사 앞에 절할 수 없다고 했다. 그는 1940년 안악읍교회에 사표를 내고 안악에서 20여 리 떨어진 연동골로 들어가 그곳 산기슭에 움막을 짓고 은둔생활을 했다. 낮에는 김을 매며 곡식을 가꾸었고, 밤에는 기도하고 성경연구로 시간을 보냈다. 이렇게 순교적 삶을 살아가는 그를 찾아오는 이가 아무도 없었다. 정일선 목사는 잊혀진 존재였다. 오직 주님과의 교제만이 있었다.

그런데 어느 날, 느닷없이 젊은 형사 두 사람이 들이닥쳤다. 그들은 세 통의 서약서를 정일선 목사 앞에 내놓았다. 한 통은 신사참배를 하겠다는 것이었고, 또 다른 한 통은 신사참배를 고려하겠다는 서약서였고, 마지막 것은 신사참배를 절대 거부한다는 내용이었다. 정일선 목사는 마지막 서약서에 일필휘지(一筆揮之)로 서명했다. 정일선 목사의 기백이었다.

정일선 목사는 형사들에게 연행되어 사리원경찰서에 구금되었다. 1945년 8월 14일이었다. 점점 순교의 길이 가까워지고 있었다. 그런데 정일선 목사는 그 길을 망설이지 않고 힘있게, 굳세게 나아갔다.

순교를 각오하는 출사표였다. 순교를 각오하지 않고는 그렇게 신사참배를 단호히 거절할 수 없었다.

일제는 반체제 교역자들을 1945년 8월 16일을 기해 피의 숙청 혹은 처형을 감행하려 했는데 원자폭탄이 투하되어 항복하게 되므로 무위로 끝났다.

한편, 정일선 목사가 안악읍교회에서 목회할 때 그를 끝까지 후원하고 같은 신앙으로 밀고 나간 분이 있었다. 그는 김선량(金善亮) 장로이다. 그는 1899년 황해도 안악에서 김용제의 아들로 출생하여 고향에서 안신학교를 졸업했다. 그의 부친인 김용제(金庸濟)는 황해도 재산가로서, 1911년 안명근 사건 때 간도에서 독립운동하던 안중근의 종제인 안명근이 군자금 모금 목적으로 국내에 잠입하여 활약하다가 일경에 체포된 일과 관련 체포되어, 감옥에 갇혀 있는 동안 선천의 지사들로부터 선천 신성학교에 대한 교육이념을 듣고, 1915년 출옥 후 아들 선량을 선천으로 보내 신성학교에 입학하게 했다.

김선량이 안악 고향 교회에 왔을 때 정일선 목사와 끝까지 함께 했었다. 그리고 정일선 목사가 안악읍교회를 떠났을 때 그는 1920년 신성학교를 졸업한 뒤 중국 남경으로 가서 그곳 금릉대학에서 공부했고, 귀국 후 평양장로회신학교에 입학하여 신학을 공부했다. 1927년 안악읍교회에서 장로로 장립한 후 교회를 위하여 충성했다. 정일선 목사가 신사참배에 반대할 때 함께했으며, 민족독립을 위하여 열심히 일했다.

정일선 목사가 체포되었을 때도 교회 안에 남아 있는 성도들과 함께 정일선 목사를 위하여 기도하며 석방을 위하여 노력했을 뿐 아니라 계속해서 신사참배 반대 운동을 했다. 그리고 안악중학교, 선천농업학교 이사로 활약했다. 1937년 수양동우회 사건과 관련해

7 정일선 목사(1883~1950)

서 체포되어 옥고를 치렀으며, 1940년에는 김구 선생의 모친 상해 밀항 사건과 관련하여 체포되어 옥고를 치렀다. 8·15 해방 전까지 고향에 머물면서 교육과 종교계에 큰 공헌을 했다.

그는 정일선 목사와 함께 과감하게 신사참배를 거절했으며, 반대 운동을 했다. 정일선 목사는 이렇게 신사참배를 반대할 때 같은 마음으로 함께한 김선량 장로 같은 사람이 있었으니 더욱 용감해질 수 있었다. 김선량 장로는 월남 후 1947년 미 군정하에서 원주 군수를 역임했고, 1948년 정부가 수립된 후 강릉중·상업학교 교장을 거쳐서 1949년 강원도 사회국장을 역임했다. 1956년에는 전국 사립중고등학교 교장회의 서울 대표로 일했다. 1967년 서울 해방교회 장로로 취임했다. 1962년부터 1979년까지 황해도 도지사로 일했으며, 해방 전부터 관계해 온 흥사단 이사로 일했다. 안악읍교회의 김선량 장로는 한국 역사에 길이 기억되었다.

해방을 맞아 풀려난 정일선 목사는 재령 동부교회에 부임했다. 그러나 이내 평양의 산정현교회에서 청빙이 와서 산정현교회로 옮겼다.

정일선 목사는 북한교회 최고의 지도자로 변신했다. 무슨 지도자인가? 그는 주기철 목사와 김철훈 목사의 후임이었다. 순교자의 길을 갈 지도자의 길이었다. 왜 정일선 목사는 하필 산정현교회의 청빙을 수락했는가? 그리고 산정현교회는 왜 정일선 목사를 청빙했는가? 산정현교회와 정일선 목사 간에 어떤 내용이 서약되었는가? 추측하건대, 주기철 목사와 김철훈 목사가 순교를 당했는데 산정현교회의 사정을 알고도 그 뒤를 갈 수 있겠느냐 하는 부분이었을 것이다. 정일선 목사는 산정현교회를 향하여 어떤 다짐을 받았는가? 그것은 아마도 내가 두 선배 목사의 신앙을 본받아 굳게 섰을 때 나를 지지해 줄 수 있는가 하는 부분이었을 것이다.

제65회 황해노회가 황해도 재령교회에서 모였다. 회의장 분위기는 무겁기만 했다. 총대들의 입장은 제각각이었다. 어떤 총대는 일제의 위협에 못 이겨 신사참배를 한 사람도 있었고, 또 신사참배를 반대하면서 옥고를 치른 사람도 있었고, 일제에 빌붙어 다니면서 교회를 괴롭히던 사람까지 있었으니 해방 후 처음 모이는 노회가 즐겁기보다 한없이 무거웠다. 8·15 해방이 되자 신사 불참배 목사 중에는 영적 교만에 빠지는 사람들이 있었다. 이런 때에 정일선 목사는 해방 후 모인 황해노회 석상에 나타났다. 그는 신사참배 반대 운동을 하다가 감옥생활을 한 사람도 아니었다.

황해노회는 분위기가 어수선한 중에 개회를 선언했다. 회의가 순탄하게 진행될 수 없었다. 그때였다. 하얀 모시 두루마기를 입은 정일선 목사가 흰 머리카락을 흩날리며 "회장!" 하고 자리에서 일어섰다. 그는 강단 앞에 서서 청중을 내려다보며 입을 열었다. "죄송해서 사과의 말씀부터 올립니다. 이 불초한 종은 환란의 날에 산중에서 평안히 지냈으나 교회를 지키다가 그동안 얼마나 수고가 많으셨습니까?"

정일선 목사의 눈에 눈물이 맺히자 노회장은 한바탕 울음바다가 되었다. 그들은 통곡으로 회개하였다. "서로 사랑합시다. 아무도 그 누구를 정죄하지 맙시다. 예수님도 가룟인 유다를 정죄하지 않았음을 본받아 회개하는 영혼을 사랑합시다." 폭발 직전의 황해노회는 정일선 목사의 신앙인 다운 처신에 사랑으로 뭉치는 화합된 모습을 보였다. 정일선 목사가 눈물을 흘리며 인사할 때 조금 전까지 "회개 운동", "재건 운동" 하면서 떠들썩하던 노회는 금세 숙연해졌다. 6년간의 그의 은둔생활을 자백한 순간이었다. 숙연해지면서 은혜가 충만한 가운데 회의가 진행되었다.

7 정일선 목사(1883~1950)

이렇게 화해가 이루어지고 정일선 목사는 고향 교회를 떠나서 평양노회로 적을 옮겼다. 산정현교회는 이미 주기철 목사가 신사참배 반대로 순교한 제단이요, 얼마 전 김철훈 목사가 공산정권에 의해 순교한 제단이었다. 이 제단을 담임하게 된 정일선 목사는 이미 그때 순교를 각오했던 것이다.

여기서 산정현교회의 역사에 대해 살펴보고자 한다. 산정현교회는 평양 장대현교회를 모 교회로 하여 1906년 1월 7일 선교사 번하이셀(C.F. Bernheisel: 片夏卨, 편하설)을 담임목사로 분립되었다. 편하설 선교사는 참으로 신실한 하나님의 종으로 평양 대부흥의 주역이었으며, 한국을 사랑한 목자였다. 산정현교회는 편하설 목사를 중심으로 영수 계택선(桂擇宣), 이덕환(李德煥) 집사, 최정서(崔鼎瑞), 김용흥(金龍興), 정리도(鄭利道), 권사 이신행(李信行), 조사 한승곤(韓承坤) 등이 주축이었다.

6월에 평양 성내 융흥면 삼리 계동 서쪽에 있는 산정현(山亭峴)에 56평 규모로 1,000여 원의 공사비를 들여 예배당을 신축하고 교회명을 산정현교회(山亭峴敎會)라고 명명하여 오늘에 이르고 있다. 다음해 1월 19일 영수 계택선과 조사 한승곤을 장로로 장립하고 당회를 조직하여 조직교회로 성장하게 되었다. 조사 겸 영수는 변흥삼, 김동원, 김상은이었다.

1909년 남녀 권찰을 세워 각 구역을 맡기고 매월 초에 모임을 보고케 하니 이는 권찰회의 시작이었다. 김상은 영수가 별세하였다. 다음 해에 영수 김동원을 장로로 장립했다. 1911년 한승곤 조사의 병으로 계택선이 조사 직무를 했다.

1912년 105인 사건으로 김동원 장로를 경성 총감부에서 체포하여 온갖 악형을 기한 후 감옥에 가두었다. 장로 계택선이 평양신학교를

1912년에 제5회로 졸업한 후 장천교회 담임으로 부임했다. 1913년 1월 5일 본 교회의 장로이며 조사였던 한승곤이 목사 안수를 받은 후 편하설 목사의 뒤를 이어 제2대 담임목사로 취임하였다.

1914년 붕리 교우 박유성이 전일일 반경(田一日 半耕; 밭 하루 반 갈이)을 기부했고, 중리학교가 크게 발전했으며, 편하설 선교사가 안식차 귀국했다. 1915년 한승곤 목사가 사임하고 도미하므로 3월 16일 평양신학교 1910년 제4회 출신인 안봉주(安鳳周) 목사가 부임하여 영수 변흥삼을 장로로 장립했다. 이후로 영수제도를 폐지했다. 미국 교인의 2,000원 기부로 교회 대지를 매입했다.

1917년 6월 17일에 평양신학교 제10회 졸업생인 강규찬 목사가 안봉주 목사 후임으로 부임했고, 24일에 위임식을 거행하여 15년간 담임목사로 시무했다. 시무 당시 교회가 부흥하여 예배당을 증축하고 개인의 영성과 신앙 발전에 혼신을 바쳤다. 그뿐 아니라 신앙 안에서 민족적 독립을 고취 실천하는 데도 앞장섰다. 강규찬 목사는 3·1독립운동 당시 본 교회 김동원 장로와 함께 평양에서 만세시위를 주동한 인물 중의 한 사람이며, 3월 1일 평양 숭덕학교 교정에서 독립선언서를 낭독하므로 체포되어 2년간 옥고를 치렀다. 출옥 후 계속 본 교회에서 담임목사로 1932년까지 시무하다가 은퇴했다.

1922년 12월 31일 조만식 집사를 장로로 장립했다. 김동완, 조만식 장로를 중심으로 평양 YMCA 조직, 평양 일곱 교회 연합으로 숭인, 숭덕, 숭현학교를 운영했다. 1936년 주기철 목사를 담임목사로 청빙했다.

이후 조선예수교장로회는 제27회 총회에서 신사참배를 결의하였다. 이에 신사참배를 반대하며 일사각오로 신앙정절을 지키고자 한 주기철 목사는 일제에 체포되어 혹독한 고문을 받았고, 산정현교회

7 정일선 목사(1883~1950)

에도 폭풍이 몰아쳤다. 평양노회 전권위원회가 예배를 주도하려고 경찰의 호위 속에 최지화, 정운경, 이인식 장로 3인이 입장했으나 성도들은 끝까지 "내 주는 강한 성이요"를 찬송하며 저항했다. 당일 오후 경찰을 대동한 일제의 주구 장운경이 산정현교회의 집회를 정지하는 평양노회 전권위원장 명의의 경고장을 붙였다. 그리고 주기철 목사 가족을 사택에서 쫓아냈다.

결국 주기철 목사는 신사참배를 철저히 배격하다가 4월 21일 순교하였다. 4월 25일 평양 서광중학교 앞 공터에서 장례식이 거행되었고, 평양 돌박산 공원묘지에 안장되었다.

해방 후 평양 산정현교회는 교회 회복과 함께 출옥한 이기선 목사, 한상동 목사, 방계성 목사, 안도명 조사, 명신홍 조사가 시무했다. 한국 기독교 혁신복구를 위한 임시노회가 열렸고, 20일에는 동 교회에서 한국교회 재건의 기본원칙을 도출해 내서 설득 작업에 나섰다. 이때 이기선 목사와 한상동 목사가 본 평양 산정현교회 당회장직을 거치면서 혁신복구 화해를 위한 대표적 역할을 했다.

신사참배를 결사반대하다가 폐쇄되었던 산정현교회는 해방과 함께 교회의 문이 활짝 열리고 흩어졌던 교인들이 모여들기 시작했다. 동년 8월 17일에는 한국 기독교를 대표하여 우상숭배인 신사참배를 결사반대하다가 평양 감옥에 투옥되었던 25명 중 옥중 순교한 9명 외에 16명이 출옥했다[이들은 자신들을 진리를 지키려고 노력했던 자들이라고 하면서 '산 순교자'라는 명칭을 겸손히 거절하고 수진자(守眞者)로 자처했다]. 그들은 신사참배에 항거하다가 폐쇄되었던 산정현교회로 찾아와 그곳에서 2개월간 숙식을 같이하면서 순수한 신앙의 고귀한 모습으로 기도 속에 한국 기독교의 혁신 복구방안을 마련했는데 그 정신은 "우리는 그리스도 안에서 하나이다"라는 회개 속의 일치였다.

주기철 목사가 순교한 후에 김철훈 목사가 담임목사로 부임했다. 그 과정에서 교회가 분열되었다. 그리하여 김철훈 목사는 교회를 화평하게 하려고 기도를 많이 하면서 장로들과 합심하여 산정현교회를 본래의 모습으로 회복하였다.

그러나 1945년 해방이 된 후 북한에서는 소련의 영향으로 김일성이 공산정권을 이루려고 작정하였고, 이에 반대하는 기독교를 박해하기 시작했다. 1946년 11월 3일, 인민위원회 의원을 선출하는 선거를 실행하려고 했다. 그날은 주일이었다. '북한 5도 연합노회'가 적극 저지하려고 나섰으나 이미 작정된 정책이었다. 기독교인들을 회유하고 억압함으로 결국 선거는 주일에 실행되었다.

평양신학교 출신인 김일성의 외삼촌 강양욱 목사를 중심으로 한 '기독교도 연맹'은 기존의 교회 지도자들을 박해하고 체포, 감금, 고문, 그리고 처형했다. 1946년 5월 조만식 장로가 평양에서 소련 군정을 반대하다가 감금된 후 행방불명되었다. 결국, 김철훈 목사도 주기철 목사처럼 공산당에게 순교하였다.

이제 정일선 목사가 주기철 목사, 김철훈 목사가 순교한 산정현교회에 청빙을 받고 떠나려고 할 때 재령 동부교회 교인들은 눈물로 그 길을 가로막았다. 그러나 정일선 목사는 "사탄에게 굴복하면 지옥 갈 것이니 진리를 사수하라" 하고 외치며, 기독교도 연맹에 가입하지 말 것을 당부하며, "이 나라가 하나님 공경하면 살고, 대적하면 나라도 개인도 망할 것이다"라고 강조했다.

정일선 목사는 이때부터 순교를 각오했다. 순교자의 길은 하나님께서 택한 사람에게 주시는 선물이다. 정일선 목사는 이미 그 길을 가기로 부름받은 것을 깨닫고 산정현교회에 부임했다.

산정현교회는 이미 주기철 목사가 신사참배 반대로 순교한 제단

7 정일선 목사(1883~1950)

이요, 얼마 전 김철훈 목사가 공산정권에 의해 순교한 제단이었다. 이 제단을 담임하게 된 정일선 목사는 과거 인자하고 온순하던 성품이 일약 강직하고 용감한 투사형으로 바뀌어 공산당과 영적 싸움을 전개하기로 작정하고 영적으로 무장했다. 산정현교회는 이미 하나님께서 순교자들의 제단으로 정해주신 곳이었다.

순교신앙의 본산, 민족주의 운동의 거점이었던 평양 산정현교회를 북한 공산당이 점령하고 성도들이 예배를 드리지 못하도록 방해했다. 그뿐 아니라 교회의 중요한 지도자들을 체포했다. 유계준 장로가 해방 후 공산당과의 처절한 투쟁을 전개하던 중 1950년 6월 24일 공산당 정치보위부에 피검되었다가 순교했다. 그뿐 아니었다. 체포된 성도가 많았다. 그리고 순교하는 사람이 있다는 소식이 들려오곤 했다. 성도들은 모두 초조한 중에 기도했다.

정일선 목사는 공산화된 산정현교회에서 지혜롭게 대처해 갔으나 1950년 6·25 전쟁이 터지고 유엔군이 북진할 때 공산군에 나포되어 평양 감옥으로 끌려갔다. 그를 눈엣가시처럼 미워하던 공산당은 1950년 9월 26일 밤 평양을 버리고 패주하면서 그가 수감된 평양 감옥에 불을 질렀다. 그리고 탈출하는 사람은 총으로 쏘아 죽였다. "주님! 부족한 종을 주기철 목사와 김철훈 목사의 뒤로 제물이 되게 하시니 주께 감사를 드립니다." 교회와 양 무리를 두고 그는 이렇게 순교했다.

목사가 순교하겠다고 해서 순교하는 것이 아니다. 그리고 순교하지 않겠다고 도망한다고 해서 순교하지 않는 것도 아니다. 이것은 하나님의 뜻이다. 그러므로 순교자는 하나님의 뜻에 복종한 것이었다. 이렇게 순교한 이들이 6·25 한국전쟁 중에 많았다.

산정현교회는 평양 장대현교회와 함께 초기 한반도의 가장 대표적인 교회였다. 우리 민족의 영적 순결을 지켜낸 평양 산정현교회에는 일제 강점기 신사참배를 거부함으로 많은 순교자를 배출했다. 우리 민족의 영적 자존심과 민족의 거룩한 지도력을 지켜낸 평양 산정현교회는 역사에 길이 남을 것이다.

북한 땅을 향한 하나님의 부르심에 묵묵히 순종하여 한반도와 한민족을 가슴에 품고 걸어온 지난 세월은 온전히 감사와 은혜뿐이었다. 남과 북이 하나 되어 우리 민족에게 주신 거룩한 사명을 감당할 수 있는 한민족과 한반도가 되기를 바라고 원하는 마음뿐이다.

한편, 6·25 전쟁이 발발하자 공산 치하를 벗어나 월남한 성도들이 많이 있었다. 산정현교회 교인들이 부산시 용두동에서 산정현교회란 이름으로 천막을 치고 임시예배를 드렸다. 전도사 이일화, 장로 장기려, 장로 박덕술이 중심이었다. 그 후 서울이 수복되자 많은 교인이 서울로 올라왔고, 일부는 부산에 남아 부산 산정현교회 성도들이 되었다. 이들은 모두 평양에서 순교할 사람들이었다. 그런데 주님께서 일단 피하게 하셨다.

이들은 선배 목사와 성도들을 기억하여 그들을 본받아 순교적 삶을 살아가려고 최선을 다했다. 순교자의 열매는 더 굳건한 교회요, 성도들은 눈물로 순교자들의 발자취를 기념하며 본받아 살아갔다.

산정현교회는 민족주의 운동과 교육의 산실이었다. 신사참배 반대 운동의 요람이었고, 조만식 장로를 주축으로 한 물산장려운동의 효시였고, 민족의 요구를 무시하지 않고 실천한 교회였다. 그러기에 아무것도 아까워하지 않고 내어놓은 순교신앙으로 이어졌다.

후암동에 세워진 피난 교회인 산정현교회는 교단을 초월하여 연합해서 지역을 섬기고 있다. 연합하는 모습을 보여주니 주민들의 교

ㄱ 정일선 목사(1883~1950)

회에 대한 이미지가 좋아졌다. 주민들에게 후암동에 살므로 인생의 복된 변화를 얻고 희망을 찾으며 자녀들이 마음껏 놀며 공부하는 마을로 만들어가는 꿈을 심어주길 원하고 있다. 목회자 김호민 목사는 목숨으로 순교한 이들이 있는 교회는 순교신앙의 본을 받아 살아가는 것이 오늘 교회의 사명이라고 했다.

"우리가 살아도 주를 위하여 살고 죽어도 주를 위하여 죽나니 그러므로 사나 죽으나 우리가 주의 것이로다"(롬 14:8).

성경에서 순교한 이들을 보면 복음의 증인이었다. 즉 예수 그리스도의 죽음과 부활을 전하는 증인이었다. 이 증인이라는 어휘가 시대를 지나면서 증인으로 살다가 죽음의 증인이 된 것이었다. 증인이라는 어휘가 새로운 의미를 부여하게 되었다. 순교자들은 모두 예수 그리스도를 증거한 증인들이었다. 성경에는 순교자라는 단어가 없었다. 그런데 예수 그리스도의 십자가와 부활을 증거하다가 피를 흘려 죽은 이들을 순교자라고 했다.

공산주의에 맞선 교회 목사들은 순교를 각오하고 싸움으로 목사와 교회 지도자들이 수없이 순교했다. 1950년 북한이 남침하여 부산까지 밀고 내려갔을 때 남한으로 피신했던 교회 목사들, 그리고 남한 출신의 목사들을 무참하게 죽였다. 그 수는 일본 신사참배에 반대하다가 순교한 교회 지도자들보다 몇 배나 될는지 현재로서는 알 수 없다. 왜냐하면, 아직도 북한에서 순교자들이 계속되고 있기 때문이다.

"세상이 너희를 미워하면 너희보다 먼저 나를 미워한 줄을 알라 너희가 세상에 속하였으면 세상이 자기의 것을 사랑할 것이나 너희는 세상에 속한 자가 아니요 도리어 내가 너희를 세상에서 택하였기 때문에 세상이 너희를 미워하느니라 내가 너희에게 종이 주인보다 더 크지 못하다 한 말을 기억하라 사람들이 나를 박해하였은즉 너희도 박해할 것이요 내 말을 지켰은즉 너희 말도 지킬 것이라 그러나 사람들이 내 이름으로 말미암아 이 모든 일을 너희에게 하리니 이는 나를 보내신 이를 알지 못함이라 내가 와서 그들에게 말하지 아니하였더라면 죄가 없었으려니와 지금은 그 죄를 핑계할 수 없느니라 나를 미워하는 자는 또 내 아버지를 미워하느니라"(요 15:18-23).

기독교의 순교역사는 오래도록 이어져 왔다. 사도 바울과 사도 베드로가 로마에서 순교함으로 그 강력한 로마를 그리스도의 피로 사신 교회로 점령했다. 극동의 삼국 즉 일본, 중국, 한국의 순교자는 서양에서 나온 순교자들보다 훨씬 많다.

그러나 일본은 황제 숭배로 인해서 그렇게 많은 순교자를 냈으면서도 현재 일본 신사참배 운동이 일어나서 천황을 신으로 섬기고 있다. 그래서 일본의 천주교회나 개신교회가 천황숭배에 굴복하여 기독교 복음전파가 힘을 잃었다. 일본에서는 천주교에서 많은 순교자를 냈다. 그러나 그 후 교회가 그 순교자들의 피 값을 이어가지 못했다. 그러므로 일본 기독교는 말할 수 없이 축소되었으며 적게 남은 교회들도 그 순교자들의 삶을 이어가지 못하고 있다.

그리고 중국은 기독교 역사가 일본과 한국보다도 오래되었다. 경교(景敎)부터 시작해서 현재 천주교와 개신교를 이어온 역사가 매우 오래되었다. 그러나 천주교 선교사들이 현장의 유교 사상이 너무 강력해서 현장 형편에 맞추어 기독교 신앙의 본질을 왜곡했다. 그리고 개신교 선교사 허드슨 테일러와 같은 훌륭한 선교사가 내륙을 꿰뚫

7 정일선 목사(1883~1950)

는 그 험악한 복음의 순례를 했음에도 불구하고 현재 공산주의 세력에 밀려서 기독교가 무너지고 있으며, 순교자들이 계속 나오고 있다.

그 역사는 참혹하다. 교회는 완전히 폐쇄된 상태라 해도 과언이 아니다. 현재 인정된 삼자교회도 박해를 받고 있다. 천주교회는 주교를 교황청에서 임명하는 것이 아니라 중국 정부의 허락을 받아 중국인 대주교가 임명하고 있다. 개신교는 예배당이 헐리고 있으며, 체포되고 행방불명이 된다고 했다.

일본과 중국의 순교자가 엄청나게 많다. 현재도 순교자들이 계속 늘고 있다. 그리고 교회의 터는 좁아졌다. 앞으로 일본과 중국에 복음이 다시 전파되어야 한다. 그 책임이 한국교회에 있다. 그래서 현재 일본이나 중국에 이념을 넘어 복음을 전파하기 위하여 선교사들이 파송되고 있다. 그들이 또 순교자가 되고 있다.

기독교의 순교신앙은 세상에 교회가 존재하는 한 계속될 것이며, 그 후 주님의 역사가 현실이 될 때 그 모든 수고는 지나가고 이 땅에 복음으로 순교의 피의 열매를 맺을 것이다.

그러므로 순교자의 피가 교회의 터가 된다는 옛 교훈은 지금까지 계속되고 있다. 한국교회 순교자들의 피는 세계 복음의 터가 될 것이다. 그리하여 한국교회가 세계 선교의 중심이 될 것이다. 이것이 주님께서 한국교회에 주신 사명이다.

순교자들의 피는 한국교회뿐 아니라 세계 교회의 터가 되었다. 평양은 한국교회가 가장 부흥했던 지역이다. 그런데 현재 공산주의자들의 중심 터가 되었다. 한국교회가 복음 통일을 이룩하고, 평양을 새로운 기독교 중심지로 정하여 세계로 나가는 복음의 중심지가 되어야 한다.

## 8
## 이성휘 목사(1889~1950. 10)

　이성휘(李聖徽)는 산 높고 물 깊으며 인심 좋은 고장 평안북도 철산(鐵山)에서 이씨(李氏) 가문의 아들로 태어났다. 어려서부터 학문을 즐겨 평양에 있는 숭실중학교를 우수한 성적으로 졸업하고, 다시 숭실전문학교를 1913년 4회로 졸업했다. 졸업생 9명 중에는 이성휘를 비롯해서 이영휘, 변성옥, 오천영, 최응칠 등 5명의 목사가 배출되었다. 이렇게 고등교육을 이수하고 졸업하자 숭실중학교 교사로 발탁

되어 육영사업에 들어섰다. 1920년 미국으로 가서 미국 북장로회 계통인 샌프란시스코 신학교를 거쳐 명문 프린스턴 신학교를 수료하고 여기서 신학석사 학위를 받았다. 그 뒤에 헨노이 대학에서 신학박사 학위를 취득하고 1928년 귀국했다.

귀국한 이성휘는 평양노회에서 목사 안수를 받고 서문밖교회의 목회자가 되었다. 그는 놀라운 교회 부흥을 이루었다. 뜨거운 민족적 신앙을 교인들에게 강조하는 한편 그의 모교였던 숭실전문학교에서 교편을 잡다가 마침내 평양장로회신학교 교수로 취임했다. 당시 평양신학교 교과 담당표를 보면 이성휘는 성서문학을 강해했다. 한국 사람 최초로 평양신학교의 전임교수가 된 남궁혁 박사의 뒤를 이어, 그는 평양신학교 첫 한국인 구약학 교수가 되었다. 이리하여 교육자로서 교육에 많은 공을 세웠다.

이성휘 교수는 1928년 1월 〈신학지남〉에 "신명기 강해" 연재를 시작으로 1940년 9월 "출애굽기 강해"를 연재할 때까지 활발한 저술 활동을 펼쳤다. 〈신학지남〉은 1928년 3월에 창간된 후 평양신학교 기관지로서 1937년까지는 계간으로, 그 뒤로는 격월간으로 나오다가 1940년 9월호를 마지막으로 폐간되었다.

이성휘 교수도 〈신학지남〉에 집필진으로 참여했는데 그의 저술 활동의 특징이라면 1930년 1월부터 1933년 7월까지 〈신학지남〉에 "천문강요"(天文綱要)를 연재한 것이다. 이것은 그가 숭실전문학교 천문학과를 졸업한 것에서 기인하였다.

실제로 그의 강의를 들었던 이들은 그가 특히 창세기와 천문학에 권위자였다고 한다. "그의 강의는 넓고 깊으면서도 오묘한 맛이 있었으며, 그의 발음은 정확하고 변재(辨才)가 다양하여 호응이 좋았다."

이성휘 교수는 〈신학지남〉에 몇 권의 책에 대한 강해를 연재했다. 가장 먼저 1928년 1-5에 세 번에 걸쳐 "신명기 강해"를 연재했다. 그 후 1928년 7월부터 1932년 1월까지 스물한 번에 걸쳐 "히브리서 강해"를 연재했고, "히브리서 강해"가 끝나자 "아가서 강해"를 1933년 9월부터 1935년 11월까지 총 열세 번에 걸쳐 연재했다.

이성휘 교수의 신학적 특징은 한마디로 '교회를 위한 신학'이었다. 그의 성경해석은 당시의 청중과 호흡하며 민족과 교회의 현실을 고려한 접근이었다. 구약 말씀을 옛 시대의 말씀이 아니라 지금 여기서 살아 숨 쉬며 실천해야 할 살아 있는 말씀으로 해석했다.

오늘의 신학은 교회를 위한 신학이 아니라 학문을 위한 신학이라고 종종 말한다. 총회에서 한 분 신학자를 향해 그 신학이 교회를 위한 신학이 아니라고 지적하면 자기 신학은 학문을 위한 것이라고 변명을 할 때가 많다. 이것은 참 신학이 아니다. 자기 연구의 영역이 교회를 위함이 아닐 수는 있으나 자기가 연구하는 학문이라고 말할 뿐이다.

이성휘 교수가 일반적으로 잘 다루지 않는 아가서를 택한 것도 당시 우리 민족이 당면해 있던 현실에 대한 고려가 있었다. 일제의 수탈과 핍박이 극을 향해 치닫던 당시의 상황에서 교회와 민족에게 위로와 소망을 전해 줄 책으로 하나님 사랑의 메시지를 담고 있는 아가서가 적합하게 여겨졌을 것이다.

이성휘 교수는 아가서를 철저하게 하나님과 이스라엘, 그리스도와 교회의 사랑을 노래하는 '표상의 책'으로 해석했다. 아가서를 문자 그대로만 본다면 연애 감정을 노래하는 한낱 속된 글에 지나지 않으나 영적인 비유로 해석하면 그 오묘한 이치가 산과 바다와 같다고 말했다. 이성휘 교수는 이처럼 뜨거운 사랑을 보여주는 아가서를 통해 암울한 처지에 있는 우리 민족과 교회를 향하신 하나님과 그리스도의 사랑을 가르쳐주고자 했다.

"아가서 강해"를 마치고 바로 이어서 진행된 "출애굽기 강해"에서 이러한 그의 의도를 더 잘 읽을 수 있다. 출애굽기가 담고 있는 주제처럼 일제강점하에서 조국의 해방을 염원하는 저자의 바람을 잘 나타내고 있다. 《가시 떨기나무의 참 하나님》이라는 책 제목에서도 드러나듯이 출애굽기는 가시 떨기나무와 같은 극심한 고난 가운데서 모세를 부르시어 애굽의 학대와 압제에서 벗어나 민족의 해방을 맛보게 하신 참 하나님을 만나게 했다.

출애굽기에서 아브라함과 이삭과 야곱의 하나님이셨던 조상의 하나님이 이스라엘 백성의 고통을 보고 부르짖음을 들으시고 구원해주신 사건은 일제의 압제 가운데 신음하던 우리 민족과 교회에는 해방과 구원에 대한 소망을 갖게 하는 분명한 근거가 되었다. 이뿐 아니라 언약의 백성으로서 거룩하게 구별된 삶을 살게 하시는 하나님의 뜻이 율법에 분명하게 계시되었음을 통해서, 오늘날 그의 거룩한 나라와 특별한 소유로 삼으신 하나님의 부르심을 깨닫게 했다.

그는 오경의 내용을 다음과 같이 비유적으로 설명했다.

"율법은 씨앗과 같고, 이스라엘 백성은 땅과 같다. 창세기는 아브라함이 갈대아 우르를 떠나 하나님이 허락하신 땅 가나안에 들어옴을 말하므로 이는 땅을 택한 것이라 할 수 있고, 출애굽기는 이스라엘 백성을 애굽에서 구원하여 복된 땅을 향하여 시내 산에 오르게 함을 말하므로 이는 땅을 산 것과 같다.

레위기는 이스라엘 백성이 시내 산에서 율법 받은 것을 말하므로 이는 땅을 갈고 씨앗을 뿌림과 같고, 민수기는 시내 산에서 출발하여 가나안을 향하여 광야로 지나갈 때 법을 어긴 자들을 징계하여 다스림을 말하므로 씨앗을 가꾸고 김매는 것과 같은 것이었다. 신명기는 새 이스라엘 백성이 가나안 변두리 요단 동쪽에 있을 때 모세가 이미 받은 율법을 복습 삼아 강연한 것이므로 곧 씨앗을 다시 심는 것이라 하겠다."

이성휘 교수의 성경해석은 평경가(評經家), 고등 비평가(高等 批評家)의 견해 가운데 후자의 입장에 서서 성경의 내외적 증거를 신뢰하며 말씀의 권위를 강조했다. 또한 본문의 의미를 고찰할 때 문자적, 역사적 의미에 머물지 않고 '표상'으로서의 말씀의 의미를 찾아내어 구약과 신학의 연결을 시도했다. 더 나아가 본문이 가지고 있는 종말론적인 의미까지 탐구하여 성경 전체가 한눈에 들어올 수 있게 하는 통찰을 제공했다. 그래서 장신대 총장을 역임한 김중은 교수는 이성휘 교수를 "개혁신학의 복음주의 입장에 선 신학자"라고 평가했다.

이성휘 교수는 학문과 신앙과 삶이 분리되지 않고 하나로 통합되어 나타났고, 순교의 삶으로 이어졌다. 그는 너그러움과 겸손함과 영적인 능력과 신앙을 가진 모세처럼 후대 사람들이 사모하고 본받을 만한 훌륭한 신앙인으로 오늘도 우리 앞에 살아 있다.

이성휘 목사는 1936년 7월 평양 산정현교회에 주기철 목사를 담임 목사로 초빙하면서 환영회를 열었다. 당시 교계는 일본 신사참배 문제로 인해 심한 진통을 앓고 있는 시기였다. 평양의 삼숭, 즉 숭실대학교, 숭실중학교, 그리고 숭의여학교의 세 학교가 신사참배 강요로 인해 야기된 위기를 넘기고자 안간힘을 쓰고 있었다.

교회를 향한 신사참배의 화살은 평양 산정현교회를 향해 우선 집중적으로 겨누어졌다. 산정현교회는 한국교회의 중심 교회로서 민족정신의 총본산처럼 모두가 인식하고 있었다. 바로 이러한 상황을 지켜낼 자가 과연 누구일까? 주기철 목사밖에 없다는 것이 교계의 중론이었다. 산정현교회 장로인 조만식 장로가 경상남도 마산으로 내려가 주기철 목사를 모셔왔다.

이성휘 목사는 환영사를 하면서 "우리는 산정현교회의 주기철 목사로 환영하기보다는 평양 교회의 주인 목사로, 아니 전 한국교회의 주인 목사로 그를 환영하는 바입니다"라고 하였다. 이같이 이성휘 목사의 발언에는 주기철 목사의 앞으로의 거취를 시사하는 깊은 뜻이 포함되어 있었다. 이성휘 목사는 주기철 목사가 일사각오(一死覺悟)의 신앙으로 신사참배를 반대하여 한국교회의 영광을 드러내는 데 뒷받침하는 역할을 했다.

평양 서문밖교회는 1909년 장대현교회로부터 분리하여 창설된 이래 승승장구하여 1930년대에 이르러서는 3천 명의 교인이 운집하는 큰 교회가 되었다. 그동안 시무하고 있던 임종순 목사가 1935년에 대타령교회로 옮겨가면서 이성휘 목사가 당회장으로 돌보았다.

그는 성심을 다해 목회했다. 자그마한 키에 둥근 얼굴을 어깨 위에 올려놓은 듯한 몸매에 빛나는 눈과 그의 해박한 지식의 설교는 그동안 부흥사의 목회로 들떠 있던 신도들의 신앙을 건전한 방향으로 인도하는 영향을 끼쳤다. 이성휘 목사는 신학교 재직 시 서문밖교회에 인접한 신학교 구내 사택으로 이사하게 되어 가족이 모두 서문밖교회에 출석했다. 교회에서는 일이 있을 때마다 이성휘 목사에게 임시 당회장의 수고를 부탁하곤 했다.

많은 사람이 이성휘 목사에 대하여 성품이 유약한 것이 약점이라고 말했다. 한국교회에 신사참배 문제가 일어나자 신학교 안에서 이를 옳다고 여긴 사람은 하나도 없었다. 한국인 교수 중에서 박형룡 목사나 김인준 목사 같은 분은 시종일관하여 반대편에 섰다. 이성휘 교수는 주기철 목사를 마산 문창교회로부터 모셔오는 데 협력하여 주기철 목사의 신사참배 반대 운동을 지지했다. 그래도 신학생들의 마음에는 그에 대한 불안감이 있었다.

이성휘 목사가 처음에는 반대하는 것 같더니 신사참배 강요의 도수가 강해지고 압력이 심해지자 생각을 바꾸어 신사참배 찬성 편으로 넘어가는 것이 아닌가 조바심을 일으켰다.

바야흐로 1938년 9월 총회가 신사참배를 가결했다. 신학교 당국에서는 무기한 휴교를 선언하고 옥쇄(玉碎)하였다. 평양장로회신학교가 문을 닫은 채 얼마의 세월이 흐르자, 신학교가 없어 목사가 양성되지 않는다면 교회 사역자가 고갈되고 말 것인즉 목사 양성 교육을 중단해서는 안 된다는 중론이 일어나게 되었다. 그리하여 채필근 목사를 교장으로 하는 신학교가 1940년 2월 9일 조선 총독의 인가를 받고 개교했다. 이 학교를 흔히 평양신학교라고 부른다. 박형룡 목사와 김선두 목사는 중국의 만주 심양으로 가서 봉천신학교의 교수가 되었다.

1938년 가을 학기부터 일제의 신사참배 요구에 진리를 굽힐 수 없다는 신념으로 평양장로회신학교가 문을 닫았다. 이 시기에 아들 이세열 목사의 증언에 의하면, 이성휘 목사는 평양 근교의 자산이란 곳으로 옮겨 거주했다. 이성휘 목사는 그곳의 자산교회에서 협동 목사로 섬기면서 농사일과 특히 목수 일로 소일했다. 평양신학교는 우여곡절 끝에 1940년 2월에 조선총독부의 인가를 받아 다시 문을 열게 되었는데 이때에는 이성휘 목사가 교수로 활동한 것으로 보이지 않는다. 이성휘 목사는 8·15 해방을 맞아 다시 서문밖교회 목사로 부임하여 교회를 섬기게 되었다.

8 이성휘 목사(1889~1950. 10)

일제 강점기에 신학교 교장이었던 채필근 목사는 친일파라는 죄목으로 감금되고, 12월에 새로운 신학교육의 중임을 띠고 김인준 목사가 교장이 되었다. 그러나 이것도 얼마 되지 않아 평양신학교는 공산정권의 기독교 탄압정책 때문에 또 어려움을 겪게 되었다.

이성휘 목사는 신사참배 하는 평양신학교에 가담하지 않았다. 그래서 그는 외부와의 교제를 끊고 칩거로 들어가 신학 연구에만 몰두했다. 그는 조국 광복의 날을 기다리면서 후일을 기약하고 있었다. 이성휘 목사는 외유내강의 인물이었다. 그는 사람들이 보는 눈과는 다르게 하나님이 보시기에 합당한 주의 종으로 신앙의 지조를 잘 지켰다.

이같이 일제와 투쟁을 계속하면서 드디어 8·15 해방을 맞았다. 해방의 종소리가 울려 퍼지던 날, 1945년 8월 15일 삼천리 이 민족 모두가 감격의 눈물을 흘리면서 하나님의 은혜에 감사하고 감사했다. 조국 광복의 기쁨을 한 아름씩 안고 사람들은 교회로 구름떼처럼 몰려들었다. 이에 따라 교회는 급속도로 우후죽순처럼 힘 있게 뻗어 나가면서 성장을 거듭했다. 그러나 성장해 나가는 교회에 필요한 수급책은 교역자 양성이었다.

1945년 조국 광복과 함께 한국교회의 재건을 위해 가장 서둘러 일어난 곳이 북한의 교회였다. 일제로부터 해방되고 8·15의 조국 광복을 맞아 평양의 장로회신학교가 재개되면서 학생들은 하수구리에 있는 신학교의 건물을 되찾아 사용하면서 수업이 속개되었다. 이 건물은 1908년 미국 시카고에 살던 매코믹 여사가 한국 선교사업에 특별한 관심으로 거금을 희사하여 평양에 서양식으로 지은 최초의 큰 건축물로서, 진리 탐구의 전당으로 십자군을 양성하는 수도장으로서 손색이 없었다.

북한에서도 종래 한국교회의 중심지였던 평양을 중심으로 한 관서지방이 더욱 그러했다. 그것은 일제 강점기의 옥고를 겪으면서도 끝내 신사참배 강요에 굴하지 않고 신앙을 지킨 많은 목회자가 평양 감옥에서 출옥했기 때문이었다.

출옥한 20여 명 목회자는 옥중 순교한 주기철 목사가 시무한 평양 산정현교회에 모여들어 2개월간 합심 기도했다. 그 결과 앞으로 한국교회 재건을 위한 기본 원칙을 정했다. 그 중요한 내용은 신사에 참배한 교회 지도자들은 자책 혹은 자숙의 방법으로 2개월간 휴직하고 통회자복(痛悔自服)한 후에 교역해야 한다는 것이었다.

이러한 뜻에 부응하기 위하여 서천, 월곡동교회에서 1945년 11월 14일 연합 교역자 수양회가 개최되었다. 여기서 출옥 성도들이 한국 교회의 재건원칙을 발표했다. 그렇지만 이러한 재건의 열의는 냉정한 현실 앞에 맥을 못 추게 되었으니 딱한 일이었다.

그것은 옥중에서 교회를 지키기 위하여 고생한 사람이나 밖에서 교회를 지킨 사람이나 그 고생은 마찬가지였다는 주장이 대두되었기 때문이었다. 그리고 신사참배에 대한 회개나 권징(勸懲)은 하나님과의 직접 관계에서 해결할 문제이지 그 누가 강요해서 될 성질의 것이 아니라는 항변이었다. 심지어 출옥 성도들을 향하여 율법주의적 독선자라는 공박이 일어났다. 여기서 한국교회의 진로가 쉽지 않음이 예견되었고, 결국 이러한 징조는 고신파 발생의 근원이 되었으며, 한신파 발생의 원인이 되기도 했다.

이성휘 목사는 이렇게 혼란한 정황에서 앞날을 내다보았다. 교회가 갈라지려는 아픔 속에서 그는 문제를 원만히 해결하기 위하여 이리 뛰고 저리 뛰면서 몸을 아끼지 않았다. 평양신학교 구역 내에 있는 이성휘 목사는 좌우에 치우치지 않는 격의 없는 인물로 정평이

나 있었다. 그래서 문제 수습을 위해 선봉장으로 활동하기에는 적격이었다. 그렇지만 해방 직후 한국교회의 상황은 통합보다는 분열을 향하여 치닫고 있어서 이성휘 목사가 전적으로 노력을 했으나 어쩔 방도가 없었다.

1945년 12월 1일 북한 5도 연합 노회가 결성되면서 중요한 과제로 등장한 것이 신학교 운영이었다. 우선 신학교 운영은 연합 노회 직영으로 한다는 원칙은 쉽게 결의되었다. 그러나 실제 문제에서 교장 인선과 교수진 배정이 쉽지 않았다. 신학교 교장의 물망에 오른 사람은 이성휘 목사와 김인준 목사였다. 모두 다 교장으로서의 자질이 충분한 인물들이었다. 여기에도 자칫하면 경쟁이 일어나 양편이 대립하는 양상으로 표면화될 우려가 있었다.

해방 후 교회 노선의 향방을 하나로 조정하기 위하여 만사에 원만함을 기하고자 동분서주하고 있던 그로서는 교장 자리 때문에 대결하는 것을 결코 원하지 않았다. 이성휘 목사는 교장 경합에 나서지 않기로 마음을 굳히고 그 자리를 사양했다. 실로 그는 겸양의 미덕마저 갖추고 있었다. 이성휘 목사의 사양으로 신학교육의 중임은 김인준 목사에게 쉽게 부과되는 결정으로 귀착되었다. 긴장된 분위기는 화기가 넘치는 것으로 전환되어 그 뒤의 교수진 배정은 일사천리로 진행되었다.

해방되던 그해 11월 14일부터 평북 선천에서 모였던 목사 수양회에서 조국의 해방을 감사하는 심령부흥회가 막을 내리자 북한 땅의 전 교회가 뭉쳐서 이북 5도 연합 노회를 구성하기로 합의했다. 이때 이 연합 노회가 몇 가지 중요한 안건을 토의한 끝에 교역자 양성을 위해 신학교육을 재개할 것을 결의하고 교장으로 김인준 목사를 선임했다. 그는 감옥에 들어갈 만반의 준비를 하고 현직에 임하였으나 올 것이 너무 일찍 왔다.

　북한 공산당은 정권을 장악하게 되자 북한 지역에 있는 모든 기독교기관의 재산을 적산이라 하여 가차없이 몰수했다. 그리하여 평양 신양리에 소재한 숭실학교의 웅장한 건물에는 북조선 공산당 본부라는 간판이 붙었고, 선교사들이 거주하던 양촌의 집에는 김일성을 비롯하여 공산당 간부들이 들어가 살림을 차렸다. 신학교 교문에는 최고 인민재판소라는 글이 새겨졌고, 붉은 완장을 두른 적위대원이 총대를 메고 보초를 섰다.

　평양신학교 건물이 공산당에게 압류되어 신학교로 사용이 불가능하게 되자, 바로 그 옆에 있는 마펫 기념관으로 자리를 옮겨 수업을 진행했다. 이 건물은 마펫 선교사의 한국 성역 40주년을 기념하여 1935년 평양의 교회를 중심으로 전국 교회가 헌금하여 세웠기 때문에 적산이 아니었다. 그래도 공산정권은 이것도 적산이라 하면서 압수해 버렸다. 그렇지만 신학교육은 계속해야 하겠기에 다시 그 밖에 있는 서문밖교회로 옮겨서 교회당 별관과 부속 건물을 임시교사로 사용하면서 수업을 계속했다.

　김인준 교장을 검거하여 문초한 후 일단 집으로 돌려보냈으나 1947년 1월 17일 소련군 특수부대가 연행하여 시베리아로 유배시켜 마침내 순교했다. 기독교도 연맹을 조직하고 신학교를 어용 기관으로 삼으려는 공산정권의 요구를 거절했다는 이유였다.

　1947년 1월 20일부터 이성휘 목사가 교장직을 맡게 되었다. 평양 장로회신학교가 1901년 창설된 이래로 제1대가 마펫 선교사, 2대가 라부열 선교사, 제3대가 채필근 목사, 그리고 5대가 이성휘 목사로 그가 평양에서의 마지막 신학교 교장이 되었다.

　김광수 목사가 신학교에 입학한 것은 1948년 가을이었다. 아버지

8 이성휘 목사(1889~1950. 10)

김희선 목사는 공산당에 의해 투옥되었고, 자신의 신변도 항상 감시가 뒤따라 마음 놓고 살 방도도 없었으려니와 생을 제대로 마칠 것 같지도 않았다. 그는 동생과 함께 며칠을 금식기도 하면서 앞으로 나아갈 길을 위해 하나님께 간구했다. 하나님께서 주신 음성은 "너희는 성직자 가문에서 나지 않았느냐? 그들의 뒤를 계승하여 목사가 되어라. 죽고자 하는 자에게는 살길이 열리느니라"였다. 그의 할아버지도 초기 한국교회를 위해 일한 훌륭한 목사였다.

공산 치하에서 신학교에 간다는 것은 죽음과 다름이 없었다. 그래도 김광수 형제는 이성휘 교장을 찾아가서 신학교 입학을 허가해 달라고 간청했다. 인자하신 그분께서는 눈물을 글썽거리더니 "학기 도중인데 규칙에 없는 일이라 교수 회의를 열고 의논해 보겠다" 하였다. 며칠 후 이 교장은 만장일치로 입학이 허락되었다는 소식을 전해 주었다. 이리하여 김광수는 동생과 함께 신학 공부를 하게 되었고, 육의 생명도 살고 영의 생명도 살아 오늘에 이르기까지 성직을 수행하고 있다.

이성휘 목사의 아들인 이단열은 김광수와 일제 강점기에 광성중학교를 함께 다녔고, 북한 공산 치하의 평양장로회신학교에서 함께 공부하기도 했는데 6·25 전쟁으로 소식이 끊겨 생사를 알 길이 없다.

김광수는 1년 반 동안 소위 서문밖교회 신학교에서 공부했다. 이성휘 목사로부터 특별히 이수한 학과는 천문학과 창세기였다. 그의 강의는 넓고 깊고 지적이면서도 영적이었으며 실로 오묘한 영감이 있었다. 녹음한 듯한 정확한 발음에다 물샐틈없는 다양한 변재로 진행되는 강의 시간은 벨이 울릴 때마다 매번 아쉬움으로 끝나곤 했다.

이성휘 목사가 평양 장로회신학교의 교장이 된 것은 김인준 교장이 소련군 사령부에 연행된 후였다. 평양신학교 교수로는 최지화, 김태복, 이학봉, 박경구, 강문구, 김영윤, 김진수 목사 등이 있었다. 이분들은 공산당에 의하여 순교했다.

교수 중 김태복 목사는 청렴하고 강직한 성품의 소유자로 신약주해와 공관복음, 그리고 헬라어를 가르쳤다. 그의 깨끗한 신앙생활은 모두의 존경을 받고 있었다. 기독교 신학교가 발족하면서 그는 행방불명되었는데 이는 공산당 정보기관에 연행되었기 때문이었다. 박경구 목사는 황해도 장연 서부교회를 담임 목회하면서 신학교에서는 로마서와 목회 서신을 강의했다. 특히 경건회 시간에 그의 불을 뿜는 듯한 열변의 설교는 학생들에게 순교의 신앙을 일으켰다. 강양욱이 찾아와 기독교도 연맹 가입을 권유했으나 단호히 거절하여 박경구 목사는 해주 감옥에 투옥되어 고생하다가 1950년 9월 28일 살해되었다.

강문구 목사는 평양 창문밖교회를 목회하면서 신학교에서 조직신학 분야를 맡아 강의했다. 그는 신학교에서 수업을 마치고 돌아가다가 공산당에 체포되어 평양 감옥에서 살해된 것으로 알려졌다.

김영윤 목사는 황해도 안악읍교회를 시무하고 있었다. 그는 신학교에서 바울서신을 가르쳤는데, 1950년 6월 24일 공산당 정보기관에 연행된 후 해주 앞바다에 수장되었다.

이학봉 목사는 평양 남문밖교회를 담임하고 있었으며, 실천신학 분야를 교수했다. 그는 3·1절 기념 예배를 주동하여 공산당 정보기관의 주목을 받았다. 결국, 그 후 아무도 모르게 연행되어 행방불명되었다.

최지화 목사의 존재야말로 애매하기 그지없었다. 그는 일제 말엽에 평양노회 노회장으로 있으면서 신사참배 반대자인 주기철 목사

B 이성휘 목사(1889~1950. 10)

의 목사직을 박탈하는 결의를 사회한 오점을 갖고 있었다. 신학교에서 조직신학을 교수하면서 교무과장을 맡고 있어 교장 다음가는 2인자였다. 그의 행동은 공산 치하에서도 왔다갔다하여 누구에게도 신임을 얻지 못하고 있었다. 그렇지만 그도 6·25 전쟁이 일어나기 전날 밤에 공산당에게 연행되어 그 후 살해당했다.

감리교 신학교인 성화신학교는 38선 분단으로 서울에 있는 감리교 신학교에 진학할 길이 끊기자 북한에서 교역자 양성을 목적으로 1946년에 세워졌다. 성화신학교 교장은 배덕영 목사가 맡았고, 박대선 목사와 김용옥, 한승호 목사 등이 교수진을 수행했다.

교장인 배덕영 목사는 기독교도 연맹 평안남도 위원장을 맡으라는 강요를 거절하여 공산당의 미움을 샀다. 1949년 12월 11일 신학교에서 심령부흥회를 열었을 때, 공산당 기관원이 강당 정면에 김일성의 사진을 걸라고 지시하자, "우리 신학교는 특수한 종교학교이다. 예수의 초상화 외에 다른 것을 걸지 않는다. 만약 당신네 정치학교에 예수의 사진을 걸라고 한다면 수령이 허락하겠는가?" 하면서 거절했다. 며칠이 지난 12월 16일 배덕영 목사는 연행되어 평양 감옥에 투옥되었고, 1950년 10월 총살당했다.

공산당 정권은 신학교를 자기들의 수중에 넣기 위하여 소위 북조선 인민위원회 교육성에 등록을 독촉했다. 그러나 교장은 "신학교는 이미 하나님 나라에 등록되어 있으니 지상 나라에 등록할 필요가 없다"라고 단호히 거절했다.

그러나 이렇게 가만히 있을 공산당도 아니었다. 공산정권은 전직 목사 강양욱을 시켜 교계 일부 인사들을 포섭하여 교회 안에 내분을 일으켜 파괴 공작을 펴기로 계획했고, 그래서 그 기관으로 '기독교도 연맹'이라는 것을 출현시켰다.

이에 공산당은 신학교 교장을 비롯한 교수들과 교역자 또는 신학생까지, 더구나 평신도들도 가입을 강요하는 공작을 대대적으로 전개했다. 그러나 교장이 기독교도 연맹에 가입을 거부하였음은 물론 교수, 학생들까지 그것을 거부했다. 이것은 북한에서 공산주의 사상과 싸우는 첫 단계였다.

기독교도 연맹의 주동자인 강양욱은 1943년 평양장로회신학교를 졸업한 본 교단의 목사였다. 그런데 김일성의 친척이었기 때문에 신앙과 사상을 넘어 북한에서 강력한 공산주의 사상가로 나타나 북한의 교회를 탄압하고 말살하는 데 가장 악랄한 방법으로 핍박했던 인물이다. 강양욱은 자기의 신학교 선후배를 막론하고 누구든 잔인하게 살해하는 데 공산주의자들을 동원했다. 그는 신앙이 아니라 권력을 더 중요하게 여겼다. 그리고 신학교 건물도 압류했다.

이런 파국에 이성휘 목사는 경건회 시간만 되면 2층 본당 예배실에 올라가 울음을 터뜨리며 조국의 통일을 위하여, 신앙의 자유를 위하여, 투옥된 종들의 자유를 위하여, 학생들과 하나 되어 하나님께 매달려 울부짖었다.

이때 이성휘 목사는 늘 "문들아, 너희 머리를 들라. 영광의 임금이 들어가시리로다. 영광의 임금이 뉘시냐? 건장하고 용맹스러운 여호와시로다"(시 24:7-8)라는 말씀을 힘차게 암송하곤 했다. 이는 환난과 핍박의 시기가 지나 여호와 하나님이 통치하시는 영광의 날이 올 것을 확신하면서 참고 기다린다는 신앙고백이었다.

찬송가는 "환난과 핍박 중에도 성도는 신앙 지켰네. 옥중에 매인 성도나 양심은 자유 얻었네. 우리도 고난받으면 죽어도 영광 되도다. 성도의 신앙 따라서 죽도록 충성하겠네"를 가장 많이 불러서 보지 않아도 다 따라 외우면서 눈물과 결심으로 부르곤 했다.

8 이성휘 목사(1889~1950. 10)

그때 북한에는 장로교의 평양신학교와 감리교의 성화신학교, 두 곳에서 복음화 운동의 지도자들을 양성했다. 이 두 신학교에는 약 6백여 명의 청년들이 모여들어 생명을 걸고 진리를 탐구하는 생활에 열중하고 있었다.

공산정권은 이러한 신학교가 평양 한가운데 있다는 것이 공산주의 사상에 화약고와 같다고 생각하였다. 북한 민주사상의 중심체 역할을 했던 평양신학교가 눈엣가시와 같으나 한 번에 폐지할 수는 없었다. 따라서 공산정권은 차제에 평양신학교를 어용 기관으로 삼으려고 감리교 성화신학교와 강제로 한 학교를 만드는 통폐합을 시도했다. 그러고 나서 학교 이름을 '기독교신학교'라 개명하고 공산정권의 어용 기구인 '기독교도 연맹' 산하에 편입시켰다. 그리고 폐교 조치에 앞서 먼저 두 신학교를 하나로 통합하고 신학생 수를 10분의 1로 감축하는 계획을 세웠다.

겨울방학에 들어가기 전 이러한 계획은 치밀하게 진행되었으며, 반동분자로 지목된 성화신학교 배덕영 교장의 제거가 먼저 진행되었다. 그다음에 두 신학교의 실무자를 불렀다. 장로회 신학교에서는 교장인 이성휘 목사가, 감리교 신학교에서는 교장이 없었기 때문에 교감인 박대선 목사가 출두했다.

그 자리에서 당국자의 물음은 "목사 없는 교회가 얼마나 되느냐?"였다. 이 목사가 대답하기를 약 50곳이라고 했더니 "그러면 50명의 교역자가 더 있으면 될 터인데 무엇 때문에 600명이나 학생을 모아놓고 실업자를 만들려 하는가?" 하면서 트집을 잡았다. 전국을 복음화하기 위하여 600명이 결코 많은 수가 아니라고 설명했으나 들은 척도 하지 않았다. 장로교 신학교와 감리교 신학교를 하나로 통합함으로써 신학생 수를 적게 하여 기독교 세력을 둔화시키려는 속셈이 있음을 뻔히 알면서도 두 목사는 하는 수 없이 서명했다.

이성휘 목사는 이러한 상황에 기독교 신학교의 교장 자리를 안 맡을 수가 없었다. 그는 무고한 신학생들의 희생을 막으며, 어떻게 해서든지 교직자들의 수난을 덜어보려는 생각으로 대속의 십자가를 자신의 등에 걸머졌다. 부교장은 성화신학교 이사장으로 있었던 송정근 목사에게 맡겨졌고, 교수진은 장로교와 감리교에서 한 사람씩으로 최지화 목사와 박대선 목사가 맡았다. 그러나 학교 운영의 실권은 기독교도 연맹 부총회장인 김응순 목사가 장악하고 마음대로 하였다. 당시에 기독교도 연맹 총회장은 왕년의 부흥사 김익두 목사가 감투를 쓰고 있었다. 공산정권은 얼마 지나지 않아 이성휘 목사의 교장직을 빼앗아 기독교도 연맹 부위원장인 김응순 목사를 새 교장에 앉혔다.

1950년 신학기가 되어 학생들이 등교하고 보니 신학교 간판은 '조선기독교신학교'로 바뀌어 있었다. 공산 치하에서 완전히 어용화된 기독교도 연맹 주동자들이 이 신학교를 운영하면서 적색화 작업에 앞잡이 노릇을 했다.

신앙이 지조를 지켜야 한다는 신념을 가진 신학생들은 등교를 거부하고 몸을 피했다. 김광수 목사는 문자 그대로 지하로 숨어 들어가 국군이 북상해 올 때까지 간신히 생명을 유지했다. 그러다가 후에 월남할 기회가 있어 총회 신학교, 즉 오늘의 장로회신학대학교를 졸업했다.

기독교도 연맹의 간부들은 반동으로 지목된 신학생들의 명단을 공산당 정보기관에 넘겨주어 희생자가 속출했다. 참으로 가슴 아픈 일이었다. 학생들은 학교에 출석하기는 했으나 맥없이 수업을 받았고, 급기야 6·25 전쟁이 일어나면서 학교는 폐쇄되고 말았다.

8 이성휘 목사(1889~1950. 10)

이것이 기독교 신앙을 말살하는 데 있어서 진행한 교묘한 과정이었다. 이렇게 공산당은 기독교 신앙을 말살하기 위해 목회자와 교인들을 체포하고 죽였다. 예배당을 파괴하고 십자가를 없애므로 한국의 예루살렘이었던 평양 거리에서 예배당의 십자가를 볼 수 없게 되었다.

최후의 날은 7월 5일이었다. 북한에서는 평양 탈환 직전 우익 인사 대학살이 있었는데 이성휘 목사가 이때 순교했다. 학문과 교역과 삶의 일치에 힘썼던 이성휘 목사는 끝내 자신의 신앙을 지키다가 공산정권에 의해서 죽음을 맞았다. 공산당 어용 신학교였던 기독교신학교는 한국전쟁과 더불어 완전히 와해되었다. 그래도 1950년 7월 5일 첫 졸업생을 내고 문을 닫았는데 그때 졸업생이 노재남, 안병무, 장승찬, 최용문 등이었다.

이같이 이성휘 목사는 공산 치하에서 목회자이면서 교수로서 평양장로회신학교 교장의 중책을 맡아 목숨 걸고 봉직하다가 공산당에 반동분자로 몰려 정치 보위부에 연행되었고, 유엔군 평양 탈환 직전에 우익 인사 대학살사건 때 순교한 것으로 전해졌다. 이 사실을 알게 된 1957년, 이성휘 목사의 모교인 미국 샌프란시스코 신학대학교 동창회에서 강당에 '이성휘 박사 순교기념패'를 안치했다.

"순교자의 피는 교회의 터가 되었다"라고 한 초대교회 유명한 교부 신학자 테르툴리아누스(Tertullianus)의 명언은 순교자 이성휘 목사의 후대들을 통해서 계속 메아리치고 있다.

〈국어대사전〉이희승 편에 보면, 순교는 "모든 억압과 박해를 물리치고, 자기가 신앙하는 종교를 위하여 목숨을 바치는 일"이라고 정의했다. 이 정의에 의하면, 1) 순교는 종교적 신앙의 행위이며, 2)

억압과 박해하는 상황이 전제되고, 3) 순교는 바로 목숨을 바치는 일, 즉 죽음과 결부된다. 한국교회에서 이런 순교자들이 과거에 있었고 현재도 북한에서 또는 다른 지역에서 나타나고 있다.

사도 베드로와 사도 바울을 위시한 대부분의 초대 기독교 지도자들은 박해의 손에 의해서 죽은 것으로 전해오고 있으며, 순교자란 바로 목숨을 바친 사람으로 기독교에서 최고의 위치에 있다. 그래서 주님이 재림하실 때도 그 맨 앞자리에 선 사람들이 바로 순교자들이라고 하였다.

문학가 춘원(春園) 이광수(李光洙)도 아주 특별한 글을 당시 〈삼천리〉라는 정기 간행물에 실었다. "나는 순교자를 좋아합니다. 이해관계를 도외시하고 오직 진리와 의리를 위하여 생명까지 희생하는 순교자는 인생의 가장 아름다운 꽃이라고 믿습니다. 나는 순교자들을 존경합니다. 그 역사를 잘 알 수 없음이 한이지만 조선인이 수만의 순교자를 냈다는 것은 불후의 자랑으로 알며, 내 혈관에도 이러한 순교자의 피가 흐르거니 하면 마음이 든든하고 긍지를 느낍니다"라고 썼다.

8 이성휘 목사(1889~1950. 10)

## 9
## 이도종 목사(1892~1948)

　서귀포 대정골 성에는 '추사관'(秋史館)이라는 역사적 장소가 있다. 이곳은 유배 생활을 하며 그 유명한 추사체를 완성했다는 김정희 선생의 인생과 애환이 녹아 있는 곳이다. 여기서 불과 담장 하나 건너에 제주교회사에서 빼놓을 수 없는 다른 공간이 있다. 바로 70여 년 전 제주 땅을 온통 뒤흔든 '4·3 사건' 당시, 양 떼를 돌보기 위해 자기 목숨조차 아끼지 않고 사역하다가 숨진 이도종 목사를 추모하는 작은 공원이 제주 대정장로교회 앞마당에 마련되어 있다.

이도종(李道宗) 목사는 4·3 사건이 발발한 1948년 6월, 순회예배를 위해 가던 중 무장대에게 체포되어 심하게 구타를 당한 후 생매장되어 56세에 순교하였다. 이후 그의 순교 사실을 알게 된 대정교회 신도들이 그의 시신을 파내서 장례를 치렀고, 산방산에서 가져온 돌을 정성껏 다듬어 순교 기념비를 세웠다.

기독교사에 깊은 상처를 남긴 '순교의 길'은 제주 기독교 성지순례길 2코스로, 제주 출신 1호 목사이자 첫 순교자인 이도종 목사의 헌신적인 삶과 희생을 기리고 있다. 그곳은 지금 제주 서부 지역 산간을 종단하는 평화롭고 아름다운 풍경이 보이는 길로 부활해 비극적인 역사를 보듬고 있는 것이다.

이도종은 1892년 9월 13일 북제주군 애월읍 금성리 706번지에서 부농인 이덕연(李德連)과 박열선(朴烈先)의 장남으로 태어나, 어려서 서당에 다니며 한문을 읽고 선비 행세를 했다.

이도종 목사의 아버지 이덕연은 일제가 기독교인들을 탄압하려고 조작한 '105인 사건'으로 인해 제주도에 유배 온 남강 이승훈 장로를 통해 복음을 받았고, 금성교회가 제주 최초의 신앙공동체로 출발할 당시 함께한 8명 중 한 명이었다.

이덕연은 조봉호와 함께 1907년 3월 10일 금성교회를 세웠다. 이덕연은 훗날 제주 최초의 장로가 되었고, 첫째 아들 이도종을 숭실중학교로, 둘째 아들 이이종을 오산학교로, 딸 이자민은 수피아여학교로 모두 기독교 학교에 진학시키며 철저한 신앙인이 되었다.

청년 이도종은 그의 신실함과 사역자로서의 가능성을 발견한 제주 선교사 이기풍 목사의 소개로 1910년 평양 숭실중학교에 유학 간 후 1922년 평양신학교에 입학했다.

한편, 이도종은 조봉호 전도사와 함께 1919년 3·1 독립만세운동 이후 조선의 독립을 위해 비밀결사인 독립회생회 제주지부를 결성하여 중국 상해 대한민국 임시정부의 군자금 모금을 주도했다가 6개월간 옥고를 겪었고, 고문 후유증으로 평생 다리를 절게 되었다. 이도종은 나라와 민족을 위하여 고초를 겪은 독립운동가요, 독립유공자인 것이다. 조봉호는 1919년 독립회생회 사건으로 옥중 순국했다.

목사 안수를 받기 전 이도종은 전도인 자격으로 협재교회를 개척했고, 1922년 평양신학교 재학 중에는 삼양교회 전도사로 파송되어 고향에서 시무했다.

1926년 제19회 후기로 평양신학교를 졸업한 이도종은 1927년 김제에서 안수를 받아 제주 출신 첫 목사가 되었다. 김제 농촌 지역에서 전도하며 1928년 김제 신풍리에서 김제중앙교회를 설립하였다.

이도종 목사의 동생 이이종은 3·1 독립운동을 하다가 함남 경찰에 의해 체포되어 행방불명되었다. 일본 경찰은 그러한 이도종 목사를 경계하고 요시찰 인물로 감시했고, 경찰에 불려가서 엄중한 경고와 협박을 받은 것도 한두 번이 아니었다.

이도종 목사는 제주도에서 독립자금사건에 관련되어 투옥된 전력이 있었으므로 김제경찰서는 이도종 목사를 위험인물로 분류했다. 그렇게 이도종 목사를 감시하던 중에 교인 결혼식에 주례하는 이도종 목사의 주례사 내용 중 시국 관련 발언을 구실로 연행하여 투옥하였다.

교회의 대표 장로를 호출하여 교회에서 이도종 목사를 쫓아내지 않으면 교회가 큰 어려움을 겪게 될 것이라고 협박했다. 김제 경찰들이 김제 지역에서 이도종이 목회하지 못하도록 쫓아낼 심산이었다.

이 사건으로 인해 이도종 목사는 김제 지역에서 떠날 생각으로 하나님께 금식기도를 하며 간절히 하나님의 뜻을 간구했다. "하나님 아버지여, 왜 저에게 이런 고난을 주십니까? 하지만 주여, 주님께서 제게 이런 고난을 주신 것을 하나님 나라와 민족을 위해 또 다른 주님의 뜻이 있어서가 아니겠습니까? 주님, 그러면 저는 어떻게 해야 합니까? 저는 어디로 가야 합니까?"

　간절히 기도하던 이도종 목사는 주님께서 고향 제주의 교회와 영혼을 위해 부르심을 깨닫고 응답하게 되었다. 그리하여 이도종 목사는 1929년 11월 전북노회 임시회에 시무 사면서를 제출하고, 제주에 가려고 전남노회로 이명했다.

　그의 고향 제주도는 이기풍 선교사의 선교로 복음이 전파되어서 여러 곳에 교회가 서는 역사가 있었으나 당시 교회들의 교세가 너무 미약하고 너무나 떨어진 변방의 섬 지역이었기에 목회자가 귀했는데, 드디어 제주 출신 1호 목사 이도종이 제주로 입도하게 된 것은 제주교회를 위한 뜻 깊은 하나님의 섭리였다.

　1929년 귀향한 이도종 목사는 이듬해부터 제주노회의 중심인물로 제주 복음화를 위해 헌신했다. 1930년에는 총회 전도부에 속한 제주도 전도목사로서 활동했다. 황해노회에서 파송했던 양성춘 목사의 퇴임으로 이를 대신한 직책이었다. 그는 노회 서기를 맡으며 적극적으로 전도활동을 했다.

　그는 순회 목사가 되어 개척교회를 설립했다. 일제의 기독교 탄압에도 서귀포교회를 시작으로 남원, 고산, 두모교회 등 10곳의 교회를 개척했다.

　이도종 목사의 목회 지역은 서귀포, 고산, 금성, 남원, 서귀포 제일, 용수, 협재, 삼양, 표선, 중문교회였다. 이도종 목사는 한 교회에 오래 머물지 않고 제주 지역을 순회하며 복음을 전했다. 그는 또한 노회 성경학원장으로 종교교육의 필요성을 주장하며 직접 성경학원 운영자금을 위해 만주에 가서 모금했다.

그의 전도 열정은 네 번의 노회장 활동을 통해 충분히 알 수 있다. 더욱이 농어촌 지역 목회 활동을 위해 순회 시무를 마다하지 않고 열심히 복음 전파에 힘을 기울였다. 그는 오직 전도를 위해 헌신한 목회자였다.

이도종 목사는 제주 곳곳을 돌며 예배를 인도하고 교회를 개척했다. 당시 일제 강점기에 어려움이 많았다. 복음 전파가 황국신민 양성에 지장을 가져오므로 교묘한 방법으로 예배를 방해했다. 외지에서 선교의 열정을 갖고 제주를 찾는 목회자들도 일제의 간섭이 거셌으므로 거의 포기하고 돌아갔지만 어떤 방해도 이도종 목사의 전도 열정을 막지 못했다.

목회자가 거의 없는 교회들을 순회하는 일은 매우 힘들었다. 예배를 원하는 곳을 다니면 항상 밤늦은 시간에야 돌아왔다. 피곤했으나 주님이 주시는 용기와 힘으로 하루하루를 지탱했다.

이도종 목사는 삼양교회에서 전도와 부흥 집회를 인도하면서 삼양 지역 전역에 걸쳐서 활발한 전도를 전개함으로써 삼양교회를 부흥시켰다.

제주 삼양교회에서 조선 진흥 운동 시기와 방법에 순응해서 진흥 활동을 개시한 10월 16일부터 개인전도 공과를 수요일마다 가르쳐 6회에 마치고, 11월 13일부터 한 주간 부인조력회를 위하여 새벽 기도회를 하였다. 11월 27일부터 한 주간 이도종 목사를 청하여 매일 오전 5시부터 6시까지 교회 전체가 영적 부흥을 위하여 모이고, 오후 7시부터 8시까지는 불신자를 위하여 전도했다. 오전 9시부터 오후 4시까지는 제직회와 조력회를 합하여 전도대를 조직하고 11대로 나누어 사방 십 리 안에 4천 호 되는 각 마을을 매일 1대 1구로 전도하여 구역마다 7일간 매일 다른 전도대를 파송했는데 이 진흥 운동으로 크게 부흥했다.

또한 이도종 목사는 1933년에 중문리교회에서 '제주도 농촌 진흥 전도 강연회'의 강사가 되어 순회강연을 했는데, 이때 중문교회의 악대가 동반되어 청중 동원에 크게 협력했다.

그의 활동을 〈기독신보〉에서 다음과 같이 보도하였다.

"이도종 목사를 강사로 중문 악대를 함께한 농촌 진흥 순회전도 강연단 일행은 지방 각 기관의 후원을 받아서 좌 1면 10개 리, 중요 농촌 집단 부락 12개 처에 순회전도 강연회를 개최했는데 각 동리에서 이민 회의소(里民 會議所), 청년회관, 학교 등을 집회 장소로 허락받아서 지방 인사들은 남녀노소가 총출동하여 인산인해를 이루었다.

이도종 목사의 진정한 동포애와 영육 공존 상생의 활로를 전개하는 순복음주의적인 사자(使者)로 고함으로 진정 열정에서 울려 나오는 열렬한 설교에 성령의 뜨거운 불이 같이하여 일반 청중은 불교인, 보천교인, 유교학자는 물론, 죄를 각성 통회하며 구령의 참 도리를 믿기로 작정하는 사람이 많이 일어나며 내일부터는 중면 각지로 퍼져서 회개를 외쳐 전국교회의 총동원 응원 기도를 요청하며 귀 신보에 기재하여 전국교회를 총동원시켜 주시기 바라는 바이다."

1933년 5월 1일 열린 제5회 제주노회 정기노회에서 노회 구역을

5구역으로 나누고 5인 목사에게 맡기기로 했다. 이때 이도종 목사는 표선과 성읍을 맡았고, 자전거를 타고 중산간 마을인 성읍에서 해안 가까이 있는 표선리 마을의 성도 집들을 방문하며 축호전도를 계속했다.

어느 날, 표선리 공회당에서 전도 집회를 했는데 일본이 조선을 강제로 침탈하여 식민지로 삼은 것은 죄로, 이스라엘 민족이 애굽의 학대를 견디지 못해 부르짖을 때 하나님께서 그들의 기도를 들으시고 모세를 보내서 구원하신 것같이 조선 민족은 출애굽 해방의 하나님 앞에 기도로 부르짖어야 한다고 강연하니 장내에 박수 소리가 크게 울렸다. 이것을 알게 된 일본 경찰이 출동하여 요란하게 호루라기를 불면서 "주시! 주시!"(중지하라는 일본말) 하면서 현장을 급습했다. 이로 인해 이도종 목사는 연행되어 경찰에서 고초와 고문을 겪었다.

이처럼 어려운 시대였으나 어둠을 일깨우는 선지자의 외침처럼 이도종 목사의 열정적인 전도활동이 제주선교에 크게 공헌하고 제주교회의 발전을 크게 고무시킴을 알게 된 노회는 1935년부터 총회의 보조 없이 단독으로 그의 지방 선교를 지원하기로 결의했다. 그의 전도활동은 1937년 2월 고산교회의 위임목사가 될 때까지 계속되었다.

이도종 목사가 사면한 1937년의 보고서에는 그가 동 지방 선교할 때 개척해서 설립한 교회는 남원교회 외에도 신풍리교회가 있었다. 이도종 목사는 전도목사로도 뛰어난 역량을 발휘했으며, 개교회의 목회자로서도 발군의 노력을 보였다. 그는 1937년 2월부터 1939년 5월까지 고산교회 위임목사로서 고산교회를 목회하면서 인근 용수교회, 두모교회, 조수교회를 함께 돌보는 순회목회도 병행했다.

고산교회 당회록에는 그의 부임 직후인 7월 고산교회의 교세는 세례교인 46명, 학습 교인 17명, 원입교인 55명 등이었다. 주일 낮 예배 평균 참석자는 145명이었다. 그로부터 1년 8개월이 지난 1939년 3월 31일 자 당회록의 통계는 세례교인 62명, 학습교인 18명, 원입교인 70명 등으로 나타나 있고, 주일 낮 예배의 장년 평균 참석자 수는 200명으로 기록되었다.

더욱이 놀라운 것은, 고산교회를 이처럼 단시일 내에 자립교회로 성장시킨 그가 동 교회의 시무를 사면하고 다시금 고된 전도목사의 길을 선택한 것이다. 위의 통계기록과 같은 날의 당회록에는 "본 교회가 지방연합에서 분리하여 단독 자립하므로 회장(이도종)이 시무권을 5월 2일 삼양교회에서 개최되는 정기노회에 사면하기로 가결하다"라고 기록되어 있다(고산교회 당회록, 1939년 3월 31일 자).

고산교회 담임 목회자는 신학교를 갓 졸업하고 목사 안수를 받은 양동혁으로 결정되었다. 이처럼 단시일에 교회를 부흥 성장시키고 후배에게 목회지를 허락한 이도종 목사는 일제 말 험한 시기에 끝까지 제주도에 남아 목회자를 모실 수 없는 미자립 교회들을 찾아 순방하면서 전도자의 사명에 헌신했다. 이는 이도종 목사의 제주선교를 위한 영혼 구령의 열정과 헌신이 뜨거웠음을 잘 보여준다.

제주노회가 신사참배를 반대하기로 선언하자 일제는 그를 한 달 동안 투옥하였다. 다시 그는 고산으로 들어가 농사를 지으며 환난기가 지나 1945년 8·15 해방을 맞았다.

이도종 목사는 일제의 압제에서 벗어나는 것보다 복음을 활발히 전하게 된 것이 더 기뻤다. 그 사이 제주도에는 조남수(趙南洙) 목사가 와서 복음을 전했는데 두 사람은 효율적인 전도를 위해 상의했다. "조남수 목사님이 제주 남쪽을 맡고, 저는 북쪽을 맡겠습니다.

같은 곳을 두 사람이 다니는 것보다 더 효과적일 것 같습니다."

그런데 해방 후 제주도는 광풍에 시달리는 처지에 놓였다. 1948년 4월 3일, 한국 역사에서 결코 지울 수 없는 사건이 제주도에서 일어났다. 4·3 사건이 발생하므로 '낮이면 대한민국이요, 밤이면 인민공화국인 세상'으로 변하고 만 것이다. 낮에는 경찰과 서북청년단이 마을에서 의심되는 사람을 죽이고, 밤에는 공산무장대가 내려와 주민을 살해하는 등 집단학살이 끊임없이 이어졌다.

'4·3 제주 폭동사건'으로 불리는 이 민중봉기는 공산 무장폭도에 의해 일어났다. 정부는 이 난을 진압하기 위해 경찰을 동원했는데, 그들은 양민과 폭도를 구분하지 못하고 난을 제압하므로 큰 사건으로 번졌다.

이럴 때는 조용히 숨어 있거나 전도를 제한해야 하는데 이도종 목사는 계속해서 전도와 예배를 드렸다. 예배를 원하는 곳이 있는데 목사가 신변의 위협 때문에 마다할 수 없었다.

이 사건의 여파가 점점 더 거세지던 1948년 6월 16일, 이도종 목사는 예전과 다름없이 자전거에 성경과 찬송가를 싣고 고산교회를 출발해 화순교회 예배를 인도하기 위해 산을 넘으려고 자전거를 끌고 천천히 올라갔다. "손들어! 어딜 가느냐?" "나는 목사인데 화순교회를 찾아가는 중입니다." "음, 당신이 양놈들 사상을 전파하는 예수쟁이로구만. 당신은 미 제국주의 첩자가 분명해. 우리를 따라오시오." 변명할 틈도 없었다.

이도종 목사는 그대로 산속에 있는 그들의 막사로 끌려갔다. 이때 "이 목사님!" 하고 부르는 소리가 있었다. 얼마나 맞았는지 얼굴이 피투성이로 몸을 움직이지 못하는 화순교회 이 집사가 쳐다보고 있었다. 행방불명되었다고 교회에서 걱정했는데 여기에 끌려와 있었다. 이도종 목사에 대한 심문이 시작되었다.

"목사님, 뵙고 싶었습니다. 예수교가 그렇게 좋다면 공산 인민이 이 싸움에서 승리하도록 간절히 기도해 주시겠습니까?" 자신을 조롱하는 것을 알았으나 이도종 목사는 정색하고 대답했다. "나는 하나님의 존재를 인정하지 않고 죄 없는 양민을 죽이는 무신론 집단의 승리를 위해 기도할 수 없습니다."

조금도 양보하지 않는 이도종 목사를 그들은 다른 10여 명과 함께 숲속으로 끌고 갔다. 이도종 목사는 그들에게 죄를 회개하고 예수를 믿어야 한다고 외쳤다. 이렇게 말할 수 있는 이도종 목사의 신앙은 오직 예수였다고 보아야 했다. 이것이 예수를 증거하는 사람의 자세였다.

이도종 목사는 거의 실신할 정도로 매를 맞았다. 공산도당들은 계속 찬송을 부르는 이도종 목사를 파놓은 구덩이에 생매장했다. 이도종 목사는 매장 구덩이로 들어가기 전 자기 가방을 달라고 해서 성경책과 찬송가와 회중시계를 꺼내서 "난 이제 하나님 앞으로 가니 이런 것, 필요 없으니 당신들이 나누어 가지시오. 부디 여러분도 예수 믿고 후일에 하늘나라에서 만납시다"라고 한 후 파놓은 참호로 천천히 들어갔다. 구덩이에 들어간 이도종 목사는 무릎을 꿇고 기도했다. "주여, 저들을 불쌍히 여기소서." 아마도 이때 하늘에서 예수님이 일어서서 눈을 크게 뜨고 이도종 목사를 바라보고 있었을 것이다.

이것은 신약성경에 기록된 순교자 스데반의 모습과 같다.

"무릎을 꿇고 크게 불러 이르되 주여 이 죄를 그들에게 돌리지 마옵소서 이 말을 하고 자니라"(행 7:60).

9 이도종 목사(1892~1948)

이도종 목사가 스데반을 흉내 내려고 그랬을 리 없다. 자연적으로 그의 입에서 흘러나왔다. 이것은 바른 신앙의 모습이요, 예수를 사랑한 순교자의 자세이다.
　어떻게 이도종 목사가 이런 스데반의 모습을 나타낼 수 있었을까? 이것은 이도종 목사가 평상시 스데반과 같은 삶을 살았다는 증거이다. 그는 한국인의 신앙을 역사적으로 살피며 제주의 토박이들에게 전도했다. 그것이 이도종 목사의 삶에 젖어 있었다. 그는 제주도 사람들을 구원하려고 그렇게 열심히 전도했다. 그는 제주 최초의 목사요, 최초의 순교자였다. 스데반의 길과 같은 길을 걸은 순교자였다. 그러므로 제주에 하나님 구원의 역사가 불일 듯 일어날 수 있었다.
　이것은 아무에게나 있는 사건이 아니라 오직 이도종 목사 같은 이에게서만 찾을 수 있는 주님의 역사였다. 주님께 바쳐지는 진정한 헌신이었다. 이것이 이도종 목사가 주님을 만나는 길이었고, 새로운 영원의 은총을 받는 순간이었다.
　자신을 위해 마지막으로 머리를 땅에 조아리고 엎드려 큰소리로 "주여, 내 영혼을 받으시옵소서"(행 7:59)라고 기도할 때 이도종 목사 위로 흙과 돌, 가시덤불과 풀, 가지들이 뒤덮였고, 이도종 목사의 모습은 점차 사라져 갔다. 이도종 목사는 기도하며 숨을 거두었다. 이때 그의 나이 56세, 집에는 80세 고령의 부모와 김도전 사모, 그리고 2남 1녀의 자녀가 있었다.
　너무나 잔인한 살인행위였다. 이념의 차이가 사람을 이토록 잔인하게 죽인 것이다. 순교의 길은 이렇게 처참한 죽음으로 몰고 갔으나 그 끝은 하나님의 품이었다. 영광스러운 순교! 주를 위해 죽음을 극복한 이도종 목사, 그날이 바로 1948년 6월 18일 금요일이었다. 그때는 4·3 사건이 발발하고 두 달이 되어 폭동과 테러가 극심하던 때였고, 목사의 신분으로 중산간 지역을 순회하는 일은 목숨을 건 일이었다. 그의 순교를 아무도 몰랐다. 왜냐하면 아무도 없는 산에서 벌어진 사건이었기 때문이다.

그의 시체가 발견된 것은 1년 뒤였다. 아직도 제주도 일대에는 군경 토벌대와 무장유격대의 전투가 치열하게 전개되어 제주도 전역의 주민들은 해안지대로 피했고, 그 빈집들을 모두 불사르며 산간 일대의 수목을 벌채하는 이른바 초토화 작전이 벌어졌다. 전소 가옥이 3만 9,300채, 희생자 수는 수만 명에 이르렀다.

그러던 어느 날, 공산무장대원 한 사람이 배가 고파 마을로 밤중에 몰래 내려왔다가 붙잡혔다. 그런데 놀랍게도 이를 붙잡은 사람이 이도종 목사의 친동생 기종과 성종이었다. 그가 내려온 곳이 이도종 목사의 집이 있는 동네 부근이었다. 형제는 형님이 행방불명되었으므로 공산무장대에 대하여 보복심이 있었다.

형제는 이 공비를 고산지서로 데리고 갔다. 그를 경찰에 넘기면서 이도종 목사의 소식을 알아봐 달라고 간곡히 부탁했고, 경찰이 그를 심문하는 가운데 이도종 목사에 관한 조사도 했다. 놀랍게도 그가 이도종 목사를 생매장한 그 현장에 있었던 공비 중 한 사람이었다. 그래서 심문 중에 이도종 목사의 순교 내용이 자세히 밝혀지게 되었고, 이도종 목사가 살해되어 매장된 장소를 알게 되었다. 대정읍 무릉리 인향동 부근이었다.

무장대의 안내로 이도종 목사의 가족들과 교인들, 마을 사람들, 치안관계자들이 인향동 부근 현장에 갔다. 생매장 당한 구덩이를 찾아 시신을 발굴했을 땐 이미 1년이 지나 부패하여 형체를 알아볼 수 없었다. 그러나 마지막 순간에 자신의 영혼을 주님께 의탁하며

9 이도종 목사(1892~1948)

엎드려 기도하던 그 자세 그대로, 그날 아침에 입고 갔던 비둘기색 두루마기를 걸친 모습의 시신을 찾을 수 있었다.

"주의 죽은 자들은 살아나고 그들의 시체들은 일어나리이다 티끌에 누운 자들아 너희는 깨어 노래하라 주의 이슬은 빛난 이슬이니 땅이 죽은 자들을 내 놓으리로다"(사 26:19).

그의 시체를 찾았다. 이도종 목사의 가족들은 부패한 시신을 만지며 한없이 울었다. 어제 산 사람과 이별하고 오늘 시신을 만나는 가족의 심정은 그야말로 가슴이 찢어지는 것 같았으며 슬픔이 솟구쳤다. 그러나 가족들은 순교의 길을 가신 육친의 그 억울한 죽음이 오히려 영광의 길이었음을 알고 하나님께 감사하며 기도했다.

"네가 죽도록 충성하라 그리하면 내가 생명의 관을 네게 주리라"(계 2:10).

시신을 수습한 가족들은 준비한 관에 입관하여 집으로 돌아와 장례를 준비했다. 이도종 목사가 마지막으로 시무한 대정, 화순, 고산 세 교회 합동장으로 장례식을 거행하고, 장지는 고산리 3구 칠전동 북쪽 500미터 지점, 속칭 '볼레남동산'으로 정했다. 그날에 많은 조객이 운집한 가운데 성대히 장례식을 치르면서 사랑하는 주의 종, 이도종 목사를 하늘나라로 전송했다.

순교자 이도종 목사의 유해는 유가족들과 교인들에 의해서 김도전 사모의 유해와 함께 화장되어 마지막 목회지요 순교지인 대정교회 마당에 유해 봉안비 아래에 모셔졌다. 순교성지인 대정교회 마당에 성경책이 펼쳐진 모양의 봉안비가 세워져 있는데, 사도 바울의 유언과 같은 말씀이 순교자의 외침이 되어 새겨져 있다.

> "내가 달려갈 길과 주 예수께 받은 사명 곧 하나님의 은혜의 복음을 증언하는 일을 마치려 함에는 나의 생명조차 조금도 귀한 것으로 여기지 아니하노라"(행 20:24).

유해 봉안비 마지막 줄에는 "주님 다시 오실 그날에 영광의 부활로 일어서리"라고 쓰여 있다. 교회 앞마당에는 2미터 높이의 나무 십자가와 교회 종이 있다. 유해 봉안비 옆에는 이도종 목사의 헌신적인 사랑과 희생, 그 순교를 대정교회 교인들이 잊지 말자며 산방산 돌로 세운 순교비가 세워져 있다. 제주의 돌은 대부분 화산석 현무암이지만 산방산 돌은 대리석처럼 구멍이 없는 반듯한 돌이기에 교인들이 직접 수레를 끌고 가서 돌을 캐고 날라서 직접 글을 새겨 세운 것이라 한다. 그 옆에는 오래된 교회 종이 있다.

《제주선교 70년사》에는 다음과 같이 기록되어 있다.

> "이도종은 조봉호가 주도한 상해 임시정부 군자금 모금 운동에 참여한 독립운동가이자 제주도 1호 목사로, 16년간 10개 교회를 개척했다. 1948년 4·3 사건이 일어난 그해 6월 16일, 순회예배를 위하여 고산을 출발해 인성, 화순교회 순방을 위해 나섰다가 산중에서 공산당 패잔 무장병에게 생매장되었다. 허성재 장로도 순교했다"(65쪽).

그리고 그 옆에는 제주노회에서 이도종 목사의 순교역사를 한국 교회에 알리기 위해 세운 순교 기념비가 함께 세워져 있다. 순교자

9 이도종 목사(1892~1948)

이도종 목사의 고귀한 생명의 가치를 잊지 않도록 돌비에 새겨서, 교회를 오가는 사람들의 마음에 새겨 모두에게 교훈을 전해주고 있는 것이다.

제주 땅은 순교자의 피가 흐르는 거룩한 땅이요, 순교의 값진 피를 주고 하나님이 사신 땅이요, 이 땅의 순례자와 영혼들을 위한 성지가 되었다. 제주 복음화를 위해 평생을 몸 바친 주의 신실한 종, 이도종 목사! 이도종 목사는 한국의 독립과 하나님 나라를 위한 영혼 구령을 위해, 민족과 제주교회를 위해 헌신적인 삶을 살다 간 순교자요, 믿음의 선진이었다. 그의 유해와 순교 기념비가 봉안된 대정교회는 제주 기독교 순교성지가 되었다.

4·3 사건은 제주도 역사상 가장 많은 희생자를 내고 큰 피해를 입히는 상상할 수 없는 비극을 초래하였다. 젖먹이 아기로부터 노인에 이르기까지 4·3 사건의 비극은 피할 수 없었다. 교회 역시 그 무섭고 혹독한 시련을 빗겨 가지 못했다.

1945년 해방 후 대한민국 건설을 위한 5·10 총선거를 방해하기 위하여 북한 정권이 제주도 남로당 책임자 김달상에게 반란을 일으키도록 명령했다. 4월 3일 남로당원들은 제주도의 경찰서를 일제히 습격해서 경찰관과 가족들을 무참히 살해했다.

이 반란을 진압하려고 미 군정은 국방경비대와 경찰력을 파견했다. 그러나 부락과 촌에 근거를 두고 한라산의 험준한 지형을 이용해서 맞서는 반란 세력을 진압하기는 쉽지 않았다. 게다가 당시 국방경비대에는 좌익이 깊숙이 침투해서 제주도 현지에서 11연대장이 부하에게 피살되었고, 파견 명령을 받은 14연대는 주둔지에서 반란을 일으켜 '여수 순천 반란사건'으로 사태가 확대되었다.

1950년 한국전쟁이 발발할 때까지 이데올로기 대립이라는 무서운 시련을 지나야 했다. 좌익과 우익의 대립 속에 수많은 민중이 생명을 잃었다. 서귀포교회당이 소실되었고, 제주가 배출한 최초의 목회자 이도종 목사가 순교했다. 일어나서는 안 될 비극이었다.

  조남수 목사는 이도종 목사와 힘을 합해 제주도 선교를 했다. 자정이 지나서 수상한 무리가 집 밖을 서성거렸다. 잠이 깬 조남수 목사는 두려운 마음이 들었다. 하룻밤이 지나면 거리에 시체가 나뒹굴고, 누가 살해되거나 납치되었다는 소문이 돌았다. 공비들이 아닐까. 조남수 목사는 공방으로 피신했다. 비상시를 대비해 죽창 하나와 고춧가루가 담긴 깡통을 준비했다. 공비가 나타나면 깡통을 얼굴에 던지고 죽창을 가슴팍에 꽂으리라고 조남수 목사는 생각했다.

  시간이 흘러 시계는 새벽 5시를 넘기고 있었다. 소란스럽던 동네도 조용해졌다. 멀리서 경찰의 호각 소리가 들리는 것 같았다. '아! 내가 살았구나!' 다행이라는 생각과 함께 조남수 목사는 하나님께 기도했다. "하나님이시여, 내가 이렇게 공비에게 개죽음을 당해야 합니까? 그렇다면 왜 나를 목사가 되게 하셨습니까? 저 공비 악당의 눈을 어둡게 하든지 복통이라도 일어나게 해서 나를 구해 주십시오."

  4·3 사건 당시 자수 선무 활동을 벌여 많은 양민을 살려낸 조남수 목사. 그는 '한국의 쉰들러'로 불리기도 했다. 1988년에 쓴 회고록 《4.3 사건 진상》은 1948년 11월경 무장대에 습격당한 일을 회상했다. 두 번의 습격이 있었으나 다행히 조남수 목사는 생명을 건졌다. 그러나 그가 목회하던 교인 중에는 살인의 광기를 피하지 못한 이들이 있었다.

  1948년 일어난 4·3 사건은 제주도 전역에 불어닥친 광풍이었다. 이 사건으로 제주도민 3만 5천 명이 희생되었으나 4.3은 '이름'을 갖지 못한 채 '사건'으로만 불리고 있다. 4·3을 보는 시각이 사람마다 다르기 때문이었다. 미 군정하에서 단독정부 수립과 단독선거를 반대하기 위해 남로당 무장대와 제주도민이 봉기한 '항쟁'이라고 보는 시각도 있으나, 그보다 오랜 시간 4·3은 남로당 폭도들이 제주도와 남한을 공산화하려고 일으킨 폭동이었다는 것이었다.

기독교 내 우익 진영에는 여전히 이런 시각을 공유하는 사람들이 많다. 특히 제주 교계에는 이런 시각이 오래 계속되고 있다. 4·3 사건을 더 깊이 이해하기 위해서는 이들이 어떤 배경에서 이런 시각을 갖게 되었는지 살펴보는 과정이 필요하다. 이를 위해 조남수 목사의 회고록《4.3 사건 진상》에 담긴 그의 생각을 정리하고, 제주 출신 1호 목사이자 순교자인 이도종 목사의 손자 이동해 장로의 목소리를 들었다.

조남수 목사는 1944년 목사 안수를 받고, 1947년 모슬포교회 4대 목사로 부임했다. 1948년 3월 28일 조남수 목사의 위임예배가 열렸는데 이때가 4·3 사건이 일어나기 일주일 전이었다.

1949년 4월 새문안교회에서 열린 대한예수교장로회 총회에서 당시 제주노회장 강문호 목사는 4·3사건 피해 상황을 보고하며 다음과 같이 호소했다.

"제주도는 개벽 후 처음 보는 민족 항쟁의 처참한 사태에서 사상자가 1,512명, 가옥 소실은 3만 4,611동, 이재민은 8만 6,757명, 학교 소실 초등학교 175개교, 중등학교 11개교, 교회 관계 피해는 피살자가 15명, 이도종 목사는 작년 6월 16일 교회로 가던 도중에 납치된 후 종적이 없사오며, 서귀포교회 임 씨는 예배당 청소하던 중 폭도에게 피해당했고, 교회 건물 피해는 서귀포, 협재, 삼양, 조수

4처 예배당이 불에 탔고, 서귀포, 세화 등 2처의 목사 댁이 소실되었고, 총성이 그칠 사이가 없으므로 민중은 공포에 싸여 실로 생지옥이었습니다."

당시 조남수 목사가 시무하던 모슬포교회에서 가장 많은 희생(4명)이 발생했다. 노회장을 역임하고 마을에서 성자라고 불린 허성재 장로는 밤에 들이닥친 무장대에 처참하게 목숨을 잃었다. 우익계 청년 단장을 맡은 둘째 아들 허운동을 내놓으라는 무장대의 요구를 거부하다가 변을 당한 것이었다. 이백년 집사는 무장대 습격을 받아 부인을 잃고 집이 모두 불탔다. 이때 조남수 목사는 화를 피했다.

제주도민들의 고통은 갈수록 심각해졌다. 낮에는 토벌대에, 밤에는 무장대에 목숨을 잃거나 재산을 빼앗겼다. 밤과 낮으로 인명 피해가 그칠 줄 모르고 계속되는데 좌익이냐, 양민이냐, 폭도냐를 분간할 수 없어 마구 죽어 갔다. 밤에는 폭도들에게 양민이 피살되고, 낮에는 폭도의 연락자라고 양민이 총살되고 있으니 도민들은 앉아서 모두 죽고 있었다.

조남수 목사는 학살을 막아야 한다고 결심했다. 새벽에 무장대 습격을 피한 직후, 서귀포경찰서 문형순 서장을 찾아갔다. 그는 문형순 서장에게 무장대 세력은 거의 숙청되었으니 무의미한 학살극을 멈춰야 한다고 했다. 밤중에 살기 위해 무장대에 물건을 조금 준 것이 죄로 성립하지 않는다는 인식을 심어 주어 군경이 국민의 보호자이자 민중의 친구라는 점을 각인해야 한다고 말했다.

문형순 서장은 조남수 목사 의견을 흔쾌히 수용했다. 이어 조남수 목사의 자수 선무 활동이 시작되었다. 그는 곳곳에 돌아다니며 자수 선무 강연을 150회가량 펼쳐 도민 약 3,000명을 자수시켰다.

9 이도종 목사(1892~1948)

즉결 처형을 앞둔 300명을 구하기도 하여, 훗날 도민들은 조남수 목사, 문형순 서장의 업적을 기리기 위해 모슬포 진개 동산에 공덕비를 세웠다.

"그날 오후 3시쯤 하모리 장 겸 민보단장인 김남원과 조남수 목사는 주민을 모아서 자수를 권유했습니다. 자수하지 않은 채 명단이 드러나면 죽음을 면치 못할 것이니 끌려간 사람들이 자백하기 전에 서둘러 자수하자는 것이었습니다. 이미 모슬포 경찰서장 문형순에게 '자수자의 생명을 보장한다'는 약속을 받았습니다. 처음엔 머뭇거리던 주민들이 하나둘씩 손을 들더니 100여 명이나 되는 사람이 자수했습니다. 문형순 서장은 자술서를 직접 받지 않고 민보단에 맡겼습니다. 이 덕분에 주민들은 비교적 '큰 죄'는 빼고 주로 식량 제공 등으로 입을 맞춰 가며 자수할 수 있었습니다. 문형순 서장이 그런 기회를 준 것으로 봐야 합니다." 【대정읍 하모리 고춘언 씨(4·3 사건 생존자) 증언】

조남수 목사는 도민들을 구하기 위해 백방으로 애를 썼다. 그는 4·3 사건을 공산 세력이 저지른 '폭동'으로 단정했다. "4·3 사건 진상"에서 그는 "4·3 사건은 결코, 독자적으로 계획하거나 도발한 폭동이 아니었다. 남로당 중앙본부에서 찬탁지령, 3·1절 지령, 2·7 사건 지령과 함께 내린 중앙 지령임을 알아야 한다"라고 강조했다. 남로당 중앙당의 지령을 받은 남로당 제주도당이 제주도를 점령하기 위해 사전에 계획하고 일으킨 폭동이라는 것이다.

희생자를 추모하는 문제도 군경과 사회단체 희생자를 우선시해야 한다고 주장했다. "공산 마수가 덮쳐왔는데 대한민국 영토인 제주도를 사수한 영령들에 대하여 정부 차원에서 추모하는 것이 당연한 일이라고 생각하며, 도민들도 전체 도에서 그 영령들의 영웅적인 희생을 추모하는 것이 도리가 아닐까 생각하는 바이다"라고 밝혔다.

조남수 목사가 《회고록》을 쓴 1988년에는 학생운동 진영과 문화계를 중심으로 4·3 사건 진상규명 운동이 확산하고 있었다. 토벌대가 일으킨 학살의 진상을 밝히고 책임자를 처벌해야 한다는 주장이 힘을 얻고 있었다. 조남수 목사는 시민사회에서 일어나고 있는 이러한 목소리를 우려했다.

> "민중봉기니 민중항쟁이니 하고 젊은 세대를 현혹하는 이들이 있었다. 이는 분명히 40년 전 우리 조상들에게 공산주의 그물을 씌우는 행동이며, 무장 폭동으로 국제 공산당에 예속시키려는 이 땅을 사수하다가 희생된 반공 선배들을 모독하는 행위가 아닐 수 없다."

모든 문제의 원인은 사건을 일으킨 무장대에 있다고 조남수 목사는 말했다. 토벌대가 일으킨 학살도 4·3 사건이 일어났기 때문에 발생했다는 논리였다. 그는 책 끝에 이렇게 썼다.

> "이게 다 4·3 사건이 일어났기 때문에 수반된 지엽적 현상이다. 진압 군경 그 자체가 아니었다. 4·3 사건이 없었다면 이런 행패도 없었다. 서로 죽이고 죽는 판에 도덕성을 찾고 성현 군자이기를 요구하는 것은 탁상공론이고 한갓 공상에 지나지 않는다."

제주 4·3 사건 70주년을 맞은 초년 〈제주일보〉에 한 성명서 광고가 실렸다. 제주 정립유족회가 발표한 이 성명서는 지난해 말 오영

9 이도종 목사(1892~1948)

훈 국회의원이 발의한 제주 4·3 사건 진상규명 및 희생자 명예회복에 관한 특별법(4·3 특별법) 개정안에 대해 우려했다. "4·3 사건은 미군정기인 1947년 3·1절 기념행사에서 발생한 경찰의 발포 사건을 기점으로 하여 일으킨 남로당 공산주의자들의 폭동이라는 진실을 묻어서는 안 된다" 하면서 반대하는 것이다.

제주 4·3 정립유족회는 보수 인사와 일부 유족이 제주 4·3 사건을 재정립하는 취지로 2013년에 발족한 단체이다. 이들은 4·3 사건을 공산당이 일으킨 반란 사건으로 단정하고, 정부가 펴낸 〈제주 4·3 사건 진상 보고서〉(제주 4·3 사건 진상규명 및 희생자 명예회복위원회)가 왜곡, 날조되었다고 주장해 왔다. 이 단체의 공동대표를 제주 출신 목사 1호이자 순교자로 알려진 이도종 목사의 손자 이동해 장로(제광교회)가 맡고 있다.

이동해 장로는 어릴 때부터 전해 들은 할아버지 이도종 목사의 이야기를 들려줬다.

"제주도는 교회 지도자가 부족했어요. 목사 한 사람이 하루에 교회들을 다니며 설교하는 순회목회를 했죠. 할아버지는 그 난리통에도 위험을 무릅쓰고 설교하려고 고산리에서 대정교회로 가는 길이었죠. 그러다가 폭도들에게 잡혀 참혹하게 돌아가신 거죠."

이 장로에게 4·3 사건은 조부의 목숨을 빼앗고 일가족의 평화를 망가뜨린 비극이었다. 그러나 4·3 진상규명 운동이 일어나고 특별법이 제정된 후 여론은 4·3 사건의 희생자 중 약 80%를 차지하는 군경에 의해 희생된 사람들을 집중 조명했다. 그는 4·3 사건 본래 의미가 변한 것과 특히 정부의 진상 규명결과나 사과를 이해하기 어려왔다. '4·3'은 무장공비가 주도한 '폭동'이 아니라 군경이 일으킨 학살로 의미가 바뀌는 것 같은 것이다.

"4·3' 남로당 제주도당 유격대 350명이 1948년 4월 3일 새벽 2시에 제주 경찰지서 24개 중 12개를 급습하면서 발생한 사건이에요. 엄연히 공비들이 일으킨 폭동입니다. 그런데 이런 내용은 사라지고 최근에는 민중항쟁이라는 말까지 나오고 있어요. 그분들에게 묻고 싶어요. 성실하게 목회만 했던 조부님은 어떤 잘못을 저질렀기에 '항쟁'의 대상이 되는 건지요.
군경에 희생된 사람이 많은 건 인정해요. 그들의 명예가 회복되고 적절한 배상, 보상도 이뤄져야 합니다. 그러나 4·3 사건을 공산당이 일으켰다는 사실을 축소해서는 안 되죠. 아무리 이런 말을 해도 정부나 언론은 저희를 외면합니다. 많은 시민이 사건의 원인은 모른 채 결과만 보고 편향된 시각으로 4·3을 보고 있어요."

4·3 희생자 명단에는 군경 토벌대에 의해 희생된 이들뿐 아니라 무장대에 의해 살해된 희생자들도 기록되었다. 이도종 목사 역시 희생자로 기록되었다. 그러나 이동해 장로는 아직 한 번도 4·3 희생자 추념식에 참석하지 않았다. 그는 정부가 4·3 사건에 자신들의 입장을 받아들이고 제주 4·3 사건의 실체가 드러나게 되었을 때 4·3 희생자 추념식에 참석할 생각이었다.

9 이도종 목사(1892~1948)

## 10
## 안길선 목사(1891~1950.8.24)

안길선(安吉善)은 1891년 12월 8일 함북 성진시에서 출생했다. 어려서부터 예수를 믿어 곧고 강직한 성품으로 성장했다. 자신의 갈 길이 민족을 복음화로 이끄는 일과 민족교육에 있다고 판단한 안길선은 곧바로 평양신학교에 입학했다. 이곳에서 주기철, 송창근, 박형용, 손양원 목사 등 한국교회의 기라성 같은 분들과 깊은 교제를 나누며 민족 복음화를 위해 헌신할 것을 다짐했다.

그러나 신사참배 반대로 평양신학교 졸업을 앞두고 퇴교당하고, 현 서울신학대학의 전신인 경성신학에 편입하여 졸업하고 목사 안수를 받았다. 명천교회와 웅기교회, 조양천교회를 거쳐 1942년 북간도 용정시의 동산교회까지 만주 각 지역의 교회에서 시무하며 신사참배 반대 집회를 기획했다.

안길선 목사는 또한 한국 교계의 내일을 이끌어갈 기독 청년의 신앙교육과 한글 교육에 각별한 관심을 가졌다. 동산교회를 시무할 때 교회 안에 국문학자이며 종로서적 명예회장을 지낸 장하일 선생을 통해 한글 교육을 위한 비밀 모임을 조직하였다. 주일 저녁마다 학생들을 모아서 한글 철자법과 맞춤법, 문장 등을 강의하는 장하일 선생은 물론이고 배우는 학생이나 안길선 목사도 손에 땀을 쥐었다.

1945년 2월 월남하여 바로 신당중앙교회를 시무하며 자주적인 민족 목회를 주장했고, 신학교 시절부터 교분이 있던 친구로 송창근 목사, 박형룡 목사, 김재준 목사 등이 있었다.

1950년 6월 27일 신당동을 지나가는 피난민을 보며 가족들은 안길선 목사를 설득했으나 "만주에서도 양 떼들을 두고 나왔는데 어떻게 나만 살자고 또 여기를 떠나겠느냐? 아직 피난 가지 않은 교인들도 있는데 난 교회를 지킬 테니 어머니를 모시고 너희들만 떠나거라" 하며 1950년 8월 23일 오전 10시 교회에서 기도하다

10 안길선 목사(1891~1950.8.24)

가 납북되어 순교했다.

〈동아일보〉에 연재된 "아오지의 한"에는 남궁혁, 박상건, 송창근 등 60여 명의 저명 종교계 납치 인사들이 1950년 12월 10일쯤 압록강 연안의 만포 부근까지 끌려가서 헐어빠진 농가에 수용되고, 기독교도 연맹에 협조할 것을 설득받았으나 굴하지 않자 음식도 제대로 주지 않고 불도 때주지 않아 굶주림과 추위에 시달리고, 발진티푸스에 걸리고 사경을 헤매는 등 고초를 당하다가 납치당했던 안길선 목사를 포함한 인사들이 북에서 순교한 이야기가 소개되었다.

6·25 한국전쟁은 북한의 김일성이 남침하여 일으킨 잔인한 전쟁이었다. 이 전쟁으로 북한 공산군에 의해 피살된 기독교 교직자는 이름을 확실히 알 수 있는 사람만도 174명이 확인되었고, 납북된 교직자도 184명으로 피살과 납북 피해자가 모두 358명이 이른다. 정부와 적십자사가 조사한 자료는 북한군이 서울을 점령한 직후부터 얼마나 많은 종교인을 학살하거나 조직적으로 북으로 끌고 갔는지를 구체적으로 증명해 주고 있다. 이는 정부가 전쟁이 끝나기 전에 조사, 작성한 〈피살자 명부〉, 〈피납치자 명부〉, 대한적십자사가 1956년에 희생자 가족들로부터 자진 등록한 명부에 개신교의 '목사', '장로', 천주교의 '신부' 등으로 교직이 명확히 밝혀진 기독교인들과 기독교의 조사자료를 종합한 수이다.

그러나 피살 또는 납북 기록이 남지 않은 교직자도 많을 것이고, 직업에 '종교인'으로 표시되지 않은 일반 신도를 포함하면 그 수는 엄청나게 늘어날 것이다. 전쟁이 끝나기 전인 1952년 6월 25일 자 〈한국 기독교신문〉은 400명의 목사가 희생되었다고 보도했으며, 이와는 별도로 북한에서만 장로교 교역자 240명, 감리교 46명이 순교

또는 행방불명된 것으로 알려졌다.

순교자의 길은 다음 몇 가지의 조건이 전제된다.

1) 어떤 국가적 권력이 한 종교를 양성적으로 근절할 것을 선언하는 상황이다. 이 경우는 국가적 권력과 한 종교 사이의 투쟁적인 관계에서 한 종교집단과 그 신조를 수호하는 결과로 순교하게 된다. 로마의 기독교 박해, 한국의 대원군 시대의 박해 등이 그러한 경우였다.

2) 한 종교가 뚜렷한 신조 위에 세워진 공동체로 규정되어야 한다. 이 경우에 그 신도들은 이 공동의 신조를 수호하기 위해 목숨까지 내놓을 수 있다. 한 종교 안에서도 그 종교단체에 의해서 순교당할 수도 있다. 그것은 이 공동체의 신조에 이탈된 개개인이 그 신념을 끝끝내 철회하지 않으므로 이론자로 처형된 경우다. 이 같은 순교자는 그 당시에는 물론 죄인으로 몰려 죽는 것이고, 그 후에 그의 신념이 인정되어 일반화되었을 때 순교자로 인정받게 되었다. 그러나 비록 종교 자체라고는 하지만 그것은 이미 생사권을 가진 것이기 때문에 한 권력 단체가 된 것이다. 그렇게 보면 순교란 언제나 권력체와의 관계에서 발생하는 것이다.

안길선 목사는 공산주의 권력에 의하여 행방불명이 되었다. 안길선 목사에 대한 기록은 신당중앙교회라는 개 교회의 역사로 남아 있다. 그 기록들이 지금 보고되고 있는 안길선 목사의 순교 내용이다.

'순교자 안길선 목사 전기'의 '발간사'("순교와 목회정신을 기록으로 남겨")에서 신당중앙교회 당회장 정영태 목사는 이렇게 적고 있다.

10 안길선 목사(1891~1950.8.24)

무슨 책이든 책을 출간한다는 것은 쉬운 일이 아닙니다. 어떤 작가의 말이 기억납니다. "새로운 책이 출간될 때마다 산고의 고통을 겪는 것 같습니다." 물론, 이 책은 소설이나 수필처럼 창작물은 아닙니다. 그러나 안길선 목사에 대한 자료가 거의 남아 있지 않아서 책을 내는 일이 엄두가 나지 않았습니다. 전 대전신학대학교 총장 정행업 목사의 집념과 열정이 없었다면 불가능했을 것입니다.

우리 교회가 교회 창립 75주년을 맞이하면서 '순교자 안길선 목사 전기'를 출판하게 됨은 두 가지 이유입니다. 하나는 안길선 목사의 순교와 목회정신을 기록으로 남겨 신앙의 후손들에게 대대로 알리고자 함이요, 다른 하나는 신당중앙교회에 순교자를 주신 하나님의 뜻을 잊지 않기 위해서입니다.

순교는 하고 싶다고 할 수 있는 일도 아니고, 피하고 싶다고 피할 수 있는 것도 아닙니다. 왜냐하면, 순교는 전적으로 하나님의 은총이기 때문입니다. 우리 신당중앙교회가 이렇게 큰 하나님의 은총을 받은 것은 두고두고 하나님께 감사해야 할 일이요, 또 자랑스러워해야 할 것입니다.

우리는 안길선 목사님의 순교를 통해 교회를 어떻게 사랑하고 섬겨야 하는가를 배웠습니다. 주님의 교회가 얼마나 중요한지도 알게 되었습니다. 그래서 우리 신당중앙교회는 안길선 목사님처럼 그렇게 주님의 교회를 사랑하고 섬기고 지키는 것이 하나님의 뜻이라고 생각합니다.

안길선 목사님이 순교하신 지 70주년이 지났으나 목사님의 숨결은 항상 우리 안에 있고, 우리 교회 안에 있습니다. 그 숨결이 때로는 우리의 믿음을 일깨우고, 시기하고 다투는 우리를 부끄럽게도 합니다. 신당중앙교회 창립 75주년과 안길선 목사 순교 70주년을 맞이하며 순교자 안길선 목사 전기 《나 어찌 양 떼를 버리고》를 출판하기 위해 기도하며 협력해 주신 온 성도들과 당회와 그리고 출판위원들에게 감사를 드립니다.

안길선 목사의 외아들인 안철호 장로(서울대학교 명예교수, 전 함경북도 중앙도민회장)는 "아버지 안길선 목사님은 애국자셨고, 올곧은 신앙인이었다. 일찍 순교하셔서 한국과 한국교회에 큰일을 하지 못했으나 그의 순교정신은 살아 있어 후세에 교훈이 되었다"라고 아버지에 대한 그리움을 전하며, "아버님이 갑자기 납북되어 순교하셔서 세상에 두고 가신 흔적이 없는데 아버님의 전기를 출판해 주심을 무한한 감사를 드립니다"라고 했습니다.

정행업 목사는 집필 소회를 통해 "안길선 목사의 흔적을 더듬는 것은 한국인과 한국교회, 특히 사역자로 세워진 목회자들에게 어떠한 목회자상이 바람직한가를 교훈 받고자 함에 있다"라고 인사를 전했습니다.

또한 대한예수교장로회 총회장 김태영 목사는 '추천사'("신사참배 반대 운동에 앞장")에서 다음과 같이 말하고 있다.

2020년은 신당중앙교회 창립 75주년을 맞는 해이며, 동시에 귀 교회의 2대 목사였던 안길선 목사께서 6·25 전쟁 중 북한 공산군에게 납북되어 순교하신 지 70주년을 맞게 되는 해였다. 이번 순교자 안길선 목사 전기 《나 어찌 양 떼를 버리고》를 출판하게 된 것은 매우 뜻있는 일이라고 생각하며 격려와 축하의 말씀을 드린다. 오늘날 한국교회는 그 어느 때보다도 순교신앙이 요구되는 때이다. 시대적 요청에 부응하기 위해서 본 총회는 104회기 총회 임원의 시무 예식을 2019년 9월 30일 여수 애양원 예배당에서 행한 바가 있다. 막중한 사명 받은 총회장으로 부름받은 저는 "말씀으로 새로워지는 교회" 제하의 설교를 통해 중책을 맡은 총회 임원들부터 느헤미야의 영성과 손양원 목사의 사랑과 섬김의 옷을 입고 한 회기를 섬기기를 바란다는 당부와 "손양원 목사의 정신은 예수의 정신이었다. 섬김의 정신, 십자가 화해의 정신, 신앙을 지키며 순교의 정신, 목사의 정도를 간 정신을 따라 목회의 생태계와 교회가 부패해가고 있는 현시대에 2~3% 소금이 되어 교단과 교회를 다시 새롭게 하는 자세로 세상의 소리에 흔들리지 말고 용기를 가지고 담대함으로 총회를 섬기는 한 회기가 되자"라고 설교하였다.

그리고 본 총회는 1992년 제77회 총회 시 6월 둘째 주일을 '순교자 기념 주일'로 제정하여 전국 교회가 지키기로 했으며, 총회 산하 '총회 순교자기념 선교회'를 개설하고 각종 행사와 기념사업을 활발히 전개하고 있다.

안길선 목사와 손양원 목사는 뜻과 행함을 같이 하신 분이었다. 일제 강점기 평양신학교 시절에 신사참배 반대 운동에 앞장서심으로 퇴교당하고 고초를 당했으며, 해방 후 공산주의자들의 박해하에 순교를 같이 당하신 분이셨다. 또한 나환자에 대한 관심도 함께하셨다. 이 두 분의 흔적을 추적하고 발굴해서 오늘의 한국 교인에게 교훈으로 삼는 것은 매우 중요한 일이었다.

오늘날 한국교회는 사회로부터 잃은 신뢰를 회복해야 한다. 외부로부터 교회를 음해하는 공격으로부터 막아내야 한다. 고령화 현상과 저출산으로 인한 교인 감소도 직시하고 대처해야 한다. 국내외에서 일어나고 있는 위기도 이겨 나가야 한다. 이에 대처하기 위해서 "말씀으로 새로워지는 교회" 즉 말씀의 본체이신 예수 그리스도의 가신 길을 따라 순교적 신앙을 회복하는 일밖에 없다.

다시 한번 신당중앙교회에서 순교자 안길선 목사 전기를 출판하는 일은 참으로 귀 교회와 한국교회를 위해 시의적절한 거사로 사료되어 축하와 격려의 말씀을 드린다. 그리고 한국교회에 본 전기를 꼭 일독해 주시기를 당부하며 추천하는 바이다.

**다음은 김정양 박사**(전 베를린 브란덴부르크 학술원 회원)의 '격려사' ("질서와 자유의 표상")이다.

1953년도에 6·25 전쟁이 그치고 한반도가 완전한 폐허가 되었을 때 신당중앙교회는 그 당시에는 천막 교회로 다시 시작했다. 이미 그때 나는 부모님과 형제자매들 온 가족이 신당중앙교회에 교적을 두고 열심히 신앙생활에 임하였다.

그 당시 나는 서울사대부고 고등학생이었다. 중등부와 고등부에서 나의 사춘기의 신앙생활은 시작되었다. 안길선 목사님의 순교 이후이긴 했으나 그가 제2대 담임목사로 시무했던 바로 지금의 신당중앙교회에 온 가족과 함께 나갔다.

지금도 나는 사춘기 신앙생활의 모습을 생생하게 기억한다. 아직도 그 당시의 지도 선생님과 장로님들이 생존해 계신다. 유제춘 장로님과 안철호 장로님은 나의 신당중앙교회에서의 신앙생활을 직접 지도 편달해 주신 분들이다.

특별히 유제춘 장로님은 당시에 숭실대학교 영문학과에 재학 중이셨는데 그 무렵 나는 유제춘 장로님으로부터 많은 양서를 읽는 일에 지도를 받았다. 그런데 얼마 전에는 유제춘 장로님이 여러 번에 걸쳐서 안길선 목사님의 전기를 출간했으면 좋겠다고 말씀하셨다.

이에 대한 그의 마음은 매우 간곡했다.

또 안길선 목사님의 아들 안철호 장로님의 생전에 안길선 목사님의 전기가 출간되어야 한다고 주장하시기도 했다. 신당중앙교회에서 수차례에 걸쳐서 이에 대한 의논이 있었다. 거기에서 정식으로 정행업 목사님께서 안길선 목사님의 전기 집필을 맡아주실 것이 확정됐다. 정행업 목사님은 나의 신학생 시절에 가깝게 만나고 학문을 이야기했던 평생에 잊히지 않는 신앙의 동지로서, 훌륭하신 목회자로 평생을 하나님과 함께 사신 분이시다.

그뿐 아니라 신당중앙교회에서 함께 성가대에서 봉사한 일도 있다. 정행업 목사님은 우리나라 교회사에서 혁혁한 공적을 남기신 교역자들의 전기를 많이 저술하신 분이시다. 최봉석 목사님 전기, 김항성 목사님 전기, 정원재 장로 전기, 최영빈 선교사 전기, 고용일 목사 전기 등이었다. 그러하신 분께서 심혈을 기울여서 안길선 목사님의 전기를 집필하신 것은 또 하나의 우리나라 신앙사에 있어서 보람된 공적을 남기신 것으로 생각하면서 깊은 감사를 드리는 바이며 격려의 말씀을 드린다.

우리나라의 기독교 역사에서 가장 아쉬운 경우는 안길선 목사이다. 그는 기독교 신앙의 절대성을 '질서와 자유'에서 찾고자 했다. 그래서 일찍부터 기독교 정신으로 국민이 교육되어야 할 것을 인지했다. 그가 평양신학교에 입학한 것도, 또 신사참배를 반대한 것도, 퇴교를 당하고 나서도 경성신학대학을 졸업하고 목사안수를 받은 것도 모두 기독교 신앙의 '질서와 자유'를 수호하기 위함이었다. 질서가 없는 자유는 방종에 그치고 만다. 또 자유가 없는 질서는 그 자체의 존재 의미를 상실하게 된다. 그래서 '질서'와 '자유'라고 하는 것은 기독교 신앙의 절대성을 드러내는 중요한 개념이기도 했다.

안길선 목사는 자기 자신만이 신사참배를 반대한다고 생각하지 않았다. 그는 신사참배 반대 운동을 전개했다. 그래서 안길선 목사는 평양신학교에서 강제퇴교를 당했다. 일본의 천황 숭배인 신사참배는 말하자면 나치 독일에서의 '히틀러 숭배'를 재현한 것이나 다름이 없었다.

1940년 독일, 일본, 이탈리아의 세계주축동맹은 일본이 나치 독일의 절대적인 히틀러 숭배 정신을 직수입하여 이를 한반도의 식민정치의 이념으로 삼게 된 동기로 해석되었다. 그래서 1930년대 중반부터 우리나라에 강제로 신사참배를 강요한 것이 나치 독일의 히틀러 숭배와 맥을 함께하는 것이었다.

독일에서는 젊은 목사 디트리히 본회퍼(Dietrich Bonhoeffer)가 이에 반기를 들고 일어나 이른바 '질서 자유주의'(Ordoliberalism)를 부르짖었다. 그러면서 히틀러 암살계획 및 나치 독일의 해체 운동을 지하조직과 함께 감행했다. 결국, 그의 계획은 실패로 돌아가 본회퍼 목사는 1945년 4월 15일에 사형에 처해졌다. 이처럼 안길선 목사도 '질서와 자유'를 수호하다가 일제에 의해 평양신학교로부터 퇴교를 당했다.

그러나 평양신학교는 나중에 신사참배를 강요한 일본과 절충하면서 다시 신학교육을 시작했다. 그 당시 신사참배에 참여한 목사와 신학생들도 적지 않았다. 그러나 안길선 목사는 계속해서 신사참배 반대 운동을 전개했고, 만주의 북간도에서 기독교 신앙의 절대성은 오로지 "질서와 자유를 수호하는 것이다" 하는 신념으로 목회했다.

결국, 해방과 함께 일제는 한반도에서 끝이 났으나 새로운 무신론 운동인 공산주의 체제가 한반도를 엄습했다. 안길선 목사는 해방 후 새로운 정신무장과 함께 오로지 기독교 신앙으로 높이 고양된 정신인 '질서와 자유'를 수호하다가 북한 공산주의자들에게 순교당했다.

독일에서는 본회퍼의 '질서 자유주의' 신념을 여러 친구가 소중히 여겨 가꾸어 나가 마침내 서독의 경제적인 부흥을 이룩했다. 그것이 이른바 '라인강의 기적'으로 알려진 것이었다. 그러나 우리나라에서는 안길선 목사의 그 훌륭한 '질서와 자유'에 대한 생각이 맥을 이어오지 못했다. 하지만 지금도 늦지 않다. 지금 우리에게는 안길선 목사의 '질서와 자유'를 위한 수호의 정신을 신앙생활에서 올바른 표상으로 받들 때가 되었다.

다음은 신원교회 원로목사 김광훈 목사의 '추모사'("요한복음 14장을 외워봐!")의 내용이다.

제가 존경하던 안길선 목사님께서 순교의 길을 가신 지도 어언 70주년을 맞게 되었습니다. 때마침 순교자 안길선 목사님께서 살아생전 목회하시던 신당중앙교회의 신도로서 모시고 있을 뿐 아니라 교회 2층 건물에서 함께 생활하던 인연으로 목사님의 추모글을 쓰게 된 것은 당연한 일이라고 생각하며, 한편, 외람된 일이기도 합니다.

추모사를 쓰는 필자 자신에 대해서 잠깐 언급하겠습니다. 저는 1925년 10월 22일 만주 심양에서 김응선 장로와 이사도 권사 사이에서 3남 1녀 중 셋째 아들로 태어났습니다. 아버지께서 심양에서 양말 공장, 정미소, 농장경영 등으로 비교적 부유하게 살았습니다. 소년 시절 정규교육을 받았고, 1947년도 월남한 후에도 보성전문학교 법학과를 졸업했습니다. 모태신앙으로 어려서부터 교회 생활을 했고, 장로회신학교에 입학해서 졸업한 후 한평생 목회했으며, 지금은 은퇴해 원로목사로 여생을 보내고 있습니다.

안길선 목사님을 만나게 된 동기를 말씀드리겠습니다. 저는 해방 후 1947년도 중국 심양을 떠나 천진항에서 LST 군용선을 타고 인천항을 거쳐 서울 신당중앙교회에 왔습니다. 그때 신당중앙교회는 심양에서 잘 알고 지내던 최성곤 목사님이 담임하고 계셨습니다. 신당중앙교회는 적산가옥을 이용해서 1층은 교회로 사용하고, 2층은 우리 가족이 사용하고 있었습니다.

최성곤 목사님이 사임하여 후임자를 구하는 중 "안길선 목사님이라는 분이 설교를 은혜롭게 잘하신다"라는 소문을 들은 여집사들이 마침 평안교회에서 부흥회를 인도하시는 안길선 목사님의 설교를 듣고 많은 은혜를 받아 당회에 보고하여 1948년 3월 안길선 목사님을 청빙했습니다.

그때부터 사택으로 사용하는 교회 이층집에서 우리 가족과 안길선 목사 가족이 함께 살았습니다. 처음 안길선 목사님을 뵌 인상은 매우 근엄하신 분이셨습니다. 한국 선비의 전형적인 모습으로 과묵하고, 행동하시는 모습이 매우 침착하고 무거운 편이셨습니다. 함부로 근접하기 어려운 분이셔서 개인적으로 눈을 마주치거나 대화를 나누어보기도 어려웠습니다. 그러나 예배를 인도하실 때는 안길선 목사님의 얼굴을 바로 대할 수 있었고, 그의 열정적인 설교 모습과 음성을 지금도 기억할 수 있습니다.

설교할 때는 매우 영성으로 했고 음성도 매우 컸습니다. 설교의 내용은 직접 신도들의 마음에 와닿는 내용이었습니다. 아마도 그 당시 부흥회를 인도하던 분들의 설교하는 태도나 내용도 거의 비슷한 감을 느꼈는데 회개를 촉구하고 거듭남을 강조하며 주의 재림을 예비하라는 말씀이었습니다. 아마도 성경신학에서 강조하고 있던 4중 복음을 핵심 내용으로 하고 메시지를 전달했다고 회상합니다. 지금 생각하면 당시 설교가 한 편도 남아 있지 않은 것은 얼마나 유감된 일인지 모릅니다. 예배 보는 분위기는 항상 은혜가 넘치며 마치 부흥회를 하는 것 같았습니다.

제가 목사님의 설교 중에 감명 깊고 또 제 일생에 큰 영향을 받은 설교는 지금도 잊을 수 없습니다. 1950년 6월 25일 한국전쟁이 발발하던 날이 바로 주일이었는데 그날 설교 본문이 요한복음 14장 6절 "내가 곧 길이요, 진리요, 생명이니 나로 말미암지 않고는 아버지께로 올 자가 없느니라"는 말씀을 듣고 제 마음 깊숙이 감명을 받아 그 말씀을 암송하였습니다.

6·25 발발 후 한강 다리가 폭파되었습니다. 저는 피난 가려고 금호동에서 배로 한강을 건너 시흥 쪽으로 가던 중 사복군인들에게 잡혔습니다. 아군인지 적군인지 구별할 수 없는 상황에서 저는 "북쪽과 남쪽 중 어느 쪽이 더 좋으냐?" 하는 질문을 받았습니다. 그들이 카빈총을 들고 있는 모습을 얼핏 훔쳐봤던 저는 국군일 것이라는 짐작하에 "남쪽이 더 좋다"라고 대답했습니다. 자칫 어물거리다가는 총살을 당할 일이었습니다.

그러자 이번에는 저를 중대장 앞으로 끌고 가는 것이었습니다. 중대장은 저의 신분을 물었고, 신학생이라고 대답하자 주기도문을 외워보라고 했습니다. 긴장된 얼굴로 주기도문을 외운 저에게 이번에는 엉뚱한 주문이 떨어졌습니다. "요한복음 14장을 외워봐!" 아무리 신학생이라도 휴대용 암송 카드 하나 없던 시절에 성경 전체를 다 외울 수는 없었습니다. 그런데 문득 지난 주일 성가대석에 앉아 열심히 듣던 안길선 목사님의 성경 본문이 바로 그 구절이었음이 퍼뜩 생각났습니다. 그래서 그 구절을 잘 암송했습니다. "오, 하나님 아버지 감사합니다." 풀려난 저는 속으로 끝없이 이 말을 되뇌었습니다.

안길선 목사님은 애국자였습니다. 설교 때마다 "우리는 하나님을 잘 공경할 뿐 아니라 나라도 사랑하는 자들이 되어야 한다"라고 강조하셨습니다. 우리가 일본인들에게 나라를 빼앗긴 것도 우리의 부족과 죄의 값이라고 하면서 이스라엘 민족도 하나님께 죄를 범할 때 나라가 망했고 회개하면 회복해 주심을 교훈 삼아 나라를 재건했다고 하시면서, 이스라엘 민족은 고난받은 민족으로 그 고난을 교훈 삼아 회개하고 재건함으로 이스라엘이 독립되고 국권을 회복했다고 하셨습니다.

그리고 안길선 목사님과 함께 생활하면서 느낀 것은 매우 검소하고 청빈한 삶을 살고 계신다는 것을 볼 수 있었습니다. 사모님은 가난한 가정을 돕기 위해 여러 가지로 노력했고, 그의 아들 되는 안철호는 고학으로 대학을 다니는 모습을 보았습니다.

안길선 목사님이 순교하신 지도 70년이 되는 시점에서 돌이켜볼 때 참으로 한국의 근현대사 격동기에 참 목회자로서 우리에게 보여 준 바가 큽니다. 신사참배 반대 운동, 만주 지역과 북한 지역에서 공산주의와의 끊임없는 투쟁 중에 올곧은 신앙, 가난을 극복한 청빈의 삶을 보여주며 오직 인간 구원과 나라 구원을 실천했던 목사님을 진정으로 추모하며 글을 마칩니다.

김태섭 교수(장로회신학대학교 신약학)는 "하나님께서 부르신 소명을 확인"이라는 제목의 '감사의 글'을 썼다.

10 안길선 목사(1891~1950.8.24)

고 안길선 목사님의 순교 70주년을 맞이하여 목사님의 순교 역사를 담은 소중한 책이 발간된 것을 진심으로 축하드립니다. 저는 개인적으로 안길선 목사님께 큰 은혜를 받은 사람입니다. 물론, 70년대 생인 저는 안길선 목사님을 직접 뵌 적은 없습니다. 그러나 저는 '고 안길선 목사님 순교 기념장학회' 1호 장학생으로 선정되어 장신대 신대원 3년 동안 전액 장학금을 지원받아 공부할 수 있었습니다. 이는 단지 물질적인 은혜만이 아니었습니다. 저에게 안길선 목사님 순교 기념장학금은 큰 의미의 사건이었습니다. 이를 계기로 저는 하나님께서 저를 부르신 소명을 확인할 수 있었기 때문입니다.

목회자의 아들로 태어나 어릴 적 저의 꿈은 의료선교사가 되어 하나님께 헌신하는 것이었습니다. 그래서 공부도 열심히 했습니다. 그런데 중학교에 진학하면서 저는 제가 '색약'(적록색맹)이라는 것을 처음으로 알게 되었습니다. 담임선생님은 저를 부르셔서 "색약은 의사가 될 수 없다"라고 말씀해 주셨습니다. 저에게는 청천벽력과 같은 소식이었습니다. 남들은 자신의 꿈을 도전이라도 해볼 수 있는데 저에게는 그 도전조차 허용되지 않았기 때문입니다. 그래서 중2 때 많은 방황을 했습니다. 그러다가 하나님께서 제 마음에 "육신의 의사도 중요하나 영혼의 의사가 더 중요하다" 하는 감동을 주셨습니다. 그래서 신학을 하고 목사가 되어야겠다는 결심을 했습니다.

대학 졸업 후 신대원 입시를 6개월 앞둔 상황에서 저에겐 근본적인 고민이 생겼습니다. '정말 이 길이 하나님의 뜻이 맞을까? 나 아니어도 목회자들도 많고 교회도 많은데 내가 또 신학교에 가야 하는가?' 저 자신의 소명에 대해서 보다 분명한 확신이 필요했습니다. 그래서 매일 새벽기도에 나가 하나님께 묻고 또 물었습니다. 몇 주가 지나도 이렇다 할 음성이나 감동이 제 마음에 부딪혀 오지 않았습니다. 그러더니 기도 중 어느 순간에 구약 말씀의 '기드온'이 떠올 랐습니다. 기드온이 하나님의 부름을 받았을 때, 그가 '양털'로 소명에 대한 확증을 구한 대목이 주마등처럼 지나갔습니다. 기드온은 하나님의 살아 계심을 믿지 못해서 시험한 것이 아니라, 하나님의 살아 계심을 믿었기 때문에 자신을 향한 그분의 뜻을 알고자 했습니다.

제 상황과 꼭 맞는 말씀을 하나님께서 떠올리게 하신 것으로 생각하던 순간, 제 입에서 "하나님, 앞으로 저를 신대원 3년 장학생으로 뽑아 주신다면 신학교 교수로 저를 부르신 것이라 믿고 순종하겠습니다"라는 고백이 나왔습니다.

그렇게 약 5개월 동안 기도하면서 성실히 성경을 읽고 입시를 준비했습니다. 신대원 입학시험 원서를 제출하는 날, 접수처에서 입학 관련 홍보 책자를 받았습니다. 제가 가장 먼저 살펴본 것은 '장학금' 관련 항목이었습니다. 그런데 "입학 성적 최우수자 1인에게 총장 장학금 지급"이라고만 나와 있었습니다. 총장 장학금 외에 다른 장학금은 언급되지 않았습니다. 제 마음이 어려웠습니다. 당시 지원자가 매년 1,500명이 넘는 상황에서 재수, 삼수, 심지어 칠수까지 하는 사람도 있다고 하는데 고작 5개월 공부하고 수석으로 입학하게 해달라는 것은 지나친 욕심처럼 느껴졌기 때문이었습니다. 어려운 마음으로 시험을 치르게 되었습니다. 신약과 구약 성경 시험은 '느낌으로' 잘 봤다는 확신이 들었습니다. 그래서 '정말 하나님께서 나를 수석으로 뽑아 주시려나?' 하는 기대에 부풀어 올랐습니다. 이제 남은 것은 영어시험이었습니다. 카투사로 군 복무를 했기 때문에 영어에는 자신이 있었습니다. 그런데 70% 정도 풀었을 때 저는 답안을 밀려 썼다는 것을 알게 되었습니다. 눈앞이 캄캄해

10 안길선 목사(1891~1950.8.24)

졌습니다. 수석 장학금은 고사하고 '하나님이 나를 원치 않으시는 구나'라는 낙심이 들었습니다.

며칠 후에 입시 결과를 확인했더니 합격자 명단에 이름이 올라 있기는 했습니다. 그러나 등록해야 할지 망설여졌습니다. 그렇게 며칠이 지나서 주일에 교회에 갔습니다. 마침 권사님 한 분이 장신대 직원이었는데 저를 보더니 합격한 거 축하한다고 인사를 건넸습니다. 그러면서 "등록은 따로 할 필요 없어요"라고 말했습니다. 저는 "무슨 말씀이신가요? 제가 등록을 따로 할 필요가 없다니요?" 하고 물었습니다.

그 권사님이 하신 말씀이 지금도 잊히지 않습니다. "태섭 형제는 3년 장학생으로 선정되어서 따로 등록금을 내지 않아도 돼요." 저는 너무나 놀라 물었습니다. "아니, 그럼 제가 전체 수석으로 입학을 한 건가요?" 그 권사님은 손사래를 치면서 저에게 자초지종을 말해주었습니다.

원래 전체 수석으로 입학하면 총장 장학금을 주고, 학교 홍보 책자에서는 나와 있지 않으나, 2등은 한경직 목사님 기념장학금을 주고, 3등부터는 장학금이 있으면 주고 없으면 못 준다는 것이었습니다.

그런데 저는 3등으로 합격했고, 마침 신당중앙교회에서 '故 안길선 목사님 순교 기념장학회'가 조직이 되어 장학생을 1명 추천해 달라는 의뢰가 들어왔다는 것입니다. 그래서 제가 3년 장학금을 받게 된 소식을 듣게 되었습니다. 그 말을 듣자마자 저는 눈물이 왈칵 쏟았습니다. '하나님께서 이렇게 인도하시는구나.' 무엇보다 순교하신 목사님의 피와 정신이 담긴 장학금이라고 하니 마음이 뜨거워졌습니다.

신대원 입학 후, 장학 위원들과 만나게 되었습니다. 안길선 목사님의 아드님이신 안철호 장로님을 처음 뵙고 인사를 드릴 때 너무나 마음이 북받쳐 오르고 눈물이 났습니다. 장학위원들도 다 따뜻하게 저를 환대해 주시고, 사연을 들어주시며 반가워하셨습니다.

그리고 드디어 2018년 3월 장로회신학대학교 신약학 교수로 임용되었습니다. 임용 결정 통보를 받는 순간에 15년 전 하나님께 드린 기도가 떠올라서 너무나 감사하고 눈물이 났습니다. 저는 장로회신학대학교로 인도하신 것이 하나님의 뜻이라고 확신하고, 앞으로 이곳에서 안길선 목사님의 순교정신을 살려내고 가르치고자 합니다.

그래서 이 시대에 안길선 목사님과 같은 신실한 주의 종들이 이곳 장로회신학대학교에서 많이 일어나기를 기도하며 기대합니다. 하나님과 신당중앙교회, 그리고 안길선 목사님 순교 기념장학회에 다시 한번 깊이 감사드립니다.

안길선 목사의 순교는 여러 면에서 값비싼 열매를 맺었다. 그리고 신당중앙교회에서 목회하면서 이렇게 중요한 하나님의 역사를 이룩했다는 것을 알게 되었다. 안길선 목사와 접한 사람이나 성도들이 그에 대한 영감이 얼마나 크고 아름다웠는지 알 수 있었다.

그리고 그를 보지도 못하고 알지도 못했던 사람이 그의 영향으로 새로운 삶을 살게 되었다는 것은 무한하신 하나님의 섭리가 나타나고 있음을 보여주고 있다. 오늘도 신당중앙교회를 통해서 하나님의 역사가 새로운 역사를 이룩하고 계심을 알 수 있다. 하나님은 한 사람의 일꾼을 통해서 하나님의 뜻을 펴시며 그에게 영광을 돌리게 한다는 사실을 새롭게 터득했다.

하나님이 그의 종들을 통해서 이룩하시는 일이 예수 그리스도를 향한 신앙과 복음 전파에 있었다. 예수께서 2천 년 전 골고다 언덕에서 보여주신 십자가의 드라마는 인류를 구원하실 예언적 역사였다. 그것이 19세기를 지나서 한국 땅에 도달하여 선교사들을 통해서 세워주신 신앙공동체에서 한 사람 한 사람을 통해서 구원의 생명을 구하시는 일이 새롭게 이룩되었다.

순교자들의 역사는 앞으로 교회의 터가 되어 한국교회가 세계로 향하는 복음의 새로운 능력으로 전하는 하나님의 역사가 될 것이다. 또한 성도의 사명이 예수 그리스도의 복음 전파에 있다는 사실을 의심 없이 수용하는 것이 한국교회의 비전이요, 하나님의 계획이시다.

스미스(Lacey Baldwin Smith)는 순교란 "신앙에 대한 절대적 확신으로 죽음을 두려워하지 않고 나아가는 것"이며, "하나님의 세상"에서 "인간의 세상"까지 관통하는 것이라 했다. 이렇게 순교의 정의를 내리는 것은 바로 사람이 감당할 수 없는 불굴의 신앙이라는 의미다.

순교의 피는 어디서나 새로운 열매를 맺는다. 한국 땅에서 하나님의 역사가 새롭게 나타나고 있다는 사실을, 세계 기독교 역사에서 찾을 수 없었던 일이 나타나고 있음을 새롭게 영감으로 받고 있다. 신당중앙교회가 하나님 제단에 바친 한 분, 안길선 목사는 신당중앙교회라는 한 교회의 역사가 아니라 한국교회, 아니 세계 기독교 역사에 미치는 큰 사역자임을 발견하게 되었다.

"주님이시여, 한국 땅 서울에 세워주신 신당중앙교회는 지금 하나님께서 또 다른 하나님의 역사를 주실 것으로 믿습니다. 그 사명을 능히 감당할 수 있을 것입니다. 예수의 몸 된 공동체로서 모든 지체가 주님을 향한 충성된 일꾼이 되어 교회 안에 화평케 하는 능력으로 교회의 사명을 새롭게 함으로 주님의 공동체 사명을 주님 재림하실 때까지 충성되게 행하여 서머나 교회처럼 칭찬만 받는 교회가 될 것을 확신합니다. '내가 진실로 진실로 너희에게 이르노니 한 알의 밀이 땅에 떨어져 죽지 아니하면 한 알 그대로 있고 죽으면 많은 열매를 맺느니라 자기의 생명을 사랑하는 자는 잃어버릴 것이요 이 세상에서 자기의 생명을 미워하는 자는 영생하도록 보전하리라'(요 12:24-25). 아멘, 할렐루야! 주님께 영광 영광을 돌립니다."

순교자가 있는 교회를 통하여 하나님께서 한국교회의 미래를 세계 선교로 나아갈 수 있도록 인도하실 것을 확신한다. 이는 '순교자의 피는 교회의 터가 된다'는 고전적인 말보다 새로운 뜻이 있다. 순교자의 피가 있다고 모두 새로운 역사를 이룩하는 힘이 아니다. 주님의 뜻대로 새로운 공동체가 될 때 새로운 하나님의 뜻대로 예수의 뒤를 따르는 순교자의 피로 열매를 맺게 되는 것이다.

"그들은 믿음으로 나라들을 이기기도 하며 의를 행하기도 하며 약속을 받기도 하며 사자들의 입을 막기도 하며 불의 세력을 멸하기도 하며 칼날을 피하기도 하며 연약한 가운데서 강하게 되기도 하며 전쟁에 용감하게 되어 이방 사람들의 진을 물리치기도 하며 여자들은 자기의 죽은 자들을 부활로 받아들이기도 하며 또 어떤 이들은 더 좋은 부활을 얻고자 하여 심한 고문을 받되 구차히 풀려나기를 원하지 아니하였으며 또 어떤 이들은 조롱과 채찍질뿐 아니라 결박과 옥에 갇히는 시련도 받았으며 돌로 치는 것과 톱으로 켜는 것과 시험과 칼로 죽임을 당하고 양과 염소의 가죽을 입고 유리하여 궁핍과 환난과 학대를 받았으니 이런 사람은 세상이 감당하지 못하느니라 그들이 광야와 산과 동굴과 토굴에 유리하였느니라 이 사람들은 다 믿음으로 말미암아 증거를 받았으나 약속된 것을 받지 못하였으니 이는 하나님이 우리를 위하여 더 좋은 것을 예비하셨은즉 우리가 아니면 그들로 온전함을 이루지 못하게 하려 하심이라"(히 11:33-40).

## 11
# 김화식 목사(1894~1947)

　김화식(金化湜)은 1894년 한국 기독교 초기 교인이었던 김찬성 목사와 백금주 사모 사이에서 태어난 두 아들 중 장남으로, 둘째 아들 성여도 평안남도 숙천에서 태어났다.
　그의 부친 김찬성은 길선주의 전도로 예수를 믿었다. 길선주는 마음에 번민하며 기도하는 가운데 예수 그리스도를 만나게 되었고, 29세 되던 1897년 8월 15일 세례를 받았다. 많은 사람이 그를 조롱

했으나 그는 만나는 사람마다 예수를 믿으라고 전도하는 중에 그의 가르침으로 선도에 입문했던 의제(義弟) 김찬성에게도 전도하여 그가 흐느껴 울며 회개하고 예수를 믿었다.

김찬성은 예수를 믿은 후 전도인이 되었고 1904년 평양신학교에 입학했으며, 훗날 블레어 선교사가 《찬성의 고백》이라는 책을 통해 기술한 것처럼 1907년 평양 대부흥운동의 주역 가운데 한 사람이 되었다. 평양 대부흥운동이 시작되던 1907년 1월 16일 수요일 김찬성 조사가 "천로역정"이라는 제목으로 숭덕학교 학생예배를 인도할 때 어린 학생들 가운데 강력한 성령의 역사가 있었다. 공부를 중단하고 오후 1시까지 예배가 계속되었다. 학생들은 울면서 자신들의 죄를 회개했고, 숭덕학교 학생들도 평양 장대현교회에서 일어난 그 놀라운 평양 대부흥운동에 함께 참여했다.

안주동교회가 설립된 후 1908년 안주동교회 장로로 봉직했다. 그리고 평양신학교를 1909년 제2회로 졸업하고 9월 독노회에서 목사 안수를 받은 후 안주동교회의 첫 목회자가 되었다. 안주동교회는 안주노회의 중심 교회였다. 안주동교회는 안주군에 있었는데 안주는 평안남도와 평안북도의 경계에 있는 도시로서 청천강을 끼고 있었다. '평안도'라는 이름은 평양의 '평'자와 안주의 '안'자를 합하여 만들어진 지명이었다. 안주는 예부터 국방과 정치의 요충지였다. '안주'라는 이름은 '나라의 북방을 믿음직하게 지켜서 나라를 편안하게 하는 고장'이라는 뜻을 가졌다.

1912년 장로교 총회가 조직되었을 때 산동성에 선교사를 보내기로 결의했는데 김찬성 목사가 1913년 5월에 산동성에 가서 현지 조사하고 중국 목사들과 협의해서 선교의 길을 열었다.

김찬성 목사의 큰아들이 김화식이다. 그는 어려서부터 신앙이 독실한 가정에서 자랐다. 김화식은 어려서부터 부친의 신앙을 이어받았다. 1909년 숙천 야학 초등학교를 졸업하고, 1914년 평양 숭실중학교를 졸업했다. 1914년에서 1919년까지 양화점과 인장업을 했다.

이 시기에 대해 김화식은 자신의 자서전에서 다음과 같이 기록했다. "학교 과정을 마치고 1914년 평양 숭실학교를 고학으로 졸업했다. 가세가 궁핍해서 상급학교에 진학하지 못하고 그렇다고 적당한 직장도 없어 수년 동안 양화점, 인장업으로 전전하니 혈기왕성한 청년의 마음이라, 고통과 비애와 번민과 탄식은 이루 말할 수 없었다."

부친 김찬성 목사는 목회와 민족 독립운동에 큰 관심을 가졌는데 그 아들에게도 이어졌다. 김찬성 목사는 만주 길림을 넘나들며 독립운동과 목회를 했다. 1919년 3월 1일 김찬성 목사, 박의송, 김희주, 김병제, 김병건, 전성걸, 전예순, 김영원, 이인택, 최승준 등과 함께 안주읍의 독립 만세시위를 주동했다.

이곳에서 그의 아버지 김찬성 목사가 전도했는데 김 목사는 서울로부터 그곳의 독립 만세시위 계획과 독립선언서를 전해 받고 이들과 함께 독립 만세시위를 결심했다. 이에 그는 아버지와 상의한 후, 교회 간부급 청년들을 집으로 불러 그 취지를 설명하고 거사 일자를 서울과 같이 3월 1일로 결정하여 독립선언서를 복사하는 등 사전준비를 했다.

3월 1일 오후 5시, 읍내 서문 앞에 많은 군중이 모이자 그는 청년 대표들과 함께 이들에게 독립선언서를 나누어 주고 독립 만세시위의 정당성과 필요성에 대하여 연설했다. 이어 시위 군중과 함께 건인리, 청교리로 시위행진을 했다. 이때 일본 헌병대에서 처음에는 당황하여 방관만 했으나 배포된 독립선언서를 발견하고 난 후 즉시 주동자 검거에 나섰다. 그는 결국 체포되어 6월 5일 고등법원에서 보안법 및 출판법 위반 혐의로 2년 6개월 형으로 서대문형무소에서 옥고를 치렀다.

"기미년 독립운동 때 감옥생활을 했는데, 나는 느낀 점이 있어서 회중 성경 한 권을 품고 감옥에 들어갔다. 죄수 중에 목사, 장로가 있었으나 성경 한 권을 생명으로 안은 나는 2년 반 감옥에서 10여 번 죄수에게 강론하는 성경 교사가 되었다. 그중에서 예수 믿고 목사가 된 사람이 두 사람이요, 전도사, 장로가 된 사람은 많았다."

김화식은 옥중에서도 전도해서 감옥 전도사라는 별명을 얻었다. 김화식이 감옥에서 전도한 대표적인 사람은 대한예수교장로회 제33회 총회장을 지냈고 경북 안동 지방 기독교 대표적인 인물이었던 이원영 목사였다. 이원영은 3·1 독립 만세를 외친 죄로 서대문형무소에서 복역했는데 김화식의 전도로 예수를 믿고, 7년 후에 평양신학교에 입학하여 1930년 제23회로 졸업하고 목사가 되었다.

김화식은 1923년 숙천교회 조사가 되었고, 1927년 평양 장로회신학교를 제20회로 졸업하고 목사 안수를 받았다. 김화식 목사는 안주 동부교회 후 평북 용천의 양시교회에서 목회했다. 그는 신성학교 장리욱 교장의 권고를 받고 양시교회에서 만류했으나 이 학교의 교목으로 부임했다. 일제의 감시와 탄압에도 불구하고 그는 학교 발전에 공헌했는데 열정적인 설교로 많은 학생에게 큰 감화를 주었다.

또한 그는 평양 창동교회, 산정현교회 등에서 목회하면서 고난받는 민족에게 예수 그리스도 안에 있는 구원과 소망의 메시지를 전하였다.

창동교회는 장대현교회에서 1905년 1월 22일에 설립한 교회였다.

처음 1년간은 장대현교회의 안봉조(安鳳周) 장로와 주공삼(朱孔三) 장로가 창동교회를 도왔다. 창동교회의 초대 담임 목사는 블레어 선교사였고, 1919년부터 이인식 목사, 1940년에는 김화식 목사, 그 후 황은균 목사가 담임했다. 황은균 목사는 해방 후 공산정권에 정면으로 맞섰던 분으로서 해방 후 평양 젊은 기독교인들의 구심점이었다. 블레어 선교사는 형제가 한국에 와서 선교사로 수고했는데 창동교회 초대 담임자 블레어 목사가 형이었다. 형의 한국 이름은 방위량(邦緯良), 동생의 한국 이름은 방혜법(邦惠法)이었다. 이인식 목사는 1917년에 평양 장로회신학교를 10회로 졸업한 분인데, 장로교 제23대 총회장을 지냈다. 1934년과 1935년에 걸쳐서 총회장을 했는데 이 해는 한국선교 50년이 되는 해였다.

김화식 목사는 1935년 4월 2일부터 5일까지 열린 평양노회 경건회 시간에 "예루살렘 종교회의와 바울"이란 제목으로 3일에 걸쳐 설교했는데 그 내용이 〈신학지남〉에 게재되었다. 그는 이 설교에서 "10여 년 전에 무라카미 유키치(村上唯吉)가 한국의 여러 교회를 돌며 설교를 했는데 덕천교회를 찾아 '조선교회가 예수를 믿으므로 내세적 구원을 희망하는 것은 일종의 미신에 불과한 것이니 지상의 낙원을 건설함이 제일'이라고 강변했다. 당시 그 교회의 교역자인 조사 김여현이 강단 뒤에 서 있다가 큰 소리로 '연설의 중지를 명한다'라고 외쳤다."라고 했다.

1944년 봉천의 조선신학교에서 부흥회가 있었다. 강사는 평양 장대현교회 김화식 목사였다. 둘째 날, 아침 시간을 마친 후 전보가 왔는데 셋째 아들이 죽었다는 소식이었다. 김화식 목사의 눈에는 눈물이 고였다. 김화식 목사는 곁에 있던 안광국 목사에게 부탁했다. "안 목사! 차표를 사 오시오. 돌아가야겠소." "목사님, 평양에서 국경을 넘어 봉천에 왔는데 장로들이 장례식을 했을 줄 믿고 부흥회를 마치고 가십시오. 그리하면 신앙의 모범이 될 것입니다." "그럴까요." 그런데 김화식 목사는 숙소로 갔다가 다시 돌아와서 말했다. "안 목사, 차표 사 오시오." "마치고 가시지요." 이렇게 하기를 서너 차례였다. 이때 전재선 목사가 찾아왔다. 전 목사는 말을 다 듣더니 이렇게 충고했다. "김 목사, 섭섭하겠지만 어떻게 하시겠습니까? 목사가 부흥회 하다가 가정일로 돌아가면 됩니까? 나는 중지에 갔을 때 전쟁에서 죽은 내 아들의 뼈를 담은 상자를 내 여관방에 놓고 집회를 맡았습니다. 그리했더니 많은 은혜가 있었습니다. 김 목사도 집회를 계속하면 강단에 서기만 해도 은혜가 될 것입니다."

신앙과 행위의 일치를 강조했던 김화식 목사는 일제의 신사참배 강요를 반대했다. 일제가 신사참배를 강요하고 총회가 결의할 때 김화식 목사는 신사참배를 반대하고 주기철 목사, 이유택 목사와 함께 신앙과 기도의 동지로서 생사를 같이하기로 결단하고 묘향산에서 일주일간 기도했다. 3일간 금식하며 힘을 합해 신사참배를 저지하며 신앙의 정조를 지키기로 다짐했다. 당시 이들은 평양의 가장 대표적인 3인의 지도자로 신사참배를 반대했다.

이유택 목사는 기도의 사람이었다. 신학생 때부터 기도단을 조직했었다. 선배 김철훈 목사, 한상동 목사와 후배 김형보, 이학인 목사는 열심히 기도하던 기도의 동지들로 후세에 신앙의 용사들로 충성스럽게 목회한 일꾼들이었다. 새벽 4시가 되면 교회에 나가 꿇어 엎드려 6시까지 열심히 기도하던 목회자로서 불의를 보면 참지 못하는 성격의 소유자로서 강직한 목회자였다. 그는 김화식 목사와 같이 월남할 것을 권유받았으나 교인들을 두고 떠날 수 없다고 거절했다. 이렇게 충성된 종이 언제 어디서 순교했는지 하나님은 그의 영혼을 받아 하늘에서 칭찬하며 눈물을 닦아 주셨을 것이다.

　1945년 8월 15일 미국의 원폭 투하로 일본이 항복하자, 한국은 드디어 해방을 맞았다. 한반도는 자유의 천지가 되었다. 그러나 우리가 싸워서 얻은 해방이 아니었기 때문에 38선이 그어지고, 1945년 9월 19일 33살의 김성주가 소련 블라디보스토크에서 푸카초프 호를 타고 원산에 도착했다. 스탈린의 지령을 받은 김성주는 1945년 10월 14일 평양의 군중들 앞에서 자신이 항일투사 김일성이라고 속인 뒤 북한을 공산화하는 전략을 펼쳤다.

　당시 북한사회의 지도자였던 조만식 장로가 이를 반대하고 나섰으나 역부족이었다. 그 후 북한 지역 교회는 김일성의 공산화 획책을 막을 길이 없었다. 대표적으로 김일성이 1946년 11월 3일 주일 오전 11시 예배 시간에 인민위원을 선거한다고 선언했다. 이때 이북 5도 연합 노회(16개 노회 연합)는 주일에 선거할 수 없다고 반대했다. 그러나 강제로 선거하여 투표율이 99.97%나 될 정도로 전 교회와 성도들이 맥없이 무너지고 말았다.

　김일성의 공산화 정책을 지지하며 교회 말살책을 기획 시도한 인민위원회 서기장 강양욱 목사가 내세운 정책은 '북한의 토지개혁, 교회 사유재산 몰수, 교회 헌금 금지, 북조선 기독교도 연맹을 조직하여 북한교회 멸망'이었다. 1947년 2월부터 교인 수가 적은 교회들을 일제히 폐쇄했으며, 한시적으로 주일을 노동일로 정했고, 월요일을 휴일로 바꿔서 주일예배를 강제로 막았다.

　김화식 목사는 1945년 11월 18일 장대현교회에서 공산당에게 체포될 때까지 평양의 설교자요, 목회자였다. 몸이 약했고 위장병이 있어서 항상 고통을 느끼고 있었지만 특별히 주기철, 이유택 목사와 신앙의 동지, 기도의 동지로 생사를 같이할 것을 결심했다.

11 김화식 목사(1894~1947)

김화식 목사는 이북교회의 중심인 장대현교회에서 시무하며 공산당에 맞서 북한교회 재건에 힘을 썼다. 김화식 목사는 일제 강점기에 무너진 북한의 교회를 재건하기 위해 1946년 1월 초에 이북의 5도 16개 노회를 연합하여 '북한 5도 연합 노회'를 조직하고 통일이 될 때까지 총회를 대행해 갈 수 있는 조직을 했다. 연합회 회장은 김진수 목사였고, 위원은 김화식, 강문구, 이유택, 이기혁 등 여러 목사가 생명을 걸고 헌신했다.

김화식 목사는 신앙의 자유를 위해 1946년 3월 1일 자신이 시무하던 장대현교회에서 개신교 교파 연합으로 3·1 기념 예배를 적극 추진하였다. 기념 예배 추진이 알려지자 북한 측의 임시 인민위원회는 금지 명령을 내렸다. 그러나 김화식 목사 중심의 교회 지도자들은 신앙의 자유를 박탈하는 것으로 간주하고 예정대로 행사를 진행하여 공산당과 충돌했으며, 이로 인해 핍박을 받았다.

김화식 목사는 해방 직후 강양욱 목사로부터 '기독교도 연맹'에 들어와서 함께 일하자는 권유를 여러 차례 받았으나 말을 듣지 않았고, 평양 주둔 소련군 정치사령부 로마넹꼬 소장으로부터 압력을 받아도 응하지 않았다.

또한 김화식 목사는 기독교 신앙의 실천을 위하여 무신론 이데올로기인 공산당과 싸울 것을 결심하고, 평양의 목사들과 기독교 청년들을 규합하여 정치 활동을 시작했다. 1945년 11월 김화식 목사는 정주 옥호동 약수터에서 여러 교회 지도자들과 함께 '기독교 자유당'의 정강을 작성하고 그 발족을 서둘렀다.

그즈음에 감리교는 '기독 민주당'을, 그리고 신의주의 윤하영 목사와 한경직 목사가 벌써 '기독교 사회민주당'을 결성했다. 김화식 목사는 언젠가는 통일 정부 수립을 예상하고 민주주의 정부 수립을 확보하기 위한 기독교적인 기반으로 강력한 민주주의 정당조직을 사명으로 알았다. 그러나 실제 당 조직은 여러 가지 어려운 점이 있어 지연되었다.

북한 공산주의자들은 그 정당을 와해시키려고 계속 압력을 가했다. 그래서 윤하영 목사와 한경직 목사는 그해 10월에 북한을 탈출하여 남하했다.

이런 상황에서 촉발된 것이 11월 23일 발생한 '신의주 학생 사건'이었다. 11월 23일 용암포에서 열린 '기독교 사회민주당 지부' 창립대회에 공장 직공들을 동원하여 습격했다. 장로 1인이 즉석에서 피살되고 많은 사상자가 발생했다. 이에 분개한 신의주 기독 학생들이 중심이 된 5,000여 명의 시위대는 공산당 본부를 습격했다. 공산당은 소련 군대와 비행기까지 동원, 시위대를 무차별 진압하여 50여 명의 사상자가 발생했고, 80여 명은 구속되었다. 당 간부들은 체포되었고, 정당은 해체되었다.

1947년 9월 유엔총회에서 한국 문제 상정을 앞두고 남북 통일정부 수립이 목전의 일로 판단되어, 김화식 목사는 선천동교회 김진수 목사, 김관주(金冠柱) 목사, 황봉찬(黃鳳燦) 목사, 김철훈(金撤勳) 목사, 우경천(禹敬天) 장로 등과 함께 고한규(高漢奎) 장로를 당수(黨首)로 하는 '기독교 자유당' 창당을 준비했다. 이들은 1947년 11월 19일 결당식을 거행하기로 되었으나 결당식을 하루 전에 기독교 자유당의 꿈은 사라졌다.

11월 18일 내무서에 탐지되어 11월 18일 김화식 목사 외 40여 명의 교회 지도자가 검거, 투옥되었다. 김화식 목사는 13년의 선고를 받고, 이들은 시베리아 아오지 탄광 강제노동에 고초를 당하던 중 김화식 목사와 그를 위시한 몇 명의 목사들은 총살형으로 순교했다.

당시 상황으로 보면 조만식 장로나 김화식 목사 같은 교회 지도자들이 철의 장막 속에서 정치 운동에 나선 것은 애국심에서 나온 행동이었으나 정치적 식견이 부족한 상태에서 감행한 모험이었다. 김화식 목사는 지사요, 정치가는 아니었으며, 유능한 목회자요, 설교가였다.

정부는 고인의 공훈을 기리어 1990년 건국훈장 애족장(1977년 대통령 표창)을 추서했다.

정성구 목사는 다음과 같이 적고 있다.

"1976년 나는 화란 유학에서 돌아와 총신대학교 조교수로 다시 임명되었다. 내가 가르치는 과목은 칼뱅주의와 개혁주의 설교학이었다. 나는 무슨 학문을 하든지 역사적 고리를 연결해야 한다는 신념이었다. 그래서 한국교회 100년사에 한국인의 영혼에 가장 귀한 설교를 한 설교자가 누구인지를 연구하기 시작했다.
그중에 가장 눈에 띄는 목사는 순교자 주기철 목사의 단짝 친구이자, 신성학교 교목을 거쳐 평양 창동교회를 목회하던 김화식 목사의 설교가 한국교회사에 가장 위대한 대설교임을 깨달았다. 역사가들은 그를 가리켜서 '한국의 스펄전'이라고 이구동성으로 말했다. 물론, 나는 그의 육성 설교를 들은 일이 없으나 김화식 목사의 유작 설교집과 1930~40년대 기독교 잡지 〈신앙생활〉에 기고한 그의 설교를 읽고 있노라면 과연 한국교회 역사에서 가장 탁월한 설교자임을 깨닫게 되었다."

김화식 목사의 《신앙의 승리》라는 설교집 추천서에 1962년 통합 측 총회장이던 이기혁 목사는 말하기를, "김화식 목사님은 내가 존경하는 목사님 중에 가장 뛰어난 목사이다"라고 추천했다.

이상근 목사는 젊어서 김화식 목사의 부목사로 6개월간 함께했다. 그런데 "목사로서의 인격과 설교 스타일까지 영향을 주신 분이다. 참으로 인격 자질을 얻었다"라고 하였다.

"그의 형제들이 모두 천재였으나 한국교회 역사에서 김화식 목사보다 앞선 목사는 없다고 평하고 싶다. 나뿐 아니라 일반의 평도 그러하다. 그의 설교는 영감이 심오하고 논리적이며 박학다식하면서 영감을 불어넣는 설교"라고 하였다.

그의 설교를 읽어보면 잔잔한 시냇가와 푸른 초장을 거니는 듯한 느낌을 받는다. 그의 설교는 정확한 발음으로 처음에는 세미한 음성으로 논리적으로 전개하다가 절정에는 천둥과 번개 치는 듯한 웅장한 음성으로, 청중의 심령을 녹여 내는 천부적 설교가였다. 김화식 목사의 설교 스타일과 같은 분은 배은희 목사와 한경직 목사였다.

김화식 목사는 성경의 박사이자, 동서고금의 사상을 꿰뚫는 예지가 번득이는 설교자였다. 그가 '한국의 스펄전'이라고 불릴 만큼 대설교가가 된 것은 아무래도 그의 선친 김찬성 목사와 아우 김성여 목사, 친구 주기철 목사, 이유택 목사 등 훌륭한 이들과 동역했기 때문이다. 특별히 그의 설교와 삶은 애국애족과 나라 사랑의 일편단심이었다.

김화식 목사는 신구약 성경을 언제 어디서든지 자유로이 인용할 정도로 박학다식한 목회자로서 성경 원문에도 상당한 조예가 있었다. 그의 설교에는 강력한 의지와 뜨거운 열정이 흐르고 있었으며, 그의 음성은 청명한 고음이었고, 눈물을 흘리면서 그 청명한 음성으로 외칠 때에는 문자 그대로 폐부를 찌르는 느낌을 주었다. 그는 성경을 읽고 연구하나 결코 어떤 법규에 얽매이지는 않았다. 성경 한 대목을 두고 명상에 잠기어 그 대목을 새롭게 자신의 말로 해석했다.

그의 설교는 율법주의가 아니라 해박한 성경 해설과 지성적이고 비유적이고, 대중에게 가장 매력적인 은총의 설교자였다. 더구나 그는 설교를 시작하여 도입 부문에 들어가면 동서고금, 현대와 과거를 넘나드는 예화를 들어서 청중들이 자연스레 설교에 빨려 오도록 했다.

흔히 주기철 목사의 "일사각오"가 사령관다운 설교라면 김화식 목사의 설교는 푸른 초장에 풀내음과 시냇물 소리가 들리는 목장에서 양을 치는 목자의 설교라고 할 수 있었다.

주기철 목사가 한국교회가 낳은 순교자라면 김화식 목사는 한국교회가 낳은 설교자였다. 신사참배 문제로 한국교회가 수난을 당하고 평양의 교회가 수난의 쓴잔을 마실 때 주기철 목사는 산정현교회에서, 이유택 목사는 신현교회에서, 김화식 목사는 창동교회에서 죽음을 각오하고 생명을 제단에 올려놓고 외치고 또 외쳤다.

김화식 목사는 목회하면서 잠자는 시간만큼 성경을 읽었고, 성경 연구에도 조예가 깊어 당시로는 드물게 《빌립보 강해》를 냈으며, 두 권의 설교집을 출판했다. 그는 성경 중심의 논리적인 설교로 많은 사람에게 감화를 주었던, 한국교회사에 독특한 존재였다.

"김화식 목사의 설교에는 마음을 감싸는 어머니의 감화력이 있었습니다. 그리고 김 목사의 설교에는 실천적인 위력이 있었습니다. 그리고 김 목사의 설교는 성경적이었습니다. 그래서 그의 설교는 시대를 타지 않는 특성을 가졌습니다. 어언 30~40년이 흘렀으나 오늘도 그의 설교는 우리 현실에 적응되는 신성한 맛이 있습니다. 그가 이상과 같이 훌륭한 설교를 할 수 있었던 것은 성경을 많이 읽었기 때문이었습니다."

이렇게 성경 말씀을 사모하는 김 목사에게 하나님께서는 신령한 말씀의 능력을 주셨다. 그래서 김 목사의 설교에는 항상 생명수가 흐르고 있었다. 그 복음적 설교는 구구절절이 감동되지 않는 데가 없었으나 가만히 읽을 때 스스로 약동하지 않을 수 없는 생명의 충동이었다. 성경을 많이 읽고 성경을 펼쳐 나가는 설교는 듣는 교인들이 "아멘" 하며 은혜를 받았다.

그래서 김인서 목사는 성경을 많이 읽고 하는 그의 설교에 대해 말하기를, "김 목사의 설교에는 항상 생명수가 흐르는 능력이 있었다"라고 하였다.

김 목사의 설교 원천은 오직 성경이었다. 그는 자신의 성경 읽는 모습에 대하여 다음과 같이 설명하고 있다.

"나는 매일 자는 시간과 성경을 읽는 시간이 제일 많습니다. 이전에 농촌교회에서 목회할 때는 성경 읽는 시간이 많았으나 이제 큰 교회에서 목회하면서 매일 10명 이상의 손님을 만나다 보니 성경을 읽는 시간이 적게 됨을 몹시 애석하게 생각합니다. 참으로 나는 성경을 읽기 위하여 다시 자그마한 농촌교회로 돌아가고 싶습니다."

선교 50주년을 맞이하여 조선교회가 진흥운동 및 부흥운동의 여러 가지 방법과 계획을 세우고 있을 때, 김화식 목사는 1935년 〈신학지남〉에 기고한 글에서 초대교회의 성장과 부흥에 근거하여 네 가지 방법론을 제시했다.

첫째, 조선에 처음 복음이 전해질 때 평신도들의 역할이 대단해서 많은 교회가 그들에 의해 세워졌는데 이제는 조선교회가 경제화, 의식화되어 복음이 제대로 전파되지 못함을 지적하고, 평신도들이 복음 전파에서 분투하기를 당부했다.

둘째로, 유교의 지배 아래 아무런 활동을 할 수 없던 조선의 여성들이 과거와 현재에 조선교회에서 활동과 공적이 많음과 같이 미래에 더욱 많기를 바란다고 격려했다.

셋째로, 자급 전도운동에 대해서는 바울이 천막을 만들며 자급 전도한 것을 설명하면서 자급 전도운동이 일어나야 하지만 봉급 전도자들을 비판하는 것을 삼가야 할 것을 지적했다.

넷째로, 초대교회 가정교회를 설명하고 조선교회에도 속회가 이 형식을 유지한 것이겠으나 이것도 해이해졌다고 하면서 새롭게 가정교회를 일으켜야 할 것을 지적했다.

김화식 목사는 수난 시절 기독교계에 큰 인물이었다. 그의 공로를 행방불명으로 더 알 수 없음은 유감스럽다. 아버지 김찬성 목사, 김화식 목사, 김성여 목사 3부자의 이야기는 수난과 해방 이후의 교회사에 귀감이 되었다.

그의 아들은 유명한 우리 가곡의 거장 작곡가 김동진이다. 그는 유엔군이 북한에서 1·4 후퇴 당시 월남하여 경희대학교 교수로 음악계의 지도자가 되었다. 김동진 선생은 "김화식 목사의 생애와 삶은 설교"란 글을 정성구 박사의 《한국교회 설교사》에 기록한 것이 너무너무 고마워서 어느 날 친히 찾아와서 "정 박사님! 한국에서 아무도 선친에 대한 것을 말하지 않는데 정 박사님이 선친에 대한 글을 써주셨습니다. 감사합니다. 나는 평생 작곡만 하고 살았으니 시를 한 수 써 주시면 작곡을 꼭 해드리겠습니다"라고 했다. 당시 그도 이미 늙어 베토벤처럼 귀가 들리지 않았으나 내가 쓴 〈요나처럼 순종 않고〉 가사에 맞춰 손수 작곡해 주었다. 아마 김동진 선생이 내게 써준 곡이 그의 마지막 곡이었을 것이다.

한국의 스펄전, 우리 민족에게 자유와 민주, 평화를 말씀으로 깨우치던 대설교가, 철저한 반공주의자, 이 땅에 기독교 정당의 원조! 김화식 목사가 그립습니다.

김동진은 김화식 목사의 5남매 중 맏아들로 1913년에 태어났다. 그는 신앙의 뿌리 깊은 가정에서 자라면서 신앙과 신학문의 자유로움을 동시에 물려받았다. 아버지가 목사였기 때문에 어려서부터 쉽게 서양음악을 접하고 배울 수 있었고, 숭실전문학교에 진학하여 공부하던 때 음악을 가르치던 말스베리(Dwight R. Malsbary)에게 바이올린, 피아노, 화성학, 작곡법을 배웠다. 〈봄이 오면〉, 〈당달구〉, 〈뱃노래〉, 〈가고파〉 등은 김동진 작곡가가 숭실전문학교 재학 중에 작곡한 곡들이다.

숭실전문학교 졸업 후 일본 고등음악학교에 진학해 바이올린을 전공하고 1938년 졸업했다. 1945년 우리나라가 일제에서 해방되던 해에 평양으로 돌아와서 평양음악대학 교수가 되었으나 기독교 집안이라는 이유로 그의 가족은 감금되었고, 그의 음악 〈가고파〉 역시 금지곡이 되고 말았다.

1950년 6·25 사변이 나자 김동진은 서울로 월남했다. 6·25 당시에도 육군 종군 작가 단원으로 활동하면서 군가 수십 곡을 작곡했고, 휴전 후에는 1952년 숙명여대 음악 강사, 1953년 서라벌 예대 음악과 교수, 경희대학교 음악대학 학장 등을 역임했다. 서라벌 예술대학 재직 중 국방부 정훈국 주최 음악회에서 〈조국 찬가〉를, 정부 수립 경축음악회에서는 〈승리의 길〉을 지휘했다. 또 영화음악을 작곡하기도 했는데 김동진 가곡 중에 〈진달래꽃〉, 〈못 잊어〉, 〈초혼〉, 〈저 구름 흘러가는 곳〉 등은 영화 주제가로 널리 쓰였다.

그는 1979년부터 '신창악 연구회'를 조직해서 활동했다. 그가 창안한 '신창악'의 완성이 거의 40년 걸렸고, 가곡 〈가고파〉는 1933년에 일부를 작곡하고 1973년에야 시 전체를 작곡했다.

김동진의 작품 성향을 보면, 서정적이고 낭만과 희망적 메시지가 담겨 있다. 또 고향을 그리는 그리움이 선율에 짙게 배어 있고, 이은상 시인의 글을 즐겨 사용했다. 현대음악, 조성 없는 무조 기피, 전통 화성학에 기초를 둔 민족주의 음악을 지향했다. 가곡에 자유시를 즐겨 쓰고, 형식에 구애받지 않고 작품은 조성 변화를 즐겼다. 그가 남긴 작품은 다음과 같다.

성악: 봄이 오면(1931), 발자국(1932), 당달구, 뱃노래, 가고파(1933), 파초(1934), 내 마음(1940), 수선화(1941), 신아리랑(1942), 부끄러움, 내 조국(1951), 명태(1954), 바다로 가자(1955), 진달래(1957), 저 구름 흘러가는 곳(1960), 목련화(1974), 한강(1998)

관현악곡: 만가(1942), 제례악(1943), 양산가(1943), 가야금 협주곡(1959)

교성곡: 조국 찬가(1955), 승리의 길(1958), 조국(1958), 문화 세계 창조(1998)

오페라: 심청전(1978), 춘향전(1993)

예장 통합 측 증경 총회장인 림인식 목사는 해방 뒤에 창동교회 전도사로 일했다. 그때 창동교회 담임목사는 채필근 목사였다. 림인식 목사의 회고에 따르면, 창동교회는 잘 알려진 분들이 많이 출석하고 재정적으로 여유가 있는 교회였다고 한다.

그때 창동교회에 이용운(李龍雲)이라는 소년이 출석했다. 당시 공산정권은 교회에 다니는 학생들을 몹시 괴롭혔다. 월요일이 되면 어제 교회에 간 놈들 나오라고 해서 벌을 주고, 결국은 퇴학을 시켰다.

이용운 소년도 어려움을 많이 겪었다. 6·25 전쟁 뒤에는 감옥에 갇혔고, 석방된 다음에는 산간오지로 추방당했다. 1997년에 이용운은 가족을 이끌고 탈북을 해서 남한으로 왔다. 백발이 성성한 노인이 되어 남한으로 온 직후에 이용운 씨는 평양에서 출석하던 교회의 전도사인 림인식 목사를 만났는데 림인식 목사의 첫마디는 "용운이 아니야?"였다고 했다.

"가장 성공한 새터민"으로 매스컴에 자주 소개되는 이애란 씨를 기억하는 분이 많을 것이다. 새터민 여성 박사 1호이고, 미국 국무부가 수여하는 '용기 있는 국제 여성상'을 받은 분인데 이애란 박사가 창동교회 출신 이용운 씨의 딸이다.

이용운 씨의 일가족이 탈북해서 중국에 왔는데 이용운 씨가 자녀들에게 "나는 사실 예수를 믿는 사람이란다" 하면서 주기도문을 외우고, 요한복음 3장 16절을 외우고, 찬송을 불렀다. 그때 이애란은 놀라서 "아니, 내가 지금까지 이런 반동 영감을 아버지라고 부르며 살아왔나?" 했다. 지금은 이애란 박사도 교회에 나가고 있다.

1·4 후퇴 때 부산으로 피난 온 창동교회 교인들은 1952년 4월, 부산 중구 신창동에 서북교회를 세웠다. 서북교회의 첫 담임목사는 창동교회를 담임했던 채필근 목사였고, 림인식 목사가 동사 목사로 사역했다. 서북교회는 그 뒤 중구 동광동으로 이전했고, 교회 이름을 동광교회로 바꿨다. 동광교회는 평양노회에 속해 있다.

김동길 교수는 "평양 장대현교회 담임목사였던 김동진의 부친 김화식 목사는 김일성을 비판한 죄로 순교자가 되었다. 김동진은 6·25 전쟁이 터진 후 겨울에 뒤늦게 월남했다고 빨갱이라고 온갖 모략을 당해 〈목련화〉의 고독한 작곡가는 말년에 베토벤처럼 귀가 안 들려 고생했다"고 얘기하면서 김동진은 회상하는 글을 남겼다.

해방이 되던 해 가을, 나는 시골의 한 초등학교 교사직을 사임하고 평양으로 돌아와 어려서부터 다니던 장대현교회 예배에 참석했다. 주일예배 시간에 돌연 일본 군복을 입은 젊은 사람이 나타나 성가대를 지휘했다. 평양 장대현교회는 서북 장로교회들의 등대로 채필근, 김관식을 비롯해 당대 저명한 목사들이 시무하던 교회였다. 당시 담임목사가 김화식 목사였고, 성가대를 지휘하던 청년 지휘자가 담임목사의 아들인 김동진이었다.
해방 직후라 손쉽게 구할 수 있는 옷은 일본 군복밖에 없었다. 김동진이 만주국에 신설된 신경교향악단의 바이올린 연주자로 있었다는 말도 그때 들었다. 그런 특이한 인연을 가진 우리 두 사람이 같은 하늘 아래 살면서도 만날 일이 전혀 없다가 명지재단이 '기영회'라는 지식인들의 클럽을 만들어 장안의 유명 인사들이 한 달에 한 번씩 한자리에 모여 점심을 같이할 기회가 있었다. 거기서 90세가 넘은 노인 음악가 김동진을 다시 만나게 되었다. 오랜 세월이 흘렀기 때문에 나도 노인이 되어 그런 자리에서 그를 다시 만난 것이었다.
김동진은 1913년 평안남도 안주에서 목사의 아들로 태어났다. 그가 서양음악을 접한 것은 아버지가 시무하던 교회의 풍금 소리였다. 그는 열 살 때부터 바이올린을 배웠고, 평양에 있는 숭실중학교에 입학한 후에는 피아노와 화성학도 익혀 작곡도 할 수 있는 상당한 수준의 음악학도가 되었다. 어려서부터 음악에 남다른 소질을 갖고 있던 그는 숭실학교 밴드부에 들어가 다른 악기들도 연주할 수 있는 소년 음악가가 되었다.

그래서 김동진은 중학생 시절에 김동환이 쓴 시 〈봄이 오면〉에 곡을 붙여 장차 작곡가가 될 꿈을 키우고 있었으며, 숭실중학교를 졸업하고 숭실전문학교에 들어가 2학년 때 이은상 작시의 〈가고파〉를 작곡했다. "내 고향 남쪽 바다. 그 파란 물 눈에 보이네"로 시작하는 〈가고파〉를 작곡했다. 〈가고파〉는 여러 해 뒤에야 완성되었으나 그 가곡은 한국인의 애창곡이라 해도 지나친 말이 아니다. 나도 그 노래를 좋아하기 때문에 한 번은 마산에 갈 일이 있어 그 파란 물을 바라보며 노래를 혼자 소리 높여 불러 본 적이 있었다.

숭실전문학교를 졸업한 김동진은 동경에 있는 일본 고등음악학교에 유학하여 바이올린을 전공했다. 1938년 일본 고등음악학교를 졸업한 그는 당장 일자리를 찾을 수 없어 만주국으로 갔고, 그곳에 새로 생긴 교향악단에서 바이올린 주자로 또는 작곡 담당으로 활동했다.

해방되고 그의 아버지 김화식 목사는 장대현교회 강단을 지키면서 김일성에 대한 비판을 서슴지 않았다. 나도 여러 번 들은 적이 있다. 그런 일이 되풀이되니 독재자의 부하들이 그를 가만두지 않았다. 그의 아버지는 구속되어 감방에 있었다. 그런 상황에서 그 아들이 감히 인민공화국을 배반하고 떠날 수 있었겠는가? 그러나 6·25 사변이 터지고 그 이상 버틸 수 없어서 김동진은 그해 겨울 혈혈단신 38선을 넘어 월남했다.

시인 김동명은 김동진의 소학교 시절 은사였다. 김동진이 만주에서 일하던 1938년 은사의 시 2편에 곡을 붙여 유명하게 만들었다. 하나는 〈수선화〉이고, 또 하나는 〈내 마음〉이었다. 〈수선화〉의 가사는 이렇다. "찬바람에 쓸쓸히 웃는 적막한 얼굴이여, 아아 내 사랑 수선화야, 나도 그대를 따라 저 눈길을 걸으리." 김동명의 〈내 마음〉은 오늘도 많은 한국인의 마음을 적신다. "내 마음은 호수요, 그대 노 저어오오, 나는 그대의 흰 그림자를 안고, 옥같이 그대의 뱃전에 부서지리다."

김동진은 그 겨울에 뒤늦게 월남했기 때문에 음악계에서 따돌림을 당한 것도 사실이다. 육군 정훈감실에서 〈6·25의 노래〉를 모집한 적이 있는데 김동진의 작품이 당선되었다. 그것이 오히려 화근이 되어, 그가 작곡한 군가는 이북의 군가와 비슷하다느니 소련 국가를 닮았다느니, 더 나아가 김동진은 빨갱이라느니 하는 온갖 중상모략을 참아야 했다. 가뜩이나 칼칼한 성격의 그가 사람을 멀리하는 버릇이 생긴 것도 이해할 만했다.

그는 공산 독재를 비판하다 옥사한 아버지의 아들인데 뜻밖에 시련이 그를 괴롭히고 또 괴롭혔다. 그러나 경희대 총장 조영식이 1963년 경희대 음악대에 자리를 마련하고 정교수로 그를 초빙했을 뿐 아니라 음대 학장 자리에 임명했다. 그는 정년퇴임할 때까지 그 학교에서 지독한 평안도 사투리를 구사하며 학생들을 가르쳤다. 학생들은 그를 따르고 존경했으나 그는 언제나 고독한 인간이었다. 경희대 창립 25주년에 조영식이 가사를 쓰고 김동진이 곡을 붙인 〈목련화〉는 엄정행이 그 아름다운 목소리로 부르고 또 불러 일종의 국민 가곡으로 승격했다.

그가 서울에 창립된 숭실대학교에 음악과를 만들면 자신이 교수로 일하겠다고 했으나 음악을 전문가처럼 좋아하던 강신명 목사가 학장이었을 때 비용이 너무 많이 든다고 해서 성취하지 못했다. 김동진은 못내 아쉬워했다.

그는 말년에 베토벤처럼 귀가 잘 들리지 않아 무척 고생했다. 7월의 어느 무더운 날, 그는 조용히 눈을 감고 아마도 〈가고파〉의 멜로디를 혼자 읊조리며 하늘나라로 올라갔을 것이다. 그의 나이 백 세가 가까웠다. 김일성의 횡포 때문에 순교하신 그의 아버지를 거기서 틀림없이 만났을 것이다. 인생이란 괴롭지만 아름다운 것이다.

## 12
## 주기철 목사(1897~1944)

주기철(朱基徹)이 태어나던 때는 한국 민족 역사에서 가장 처절한 역사의 시작이었다. 1895년 청일 전쟁에서 승리한 일제는 그 여세를 몰아 조선을 영구히 식민화하려고 명성황후를 그 침전에서 시해하는 을미사변(乙未事變)을 일으켰다. 불안에 떨던 고종 황제는 러시아 대사관으로 아관파천(俄館播遷)하여 1년여를 외국 공관에서 도피 생활하는 나약한 모습을 보였다.

기독교 박해의 역사는 한국교회에서도 예외 없이 같은 발자취를 남겼다. 일제 36년간 박해가 수없이 많았으나 1911년 '105인 사건', 1919년 3·1 독립운동, 1936년부터 1945년까지 신사참배 강요로 인한 박해가 대표적이다. 일제가 우리나라에 처음 신사를 들여온 것이 1918년이었다. 그 후 1925년 남산에 신사를 세우고 처음에는 참배를 자유에 맡겼으나 1930년대 만주 침략을 계기로 강요하기 시작했다.

1932년 장로교 제21회 총회에서 교회학교 학생들의 신사참배 참여 거부에 대하여 결의하고 당국에 교섭했으나 거절당했다. 1938년 신사참배 불참을 결정한 장로교 계통학교 18개 교가 문을 닫았고, 평양신학교도 폐교했다.

하나님은 의인 몇 사람으로 많은 사람에게 자비를 베푸시는 분이시다. 일제 말 신사참배 강요로 혈안이 된 일본 경찰들 앞에서 끝까지 의롭게 산 사람 중에 주기철 목사가 첫 자리에 있다 하겠다.

주기철은 1897년 11월 21일 경남 창원군 웅천읍(熊川邑)에서 주현성(朱絃聲) 장로의 7남매 중 넷째로 태어났다. 유년 때 교회에 다닌 주기철 목사는 누구보다 교회를 섬기면서 사랑했다. 그러던 1912년 주기철 목사가 다니던 학교에서 춘원 이광수를 알게 되었으며, 이광수는 후에 친일파로 분류되지만 이때까지는 나라를 위해서 노력하던 자로, 그가 방문해서 오산학교 학생 모집에 대해 설명했다. 주기철은 이 강연에서 큰 깨달음을 얻고 나라를 위해서 열심히 공부할 것을 다짐했다.

그리하여 그 지역 개통 소학교를 마치고 1913년 평북 정주 오산학교에 진학하여 1916년 졸업했다. 오산학교는 남강 이승훈 장로가 세운 학교로, 당시 민족의식을 고취하고 항일적 기상이 강했다. 주기철은 오산에서 훌륭한 선생들에게 민족의식을 배우고 항일사상을 깊이 새기게 되었는데 이것이 후에 신사참배를 반대하는 곧은 절개를 지니게 한 신앙적, 정신적 지주가 되었다.

오산학교를 마치고 남강의 민족산업을 통한 구국정신에 영향받아 서울의 연희전문학교 상과에 진학했다. 그러나 일 년 남짓 공부한 후 평소에 앓던 안질이 나빠져서 학업을 중단하고 고향 웅천에 내려가 고향 교회의 집사로 봉사했다.

주기철은 낙향하여 지병을 치료하면서 고향 교회에서 봉사하는 한편 교남학회라는 것을 조직하여 그 지방의 청년을 지도하고 교육하는 일에 힘썼다. 20세가 되던 1918년 김해 재산가의 딸 안갑수(安甲守)와 결혼하여 5남 1녀를 두었으나 후에 삼남과 딸을 잃어 아들 넷만 남았다.

이 무렵 한국교회의 위대한 부흥사 김익두 목사가 마산 문창교회에 와서 부흥회를 인도할 때 주기철이 성령의 은사를 받고 중생을 체험한 후 목사가 될 것을 결심하고 1922년 평양장로회신학교에 입학했다.

그가 재학 시절 의미 있는 일을 한 가지 했다. 그것은 당시 신학교에 미국의 남·북, 캐나다, 호주 장로교회 선교부가 각각 기숙사를 한 동씩 지어 자기들 선교 구역 학생들이 생활하도록 했다. 따라서 학생들이 지방별로 나뉘어 생활했다. 주기철은 이것이 신학교부터 지방색을 부추기는 원인이 된다고 판단하고 학교 당국에 건의하여 학생들이 고루 섞여 생활하도록 조치하였다. 따라서 그는 한국교회의 고질인 지방색 철폐에 노력했다.

주기철은 1926년 19회로 28세에 신학교를 졸업하고 부산 초량교회에서 목회를 시작했다. 그때는 사회주의, 공산주의자들의 준동(蠢動)이 거셌고, 교회 내에서는 반 선교사, 반 교권의 목소리가 높았다.

특히 일제가 서울 남산에 조선신궁을 세우고 본격적으로 천황을 정점으로 하는 군국 일제의 체제를 강화하기 시작하였다. 이는 앞으로 주기철 목사가 싸워야 하는 우상의 실체가 현실이 된 것이다.

부산 초량교회 전임 목사는 독립운동가로서 정치에 많은 관심을 기울였기에 교회가 정치적인 면에 치우쳐 있었다. 그는 전임자의 목회철학을 배제하고 '교회의 교회화' 또는 '신성화'에 주력했다. 그는 목회의 방향을 선교와 교회교육에 두고 교회 성장과 2세 교육에 심혈을 기울였다. 주기철 목사는 감소하던 신자의 수를 늘리고 경남노회장으로 당선될 만큼 인정을 받았다.

이때 주기철 목사는 경남성경학교에서 강의했는데 손양원이 그에게서 배웠다. 손양원은 주기철 목사에게서 강한 신앙적 영향을 받고 그의 스승과 함께 신사참배 반대 운동에 동참하였고, 해방 후 석방되어 여수 애양원에서 나병환자들을 위해 목회하다가 한국전쟁 중에 공산당에게 순교하여 선생의 뒤를 이어 순교자의 반열에 섰다.

초량교회에서 5년 반 목회가 진행되고 있을 때, 마산 문창교회에서 분란이 일어났다. 문창교회에서 어려운 교회에 와서 수습해 달라는 초청을 받고 서슴지 않고 초량교회를 떠나 문창교회로 가서 교회를 정비하고 엄격한 권징과 치리로 교회의 기강을 세워나갔다. 주기철 목사는 문창교회 역사를 편찬할 위원회를 구성하고 교회 역사를 편찬하도록 했다. 역사의식이 투철한 사람이 순교자가 된다.

주기철 목사는 이곳에서 아내 안갑수 사모의 급서와 아들 하나, 딸 하나를 잃는 고통을 겪었다. 34세의 젊은 나이에 어린 것들 넷을 혼자 돌보며 목회한다는 것은 불가능한 일이어서 평남 강서 출신으로 마산 의신여학교 교사인 오정모(吳貞模)와 재혼했다. 당시에 적지 않은 신사참배 반대 동지들이 처자들로 인하여 일제와 타협하고 신앙의 절개를 꺾고 신사에 절하는 일들이 있었다. 그러나 오정모는 주기철 목사가 순교의 길로 가는 데 강하게 협력했다고 여겨진다. 온갖 고문과 회유에도 주기철 목사가 뜻을 굽히지 않자 일제는 주기철 목사의 부인을 불러서 설득하라고 말했으나 부인은 절대 믿음을 버리지 말라며 하나님을 위해 끝까지 싸우라고 당부했다.

1935년 총회가 평양에서 모이고 있을 때 주기철 목사는 평양장로회신학교 사경회 강사로 초청받아 신학생들에게 말씀을 전했는데 이때 마지막 설교가 유명한 "일사각오"라는 설교였다. 목사는 목사가 될 때 한번 죽을 각오를 해야 했다. 첫째, 예수를 따라서 일사각오, 둘째, 타인을 위하여 일사각오, 셋째, 부활 진리를 위하여 일사각오였다. 신사참배를 강요하는 마귀세력 앞에 죽을 각오로 막아서야 한다는 자신의 심정을 토로했다. 자기희생을 통한 신앙실천을 강조하며 배일사상, 그리고 독립정신을 고취하였다.

마산에서 6년의 목회를 마칠 무렵, 평양의 산정현교회로부터 옛날 오산학교 은사인 조만식 장로 일행이 마산까지 내려와 청빙하자 이를 수락하고 평양으로 올라갔다. 이 길은 순교의 길이었다. 이때가 1936년, 일제가 한국교회에 신사참배를 집요하게 강요하기 시작한 때였다.

황국신민화 정책을 추진하던 총독부 경무국은 1938년 2월 이른바 '기독교에 대한 지도 대책'이라는 것을 수립했고, 학교와 학생뿐만 아니라 교회와 일반 기독교인들에게까지 신사참배를 강요했다.

일제의 압박이 가해지자 몇몇 기독교 목사들은 신사참배가 우상숭배가 아니라 그냥 국가의 의식이라면서 신사참배를 했고, 다른 사람들도 신사참배를 한다고 말했다. 그러나 그 외 기독교 목사들은 신사참배에 반대했고, 주기철 목사도 그중 한 사람이었다.

주기철 목사는 죽기를 각오하고 동료들을 권면하며, 교회에서는 성전 건축을 계획하고 1937년 "많이 준 자에게서 많이 취한다"라는 설교를 한 후 건축 헌금을 한 결과 4만 원이 되어 7만 원을 들여 새 성전을 건축했다. 1938년 2월 헌당예배 때 "예수를 버리고 사는 것은 죽는 것이요, 예수를 따라 죽은 것은 사는 것"이라는 내용의 설교를 문제 삼아 왜경에 의해 체포되어 다섯 달 동안 모진 고문을 당했다.

1938년 예배당을 헌당하기 직전에 평북노회가 전국 노회 중 처음으로 신사참배를 결의했다. 그리고 9월 장로교 제27회 총회에서 한국인 목사들이 신사참배를 국민의례로 가결했다. 당시 총회장 홍택기(洪澤麒) 목사가 부(不)는 묻지 않고 가(可)만 물어 고퇴를 치며 결정되었다고 할 때 함부만 선교사가 소리치고 일어섰다. "아니오, 아니오, 나는 하나님께 상소하오." 그러자 총회 장소를 점거하고 있던 일경은 함부만 선교사의 입을 틀어막고 회의장 밖으로 끌어냈다. 이미 주기철 목사를 비롯한 이기선, 김선두 목사 등 신사참배 적극 반대자는 체포되어 구금된 상태였다.

주기철 목사는 1938년 4월 신사참배 강요를 반대하다가 1차 검속으로 일경에 체포되었다. 이것이 주기철 목사의 고난의 시작이었다. 10년 형을 선고받았으나 6월에 풀려났다가 그해 9월 총회를 앞두고 '농우회 사건'으로 다시 1938년 8월 제2차 검속에 체포되었다가 1939년 1월 풀려났다. 그 후 다시 10월 중순, 노회를 앞두고 제3차 검속에 체포되었다가 풀려났다.

일제는 평양노회 임원들을 협박하여 1939년 12월 19일 조선예수교장로회 평양노회의 신사참배 결의에 따르지 않는다는 이유로 주기철 목사의 목사직을 박탈, 평양노회에서 제명했고, 가족들을 사택에서 추방하는 만행을 자행했다. 그리하여 주기철 목사가 1940년 3월 잠시 석방되었을 때 그에겐 갈 교회도, 집도 없었다. 결국, 평양 육노리 셋집에 자택 연금 상태로 지내다가 다시 체포되었던 것이다.

잠시 석방된 주기철 목사가 다시 교회 강단에 서게 되었을 때 주기철 목사는 신자들에게 "다섯 종목의 나의 기도"를 설교하면서 신사참배 반대 의지를 더욱더 굳건히 하였다.

일제는 주기철 목사에게 목사직을 사임하라고 강요했다. 일제는 주기철 목사가 목사직만 사면하면 신사참배를 강요하지 않겠다는 타협안을 내놓았다. 그러나 주기철 목사는 신앙의 절개를 꺾고 평안히 사는 길보다는 끝까지 싸우다 죽는 길을 택하였다. 이 결단은 그의 일생뿐 아니라 한국교회 역사상 중대한 고비가 되는 순간이었다.

1940년 일제는 주기철 목사에게 더 이상 설교하지 말라고 강요했다. 그러나 주기철 목사는 "나는 설교권을 하나님께 받았으니 하나님이 하지 말라 하면 그만둘 것이요. 내 설교권을 경찰에서 받은 것이 아니오. 경찰에서 하지 말라고 해서 안 할 수는 없소" 하였다. 이에 경찰이 "금지해도 설교하면 체포하겠소"라고 하자 주기철 목사는 "설교하는 것은 내 할 일이요, 체포하는 것은 경찰이 할 일이니, 나는 내 할 일을 하겠소" 하였다.

1940년 제4차 검속을 앞두고 산정현교회를 떠나기 전 한 설교에서 주기철 목사는 이렇게 외쳤다.

"나의 사랑하는 교우 여러분, 그리스도의 사람은 살아도 그리스도인답게 살고, 죽어도 그리스도인답게 죽어야 합니다. 죽음이 무서워 예수를 저버리지 맙시다. 풀의 꽃과 같이 시들어 떨어지는 목숨을 아끼다가 지옥에 떨어지면 그 아니 두렵습니까? 한번 죽어 영원한 천국 복락, 그 아니 즐겁습니까? 이 주기철 목사가 죽는다고 슬퍼하지 마십시오. 나는 결단코 하나님 외에 무릎 꿇고 절할 수 없습니다. 더럽게 사느니보다 차라리 죽어 없어져 주님 향한 정절을 깨끗이 지키려 합니다. 주님 따르는 죽음은 나의 간절한 소원입니다. 나에게는 '一死覺悟'만 있을 뿐입니다."

주기철 목사는 신사참배를 철저히 반대했기에 일제에 의해 요주의 사찰 인물로 낙인이 찍혀 수차의 옥고를 겪은 후 결국 1940년 9월 제4차 검속으로 신사참배 반대자들을 일시에 검거할 때 함께 체포되었다.

신사참배 거부자들에 대한 징벌보다는 격리에 목적이 있었던 일제 당국은 이후 재판과정을 최대한 늦추며 협박과 고문을 통한 회유에 몰두했다. 그 결과 적지 않은 신앙인들이 전향을 발표하고 풀려났으며, 마지막까지 전향을 거부한 신앙인 35명은 1942년 5월 평양 지방법원 예심에 넘겨졌다. 예심 때까지 살아남은 이들은 50여 명이었다. 그중에서 30여 명이 감옥에서 순교했다. 그러나 주기철 목사는 옥중에서 온갖 고문을 받으면서도 신앙의 절개를 굽히지 않았다.

오랜 세월 가혹한 옥중생활에 그의 눈과 폐와 심장이 허약해질 대로 약해졌다. 오정모 사모는 한 달이 멀다 하고 면회를 갔으나 1943년부터는 사식도 받아주지 않았고 죄수들의 식사가 말이 아니었다. 돼지 사료 같은 것으로 목숨을 이어가기가 어려웠다. 이때부터 죽어 갔다. 그들을 우리는 순교자라 한다. 그 무렵 순교자는 모두 영양실조로 목숨을 잃게 되었다. 마침내 일제는 주기철 목사를 죽일 것을 결정하고 음식을 끊었으므로 결국 1944년 4월 21일 저녁 건강악화와 굶주림으로 48세의 젊은 나이로 순교했다.

1944년 4월, 오정모 사모가 면회를 갔을 때의 일이다. 간신히 의무실에서 면회했다. 뼈만 앙상한 몰골이었다. 직감으로 얼마 못 견딘다는 것을 오정모 사모는 느꼈다. 그때 주기철 목사가 말했다. "난 더 견디지 못할 것 같소. 나는 주님이 맡기신 일을 감당하다 가지만 어머님께는 미안합니다. 어머님께 효도하지 못한 불효자식임을 생각하면 가슴이 아픕니다. 팔순이 넘은 노모를 두고 앞서가는 불효자식을 대신하여 당신이 어머님께 많이 위로하시고 봉양 잘 해주시오." 주 목사의 눈에 눈물이 맺혔다.

오정모 사모와의 마지막 면회 때에 주기철 목사는 유언을 남겼는데 "첫째로, 죽음의 권세를 이기게 하옵소서. 둘째로, 지루한 고난을 견디게 하여 주옵소서. 셋째로, 노모와 처자를 주님께 부탁드립니다. 넷째로, 의에 살고 의에 죽게 하옵소서. 다섯째로, 내 영혼을 주님께 부탁드립니다"였다. 그리고 "나는 하나님 앞에 가서 주님의 조선교회를 위하여 기도하겠소. 교회에 이 말을 전해주시오" 하였다. 죽는 순간까지도 신앙의 절개를 꺾은 교회와 지도자들을 걱정하는 순교자의 애틋한 심정이 깃들어 있었다.

4월 21일 새벽 노모가 꿈을 꾸었다. 주 목사가 흰옷을 입고 나타나 노모께 절을 하면서 "어머님, 저 왔습니다" 하더라는 것이었다. 오정모 사모는 이상한 예감이 들어 형무소로 갔다. 그날이 토요일이었다. 면회를 신청했으나 안 된다고 했다. 오정모 사모는 아는 간수를 만나 담대히 말했다. "우리 목사님, 별세하셨지요?" 그때 간수는 정색하면서 "어떻게 알았소" 하는 것이었다. 간수는 다시 말하기를, "놀랄 것 같아 말하지 않았는데 어쩌면 그렇게 담대할 수 있습니까?" 하고 존경스럽다는 듯 바라보았다.

온갖 모진 고문과 회유에도 끝까지 뜻을 굽히지 않은 주기철 목사는 진달래 필 무렵에 세상을 떠났다. 그의 아내 오정모 사모도 1947년 1월 27일 남편 주기철 목사의 뒤를 따라갔고, 큰아들 주영진 전도사도 아버지의 뒤를 이어 목회하다가 6·25 전쟁 때 공산당에게 31세 젊은 나이에 순교했다.

주기철 목사는 피로 물든 우리나라 기독교 수난기에 십자가만 바라보고 가장 아프게 살다가 간 한국교회의 사도였다. 한국교회 순교자의 길을 앞장서서 나아간 목사의 대표자였다. 예수를 목숨보다 더 사랑한 제자였다.

그는 많은 일을 하지 못했다. 교회를 개척하거나 대형 교회를 만들지도 못했다. 그는 신학박사도 아니요. 총회장도 맡은 적이 없었다. 그는 순교자로서 한국교회를 대표하는 순수 신앙의 뿌리를 남겨 놓았다. 한국교회 역사에서 주기철 목사를 높이 추앙하는 이유는 다름 아니라 오직 주님만을 사랑하고 예수를 위해서는 목숨도 아끼지 않은 새로운 신앙의 주인공이었기 때문이다. 어디를 가든지 주님만 섬기는 주기철 목사는 한국교회에서 가장 뚜렷한 역사의 흔적을 남겼다.

한국교회는 세계 기독교 역사에서 가장 많은 순교자를 냈다. 그 이유가 예수를 믿는 사람이 많아서가 아니라 예수를 믿는 사람들이 오직 하나님을 믿고 오직 예수를 사랑하는 순진한 믿음을 갖고 있었기 때문이다.

주기철 목사는 1963년 대한민국 정부로부터 공로를 인정받아 건국훈장 독립장을 받았고, 1968년 국립묘지에 묘지가 조성되었으며, 1983년 장로회신학대학교 교정에 기념비가 세워졌다.

2015년 12월 25일 성탄절 특집으로 KBS1 방송에서 밤 10시에 〈一死覺悟, 주기철〉 다큐멘터리를 방영했다. 그 다큐멘터리 프로그램에서 경남 창원시 진해구 흥천동에 있는 주기철 목사 기념관이 소개되었다. 2016년 3월 1일 삼일절 기념 특집방송으로 재방송되었으며, 추가로 해당 다큐멘터리가 2016년 3월 17일에 영화화되어 개봉했다.

주기철 목사가 순교의 길로 갈 수 있었던 그 신학과 신앙은 다음의 몇 가지를 생각할 수 있다.

첫째, 말씀(성경)과 기도의 신학이었다. 주기철 목사의 생애는 철저히 성경과 기도 중심의 신학과 신앙으로 일관되었다. 그의 생은 성경과 기도에서 시작되었고, 성경과 기도로 살았고, 성경과 기도로 끝맺었다. 성경 없이는 그의 생을 점검할 수 없을 정도로 성경 말씀은 주기철 목사 삶의 근본이 되었다. 성경 말씀에 철저하지 않았다면 그의 목회도, 순교도 있을 수 없었다.

주기철 목사의 말씀 신학은 주옥 같은 설교로 열매를 맺었다. 주기철 목사는 다음 주일 설교를 월요일 새벽기도를 통해 구상하고, 곧이어 설교자료들을 수집하여 묵상하면서 목요일에 설교원고를 작성했다. 이날은 일체 외출도 하지 않았고 교인들의 방문도 삼가도록 광고하고 온종일 설교원고만 작성했다. 만들어진 원고를 토요일 밤까지 계속 기도하면서 거의 암송하다시피 하여 주일 강단에 들고 올라가 힘을 다해 설교했다.

주기철 목사의 설교가 힘 있고 성도들의 마음을 움직일 수 있었던 것은 그의 열심 위에 기도가 뒷받침되었기 때문이었다. 그는 새벽기도회를 강조했고, 자신이 한 번도 새벽기도회에 빠지는 일 없이 기도회를 인도했다.

둘째, 교회 중심의 신학과 신앙이었다. 주기철 목사는 교회를 거룩한 하나님의 백성으로 간주했다. 그에게 교회는 언제나 성스럽고 거룩한 대상이었다. 따라서 교회 지도자인 목사는 항상 거룩하고 성스러워야 했다. 그는 늘 성결한 삶을 추구했고, 목회하던 교회에서 문제를 일으킨 교우들을 엄격하게 징계해서 교회의 질서를 지켜가려고 애썼다. 그의 신학은 철저히 교회 우선주의와 교회 일치 신학에 근거했으며, 갈라진 형제들에 대한 그리스도의 사랑과 희생의 정신에 바탕한 교회 제일주의였다.

목회자는 교회에 생명을 두고 있다. 그러므로 주기철 목사는 교회에서 설교할 것을 끝까지 주장했다. 목회자는 모든 문제를 교회 중심으로 해결해 가는 것이다. 이것이 목회자의 생명이다.

셋째, 절대 유일신 신학과 신앙이었다. 주기철 목사가 마지막까지 버리지 않은 신앙의 줄기는 유일신 사상이었다. 그는 십계명의 제 1, 2계명에서 규정한 "우상에게 절하지 말고 섬기지 말라"(출 20:5) 한 그 말씀을 생명처럼 지켰다. 추호도 타협이나 용납 없이 자신의 절대 유일신 사상을 행동으로 실행했다. 초량교회 시절 주기철 목사는 1929년 경남노회에 신사참배 반대안을 제출했다. 그는 당시 30대 초반의 젊은 목사로서 감히 대일본제국의 정책에 정면 도전장을 낸 것이었다.

주기철 목사가 일본 오사카에 갔을 때 "우리가 일본 사람들보다 발전한 것이 있다면 기독교일 것입니다. 우리는 사신 우상에 절하지 말고 하나님의 축복을 받읍시다"라고 역설했다. 동경 집회에서도 "동포 여러분, 하나님을 경외합시다. 선을 행하고 못사는 민족이 없고, 하나님을 배반하고 악을 행하고 흥왕한 나라는 없습니다. 사신 우상에 절하지 맙시다. 모든 우상을 버립시다"라고 외쳤다. 이러한 주기철 목사의 절대 유일신 사상은 한국교회에 큰 획을 그은 선각자와 순교자로 청사에 길이 남을 귀한 이름을 기록하게 한 원동력으로 작용하였다.

넷째, 고난의 신학과 신앙이었다. 주기철 목사는 고난의 역사 한복판에서 '고난을 겪는 주님의 종'으로 살아갔다. 길지 않은 생애에서 그는 아들을 잃고 외동딸을 잃었으며, 또한 젖먹이 어린 것을 남겨 놓고 34세 젊은 나이에 급서하는 아내의 모습을 지켜보았다. 교회에서 목회할 때는 자신과 가족들의 굶주림을 감내하면서 가진 것을 가난한 자들에게 나누어 주었고, 신앙의 절개를 지키다가 감옥에 투옥된 후에는 모진 고문을 겪었으며, 가족들이 고난받는 것을 그저 보고 있어야 했다.

주기철 목사의 본래 이름은 기복(基福)인데 오산학교 시절 그 이름을 기철(基徹)로 개명했다. 기철(基徹)이란 이름은 '기독교를 철저히 신앙한다'는 의미가 담긴 것이었다. 또 그의 아호 '소양'(蘇羊)도 야소(耶蘇: 예수)의 '소'자와 '양'(羊)이 합해진 것으로 '예수의 양'이라는 뜻이었다. 예수의 양으로 제사 제물이 된다는 뜻이었다. 주기철 목사의 순교신앙과 순교신학의 근간은 내세에 대한 확실한 신념에서 출발했다. 주기철 목사는 "아버지의 집은 내 집, 아버지의 나라는 나의 고향이로소이다. 더러운 땅을 밟던 내 발을 씻어서 나로 하늘나라 황금 길에 걷게 하시옵고, 죄악 세상에서 부대끼던 나를 깨끗하게 하사 영광의 전에 서게 하옵소서. 내 영혼을 주님께 부탁하나이다. 아멘"이라는 자신의 고백처럼, 참된 행복과 가치를 이 땅에서 찾지 않고 하늘나라에서 찾았다.

1934년 평양장로회신학교 사경회를 인도할 때 주기철 목사는 모든 목사 후보생들에게 고난의 십자가를 질 각오를 다시금 가다듬자고 역설했다. 그리고 "이 사람이 다른 것으로 우리 한국교회에 비칠 것은 없습니다. 죽고 또 죽어 주님 향한 정절을 지키려 합니다. 주님을 따라, 나의 주님을 따르는 죽음은 나의 기원입니다. 나에게는 일사각오가 있을 뿐입니다. 소나무는 죽기 전에 찍어야 시퍼렇고, 백합화는 시들기 전에 떨어져야 향기롭습니다. 이 몸도 시들기 전에 주님 제단에 드려지기를 바랄 뿐입니다"라고 고백했다. 주를 따르는 죽음은 주기철 목사의 삶의 목표였고, 그 목표는 삶의 결론이 되었다. 그는 고난의 신학을 하다가 고난의 길로 간 고난의 종이었다.

암울했던 일제 말엽, 그때는 산천도 초목도 숨죽였고, 내로라하는 사람들이 모두 스스로 혹은 강요로 친일, 부역하거나 아니면 시골로, 해외로 은신하거나 도피하던 시절이었다. 그러나 온몸으로 일제와 겨루어 싸웠던 민족교회의 선각자들로 인하여 우리 교회의 역사는 완전 몰락, 파멸의 화를 면할 수 있었다.

주기철 목사는 우리 민족과 교회가 어두운 시대의 터널을 지나고 있는 동안 한국기독교 소망의 빛으로, 우상 앞에 무릎 꿇고 고개 숙인 수많은 신앙의 변절자들을 짓누른 채 고개를 꼿꼿이 세우고 우뚝 선 신앙인의 표상으로 오늘도 우리 앞에 엄숙히 다가서 있다.

흔히 주기철 목사의 순교를 이야기할 때 '일사각오'(一死覺悟)라는 단어를 떠올리곤 했다. 불의한 세력 앞에 죽기를 각오하고 투쟁하는 순교적 영웅을 기리는 말이다. "한국교회의 후스", "교황 앞에 선 루터"로 불리는 주기철 목사에게 이런 영웅적 면이 없는 것은 아니었다. 그러나 그런 영웅적 묘사와 수식이 자칫 주기철 목사의 신앙을 훼손하는 오류를 낳는다.

예를 들어, 주기철을 소재로 한 영화에서 불타는 못 판 위를 걸어가는 장면이 나오는데 그런 장면을 보는 관객들은 "주기철 목사의 용기와 신앙이 참으로 대단하다"라고 감동하면서도 마음 한구석에 "저런 처지에 처한다면 나는 못할 거야. 순교는 특별한 사람만이 할 수 있는 거지"라고 자괴감을 느끼게 된다. 과연 그럴까?

주기철 목사가 농우회 사건으로 의성경찰서에 압송되어 혹독한 고문과 악형을 받고 잠시 풀려나 평양 산정현으로 돌아와 기다리고 있던 교인들에게 이런 말을 했다. "인간으로 십자가를 진다는 것은 불가능하다. 그러나 십자가를 지겠다는 생각만 하면 내가 십자가를 지는 것이 아니라 십자가가 나를 지고 간다. 그러면 골고다까지 이를 수 있다." 내가 하는 것이 아니라 십자가의 능력으로 할 수 있다는 말이다.

또, 주기철 목사의 막내아들 주광조 장로는 아버지가 마지막 검속을 당하는 모습을 증언했다. "일본 경찰이 아버님을 잡으러 왔을 때 아버님은 툇마루 기둥을 붙잡고 가지 않으려 하셨습니다. 그러자 어머님께서 아버님을 끌어안고 '목사님, 지금 문 밖에 교인들이 와 있습니다. 목사님은 개인이 아닙니다. 한국교회가 지켜보고 있습니다' 하면서 함께 우셨다. 그러자 아버님은 '그래, 가야 할 길이라면 가야지요' 하시곤 두 분이 손을 잡고 오랫동안 기도하신 후, 할머님께 하직 인사를 하시고 성경 찬송을 들고 문 밖으로 나가셨습니다."

예수님도 '겟세마네 기도'를 드린 후에야 십자가를 지고 나갈 수 있었다. 처음부터 순교를 위해 작정된 '영웅'은 없다. 주기철 목사는 우리와 하등 다른 것이 없는 연약한 육신의 소유자였다.

> "엘리야는 우리와 성정이 같은 사람이로되 그가 비가 오지 않기를 간절히 기도한즉 삼 년 육 개월 동안 땅에 비가 오지 아니하고 다시 기도하니 하늘이 비를 주고 땅이 열매를 맺었느니라"(약 5:17-18).

그도 고문이 무서웠고, 죽음이 두려웠다. 다만, 고문이나 죽음도

막을 수 없는 그리스도와 교회에 대한 사랑의 열정이 있었기에 배반이 아닌 순종의 길을 선택했다.

주기철 목사뿐 아니라 그와 함께 순교의 길을 간 모든 신앙인의 삶을 가능케 했던 원동력은 사랑이었다. 그 사랑이 우리에게 있는 한 우리도 그 길을 갈 수 있음은 물론이다.

"자기 십자가를 지고 나를 따르지 않는 자도 내게 합당하지 아니하니라 자기 목숨을 얻는 자는 잃을 것이요 나를 위하여 자기 목숨을 잃는 자는 얻으리라"(마 10:38-39).

주기철 목사께서 작사하신 시가 찬송가에 실려 있다.

"서쪽 하늘 붉은 노을"

1. 서쪽 하늘 붉은 노을 언덕 위에 비치누나
   연약하신 두 어깨에 십자가를 생각하니
   머리에 쓴 가시관과 몸에 걸친 붉은 옷에
   피 흘리며 걸어가신 영문 밖의 길이라네
2. 한 발자국 두 발자국 걸어가는 자국마다
   땀과 눈물 붉은 피가 가득하게 고였구나
   간악하다 유대인들 포악하다 로마 병정
   걸음마다 자국마다 갖은 곤욕 보셨도다
3. 눈물 없이 못 가는 길 피 없이는 못 가는 길
   영문 밖의 좁은 길이 골고다의 길이라네
   영생의 복 얻으려면 이 길만을 걸어야 해

배고파도 올라가고 죽더라도 올라가세
4. 아픈 다리 싸매주고 저는 다리 고쳐주고
보지 못한 눈을 열어 영생 길을 보여주니
온갖 고통 다하여도 제 십자가 바로 지고
골고다의 높은 고개 나도 가게 하옵소서

한국교회가 낳은 최초의 신학박사, 장로회신학교의 첫 한국인 교수인 순교자 남궁혁 박사는 순교자를 기리며 "끝까지 힘쓰자"(엡 4:13)라는 제목의 설교를 남겼다.

"주님은 30년간은 인류를 배워 지키시고, 3년간은 하나님 말씀을 전파하셨다. 그때 순종자는 많았으나 끝까지 순종한 자는 120명이었다. "모인 무리의 수가 약 백이십 명이나 되더라"(행 1:15). 평시에 주를 따른 자는 그 이적과 기사를 본 연고였다. 그러나 십자가의 고통이 찾아올 때 수종 들던 자들이 다 흩어졌다. 베드로도 가고, 요한까지도 물러갔다. 주님은 전 세계를 구원할 책임을 그 제자들에게 맡기려 할 때 다른 말씀을 하시지 않고 다만 "예루살렘을 떠나지 말라" 하시고, 또는 "아버지의 허락을 기다리라" 하셨다. 성령의 세례를 받지 않은 교회는 아무리 교회 건물이 장엄하고 음악의 설비가 야단스러워도 소용없다. 성령의 세례를 받아야만 참 교회가 된다. 예수의 원수는 미신자(未信者)보다 신자 중에 많은 것이다. 성경을 모르는 자보다 성경을 잘 아는 자 중에 있는 것이다. 예수 당시 성경학자이던 바리새인들이 예수를 십자가에 못 박아 죽인 것을 보라, 근대에서 신학자가 예수를 반대하지 않았는가? "보혜사 곧 아버지께서 내 이름으로 보내실 성령 그가 너희에게 모든 것을 가르치고 내가 너희에게 말한 모든 것을 생각나게 하리라"
(요 14:26)고 하셨다.

우리 기독교의 특색으로 성령의 세례받는 것은 우리 예수 교회에만 있는 복된 은총의 특권이다. 그러면 성령의 세례란 무엇인가? 원산 어떤 곳에 기도하는 여인이 있다고 했다. 그 여인은 성령을 받았노라고 돌아다니며 별소리 다 하면서 사람을 유혹했다. 그 여인은 공교롭게 사람을 만나면 사주(四柱)쟁이 노릇도 했다. 그런데 어리석은 사람들은 그런 것을 보고 성령 받은 자로 알아 미혹 받는다고 하니, 어찌 한심한 일이 아니랴! 이제 성령의 세례받는 일을 말한다. 성경에 성령은 불, 물, 바람, 비둘기, 기름 이런 여러 가지 말씀으로 기록되어 있다.

이 집회에 모이신 여러분, 성령의 세례를 받으면 세계라도 두려울 것이 없다. 이제 우리는 조선 사람 됨을 불행으로 생각하지 말자. 할 일 많은 곳이 조선이다. 그러므로 우리는 이 일을 감당하기 위하여 성령의 세례를 받아야 하겠다. 이제 성령의 세례를 받기 위해 기도하자. 예루살렘을 떠나지 말고 아버지의 허락하심을 기다리자. 주의 제자들은 10일간 떠나지 않고 기도했다. 우리도 이 자리에서 성령을 확실히 받은 증거가 있기까지 기도하자. 성령 받은 동기는 털끝만 한 죄라도 범하지 않고 성결한 생애에서 활약하는 그것이다.

성령을 받으려 할 때, 무슨 신비를 구하려고 하지 말 것이다. 이상한 신비를 구하려다가 탈선되는 자가 많아, 성경에 기록된 말씀 외에 무슨 다른 진리가 있겠는가? 성경에는 무엇이든지 다 기록되어 있다. 부족한 것이 조금도 없다. 자기 영광을 받으려고 성령을 구하지 말자. 세례 요한은 성령을 받았기에 목이 떨어지게 되었다. 사도 바울도 성령을 받았으므로 모든 고생, 모든 핍박, 모든 환란, 끝으로 죽음까지 당하게 된 것이다.

야고보도 성령을 받아서 목이 떨어지게 되었고, 베드로도 성령 받았으므로 시험을 당하고 죽음의 쓴잔을 마시게 되었다. 그러므로 우리도 성령 받으면 환란을 당하게 된다. 고통이 온다. 죽음이 온다. 그렇지만 성령을 받은 사람은 이 고난과 박해를 두려워하지 않고 복음을 전하기에 기쁨으로 나아가게 된다. 우리는 성령의 세례를 받아 사명을 감당할 것이다.

태평양전쟁이 일어나기 직전 일본의 종교정책에 협조하지 않았다는 이유로 강제 추방당해 본국에 머물고 있던 클라크(C.A. Clark, 곽안련) 선교사가 본국 교인들에게 편지형태 문서를 발표했다. 선교사 경력 40년 중 30년을 평양신학교 실천신학 교수로 보낸 그로서는 일제강점기 활동한 한국 장로교회 목사들이 대부분 제자였다. 그랬기에 한국교회와 목회자들에게 관심과 사랑이 깊었다.

그는 신사참배 문제로 고통받는 한국교회 상황을 알리고자 했다. 당시 미국으로 추방된 선교사들 가운데는 한국교회 목사들이 신사참배를 수용하고 일제에 협력하는 비겁한 모습을 보인 것을 비판하면서 "한국교회는 신앙을 배반했다"라고 말한 이들도 있었다. 그러나 클라크는 달랐다.

"한국교회가 처한 암울한 상황을 상상하기는 어렵지 않을 것입니다. 선교사 중에는 한국교회가 '배교했다' 말하는 분들이 있는데 그 근거는 일정 기간 투옥되었다가 풀려났거나 투옥될 것을 두려워한 나머지 상당수 목사와 교회 지도자들이 신사참배는 종교의식이 아니라는 정부 측 주장을 받아들여 신사참배를 했다는 것입니다.

모든 목사가 후스가 되지 못한 것은 안타까운 일입니다. 하지만 전체 교인의 반 이상이 믿음 생활한 지 10년도 안 되는 상황에서 지나친 것을 요구하는 것은 무리입니다. 후스 같은 인물들이 다수를 점하기까지는 시간이 더 필요합니다."

선교 역사가 50년을 갓 넘긴 한국교회에, 믿은 지 10년도 안 되는 한국 교인들에게 후스가 되라고 요구하는 것은 무리라는 것이다. 오히려 이처럼 짧은 선교역사를 지냈음에도 한국교회에 "후스 같은 인물"이 있다는 사실을 감동적으로 소개했다.

"그런데 후스 같은 인물들이 있습니다. 세계 모든 기독교인이 평양 언덕 위에 있는 평양에서 제일 큰 교회 중의 하나, 아름다운 벽돌 예배당의 주기철 목사라는 이름을 기억해야만 합니다. 그는 지난 5년간 거의 모든 시간을 감옥에서 보냈는데 수도 셀 수 없을 만큼 매를 맞았음에도 불구하고 교황 앞에 선 루터처럼 견고하여 흔들리지 않았습니다."

클라크는 평양 산정현교회의 주기철 목사를 중세 가톨릭 교회의 종교 폭력에 맞서 죽음으로 신앙 양심을 지킨 순교자 후스, 로마 교황 앞에 당당히 선 교회 개혁자 루터로 비유했다.

그러면서 클라크는 주기철 목사 말고도 신사참배를 거부하다 감옥에 들어가 있는 교인이 2백 명이나 된다는 사실을 지적하면서 당시 한국교회 전체 30만 명 교인 중에 투옥된 교인이 2백 명이나 되는 사실을 지적하면서 비율을 미국교회에 적용하면서 미국 교인 1억 2천만 중에 적어도 7만 명 이상이 "사당에 끌려가 우상 앞에 절하기보다는 죽음을 택하겠다"라는 각오로 투옥당해야 할 것인데 "과연 그것이 가능하겠는가?" 하고 질문하며 미국 교인들의 반성을 촉구했다.

주기철 목사를 비롯한 일제 말기 신사참배 거부운동자들을 한국 교회와 우리 민족의 자존심으로 부르는 이유가 여기 있다.

주기철 목사는 하나님께 바쳐진 '제물'이었다. 사도 바울이 고백한 것같이 제물이 되었다. 제물을 제단에 바쳐야 했다. 그곳에서 죽임을 당했다. 사도 바울은 사도로 부르심을 받을 때부터 제물이었다. 마지막에 순교로서 하나님 앞에 아름다운 제물이 되었다.

## 13
# 김동철 목사(1899~1950)

"죽도록 충성하라 그리하면 내가 생명의 관을 네게 주리라"(계 2:10).

김동철(金東哲, 野聲)은 1899년 함경북도 길주에서 출생했다. 그가 태어날 때는 계속되는 한발로 많은 이들이 조국에서 살 수가 없어 만주로 건너가 한인촌을 건설했다. 용정은 순전히 한국 유민이 이룩한 한인촌이었다. 그의 부모도 1906년 배고픔과 한발로 조국을 떠나던 이민행렬에 끼었다. 살기 힘든 고향을 등지고 북간도 용정에서 새 삶을 개척하기로 했던 것이다.

그의 부모가 정착한 용정 명동마을은 애국지사들이 많았고, 이곳의 신식교육기관인 명동학교는 애국지사 김약연(金躍淵)이 세웠으며, 민족, 애국 운동의 요람이었다. 이 학교는 학문에도 열심이었고, 잃은 조국을 찾으려면 힘을 길러야 한다며 군사교육을 했다. 1920년에는 학생 결사대가 독립자금을 모금하면서 조선은행을 급습해 15만 원을 탈취한 사건이 터지기도 했다. 이러한 사건은 오직 대한민국을 건국하고자 하는 열정에서 우러난 행동이라 할 수 있다.

명동학교는 일제의 억압 정치가 피를 마르게 하는데도 그 통치영역에서 독립되어 일장기 대신 태극기를 사용했고, 항일교육을 해서 독립의식이 없으면 입학을 허락하지 않았다.

그러나 일본이 청일전쟁을 승리하게 되자 일본의 행정지도에 따라 명동학교도 폐교되고 말았다. 그러나 이런 아픔을 안고도 계속해서 나라를 사랑하는 마음으로 투쟁 정신으로 이어나갔다. 더욱 희망적인 것은 이런 사상이 젊은 사람들에게서 나타났다는 것이다. 애국심만을 고취한 것이 아니라 강한 신앙심으로 교육했기 때문에 더욱 훌륭한 애국자이자 신앙인을 양육할 수 있었다.

이 학교에서 민족의식을 고취하고 신앙교육을 철저히 받은 김동철은 졸업 후 만주 영안(寧安)으로 가서 영안학교 교사로 사회에 첫발을 내딛었다. 교사로서 학생들을 가르치는 것만으로 가슴속의 열정을 펴내지 못했던 김동철은 어느 날 조용한 묵상 중에 이 민족의 진정한 소망은 그리스도를 통한 복음 전파에 있음을 확신했다.

"목사가 되자. 강단에서 복음을 전파하며 이 민족의 소망과 갈 길을 전하자. 민족을 위해 생명을 바칠 사람을 낚는 어부가 되자." 이것이 그의 도전정신이며 믿음이었다. 투쟁만으로는 일본을 이길 수 없으니 믿음으로 기도하면서 나아가는 청년들을 양육해야 한다는 것이었다. 이것이 김동철에게 영원한 투쟁으로 이어졌다.

1920년 서울로 간 김동철이 평양신학교로 가지 않고 협성신학교로 간 이유가 있었다. 용정 일대에서 감리교 교역자들이 목회하고 있었던 것이다. 그래서 일단 협성신학교에 입학했다. 당시 교수들은 모두 외국인 선교사들이었다. 김동철은 열심히 공부했다. 선교사들은 애국심보다는 신앙적으로 성장하기를 원했다. 그런 가운데서도 김동철은 신앙이 우선이며 나라를 사랑하는 투쟁정신을 이어나갔다.

1926년에 협성신학교를 졸업했다. 그는 서울에서 목회할 수도 있었으나 서울이나 조국 땅에 머물지 않고 그의 애정과 사랑이 영근 만주 땅 용정으로 돌아갔다. 그곳이 그가 소망을 이루고자 하는 곳이었다. 그 길이 너무 어렵고 고달프리라는 것을 잘 알고 있었다.

당시 용정교회는 이화춘 목사를 담임목사로 하여 이호빈 목사가 부담임으로 목회했고, 김동철이 대한예수교장로회 총회에서 목사 안수를 받고 목사가 되어 돌아오므로 용정교회는 활기를 찾았다. 그는 용정교회 소년 학관(少年 學館)의 사감 일을 보았다.

용정교회는 공부하는 청년 학도들의 뒷바라지를 위해 학관(學館)을 개설 운영했는데 남학생이 70명, 여학생이 20명, 도합 90명이었다. 김 목사는 이 학관의 사감이 되었다. 그러나 김 목사는 용정교회에 오래 머물지는 않았다. 그곳에서 수련 과정을 거친 후 신경시로 옮겨 신경 임선정교회를 개척해 열심을 다함으로 자립교회가 되고 교회를 세우기까지 크게 발전했다.

마음이 가난해지기를 소망했던 김 목사는 목단강에서 주로 빈민 선교를 하였다. 당시 목단강에는 국적 없는 한국인들이 걸인처럼 방랑하고 있었다. 김 목사는 그들을 예수의 사랑으로 감쌌다. "교회가 운영하는 소학교는 신앙교육과 체육활동이 매우 활발해 이곳 출신 유명인사들이 많았다. 학생 수가 5백 명에 이를 만큼 규모가 컸던 이 학교에서 수많은 기독교 지도자가 배출되었다."

한국기독교 순교자 유족회 진수철 목사는 "김동철 목사가 이 소학교 사감이자 목회자로 기초훈련을 철저히 받은 뒤 1935년부터 1945년까지 신경 시에서 임선정교회를 개척하고 이내 자립교회를 만든 것으로 나와 있다. 특히 신경에서 국적도 없이 헐벗고 굶주린 이웃들을 위한 빈민목회에 주력하면서 교회를 개척하여 이내 자립교회를 만들고 지 교회를 개척해 나간 것으로 안다"라고 설명했다. 김동철 목사의 사역은 목회자로서 한 점 부끄러움이 없는 일생이었다고 덧붙였다.

당시 신경에는 고향을 무작정 떠나 만주로 왔으나 한곳에 정착하지 못하고 이곳저곳을 떠도는 불쌍한 한국인들이 많았다. 구걸하다가 한족(漢族)에게 얻어맞기도 했고 병들어 고통받는 이들도 많았다. 이들에게 김동철 목사는 잠자리와 먹을 것을 제공하고 사랑을 베풀었다. 주변 목회자들은 이런 그를 "북간도의 사마리아인"이라고 불렀다. 따라서 김동철 목사가 시무하는 교회 안에는 항상 성도들이 차고 넘쳤다.

"네 이웃을 네 자신과 같이 사랑하라"(마 22:39).

"너희가 서로 사랑하면 이로써 모든 사람이 너희가 내 제자인 줄 알리라"(요 13:35).

1945년 8월 15일 해방을 맞아 서울에 올 때 그곳에 있던 한국인들이 김동철 목사를 따라왔다. 김동철 목사는 이곳 서울에서 갈 곳도 없고 의지할 사람도 없는 그들을 그냥 버려둘 수가 없었다. 그들에게 사랑의 손길이 필요함을 절감했다.

그들은 만주에서 해방된 조국을 찾아 무작정 왔으나 갈 곳이 없어 방황하고 있었다. 이들과 함께 거처할 숙소를 찾았다. 그러던 중에 김동철 목사의 친구였던 조선신학교 김재준 목사를 만난 것은 기도 응답이었다. 그에게 도움을 요청했다. "내가 일본 천리교도들이 버리고 간 적산가옥 30여 채를 관리하고 있는데 김동철 목사가 목회 하겠다면 한 채를 드리리다."

"아버지 하나님, 갈 곳 없이 방황하고 먹을 것 없어 굶주리는 당신의 어린 것들을 어떻게 하면 좋겠습니까? 저들의 안식처를 주옵소서." 서소문교회는 김동철 목사의 비원에 의해서 세워졌다. 1945년 해방을 맞아 김 목사가 만주 땅에서 서울로 귀국했을 때 많은 귀국 동포들은 안거할 거처가 없이 방황했다. 그들은 고국 땅을 밟았으나 다리 펴고 잠들 방도 없었고, 배불리 먹을 음식도 없었다. 김동철 목사는 그들이 너무도 불쌍해서 그들을 위해 목회를 시작한 것이었다.

이렇게 해서 1946년 설립된 것이 서소문교회였다. 처음 이름은 근처에 덕수궁이 있어 그 이름을 따서 대한문교회라 했으나 1년 만에 개칭했다. 서소문교회는 만주에서 돌아온 동포들의 은거지가 되었다. 중국에서 돌아온 이들은 교회에 모여 숙식하고 밤새워 조국의 통일을 위해 기도했다. 갈 곳이 없는 동포들에게 서소문교회는 안식처였다. 교회는 자리를 잡고 점점 성장을 거듭했다. 특히 김동철 목사의 낮고 고통받는 자들을 위한 헌신의 목회가 빛을 발했다.

어느 날, 서소문교회당 앞 행길에 스피커를 단 군대 지프차가 시청 쪽으로 느리게 움직이며 확성기를 통해 외쳤다. "국군장병 여러분, 오늘 새벽에 북한 공산군들이 38선을 넘어 침공했으므로 외출이나 휴가 나간 국군장병들은 즉시 부대에 복귀하십시오!" 그 소리를 듣고 놀란 사람들은 여기저기 모여서 심상치 않은 표정으로 웅성거렸다.

김동철 목사가 만주 신경 임선정교회 교인들과 함께 귀국하여 서울에서 만주 조선 동포를 위한 서소문교회를 창립한 지 5년째, 교인 100여 명이 모이는 교회였다. 그 교회당은 남대문과 덕수궁 중간에 있었다. 김동철 목사는 그날 평소대로 예배를 드리고 갑자기 일어난 비상시국이므로 다른 모임은 취소하고 교인들을 집으로 돌려보냈다.

장로와 집사들이 사택에 찾아와 라디오 방송 뉴스를 듣고 염려하는 말을 했다. 김동철 목사는 "여러분, 좀 지켜봅시다. 지금은 우리가 기도할 때입니다. 전쟁은 하나님께서 주관하시는데 우릴 지켜주십니다"라고 한 후 교회당에 들어가 강대상에 엎드려 오랫동안 기도했다.

밖에 나와 보니 남대문 지하도 옆 아스팔트 위로 흰 바지저고리 입은 농부들이 짐을 지거나 가끔은 황소를 몰고 가며, 하얀 치마저고리 입은 아낙네들이 짐 보따리 이고 아이들의 손목을 잡고 걸음을 재촉하는 것이었다. 이들에게 옆에 있는 어른들이 어디서 오느냐고 물으면 동두천에서, 덕정에서, 의정부에서, 송추에서 온다고 대답했다. 왜 소를 가지고 가느냐고 물으니 인민군들이 오면 소를 빼앗아 잡아먹기 때문이라고 했다.

1950년 6·25 전쟁이 발발하자 김동철 목사 부인도 피난민 광경을 보고 놀랐다. 그날 밤 목사 부인은 남편에게 신중하게 우리도 피난 가자고 말하니 김 목사는 한마디로 단호하게 거절했다.

26일 아침에 피난 행렬은 의정부, 수유리, 미아리에서 밀려오고 있었다. 사모는 김 목사에게 간곡히 말했다. "여보, 우리가 만주에서 서울로 나올 때도 목사님은 안 된다고 했으나 서울에 오고 보니 얼마나 잘했습니까? 만주에 그냥 살았으면 공산 치하에서 얼마나 고생하며 혼났겠어요. 양식을 빼앗아 가고 여인들에게 못된 행동도 하고 죽이기도 했는데 난 그때 너무 놀라 신경쇠약에 걸리고 잠 못 자는 병에 걸린 일 잘 아시지 않아요. 공산당은 교회를 제일 싫어하고 기독교를 아편이라고 험담하며 목사를 제일 먼저 숙청합니다. 당신이 일본 헌병에게 끌려가 한 달 감옥살이하고 성경책과 설교 노트 빼앗긴 것보다 공산당은 잔인하고 무섭습니다. 난 공산당이 무섭고 싫어요. 이제 창국이도 군대 끌려갈 나이도 되고 창권, 창열이는 갓 대학생 된 1학년이잖아요. 아이들을 위해서라도 남한의 자유 민주주의 진영에 가야 합니다." 사모는 흐느껴 울면서 김 목사에게 졸라댔다.

사모의 간청에 김 목사는 "그러면 당신이 아이들 데리고 피난 갔다가 며칠 후 전쟁 끝나면 돌아오시오" 하였다. 사모는 한숨을 길게 쉬면서 옷가지를 챙기며 아이들이 들고 나갈 짐보따리와 미숫가루를 만들었다.

아들 여섯을 데리고 나가려 하는데 갑자기 둘째가 "아버지 혼자만 어떻게 집에다 두고 갈 수 있느냐?"라고 하면서 자기가 아버지를 모시고 있을 테니까 형이 어머니를 모시고 동생을 데리고 가라고 했다. 뜻밖에 이산가족이 되었다. 아들들은 아버지의 기도를 받고 어두움을 헤치며 한강 쪽으로 걸어갔다. 그 넓은 길이 피난민 행렬로 꽉 찼고 시끄러웠다.

삼각지 로타리에 도착했을 때 하늘에서 불빛이 대낮처럼 밝아지면서 쾅쾅 하는 폭탄 소리가 나자마자 사람들의 비명이 삼각지까지 들렸다. 한강 다리가 끊긴 것이다. 가족은 다시 집으로 돌아갈 수밖에 없었다.

1950년 6·25의 포화가 한반도를 뒤흔들었다. 모두 피난을 떠났으나 김동철 목사는 이를 거절했다. 목자는 양을 위해 목숨을 버릴 수 있어야 한다는 것이 그의 신념이었다.

8월 23일 새벽 6시경 20세 정도 되는 청년이 김동철 목사를 찾아왔다. 김동철 목사가 안 계신다고 하니 돌아가는 듯했다. 마포에 가서 감자를 떼다가 남대문시장에 가서 팔아 남는 것으로 생계를 유지하였기에, 한 시간 후쯤 김동철 목사가 서대문 전차 종점에 가서 감자 자루를 받아 빠른 걸음으로 집에 도착하여 감자 자루를 내려놓고 기도하고 있을 때에 판자 문을 열고 그 청년이 다시 들이닥쳤다. 김동철 목사를 기다리며 숨어 있던 청년이 김동철 목사에게 누런 편지 봉투를 건넸다. 김동철 목사는 편지를 읽고 난 후 호주머니 속의 회중시계를 꺼내 보더니 회의가 있어 갔다 온다고 말했다.

8월 23일, 김동철 목사는 자신을 체포하러 온 인민군 정치보위부 요원에게 순순히 끌려갔다. 서대문형무소로 끌려가던 새벽에 그는 설교에서 다음과 같이 외쳤다.

"사랑하는 교우 여러분, 우리는 남다른 생의 경험을 했습니다. 일제 치하에서 갖은 고통을 겪었습니다. 일본 헌병들에게 착취당했고, 공산 비적들에게 물건을 빼앗겨 가면서 살았고, 중국 본토인들에게도 갖은 천대를 받았습니다. 공산당은 서울을 점령하고 민족해방군임을 선전합니다. 6·25 전쟁 전 미군은 자기들이 세계의 경찰이 되겠다고 큰소리쳤습니다. 그러나 우리는 아무도 믿을 곳이 없습니다. 고통과 역경에서, 수난과 죽음에서 우리를 살리신 이는 오직 주님뿐이십니다. 공산당도 신뢰하지 맙시다. 미군을 천사라고 하지 맙시다. 주님만 의지하고 삽시다."

김동철 목사는 주님께 받은 사명을 이루기 위해 자기 생명만 아니라 아내와 아들을 주님께 맡기고 떠났다. 인간적으로는 어리석고 요즘엔 바보로 취급받겠으나 그에겐 예수께 받은 사명 곧 교회를 지키는 것과 교인 사랑이 우선인 순교신앙이 있었다. 예수와 진리를 위해 모두를 바친 목사였다. 말로만 하는 가르침이 아니라 생활로 실천했다. 서소문 교회의 설립 목사가 순교자였다는 것은 축복이요, 은혜였다.

외세나 환경에 전혀 동요할 줄 몰랐던 김동철 목사는 오직 주님의 십자가만을 붙잡고 소외되고 헐벗고 굶주린 이웃의 벗이 되기를 기도하다가 공산당에게 끌려가 하나님 나라로 이적해 갔다. 이러한 목사가 서울에 많이 있었다. 그러다가 공산군에게 잡혀서 납북되었고, 순교하였다. 이러한 순교자가 오늘 한국교회의 터가 되었다. 순교자들의 피는 모든 성도가 모이는 교회의 씨앗이 되었다. 새로운 신앙의 길을 보여주었다. 예수의 십자가를 바라보는 순교자들의 신앙이 오늘 한국 땅에 스며 있다. 어디를 가나 순교자들의 피로 인한 교회들이 우뚝 세워져 있다.

김동철 목사, 그의 아호인 야성(野聲)처럼 오늘 우리 주위에도 더 낮은 곳을 찾아 광야에서 외치는 목회자들이 더 많이 배출되길 바라는 마음 간절하다.

서울 중구 서소문동 75번지 빌딩이 가득한 도심 중앙에 나지막하게 자리 잡은 서소문교회에 들어서면 입구에 세워진 고 김동철 목사의 순교비 글귀가 눈에 들어온다. 지난 1996년 교회 창립 50주년을 맞은 서소문교회는 교회 50년사를 발간하는 한편, 1946년 이 교회를 설립한 야성 김동철 목사를 기념하는 순교비를 교회 앞마당에 세웠다.

오늘 우리에게는 순교자의 한 사람으로만 기억되는 김동철 목사, 그러나 그가 설립하고 키운 서소문교회는 많은 목회자와 믿음의 일꾼들을 키워내는 산실이 되었다. 그로부터 시작된 신앙의 초석이 수많은 곳에서 풍성한 열매를 맺었다. 김동철 목사의 순교 정신은 2대 목사인 서금찬 목사에게 이어져, 그는 강단에서 늘 예수 제일주의를 설교했다. 그 후 김호일 목사가 서소문교회에서 목회했다. 그의 설교는 직선적이었다. 그래서 믿음을 강조하며 새로운 신앙으로 살아가야 한다고 역설했다. 미국 뉴욕 퀸스한인교회 한진관 목사, 전 배재학교 김학찬 교장, 신간 목회 개척자 주수원 목사, 고아들의 아버지라는 만혜원, 이만규 원장, 두밀리 자연학교 채규철 교장, 인권운동가 홍성우 변호사, 여성 지도자 백옥숙 권사, 범아엔지니어링 안철호 회장 등도 서소문교회 출신들이다.

강남으로 이전했더라면 훨씬 큰 교회를 이룩할 수 있었겠으나 일부 교우들의 반대를 무릅쓰고 서울 시내 중심가의 금싸라기 땅을 견지하고 있는 서소문 교우들은 서소문교회의 역사적, 상징적 의미를 결코 잊지 말아야 했다. 오늘은 서울을 건져내고, 내일은 대한민국을 살리며, 모레는 세계에 영향을 끼치는 교회가 되길 기원한다.

2020년 11월 29일, 서소문교회에서는 김동철 목사 순교 70주년 기념 예배를 드렸다. 이날 순교 70주년 기념 예배는 이경욱 목사(담임)의 인도로 조덕천 장로가 기도하고, 총회 순교자기념선교회 회장인 임은빈 목사의 "영적 예배"라는 제하의 설교와 김호일 목사의 축도 등으로 진행되었다.

임은빈 목사(총회 순교자 기념선교회 회장)는 로마서 12장 1~2절을 본문으로 "영적 예배"라는 설교를 했다. "영적 예배라는 것은 몸을 드리라는 것이다. 원래 몸은 주님의 핏값으로 사신 주님의 것이요, 부활의 주님이 우리 안에 오셔서 주인이 되셨기에 이미 주님의 것이다. 그러나 예수 믿고 신앙생활을 한다고 하면서 내가 주인이 되어서 주인 노릇 하며 산다"라고 경계했다. 그리고 "스스로 노력으로는 안 된다. 성령님이 나를 만들어 가셨다. 정확히 하나님의 뜻을 깨달아야 한다. 왜 순교의 피를 흘리셨는가? 여러분 모두를 향한 주님의 뜻을 깨닫기 위해 피를 쏟았다. 그 역사가 우리 모두에게 임해야 한다"라고 마무리했다.

축도는 김호일 목사가 했는데 거동이 불편해서 부축을 받아 강단에 올라섰고, 강대상에 나올 때도 그러했으며, 손을 들고 축도할 때는 뒤에서 김호일 목사를 부축해야만 했다. 진정 순교자 김동철 목사를 존경하고 사랑하는 후배 목사 김호일의 축도였다. 그는 서소문교회에서 오랜 목회를 했으며 원로로 추대받았다.

2020년은 6·25 전쟁 70주년 되는 해였다. 그때 많은 목사가 순교의 피를 흘렸다. 스데반과 주님의 제자들처럼 "주 예수여, 내 영혼을 받으소서" 하면서 천국에 가셨다. 이 시간 천국에서 예배를 지켜보며 흡족해하는 그분들의 모습을 믿음의 눈을 들어 바라보는 축복의 시간이 되기를 바랐다. 우리는 모두 순교신앙으로 무장해야만 했다.

예배참석자들은 공산주의에 굴하지 않고 목숨을 바쳐 교회를 지킨 김동철 목사의 순교 정신이 위기 속 한국교회 회복의 씨앗이 될 것이라고 확신했다.

특히 예배에는 미국에 거주 중인 김동철 목사의 아들 김창길 목사가 참가해 아버지의 순교 정신을 회고하며 한국교회가 순교 정신을 다시금 회복하기를 당부했다. 김창길 목사는 "아무리 세대가 변해도 순교신앙은 기독교의 주체성을 확립시켜 준다"라고 하며, "순교신앙은 신앙생활을 활발히 움직이게 하고 교회의 자존감을 높여주며 어두운 세상을 향해 진리의 빛을 비추는 힘이 된다"라고 강조했다.

김창길 목사가 이렇게 주장하는 것은 자기 아버지가 순교자라고 자랑하기 위해서가 결코 아니었다. 한국교회의 신앙 주체가 바로 예수 그리스도의 십자가를 향하여 가는 신앙이어야 한다고 주장한 것이었다. 이러한 신앙이 한국교회에 스며들어 있었다. 그런데 그것을 망각하고 오늘을 살아가고 있다고 일침을 놓은 것이었다.

순교란 복음 때문에 박해받아 목숨까지 잃는다. 순교는 신앙을 위협하는 자에 의하여 신앙의 순결을 지키기 위하여 원치 않는 죽임을 당하는 경우를 말했다. 이러한 위협적인 존재는 통치자로 있는 이방인이 될 수도 있고, 신앙인들이 이방인 통치자의 지배를 받는 상황에서 나타났다.

그러나 이방 통치자의 지배를 받는다고 모두가 순교를 당하지는 않는다. 이방 통치자가 자기가 통치하는 백성들의 다른 신앙을 인정하고 관용을 베푼다면 순교의 사건은 일어나지 않는다. 그러나 통치자가 자기의 백성들이 그들의 신앙을 포기하기를 요구하는데도 불구하고 신앙 포기를 거부할 때 지배자와 신앙인들 간에 갈등이 나타나며 마침내 지배자의 권력을 사용하여 신앙인을 박해하는 가운데 순교자가 나게 된다.

한국교회는 많은 순교자를 냈다. 순교자들은 평상시 목회하면서도 그 순교적 삶을 살았다. 모든 삶이 양 떼를 위한 희생의 삶이었고, 자기의 생명을 오직 예수의 복음을 위해서 바치겠다는 삶의 기준을 지켰다. 오늘도 목회하는 목사들이 이러한 신앙으로 살아갈 것을 다짐해야 했다.

기독교는 처음부터 순교자들의 희생으로 그 역사가 시작되었다. 스데반이 그 처음이고, 베드로, 바울, 그리고 제자들이 대부분 순교하였다. 초대교회의 역사는 1916년 11월 15일 폴란드 작가 헨리크 시엔키에비치(Henryk Sienkiewicz)가 발표한 〈쿼바디스 도미네〉(Quo Vadis Domine)에서 보인 것처럼 순교와 헌신의 기록들이다. 로마제국의 기독교 공인이라는 엄청난 변화가 생기기 전까지 교회는 실로 죽음과 눈물의 험한 길을 오래 더듬어 왔다.

그래서 순교와 고난은 기독교를 이해하는 데 반드시 필요했다. 그것 없이 기독교는 허구일 것이고, 그런 것이 바로 다른 종교에서 찾아볼 수 없는 실체가 되었다. 십자가가 있으므로 기독교는 서 있는 것이었다. 그런 고난의 신비가 없이는 기독교를 설명할 수 없었다. 따라서 그런 고난과 대속, 그리고 희생이 신앙의 어떤 중추적 기조가 되어 있는 것이 기독교요, 그 복음이다. 사실 고난의 문제와 그 해결이 없는 어떤 종교나 철학도 진실하지 않다.

그런데 고난이라는 것은 인과응보가 분명하면 고난이라 할 수 없다. 말하자면 책임질 만한 일 때문에 고통을 겪는다면 이를 고난으로 볼 수 없다. 한 사람이 뭔가 잘못해서 고생한다면 그런 것을 두고 고난이라 하지 않는다. 그래서 기독교를 핍박하는 자들은 항상 다른 이유를 들어서 기독교인을 범죄인으로 몰아 그럴 만한 고난을 겪는 것으로 위장했다.

고난이 고귀함을 띠는 것은 그런 인과응보의 현상으로서가 아니라, 자기와는 관계가 없는 그런 진리를 위해 목숨을 바치기 때문이었다. 곧 우리가 주님과 그 복음과 신앙 진리를 위해 몸 바친다면 거기 우리가 기념할 만한 진리가 있는 것이다.

그렇다면 기독교에서 순교란 무엇인가? 순교는 한편에서는 신앙인들이 우리 주님의 그 십자가 대속의 사랑을 보고 감격해 죽음까지도 피하지 아니하는 신앙의 모습이요, 다른 한편에서는 죽음의 위협에서도 그 십자가 신앙을 고백하고 증거하여 그 진실에서 한 걸음도 물러서지 않는다는 표현이었다.

마가복음은 예수의 수난사에 그 초점이 있다. 그것은 그의 수난 자체를 하나님을 증언하는 행위로 보았기 때문이다. 물론 이 수난사는 그의 죽음인 십자가에서 그 절정에 도달했다. 그러나 죽음 자체도 수난이라는 큰 틀 속에서 이해했다. 그 같은 구체적인 표현으로 '그리스도 고난의 증인', 즉 "너희 중 장로들에게 권하노니 나는 함께 장로 된 자요 그리스도의 고난의 증인이요 나타날 영광에 참여할 자니라"(벧전 5:1)라고 했다.

그리스도의 고난의 증인이라는 것도 그의 수난에 참여하는 증거자임을 뜻한다. 그러나 신약성경에서는 고행지의(苦行之義)에서 보는 것처럼 '수난 자체'에 의미를 두는 일은 없다. 그것은 그리스도의 부활에 참여하기 위한 고난이요, 엄밀한 의미에서는 그의 복음을 전하기 위해서 당하는 고난인 것이다(골 1:24).

초대교회 순교자 폴리캅의 말에 그 일부가 들어 있다. 곧 "주님, 나를 위해 돌아가셨는데 내 어찌 주님을 모른다 하리이까. 주님, 내 일생에 한 번도 나를 모른다고 하지 않으셨는데 내 어찌 주님을 모른다 하리이까."

부친 김동철 목사가 끌려가는 과정을 목격했던 5남 김창길 목사(뉴저지 한인교회)는 아버지를 회고했다. 팬데믹 상황에서 영상으로 찍어 보내도 모두 이해할 텐데, 김창길 목사에게는 서소문교회 담임목사로부터 김동철 목사 순교자 기념 예배를 드린다는 소식을 듣고 달려와 전하고 싶은 메시지가 있었던 것이다.

서소문교회 주일학교와 중고등부 친구를 만난 김창길 목사는 반갑게 인사했다. 그리고 "내가 달려갈 길과 주 예수께 받은 사명 곧 하나님의 은혜의 복음을 증언하는 일을 마치려 함에는 나의 생명조차 조금도 귀한 것으로 여기지 아니하노라"(행 20:24)라는 말씀으로 발언을 시작했다.

1950년 한국전쟁 때 김창길 목사는 열 살이었다. 서울의 많은 목사들이 그랬던 것처럼 김동철 목사도 가족과 함께 피난을 갔으면 안전했을 것이다. 그러나 서소문교회는 예배를 계속 드렸다. 그러자 목사가 피난 간 교회 성도들이 와서 예배를 함께 드렸다. 더 많은 교인이 모였다. 그들은 전쟁을 피하지 못하고 남은 교인들이었다. 그들은 새로운 신앙의 결단을 했었다. 그 자리에서의 예배는 순교자들의 예배였다. 위로 하나님을 바라보며, 옆으로 예수의 십자가를 느끼며, 미래에 성령의 불을 받으며 영원한 세계 즉 천국만을 바라보며 예배를 드렸다.

김창길 목사는 "아버지는 주님을 바라보며 교회를 위해 교인들을 위해 피난을 떠나지 않았다"라고 했다. 결국, 그 결정은 납치와 순교로 이어졌다.

전쟁이 일어나고 두 달이 지난 8월 23일, 김동철 목사는 집에서 아들 김창길이 보는 가운데 한 청년과 같이 나간 후 다시 돌아오지 않았다. 서울에 온 내무서원은 닥치는 대로 남한의 사회 지도자를 밤 10시 이후 미아리고개나 영천고개를 넘어 북으로 끌고 갔다.

김창길 목사는 당시를 회상했다. "아버님을 찾아온 사람이 목사님들을 중심으로 구국기도회를 결성하려 한다고 하며 유명 목사님들의 이름을 불렀어요. 한참 동안 생각을 하시다가 따라나가셨는데 그것이 마지막으로 아버님을 뵌 것이었어요." 아버지가 돌아오기 전 집에 찾아온 청년에게 한 시간 뒤에 아버지가 돌아오신다고 말한 김창길 소년은 이후, 자신 때문에 아버지가 납치되었다는 죄책감으로 살았다.

"그때 나는 열 살 서소문교회당 담 옆에 있는 태평초등학교에 다니는 소년이었다. 아버지는 쉰한 살 목사로 서소문교회를 담임하셨다. 우리 가정에 두 기둥이셨던 아버지와 외삼촌이신 신당동중앙교회에 시무하시던 안길선 목사가 같은 날 내무서원에 의해 잡혀가셨다. 하루아침에 아버지를 잃은 여섯 형제와 목사를 잃어버린 백여 명의 성도들은 방황하며 만나고 싶고, 보고 싶어 한없이 찾아 헤매었다. 무엇을 해야 할지, 어떻게 살아야 할지 앞날이 캄캄했다."

김동철 목사의 최후가 처음엔 전혀 알려지지 않았다. 가족들은 행방불명된 김동철 목사를 찾기 위해 애를 썼으나 허사였다. 순교의 과정이 알려진 것은 훗날 〈동아일보〉에 연재된 "아오지(阿吾地)의 한(限)"이란 연재 실화 내용 중 '납북인사, 월북자들의 최후'라는 지면에 김동철 목사의 이름이 기록된 것을 통해서였다. 이 글을 쓴 재미교포 오기완 씨는 북한에 들어가 취재했다.

"1950년 7월 초부터 8월 말까지 국회의원 김장열, 김의환, 유지수, 김용현, 최병주, 허영호, 정인식, 심영훈, 최석홍, 조옥현, 김우식, 구중회, 김약수, 노일환, 이문원, 김옥주 등 수십 명이 끌려갔고, 반동 문화인으로 김기림, 유자후, 방한준, 이백수, 김억, 이명우, 김형원, 김동환, 역사학자 정인보, 윤기섭, 고원훈, 최린, 김상윤, 백관수, 판사 김홍순, 변호사 김동진, 사법관 이수여, 저명 종교인으로 알려졌던 인사들만으로도 구자옥, 남궁혁, 오택관, 박현명, 한치명, 송창근, 방후, 김동철, 김규복, 유한주, 박상선, 장덕로, 이건, 송태연, 김유연 등 백여 명에 달하였다.…60여 명의 저명 종교계 납북자들은 1950년 12월쯤 압록강 연안 만포까지 가서 헐어빠진 농가에 수용됐다. 북괴가 이들을 그런대로 대우한 것은 기독교도 연맹에 가입시켜 그들도 종교의 자유가 있는 것으로 가장하기 위한 것이었다. 그러나 북괴의 책동에 목사들이 협조하지 않자 식량과 땔감을 주지 않는 등 고통 속에서 지내게 했다. 이 무렵 발진 티푸스란 전염병이 돌아 김동철, 주재명 목사 등 5, 6명이 목숨을 잃었다."

북한 공산당이 남침하여 먼저 남한 질서를 파괴하기 위해 대한민국의 지식층을 잡아 감옥에 가두거나 죽인 것은 그 지도력을 빼앗아 백성들이 공산주의를 쉽게 따라가게 하기 위해서였다.

아버지가 납치된 뒤 고학하며 생활한 김창길 목사는 아버지를 원망하기도 했으나 목사가 되고 철이 들면서 아버지가 어떤 분인지를 다시 생각하고 느끼게 되었다. 그 메시지를 아버지가 설립한 서소문교회 성도들에게 남겼는데, 그것은 바로 순교자적인 예수 제일주의 신앙, 자유민주주의 중심의 신앙, 그리고 빛과 소금으로 사회에 대해 책임지는 신앙을 가진 서소문교회가 되라는 부탁이었다.

김창길 목사는 "당시에는 그 진정한 의미를 모르고 지나갔으나 목회하며 순교자의 삶이 아니면 예수 제일주의로 살 수 없다는 것을 알았다. 아버지가 공산당에게 끌려가면서도 지키려는 것이 무엇인가? 그것이 바로 예수 제일주의로 느껴졌다"라고 했다.

그리고 김창길 목사는 서소문교회가 공산주의가 싫어서 자유민주주의 곳으로 피난 온 사람들에 의해 세워진 교회라고 강조했다. 김동철 목사는 만주에서 공산당이 피난해서 와 서소문교회를 설립했으며, 2대 목사인 서금찬 목사도 북한이 공산화되어 월남한 분이었다.

김창길 목사는 "공산주의에는 하나님이 없다. 가장 먼저 죽이는 대상이 예수 믿는 사람이고 목사였다. 시대와 상황은 변했으나 잊지 말 것은 서소문교회는 공산당이 힘들어서 피난해 모인 교회라는 것이다. 서소문교회는 순교신앙과 자유 민주주의 편에 서서 신앙을 이어가라"고 부탁했다.

마지막으로 김창길 목사는 "서소문교회는 서울 시내에 가장 중심에 있다. 지금은 큰 교회들이 많이 건축되었으나 당시에는 이렇게 좋은 교회가 없어서 견학을 오는 사람들이 많았다. 중심에 있는 서소문교회가 빛과 소금의 역할을 잘 감당해 달라. 특히 젊은 세대들을 키워라. 한국교회가 순교 정신을 교회의 영성이 되도록 해야 한다"라고 강조하면서 "한국교회는 보이는 건물의 크기와 웅장함, 그리고 많은 수의 교인을 모으려 하는 데 안간힘을 다하지만 교인 신앙의 내면성에 순교적 신앙은 가르쳐주지 않고 있다"라고 했다.

김창길 목사는 "6·25 전쟁 70주년을 맞아 어린 시절에 공산당이 아버지를 납치해 북으로 끌어간 데 분함과 아버지를 그리워하며 살았던 아린 세월, 전쟁으로 인한 폭격과 파괴, 서울과 대한민국의 잿더미와 황폐화를 상기시키려 함이 아니다. 지난날 아프고 슬픈 역사는 지나가고 새롭게 발전하는 오늘을 낳았고 다시 내일의 힘찬 미래 대한민국을 창조했기에, 우리는 6·25 전쟁의 의미와 가치를 정직하고 바르게 후손들에게 생생히 일러주어야 하겠다는 생각이다. 또한 세월이 흐름에 따라 역사의 진실이 왜곡되어 가는 어이없는 현실 앞에서 지난날 지나왔던 어린 시절을 더듬어 가며 비록 한국을 떠나 외국에 사는 코리안 디아스포라이지만 이글을 한국교회에 남기고 싶다"라고 자신의 심정을 표현하기도 했다.

김창길 목사는 서소문교회에서 주일학교 학생들을 가르치며 여러 교회에서 주일학교 교육을 발전시키기 위해 강의하고 독려하는 일을 하다가 미국으로 갔다. 그의 신앙은 아버지에게서 물려받은 것이었다. 그러기 때문에 그가 서소문교회에 와서 외친 순교자의 신앙은 그냥 외침이 아니라 자신의 철저한 신앙의 표현이요, 실천이었다.

김동철 목사의 유족으로는 부인 안마리아 권사, 장남 김창국 목사가 경기도 파주군 교하면 교하리에 교하교회(기장)를 개척했고, 차남 김창렬은 YMCA 총무를 역임했고, 사남 김창덕은 시카고 한인감리교회 집사로, 김창길은 미국 뉴저지한인장로교회 목사로, 육남 김창림은 내과 의사이자 미국인 교회 집사로 순교자 선친의 순교신앙을 이어가고 있다.

## 14
## 손양원 목사(1902~1950)

**"예수로 갑옷 두른 사랑의 원자탄"**

손양원(孫良源)은 1902년 6월 3일 경남 함안군 칠원면 구성리에서 부친 손종일(孫宗一)과 모친 김은수 사이에서 삼 형제 중 장남으로 태어났다. 그 당시는 한말 일제 초기의 민족 수난기였다. 즉 민족이 수난당하는 슬픔 속에서 그는 부친의 불 같은 신앙을 이어받아 어릴 때부터 믿음으로 성장했다. 1908년부터 부모를 따라 주일학교에 다녔으며, 유교에서 말하는 효(孝) 사상을 가졌다.

손양원은 어릴 때부터 아버지 손종일 장로의 손을 잡고 새벽기도를 다녔고 평생 새벽기도를 계속했으며, 주일 성수를 생명처럼 귀하게 여겼다. 소년 손양원은 동방요배(東方遙拜)는 물론, 주일 성수를 위해 주일날 등교를 거부해 벌을 받았다.

하루는 많은 매를 맞고 들어온 아들에게 아버지가 기도하기를, "주님, 이 부족한 것의 미천한 아들에게 이런 시련을 주시니 감사합니다. 쇠는 두드릴수록 강해진다고 했습니다. 앞으로 더 큰 일꾼 되기 위해 제 아들을 더 큰 망치로 더 강한 힘으로 두드려 주옵소서. 하나님 보시기에 합당한 일꾼이 될 때까지 망치질을 아끼지 말아 주옵소서"라고 하였다. 나중에 일본인 교장은 양원을 퇴학시키지도 못하고 자신이 먼저 다른 곳으로 전근을 갔다.

손양원은 열한 살 때 1913년 칠원공립보통학교에 입학하였고, 3학년 때 맥레이(MaCrae, F.J.L. 孟浩恩) 선교사에게 세례를 받았다.

경상남도 함안군 칠원면은 교회사적으로 호주 장로교회가 선교했던 지역이다. 학교에서 조회 때 동방요배(東方遙拜)를 강요당하자 우상숭배라고 거절하여 퇴학당했다. 이때 선교사가 강력히 항의하여 복교되었으며, 1917년 7월 졸업하였다.

손양원은 1918년 2월 서울로 올라가 신문 배달과 만두 장사를 하면서 안국동교회를 다녔다. 서울의 중동중학교에 입학하여 고학하였는데, 부친이 3·1 만세운동의 주모자로 체포되자 억울하게 강제 퇴학당했다. 그는 가족들의 생계를 위해 고향에 내려와 집안일을 도왔다.

1920년 봄에 부친이 풀려나자 손양원은 1921년 일본에 가서 스가 모(菓鴨)중학교 야간부에 입학하여 고학으로 공부했다. 그는 일본에서 공부하면서도 산 기도와 노방전도를 열심히 했다. 주일이면 신문배달을 중단하고 동경선교회에서 하는 노방전도에 동참하여 북을 메고 골목골목을 돌아다녔다. 이때 우치무라 간조의 책을 많이 읽고 영향을 받았다.

또한 성결교회 목사인 나카다 주이치(中田 重治) 목사에게 영향을 받았다. 성결교 동양선교회의 노방전도에서 감화를 받고 조국의 동포들에게 복음을 전하는 일이 시급하다는 사명감을 느꼈다.

귀국한 그는 아버지에게 자기의 결심을 털어놓았다. "아버지, 저는 목사가 되겠습니다. 그래서 어두운 이 땅을 밝게 비추는 등불이 되겠습니다. 그것이 사람으로 태어나 할 수 있는 일 중에 최고로 가치 있는 일이라고 생각합니다."

아버지의 뜨거운 격려가 있었고, 마침내 1924년 3월에 경남성경학교에 입학하였다. 그는 초량교회의 주기철(朱基徹) 목사와 친교를 맺었고, 5세 위인 주기철 목사로부터 순교의 정신을 배웠다.

23세의 나이로 동향인 18세 신부인 정쾌조와 결혼했다. 혼례가 끝나고 처가에 도착하여 장인 장모에게 절을 올리고 한가하게 담소를 나누던 중 이 마을에 있는 교회에서 신자 몇 분이 그가 독실한 전도사라는 소문을 듣고 찾아와 수요설교를 부탁했다. 그때 나환자촌에 기거하던 나 권사라는 분이 은혜를 받고 감만동 한센병 환자촌에 돌아가 손 전도사를 소개하여 이듬해 바로 이 교회인 부산 감만동 한센병 환자촌에 있는 교회에 청빙을 받고 신학생 전도사로 봉사했다.

손 전도사는 이곳에서 일생을 한센병 환자들과 함께할 삶을 결심하고 이름도 '양원'(良源)으로 고쳤고, 그의 부인도 '양순'(良順)으로 개명했다. 이곳에서 손 전도사는 사랑의 헌신을 다했다. 환자들에게 예수 그리스도의 복음을 증거하며 지극정성으로 그들을 돌보고 섬겼다.

한편, 부산 감만동 상애원 나환자 수용소 교회에서 전도사로 교역을 시작한 손양원 전도사는 "손 불"이라는 별명이 붙을 정도로 열심히 집회를 인도할 때 강한 성령의 역사가 일어났다. 이 당시에 즐겨 부른 찬송은 376장으로 "내 평생 소원 이것뿐"이었다. 손 전도사는 10여 년간 밀양 수산교회, 울산 방어진교회, 남창교회, 부산 남부민동 교회, 양산 원동교회 등을 개척, 설립했다.

손 전도사는 1935년 4월 평양장로회신학교에 입학하여 신학 공부에 열중하면서 능라도(綾羅島)교회에서 전도사로 활동했다. 졸업한 후 부산지방 시찰회 강도사로 목회자가 없는 능라도교회를 섬겼다. 이때도 그는 신사참배의 부당성을 설교하며 반대 운동을 벌였다. 1938년 평양신학교를 졸업했다.

당시 경남노회는 신사참배를 결의했고, 많은 교회 지도자들이 신사에 찾아가서 절하며 직접 시범을 보이기도 했다. 신사참배를 거부한 평양신학교는 폐교되었고, 주기철, 손양원을 비롯한 많은 지도자가 신사참배에 항의하다 투옥되었다. 1945년에 이르기까지 한인 목회자와 성도 2,000여 명이 체포되어 갖은 고문을 당했고, 200여 교회가 폐쇄되었고, 50여 명의 순교자도 생겨났다.

1939년 7월에 손 전도사는 신학교 동창인 김형모 목사의 추천으로 전남 여천군 율촌면 산풍리 나병환자 요양원 애양원(愛養院)교회에 전도사로 부임했다. 김형모 목사의 추천과 J.K. Unger의 청빙이었다. 같은 해 11월 순천 남문교회에서 한 주간 "빌립보서 연구"로 성경부흥회를 인도했다.

거듭되는 신사참배 강요에도 굴복하지 않던 손 목사는 1940년 9월 25일 연행되어 여수경찰서에 미결수로 감금되었다. 1941년 7월 광주구치소로 이감되고, 11월 공주지방법원에서 1년 6개월 형이 확정되었다. 1943년 5월 출옥될 예정이었으나 전향해야 한다는 검사의 위협에도 끝내 거부하여 경성구금소로 넘겨졌다가 1943년 10월 청주형무소로 이감되었다.

그는 청주형무소 독방에서 다음과 같은 시를 써서 가족에게 편지를 보냄으로 오히려 밖에 있는 가족들을 위로하려 했다.

> 빈방 홀로 지키는 고적감이 밀려오누나
> 성삼위 함께하여 네 식구 되었도다
> 온갖 고난이여, 올 테면 다 오너라
> 괴로움 중에 진리를 모두 체험하리라
> 본가를 멀리 떠나 옥중에 들어오니
> 밤 깊고 옥 깊고 마음 가득 수심도 깊다
> 밤 깊고 옥 깊고 마음 가득 수심 깊으나
> 주와 함께 동거하니 기쁨이 충만하도다
> 옥중고생 4년 길고 긴 날이나
> 주와 함께 동락하니 하루와 같도다
> 지난 4년 평안히 보호해 주신 주는
> 미래에도 그리하실 줄 확신하노라
>
> (손동희 저, 《나의 아버지 손양원 목사》, p. 96)

옥중에서 반성문 제출요구를 받은 손양원 목사는 다음과 같은 글을 써서 바쳤다.

하늘에 어찌 두 해가 있을 수 있고
일국에 두 임금이 있을 수 있으랴
우주의 주인공이 어떻게 둘 되겠으며
십자가의 도 외에 구원이 또 어디 있으랴
세상에는 주인도 많고 신도 많으나
여호와 이외에 다른 신이 내게 없구나
석가도 유명하고 공자도 성자이나
오직 내 구주는 홀로 예수뿐이니
내 어찌 두 신을 섬길 수 있으며
예수님 이외에 속죄자 어디 있으랴,
이 신을 위하여 아까울 것 무엇이며,
이 주를 버리고 내가 어디로 가랴.

(손동희 저, 《나의 아버지 손양원 목사》, p. 89)

해방되어 1945년 8월 17일 6년 만에 그는 출옥해서 다시 애양원 교회에서 충성했다. 1946년 3월 경남노회에서 목사안수를 받아 새로운 목회를 시작했다. 손 목사는 한센병 환자들과 생사를 함께하며 복음을 전했다.

손양원 목사의 사랑의 극치는 1948년 10월 여순반란사건 때 나타났다. 사랑하던 믿음의 두 아들 동인과 동신 군이 공산 폭도들에게 붙잡혀 순천경찰서 뒷마당에서 총살을 당했다. 예수를 부인하라고 했으나 오히려 예수를 증거하다가 총살당해 순교했던 것이다. 그런데 아들을 죽인 범인이 같은 학교 친구인 안재선이라는 학생이었다. 두 아들이 죽었다는 소식에 손 목사 내외는 엄청난 충격으로 비통했다. 그러나 두 아들을 죽인 안재선이 잡혔다는 소식을 들은 손 목사는 밤을 새워 통곡하며 기도했다.

손양원 목사는 기도하고 교회를 나오면서 "저 영혼이 불쌍해서 어쩌나. 내 아들들은 죽어서 천국에 갔으나 안재선은 죽으면 지옥 갈 텐데 저 영혼이 불쌍해서 어쩌나. 그를 살려야 한다. 그를 용서해야 한다. 그를 사랑해야 한다"라고 말했다.

손 목사의 일대기를 쓴 이는 아들들의 장례식을 거행하던 날의 일을 기록했다. "장례식은 간단했으나 이 땅에서 하나님께 최고의 산 제사를 드리는 엄숙한 순간이었으며, 그날 손 목사가 장례식 끝부분에 고백했던 마지막 인사는 또 한번 그 자리에 참석한 모든 사람의 심금을 울리는 한 편의 복음과도 같은 것이었다. 손 목사는 두 아들의 장례식 때 조문객들에게 아홉 가지 감사 제목 발표로 답사를 했다."

〈아홉 가지 감사〉

1. 나 같은 죄인의 혈통에서 순교의 자식을 나게 하시니 감사
2. 허다히 많은 성도 중에서 이런 보배를 나에게 주셨으니 감사
3. 삼남 삼녀 중에서 가장 귀여운 맏아들과 둘째 아들을 바치게 하시니 감사
4. 한 아들의 순교도 귀하거늘 하물며 두 아들이 함께 순교했으니 더욱 감사
5. 예수 믿고서 와석종신(臥席終身)해도 복이라 했는데 전도하다 총살 순교했으니 더욱 감사
6. 미국 가려고 준비하던 아들이 미국보다 더 좋은 천국 갔으니 내 마음이 안심되어 더욱 감사

7. 내 아들을 죽인 원수를 회개시켜 아들을 삼고자 하는 사랑의 마음을 주신 하나님께 감사
8. 내 아들 순교의 열매로 무수한 천국의 열매가 생길 것을 믿으면서 감사
9. 역경 속에서도 하나님의 사랑을 깨닫게 하시고 이길 수 있는 믿음을 주신 하나님께 감사

끝으로 나에게 분수에 넘치는 과분한 큰 복을 내려 주신 하나님께 모든 영광을 돌립니다. 이 일들이 옛날 내 아버지, 어머니가 새벽마다 부르짖던 수십 년간의 눈물로 이루어진 기도의 결정이요, 나의 사랑하는 한센병 환자 형제자매들이 23년간 나와 내 가족을 위해 기도해 준 그 성의의 열매로 믿어 의심치 않으며 여러분께도 감사드립니다.

실로 그는 찬송하는 목회자였다.

하나님의 악기가 된 기독자여!
주를 노래하기에 게으르지 말라
사시절은 네 줄 거문고가 되고
인생의 七情은 七音符가 되어
시와 찬미와 신령한 노래로서
만유의 주 여호와께 부지런히 노래하라

(메모지, 손양원 목사 기념관 소장)

손양원 목사의 큰딸 손동희 권사의 《나의 아버지 손양원 목사》 회고록에 보면, 큰딸 손동희 권사는 당시 매산여중 1학년 때였는데

두 오빠가 살해된 어느 산모퉁이 썰렁한 밭도랑에 가마니를 깐 채 누워 있는 두 오빠의 시체를 찾았을 때, 얼마나 얻어맞았는지 머리가 터져 온몸은 피투성이였고 이마와 가슴에는 흉측한 총알 자국이 여기저기 뻥 하니 뚫려서 차마 눈을 뜨고 볼 수 없었다고 했다.

그래서 참았던 눈물을 터뜨리며 고래고래 악을 쓰며 울부짖다가 하나님을 향해 원망의 소리를 질렀다. "하나님! 하나님은 그때 무얼 하고 계셨나요? 내 오빠들이 그렇게 무고하게 죽어 갈 때 당신은 눈을 감고 계셨나요? 한 사람만 데려가도 억울한데 왜 두 사람이나 데려가셨습니까? 대답해 주세요. 이것이 과연 자비의 하나님이 하신 일인가요? 하나님, 두고 봅시다. 내가 예수를 믿는가 봐요. 하나님이 살아 계신다면 어찌 이럴 수 있나요? 참새 한 마리도 하나님의 허락 없이는 땅에 떨어지지 않는다고 했잖아요? 그런데 왜 죽게 놔두셨나요? 다시 살릴 수는 없었나요?" 당시 손 권사는 오빠들을 지켜주지 않은 하나님이 너무 미웠다고 했다.

장례식을 끝내고 일주일 뒤에 동인, 동신을 죽인 놈을 잡았다고 소식을 들었는데 손양원 목사는 아들 둘을 죽인 그 학생을 살려서 아들을 삼겠다고 했다. 손동희 권사는 손 목사의 말을 용납할 수가 없었다.

그러자 손 목사는 "제1, 2계명이 하나님의 명령이라면 원수를 사랑하라는 말씀도 똑같은 하나님의 명령인데 원수를 사랑하는 명령을 순종하지 않는다면 지난 5년간의 감옥살이가 모두 헛수고요, 너희를 고생시킨 것도 헛고생만 시킨 것이 된다. 그 학생을 죽여서 우리에게 무슨 이득이 되겠는가? 그를 살리고 그의 영혼을 구원할 수 있다면 하나님의 명령에 순종할 뿐 아니라 한 영혼을 구원한 보람도 느낄 수 있지 않겠느냐?" 그때 손 권사는 "용서는 하시되 아들 삼는 것은 안 됩니다"라고 말했다. 그러나 손 목사는 끝내 "용서만 가지고는 안 된다. 원수를 사랑하라 했으니 사랑하기 위해 아들을 삼아야 한다"라고 했다. 손동희 권사는 아무리 싸워도 아버지를 설득할 수 없다는 것을 깨닫고 "아버지 말씀대로 따르겠습니다" 하면서 순순히 항복하고 말았다. 그러나 처형장으로 가면서도 "이놈을 죽일까, 살릴까?" 하고 수백 번도 더 고민했다.

손 목사는 약속대로 원수를 양아들로 삼아 이름도 '손재선'이라 바꾸고 호적에 입적시켰다. 부산에 있는 신학교에서 공부시켜 전도사로 키워내는 놀라운 사랑을 실천했다. 그 견딜 수 없는 고통의 순간에도 그리스도의 용서와 사랑을 받은 사람으로서 하나님께 감사하며 원수를 사랑으로 용서하는 모습에서 참 감사의 자세가 무엇인가를 배우게 된다. 이로써 손 목사는 '사랑의 원자탄'이라는 별명을 얻게 되었다. 결국, 살해자 안재선은 자신의 행동을 참회했고, 진심으로 손양원 목사를 자신의 아버지로 섬겼다.

당신은 이미 이 땅의 사람이 아니었습니다
오늘, 당신을 말하는 것은
너무 어설퍼
오히려 누가 됩니다
버림받은 나환자들, 더러운 피고름
당신 입술로 빨아낼 때
당신은 이미 이 땅의 사람이 아니었습니다
두 아들 동인, 동신이
피투성이로 쓰러져, 순교 제물 되던 날
자식 하나 바친 것도 영광인데

둘씩이나 순교 제물 받으시니 하나님 감사합니다
눈물 흘리실 때
당신은 이미 이 땅의 사람이 아니었습니다
보기만 해도 소름 끼치는 사람
두 아들 난사한 사람 양자로 삼던 날
사랑의 원자탄은 터지고
이 땅에 십자가로 서서
기뻐 하늘 보던 당신은
이미 이 땅의 사람이 아니었습니다
오늘은 남해가 보이는 애양원 동산에
당신마저 순교자 되어
두 아들과 나란히 누우셨을 때
당신은 이 땅이 차마 감당치 못한 사람이었습니다
오늘, 당신을 말하는 것은
너무 부끄러워
오히려 누가 됩니다
솔로몬의 영화보다 욥의 고난이 더 값지다
고난을 처로 삼고 살아야 한다
이 세상의 고난은 하늘 천사도 부러워한다
만족하라, 인내하라, 감사하라

1993년 4월 27일 손양원 목사 순교기념관 준공 봉헌 예배가 드려졌다.

'사랑의 원자탄' 손양원 목사는 성 프란체스코를 바라보면서, 모두를 사랑하고 섬기는 사랑과 섬김의 삶을 살았다. 손양원 목사의 사랑과 섬김은 하나님에 대한 사랑과 섬김으로, 한센병 환자에 대한 사랑과 섬김으로, 아들을 죽인 원수에 대한 사랑과 섬김으로 나타났다.

'사랑의 원자탄'으로 유명한 손양원 목사는 교회의 순수성을 보존하기 위해 일제의 신사참배를 목숨 걸고 반대했으며, 그 일로 5년 동안 감옥에서 지냈다. 그는 경건한 신앙인으로 평생 기도의 삶을 살았으며, 항상 찬송하고 감사하는 모범을 보였다. 나아가 그는 소외된 이웃들 한센병 환자들의 등불이자 친구로서의 삶을 살았다.

1939년 7월부터 1950년 9월 순교하기까지 5년 동안의 감옥 생활을 제외하면 애양원에서 나환자들을 헌신적인 사랑으로 돌보았는데 그 돌봄 사역은 기도로 이어진 사역이었다. 그 당시는 시설물이 열악하고 의술도 발전하지 않은 때라 참으로 척박한 환경에 처했었는데 온몸에서 피고름이 나고 몸이 썩어가니 얼마나 냄새가 고약했는지 모른다.

그래서 손 목사는 이렇게 간절히 기도했다. "하나님, 피부가 떨어져 나가고 일그러져 보기가 무서우니 무섭지 않게 해주십시오. 살이 썩어 냄새가 고약하니 냄새를 맡지 못하게 해주시옵소서. 한센인과 목회를 시작했으니 한센인 목회로 삶을 마치게 해주십시오."

아무도 돌보지 않는 한센병 환자들에게 가서 그들과 함께 울고 웃으며 그들의 피고름을 닦아주고 안아주고, 그들의 손을 잡고 기도하면서 저들을 돌봤다.

저들을 섬기는 데 가서 일 년이 안 되어 신사참배를 반대한다고 감옥에 들어가서 종신형을 받았다. 그때 재판정을 나가면서 큰소리로 외쳤다. "천황이 사람이지 신이냐? 참 신은 오직 여호와 하나님 한 분이시다!" 그로 인해서 많은 고문을 당하고 5년 동안 옥살이하는 동안에 몸이 영양실조가 걸리고 한쪽 눈은 녹내장으로 눈이 멀게 되었다.

또 절망하고 반항하는 나환자들을 기도의 무릎으로 섬겼고, 절망하고 반항하는 나환자들에게 "기도하면 하나님의 은혜를 받는다"라고 타이르곤 했다. 손 목사는 옥중에서 부모와 아내와 자녀들에게 편지를 써서 보낼 때마다 "주일을 성수하며 정성껏 기도하라"고 부탁했다.

손 목사는 애양원의 한센병 환자 1,000명을 섬기며 "오! 주님 이들을 사랑하되 내 부모, 형제, 처자보다 더 사랑하게 하옵소서. 만약 내 몸이 저들처럼 될지라도 사랑하게 하옵소서. 저들이 나를 싫어 버릴지라도, 내가 여기서 쫓겨날지라도 그래도 사랑하게 하옵소서"라고 기도하면서 사랑을 잃지 않았다.

1950년 6·25 전쟁이 터지고 북한군이 호남 지역으로 진격해 오자 모두 피난을 준비할 때도 손양원 목사는 한센병 환자들을 두고 갈 수 없다며 끝까지 애양원에 남았다. 당시 환자들은 한센병 환자인 자신들을 북한군이 해치지 않을 테니 손 목사님에게 떠나라고 했으나 그는 "몸도 성치 않은 환자들을 두고 내 어찌 나만 살자고 도망가겠는가? 나는 양 떼들과 함께 죽어도 같이 죽고, 살아도 같이 살아야 한다"라고 하며 요지부동이었다.

이후 손 목사는 여수로 진격한 북한군에게 체포되었다. 다른 사람들과 함께 감금되어 있을 때 그는 식사 시간마다 들어오는 주먹밥 중 가장 작은 것을 먹었다. 그리고 모진 고문을 받은 끝에 같이 갇혀 있던 사람들과 함께 1950년 9월 28일 48세로 총살형으로 순교했다. 두 손바닥에 총탄이 지나간 흔적이 있어, 죽는 순간에도 기도했음을 알 수 있었다.

그가 순교한 뒤에 발견된 일기에서 그의 신앙고백을 볼 수 있다.

〈예수 中毒者〉
나 예수 중독자 되어야 하겠다
술 중독자는 술로만 살다가
술로 인해 죽게 되는 것이고,
아편 중독자는 아편으로 살다가
아편으로 인해 죽게 되나니
우리도 예수의 중독자 되어
예수로 살다가 예수로 죽자
우리의 전 생활과 생명을
주님을 위해 살면 주같이 부활한다
주의 종이니 주만 위해
일하는 자 되고 내 일 되지 않게 하자

순교는 '증언'이었다. 손양원 목사는 끝까지 증언자였다. 공산주의자에게 "회개하고 예수를 믿으시오"라는 것 이상의 증언이 어디 있겠는가? 그는 목숨을 걸고 증언했다. 순교는 증언이라는 원어에서 왔다. 성경에는 순교라는 어휘가 없다. 그러나 증언자의 모습에서 순교자의 모습을 볼 수 있다. 손양원 목사와 두 아들은 훌륭한 증언자들이었다. 손양원 목사의 딸 손동희 권사도 끝까지 증언의 삶을 살았다. 또한 손 목사는 아들들을 죽인 원수를 아들로 삼았다. 이것은 누구에게서도 찾을 수 없는 증언의 흔적이었다.

손양원 목사 장례식 때 상주를 맡은 안재선이 가장 슬퍼했다. 손양원 목사가 자신을 따라 목사가 되기를 바랐으나 그는 1979년 죽을 때까지 평신도였다. 그리고 그의 아들인 안경선이 목사가 되었다.

나환자의 영원한 벗, 사랑의 원자탄, 손양원 목사와 두 아들의 무덤이 있는 곳이 여수 애양원이다.

〈꽃피는 봄날에만〉
꽃피는 봄날에만 주의 사랑 있음인가
땀을 쏟는 여천에도 주의 사랑 여전하며
열매 맺는 가을에만 주의 은혜 있음인가
추운 겨울 주릴 때도 주의 위로 더할 것은
솔로몬의 부귀보다 욥의 고난 더 귀하고
솔로몬의 지혜보다 욥의 인내 아름답다
이 세상의 부귀영화 유혹의 손길 되나
고생 중의 인내함은 최후 승리 이룩하네
세상 권력 등에 업고 믿는 자를 핍박하는
어리석은 사람들아, 회개하고 돌아오라
우상의 힘 며칠 가며 인간의 힘 며칠 가나
하나님의 심판 날에 견디지 못하리라
내게 맡긴 영을 위해 나의 겨레 평화 위해
우리 주님 가신 길을 충성으로 따르리라

손양원 목사는 1950년 9월 순교할 때까지 만 5년간 활동하면서 한국교회를 향하여 세 가지를 경고했다.

| 첫 번째 경고: 회개하라

손양원 목사의 첫 번째 경고는 "회개하라"였다. 회개는 그의 설교

의 가장 중요한 주제였다. 그는 회개하지 않음이 모든 화(禍)의 원인이라고 보았고, 회개치 않음에 대하여 경고했다.

1945년 해방을 맞았으나 좌우대립이 심각했고, 교회 지도자들은 기득권에 집착하여 회개와 자성을 거부하고 교회 쇄신 운동을 거부했다. 한국교회 지도자들은 대립했고, 1950년 4월 대구 제일교회당에서 모인 제36회 총회는 한국교회 사상 처음으로 경찰이 투입된 불명예로운 총회였고, 교권대립이 심각하여 결국 정회하고 말았다. 그로부터 꼭 두 달 후 6·25 전쟁이 발발했다. 그날 한반도 전역에 내리던 비는 우리 민족의 장래에 대한 불길한 징조였다.

이런 상황에서 손양원 목사를 인민군이 그냥 두지 않을 테니 피하라고 했으나 그는 이를 거절했다. 그리고 나병 환자들을 섬기며 지내던 중 9월 13일 수요일 인민군에게 체포되었고, 2주일 동안 끌려 다니면서 고초를 당하고, 9월 28일 목요일 순천으로 가는 미평 과수원에서 48년의 짧은 생애를 마감했다.

그런데 그가 9월 13일 수요일 저녁 설교를 준비하다가 잡혀서 원고를 완성하지 못했는데 그것이 그의 마지막 설교였다. 그 설교가 바로 "한국에 미친 화벌(禍罰)의 원인"이라는 설교였다.

이 설교에서 손양원 목사는 6·25 전쟁을 4천 년 역사상 초유의 신벌(神罰)로 규정하고, 우리 민족에게 미친 이 화와 벌의 원인을 분석했는데 범죄하고도 회개치 않음이 근본 원인이라고 지적했다. 그는 우선 국가지도자들의 범죄, 둘째, 백성들의 죄, 곧 민족적 범죄, 셋째, 미 군정의 잘못된 영향을 들었고, 네 번째 한국교회와 신자들의 책임이라고 주장했다.

그러면서 설교의 요지이자 결론은 회개하지 않음이 화의 원인이라고 주장했다. 그러면서 오늘 우리에게 회개하라고 요구했다. 회개하지 않으면 더 큰 화를 면치 못할 것이라고 경고했다. 회개를 외친 그의 설교는 평온한 설교가 아니라 절규였다. 회개를 요구하는 마지막 호소였다. 그는 세례요한처럼 경고했다. 회개하지 않는 민족은 망한다고 경고하고 있다. 회개가 살길이라고 경고했다.

| 두 번째 경고: 공산주의에 대한 경고

손양원 목사의 두 번째 경고는 공산주의를 멀리하라는 경고였다. 그는 공산주의가 기초하고 있는 무신론, 유물론과 거짓, 위선, 이중성, 선동 등 공산주의의 실상과 실체를 파악하고 있었다. 특히 공산주의는 기독교 신앙에 반하는 불신앙이라는 점을 인식하고 있었다. 그래서 그는 공산주의를 반대했다.

그가 강력한 반공주의자이자 자유민주주의 신봉자였다는 사실을 아는 이들이 많지 않았다. 신사참배 거부로 1940년 9월 25일 투옥되어 5년 동안 감옥에서 보내고 1945년 8월 17일 석방된 그는 이념적 싸움이 한창이던 해방정국에서 자신의 견해를 분명하게 피력했다. 해방 당시만 해도 국민 대중은 공산주의와 민주주의를 잘 알지 못했다. 박헌영 같은 선동자의 말을 듣고 사회주의나 공산주의를 선호했을 정도였다.

이런 현실에서 손양원 목사는 민주주의와 공산주의에 대해 가르치고 설교했다. 마르크스와 엥겔스의 '공산당 선언'이 1848년 2월에 나왔고, 69년 뒤인 1917년 러시아에서 세계 최초의 공산주의 혁명이 성공했다. 조선공산당이 창당된 것은 1925년 4월이었다.

조선공산당은 독립운동을 하려는 방편이었다는 측면도 있으나 공산당의 실상을 제대로 아는 이들이 많지 않았다. 우리나라에서 최초의 사회주의 정당은 1918년 4월 이동휘 등이 러시아 하바롭스

크에서 결성한 한인사회당이었다. 이동휘는 3·1 독립운동 뒤 상하이 임시정부에서 이승만 휘하의 국무총리가 되었으나 임시정부 국무총리직을 이용하여 사회주의운동을 확산하고자 했다. 사실상 그는 한국 최초의 공산주의자였다. 그러나 반공주의자인 이승만과 충돌했고, 임정 개혁안을 둘러싸고 격한 논쟁을 벌였던 그는 결국 임정을 탈퇴하고 1921년 5월 '고려공산당'을 창당했다. 김철훈이라는 이는 1921년 4월 또 다른 '고려공산당'을 창당했다. 이후 이동휘의 상하이 고려공산당은 '상해파'로, 김철훈의 공산당은 '이르쿠츠크파'로 불리게 되면서 당 창립의 주도권을 놓고 대립했다. 이것이 우리나라 공산주의 운동의 시작이었다.

이런 공산주의의 문제를 비판했던 인물이 이승만인데 1923년이었다. 이승만은 하와이 호놀룰루에서 발간되던 〈태평양〉 잡지 1923년 3월호에 "공산당의 當 不當"이라는 제목의 논설을 게재했는데 이것이 공산주의에 대한 최초의 비판이었다. 제목이 암시하는 바처럼 이 논설에서 이승만은 공산주의의 합당한 점과 부당한 점을 정확하게 지적했다. 수많은 지식인이 거짓된 유토피아 사상에 열광했으나 이승만은 공산주의의 본질과 모순을 정확하게 파악했다. 그러나 국내에서 이런 점을 간파하는 이들은 소수였다. 도리어 공산주의가 이상적인 제도인 양 흠모하는 이들도 있었다. 이것이 해방 당시의 상황이었다.

이런 때 손양원 목사는 집회를 다니며 민주주의가 무엇인가를 설교했고, 공산주의는 위험한 사상이자 기독교 신앙과 반대되는 무신론 사상이라는 점을 가르쳤다. 그가 반공주의를 말할 때는 6·25 전쟁 이전이었고, 공산주의를 체험적으로 경험하지 못했다. 그는 칠원 출신으로 북한 공산주의 체제를 경험한 적도 없었다. 그래도 그가 공산주의를 배격하고 민주주의를 신봉하게 된 것은 기독교 신앙 때문이었다. 공산주의는 무신론이기 때문에 받아들일 수 없었다. 그러나 대중은 이 점을 잘 모르고 있었기에 손양원 목사는 공산주의에 대해 경고했다.

한 가지 사례를 소개했다. 1947년 봄, 그가 영도교회에서 집회할 때도 민주주의와 공산주의에 대해 설교했다. "여러분, 공산주의가 무엇입니까? 공산주의는 남의 것 빼앗아 먹자는 주의입니다. 같이 공평하게 나누어 먹자가 아닙니다. 남의 것을 빼앗아 가는 강제입니다. 그렇다면 민주주의는 무엇입니까? 이것은 하나님에게서 온 것입니다. 성경의 정신입니다. 민주주의는 '이것 맛보십시오' 하면서 나눠 먹는 주의입니다. 내 것을 가지고 있으면서 사랑으로 나누어 먹는 주의입니다. 남의 것을 빼앗는 것이 아닙니다. 여러분, 정신 바짝 차리십시오. 어느 주의가 좋습니까?"

이 집회에 참석한 한 사람이 후일 서울음대 교수가 된 이인영이었는데 그도 '민주주의'는 처음 듣는 말이었다고 회상했다. 성가대원으로 풍금 뒤편에서 손양원 목사의 설교를 들었던 이인영 학생은 70여 년이 지났으나 손양원 목사의 확신에 찬 설교가 잊지지 않는다고 증언했다.

손양원 목사가 말한 민주주의는 인민 민주주의가 아니라 자유민주주의였다. 그가 말한 것은 신민주주의도 아니었다. 백남운, 안재홍, 조소앙 등이 말한 신민주주의는 통합과 합작을 중시하는 일종의 중도적 민주주의였다.

미국적 민주주의나 소련식 민주주의 중 어느 하나에 치우쳐서는 안 되는 것이었다. 그러나 손양원 목사는 철저한 미국식 민주주의의 신봉자였다. 아마도 기독교 신앙에서 연유했을 것이다. 좌익들이 볼 때 손양원 목사는 친미주의자였다. 그의 두 아들의 죽음도 따지고 보면 보수 친미주의자라는 이유 때문이었다. 김득중의 연구에 따르면, 손동인과 동신의 죽음은 종교적 이유보다는 우익의 반탁운동에 가담했다는 이유, 곧 반공주의 우익청년단원들이었기 때문이었다.

자유민주주의 신봉자였던 손양원은 결국 공산주의자들에 의해 목숨을 빼앗겼고, 그의 죽음을 통해 공산주의의 거짓과 만행을 폭로한 것이다. 지금 우리나라에는 자유민주주의의 자유가 사라지고 거짓 위장 선동이 난무하고, 친공산주의자가 백주에 서울 도심을 장악했다. 그러기에 손양원의 경고는 오늘 우리를 향한 경고였다.

| 세 번째 경고: 재림의 때를 준비하라

세 번째 경고는 우리의 믿음 없음, 곧 불신앙을 경고하고, 사랑이 식은 현실을 지적하면서 다시 뜨거운 가슴으로 재림의 때를 준비하라는 경고였다.

손양원 목사는 믿음으로 행하며, 믿음을 따라 행하지 않는 것은 모두 죄(롬 14:23)라고 했다. 그가 나환자들의 목회자가 된 것도, 신사참배를 거부한 것도 믿음을 따라 행한 것이었다. 그래서 그의 옥중생활 4년이 많은 날이지만 주와 함께 즐거워하니 그 모든 날이 하루같다고 고백한 것이다. 이런 삶의 자세를 지녔기에 원수 된 자를 양자로 입적시키는 사랑을 실천할 수 있었다.

그는 특히 재림의 때를 준비하라고 경고했다. 해방 이전, 특히 1930년대 말 설교에서도 말세에 대한 종말론적 주제 설교를 했으나 해방 이후 그는 재림을 기대하고 고대하며 살았다. 1938년 다시 그의 설교에서 가장 빈번한 주제가 베드로전서 4장 7절을 본문으로 하는 "말세를 준비하라", "말세 경영" 등이었는데 재림신앙은 그 이후의 설교에서도 중시되거나 강조되었다. 만물은 마지막이 있다는 신념이었다.

해방 후 순교까지 손양원 목사는 재림에 대한 준비, 재림의 때를 준비하라고 경고했다. 순교 신앙은 이 재림 신앙에 근거했다. 예수의 재림이 분명하므로 순교적 삶이 가능하고 순교 신앙을 말할 수 있었다. 손양원 목사는 "주 예수의 강림이 불원하니 저 천국을 얻을 자 회개하라"고 외친 것이다. 해방 후 혼탁한 사회와 교계를 보면서 깨어 회개하고 재림을 준비하라고 경고했다. 그 경고는 오늘 우리에게 주시는 경고이기도 했다.

### 마무리

뒤돌아보면 손양원 목사의 3가지 경고는 과거와 현재와 미래에 대한 경고였다. "회개하라"는 경고는 우리의 지난날의 행실에 대한 성찰을 요구하는 것이고, 두 번째 경고는 오늘의 현실에서 무신론과 유물론에 대한 경고였고, 세 번째 경고는 내일 우리의 영생과 소망을 위한 경고라고 할 수 있다.

오늘 우리 시대는 해방 전후의 상황과 비슷하다. 사회적 혼란과 이데올로기의 대립, 교계의 무질서, 그리고 코로나 상황이라는 이름 아래 당연시되는 우리의 나태함은 우리의 실상을 노출하고 있다. 오늘의 현실은 우리를 보여주는 거울이다. 세상 연락을 구하는 오늘 우리에게 손양원 목사는 다시 경고하고 있다. 깨어 기도하고 마음을 돌이켜 거짓된 세상 풍조를 따르지 말고 주의 재림을 사모하라.

# 15
# 박경구 목사(1903~1950)

 대한예수교 총회가 창립 100주년을 맞는 2012년이었다. 지난 백년간 총회는 물론이고 사회도 많이 변화하고 발전했다. 과연 1912년 그때 우리 선진은 강산이 열 번 변한 뒤의 미래를 상상이나 할 수 있었을까? 격세지감(隔世之感)이라는 표현이 전혀 어색하지 않다.
 이런 격변 속에서도 변하지 않는 것을 꼽으라면 그것은 결국 정신이나 신앙 같은 눈에 보이지 않는 가치이다. 그중에도 신앙의 유산

은 1912년과 현재를 연결하는 고리이다. 1900년대 초부터 지금까지 신앙을 이어온 믿음의 가정들을 보았다. 복된 일이다. 그러나 신앙을 잇기도 힘겨운데 무려 5대에 걸쳐 목회자를 배출한 가문이 있다. 게다가 5대가 모두 한 신학교 출신, 한 교단 소속이란 놀라움을 넘어 '최초'라는 수식어를 붙여도 전혀 어색하지 않다.

2012년 5월 17일 열린 평북노회 100회 노회에서 이 같은 놀라운 일이 실제로 벌어졌다. 백 년을 이어 내려온 목회자 가정이라, 이날 노회에서는 박범 씨가 아버지 박호진 목사와 할아버지 박창환 목사에게 안수를 받고 목회자가 되었다. 5대 목회자 가문이 탄생했다.

백 년을 이어온 목회자 가문, 그 가문의 긴 역사는 1912년 평양신학교 졸업식장에서 시작되었다. 평양신학교 제6회 졸업생인 박태로(1870~1918)가 졸업하면서 황해노회에서 목사 안수를 받고 재령읍교회에서 목회를 시작했다. 교인이 천 명이 넘는 재령읍교회에서 목회하던 박태로 목사는 그해 총회의 결의로 중국 산동성 선교사로 떠났다. 최초의 타 문화권 선교사로 선임된 박태로 목사는 이듬해인 1913년 사병순, 김영훈 목사와 함께 중국으로 갔다. 그러나 선교지에서 병을 얻은 박태로 목사는 1916년 귀국했고, 선교지를 그리워하다 1918년 48세의 나이로 황해도 봉산 사리원 집에서 소천했다.

박경구(朴敬俅)는 1903년 황해도 황주군 청룡군 청룡면 포남리에서 당포교회(唐浦敎會)를 섬기는 박태화 장로와 송태신 권사 사이에서 장남으로 태어났다. 박태화 장로는 생활개선과 물산장려 등 신문화에 눈을 떴다. 독실한 신앙가정의 분위기에서 자란 경구는 어려서부터 사랑을 받았다. 그의 부친 박태화 장로는 평양신학교를 제5회로 졸업하고 재령읍교회를 시무했으며 중국 산동성 선교사로 파송되어 많은 선교의 공을 세운 박태로 목사의 동생이었다.

박태화 장로는 많은 자녀를 모두 교육할 수 없었고 장남인 경구만은 정성을 기울여 공부시키기로 하였다. 박경구는 숭실중학교(제7회)와 숭실전문학교(제1회)를 졸업했는데 수석이었다. 한경직 목사는 숭실대학 동창이었다. 그는 미남이었고, 웅변이 뛰어났고, 남다른 애국심을 가졌다. 그리고 강양욱과는 신학교 동기였다.

박경구는 숭실학교 재학 중에 황해도 항주군 천주면 신동에 있는 김재목 장로의 3녀 김몽애와 결혼했다. 김재목 장로의 동생은 김유목 목사로서, 평양신학교 제7회 졸업생이었다. 그러고 보면 같은 노회의 노회원끼리 사돈을 맺은 셈이고, 같은 목사 집안과 장로 집안끼리 사돈을 맺었다.

당시 박경구는 실력이나 신앙, 인격 등이 선교사들에게 인정되어 목사가 되라고 권유받았으나 애국의 길을 걷겠다고 거절했다. 박경구가 신학교에 가도록 여러 사람들이 권했다. "경구 같은 사람이 신학교에 안 가면 누가 가겠소. 한국교회를 맡을 사람은 박경구 같은 능력을 갖춘 사람이지요." 그러나 박경구는 생각이 달랐다. 목사가 되기보다는 교육입국을 우선해야 한다고 생각했다.

당시 우리나라의 현실은 참담했다. 나라 잃은 식민지 치하의 백성들은 교육은 고사하고 먹고 살 시름에 겨워 세월에 끌려가는 한심한 상태였다. 그래서 박경구는 신학보다는 교육을 통한 애국애족의 길에 투신했다.

그가 처음 부임한 학교는 황해도 신천의 경신학교였다. 그 학교에 1년 봉직한 후 마침 사리원에 덕성학교가 신설되어 교장으로 초청되었다. 청운의 꿈을 품고 교육에 투신했는데 교장직을 맡는다니 얼마나 희망찬 일인가? 그러나 일경이 3·1 독립운동에 가담한 그의 경력을 트집 잡아 거부함으로 수년간 덧없는 세월을 보냈다. 그러던 중

새 일터로 나타난 곳이 진남포 득신학교의 교장직이었다. 득신학교 시절은 더욱 하나님을 가까이하는 계기가 되었다. 이때 이 학교 교사로 강양욱이 6학년 담임이었다.

박경구 목사는 학교 일을 보는 중에도 종종 평신도로서 사경 부흥회를 인도했다. 한 주간씩 집회를 인도하고는 목이 쉬어서 돌아왔다. 그는 웅변술에도 뛰어나서 전국 일본어 웅변대회에서 몇 번 입상하기도 했었다.

일제는 조선 땅을 강탈하기 위해서 수리조합을 만들어 수리조합의 물을 사용하도록 강요하므로 물세를 감당하지 못한 농민들은 농토를 거의 강제로 빼앗겼다. 이에 박경구는 그것을 반대하는 운동을 전개하려고 '어지둔 수리조합 반대 사무소'라는 간판을 걸고 일본 총독부와 맞서 싸웠다. 그는 애국자로서 민족 운동에 열을 올렸다.

그러던 중 득신학교 교장으로 재직 시절 일제의 탄압이 극에 달하므로 박경구 교장은 더욱 하나님을 가까이하는 계기가 되었다. 결국 그는 인재교육을 포기하고 신학을 공부하기로 결단을 내렸다. 강양욱 선생이 득신학교 교사로 부임한 다음 해에 먼저 평양신학교에 입학했고, 그 이듬해에 박경구 선생도 평양신학교에 입학했다.

박경구 선생은 1931년 평양신학교에 입학했으나 또 다른 시련인 일제의 신사참배 강요가 있었다. 박경구 선생은 재학 중 신사참배 문제로 학교를 휴학, 재학을 반복하면서 다녀서 10년 만인 1941년에 제34회로 졸업했다.

박경구 선생은 1941년 제34회로 평양장로회신학교를 졸업했다. 그는 졸업하기 전부터 평남 대동군 이목리 이천교회에서 전도사로 시무했으며, 신학교를 졸업하고 황해도 장연군 서부교회에 청빙을 받아 부임했다. 그러나 그는 일본에 항의하고 반대했기 때문에 감옥에 갇혀 많은 고난을 겪었다.

일제는 교회에 공문까지 보내 신사참배를 강요했다. 신학교를 10년이나 다니면서 신사참배를 반대했던 박경구 목사는 호락호락 신사에 절을 하지 않았다. 박경구 목사는 즉각 제직회를 소집하고 "장로님들, 권사님들, 제직 여러분, 나는 신사참배를 반대합니다. 물론 신사참배를 거부하므로 교회에 여러 가지 어려움이 닥치리라 봅니다만 어떤 환난과 핍박이 닥쳐온다 해도 나는 신앙의 정절을 버리고 우상 앞에 절할 수 없습니다"라고 말했다. 박경구 목사의 강경한 신앙 소신에 제직은 숙연해졌고, 일사각오를 결단하는 목사의 기도에 모두가 뜨거운 눈물을 흘렸다. 그러나 일제는 집요하게 박 목사를 괴롭히고 신사참배를 안 하므로 목회를 할 수 없게 했다. 박경구 목사는 결국 서부교회를 떠났다.

그리고 서부교회를 떠난 후 1944년 겸이포 중앙교회에 부임했다. 그러나 겸이포 중앙교회라고 신사참배 강요에 자유로울 수 없었다. 그곳에서도 박 목사는 극한 고난을 받고 핍박을 받았다. 결국 그 교회에서도 1년 남짓 목회하고 일본 경찰에 의해 쫓겨났다.

그래서 박 목사는 황해도 황주군 점촌에 은거하며 과수원을 가꾸며 기도와 성경을 연구했다. 그 당시 신사참배를 반대하고 교회에서 쫓겨난 목사들이 상당수 있었다.

1945년 4월 5일 일본 헌병대에 체포된 박경구 목사는 평양형무소로 끌려가 옥고를 겪었다. 그리고 8·15 해방과 더불어 출옥한 후 일제에 의해 강제 출교당했던 장연읍의 서부교회에 목사로 부임하였다. 출옥과 더불어 박경구 목사를 모시게 된 서부교회는 너무 기뻐했다.

1945년 8월 15일 해방으로 출옥한 박경구 목사에게는 다른 비극이 시작되었다. 그것은 국토 분단이었다. 해방 후 세워진 공산당 정권은 박경구 목사의 새로운 투쟁 대상이 되었다. 그리고 평양장로회 신학교도 사상적 대립과 재정적 어려움에 직면하게 되었다. 그래서 노회에서는 박경구 목사를 교수로 추천했다.

그는 김영윤 목사와 먼 거리를 매주 왕래하며 교수했는데 그는 강의와 은혜로운 설교로 신학생들이 신학 사상과 신앙 무장을 강화하는 데 큰 공을 세웠다. 설교하다가 그 우렁차고 유창한 음성으로 "환난과 핍박 중에도 성도는 신앙 지켰네 이 신앙 생각할 때에 기쁨이 충만하도다 성도의 신앙 따라서 죽도록 충성하겠네" 하면서 찬송을 부르곤 했는데 그 당시 이 찬송은 북한교회 성도들의 대표 찬송이라고 할 정도로 널리 애창되었다.

흡사 부흥회 같았다. 교수와 학생이 한 덩어리가 되어 열창하는 그 찬송은 바로 그들의 신앙고백이었다. 신약학 교수 박경구 목사의 강의시간이었다. 이 찬송은 순교자 신앙을 닮기 원하는 간절함이 구절 구절에서 짙게 배어 나왔다. 히브리서 11장 '믿음장'을 바탕으로 가사를 읊어 내고 있다.

옥에 갇히기도 하고, 돌에 맞고, 톱으로 켜서 죽임을 당하고, 끓는 기름 가마에 던져지고, 굶주린 사자의 먹이가 되기도 했다. 환란과 핍박 중에도 신앙을 지키고 절개(節槪)를 지켰다. 순교하는 자리에 당당히 나섰다. 어떻게 그럴 수 있었을까? 구원의 확신이 있었기 때문이었다. 영생을 얻었기 때문이다. 더 나은 본향을 바라보며 사모하니 그럴 수 있었다. 일사각오 신앙 때문에 교회는 맥을 이어왔다. 순교자의 눈물, 피, 생명이 도화선 되어 불을 붙였다.

그가 강의한 과목은 로마서와 목회 서신이었다. 그리고 경건회 시간에는 학생들과 한 몸이 되어 조국의 통일과 신앙의 자유와 옥중에 있는 종들을 위해 기도했다.

그러나 북한에서 조선기독교도 연맹이 결성되면서 공산당의 압력이 날로 심해졌고, 나중에는 신학교육도 공산화하려는 움직임이 있었다. 이에 그는 누구보다 강력하게 맞서서 저항했다. 이 단체에 가입하기를 거절하는 것은 그때 상황에서는 죽기를 각오하는 것이었다. 그러나 박경구 목사는 그들의 회유와 강요를 끝내 거절했다.

공산정권의 종교탄압이 점점 거세졌다. 그것을 견디다 못해 많은 목사가 고향과 교회와 양 떼를 떠나서 이남으로 도피할 수밖에 없었다. 이러한 형편은 박경구 목사에게도 예외일 수 없었다. 많은 친구와 교인이 "어서 떠나십시오. 어서 이남으로 가십시오" 하고 간청했다.

특히 평양에 살고 있던 박 목사의 누님 박경윤 권사는 독실한 성도로서 기도의 대장이었는데 당신의 동생이 요시찰 인물로서 언제 끌려갈지 모르는 형편임을 잘 알기에 여러 번 "박 목사! 어서 이남으로 가게, 빨리 가라구요"라고 간청했다. 그러나 "아닙니다. 내 양 떼를 버려두고 나 혼자 살겠다고 떠날 수는 없습니다. 더 권하지 마십시오." 이것이 그의 반복되는 대답이었다.

평양신학교의 김인주 교장이 잡혀갔고, 그 뒤로 김화식 교장도 잡혀간 후 종적이 없었다. 마침내 공산정권은 남침을 계획하고 교회를 자기들 마음대로 주무르기 위해서 기독교도 연맹을 만들었다. 완전히 당이 주도하는 기관을 만들려는 심산이었다. 결국 평양신학교와 성화신학교가 다 문을 닫고 통합된 조선신학교로 변신하고 말았다. 많은 목사와 신학생들이 조선신학교를 반대하고 자진 퇴학하거나 물러나게 되었다.

어느 날 조선기독교도 연맹을 결성한 붉은 목사 강양욱이 박 목사를 찾아왔다. 강양욱은 박 목사와 평양신학교 동창으로 남다른 친분이 있었다. "박 목사, 안녕하시오." "예, 강 목사님, 어서 오십시오." 둘은 반갑게 손을 잡았다. 강양욱의 얼굴은 유들유들했다. 이윽고 강양욱은 박 목사에게 엉뚱한 제안을 했다. "박 목사님이 우리 조선기독교도 연맹 황해도 중앙위원장을 맡으셔야겠시다."

"조선기독교도 연맹 황해도 중앙위원장을요? 가입도 안 했는데 위원장직을요?" "그거야 수락하느냐 않느냐가 문제지 뭐가 대수겠소." "잘못 보셨습니다. 제가 수락할 것 같아서 오셨습니까? 저는 못합니다. 못하지 않고 안 합니다."

강양욱은 얼굴이 하얗게 변했다. 그러더니 껄껄 웃으며 사라졌다. 강양욱의 협박을 정면으로 거절했다면 죽음이 기다리고 있다는 것을 당시의 공포정치 상황에서 모르는 사람은 없었다.

1946년 11월 3일 공산당이 주일에 선거를 할 때도 박 목사는 앞장서서 반대했다. 강양욱과 박경구는 영원한 숙적이었는가? 아니다. 강양욱이 공산당이었기에 목사와 벨리알이 타협할 수 없었던 것이다.

1950년 6월 25일 공산군이 남침을 시작한 아침, 내무서원들이 서부교회 사택으로 들이닥쳐 박경구 목사와 의논할 일이 있다고 연행해 가서는 잔인하게 고문하였다. 몸이 찢기고 손가락과 발가락이 모조리 부서지도록 고문을 당하던 그는 결국 그곳에서 숨을 거두었다. 그토록 강양욱의 미움을 받은 것이다. 진실로 고귀한 순교의 최후였다.

정치공작대 습격 직전에 강양욱에게 망신을 준 김인준 목사, 강양욱과 유난히 가까웠으나 조선 그리스도 연맹 문제에는 양보가 없었던 조순천 목사와 박경구 목사의 희생에는 정치공작대의 습격 사건으로 인한 강양욱의 보복심리가 작용했다.

한편, 당시 강양욱의 처지를 살피면, 정치공작대의 습격 사건은 강양욱에게 유리하게 작용한 면이 있다. 북한의 집권층 내부에는 강양욱 반대파가 많았다. 강양욱은 김일성과 함께 항일무장투쟁을 같이한 그룹이 아니었고, 두드러진 항일 전력도 없었으며, 오히려 공산정권과는 여러 면에서 대립하는 기독교의 목사였다.

강양욱의 이와 같은 형편은 〈평양신문〉 기사의 다음과 같은 대목을 통해 잘 알 수 있다. "그러나 강양욱 선생의 활동이 처음부터 순조롭게만 된 것은 아니었다. 전후에 당과 국가의 요직에 들어앉아 있던 반당 반혁명 종파 분자들의 목사인 그가 어떻게 국가의 책임격인 직임에서 사업할 수 있을까 여겨졌다."

박창환은 신앙을 지키기 위해 일제에 이어 공산당에도 맞서다 순교하신 아버지의 모습을 지켜보았다. 박경구 목사는 장남 박창환에게 편지하기를, "너는 대를 이어 목사 되어야 한다. 가족회의에서 결정했다"라고 전했다. 이후 평양신학교에 다니던 아들 창환에게 서울로 가서 신학을 공부할 것을 다시 권유했다.

박창환은 1924년생으로 오산고등학교를 졸업하고 1944년 4월 장로회신학교에 입학했다. 그는 1948년 7월 9일 서울 장로회신학교 제1회 졸업생이 되어 목회자의 길을 걷기로 했다. 학업에 매진한 박창환은 홍익대학 영문과를 거쳐 미국 뉴욕의 성서신학교와 프린스턴 신학교에서 공부하고 대를 이은 목회자 가문의 전통은 4대로 이어졌다.

박창환 목사가 아버지의 순교 사실을 알게 된 것은 신비한 일이었다. 풍문에 아버지가 토막토막 잘려서 죽었다는 말을 오래전부터 들었다. 그러나 확인할 도리가 없었다. 그러다가 장신대 학장이 된 직후(1983년 봄)에 한경직 목사가 박창환 목사더러 "미국 애틀랜타에 가서 앨라바마 대학 교수인 김영혁 박사를 만나라"고 말했다.

그래서 여름 방학에 아내와 함께 애틀랜타에 가서 김 박사를 만났다. 그는 황해도 장연읍에서 자랐고, 박창환 목사의 아버지 교회에 출석하며 아버지에게 세례를 받았고 영어도 배웠다. 그리고 그가 재령에서 결혼식을 할 때에 아버지가 그에게 축하의 의미로 시 한 귀를 적어주었다. 김 박사는 박경구 목사의 시를 암송하고 있었고, 박창환 목사 앞에서 그것을 자기 수첩 한 페이지에 적어서 주었다.

1. 이날이 평화의 날
   기억도 새롭건만
   아직도 이 땅에는
   평화론 곳이 없어
   찾고 또 찾으려네
   너도 나도 하도다
2. 두 몸이 서로 합해
   못할 일이 없을 고나
   두 몸이 한 몸이 되어
   한 집을 이룩하니
   온 집안 평화론 봄바람이
   널리 퍼쳐지이다
3. 높으신 하나님을
   일평생 받들어서
   이상을 하늘같이
   실행을 힘차게 해
   천추의 남기울 높은 이름
   전해주기 비노라

그가 박창환 목사에게 아버지 박경구 목사의 소식을 좀 더 생생하게 들려주었다. 그가 남하하여 미8군에서 근무하며 노무자 감독을 하고 있었는데 노무자 중에 같은 고향의 장연 출신이 있었다. 그 사람이 바로 해주 감방에서 박경구 목사의 순교 현장을 목격한 사람이었다.

그는 장연읍에서 폭력배로 있다가 해주감옥에 수감되어 있었고, 그 마지막 날 처형장에 같이 모여서 장연읍 서부교회 목사 박경구가 순교당하는 현장을 목격했다. 그는 완력이 있고 또 재수가 좋아서 총에 맞지도 않았고 불타는 감옥에서 빠져나왔다. 그리고 서울까지 와서 미8군 노무자로 일을 하다가 동향 사람 김영혁 감독을 만나서 고향 이야기를 하는 중에 그의 목격담을 털어놓았다.

박경구 목사의 순교 날이 음력으로 9월 5일이었다는 것은 다른 자료를 통해서 알았다. 장연읍 동부교회 장로이며 장연 일대의 거물이었던 박상설 장로도 같은 날 처형당했는데 그 자부인 사람이 서울에서 박창환 목사를 만나서 그날을 알려주었다. 그날이 양력으로는 어떤 날인지 알 수 없어서 그냥 지나고 있었는데 김종춘 목사가 컴퓨터로 알아보았다고 하면서 알려주었.

1950년 10월 15일(주)이라고 했다. 김영혁 박사는 미군 노무자 감독을 하다가 미국 유학 가서 공부하고 출세한 재사(才士)였다. 그의 여동생은 장연에서 박창환 목사의 여동생 정연이와 친구이기도 했다.

박창환 목사는 장남이고 밑으로 여러 명의 여동생이 있었으며, 남동생도 한 명 태어났다. 숙환(淑環)이 박창환 목사 다음에 태어난 여동생이었는데 일찍 병사했다. 다음에 창연(昶姸), 정연(貞姸), 옥연(玉姸), 주연(珠姸)이 출생했고, 그다음에 태어난 신자는 어릴 때 침촌에서 병사했다. 해방 후에 남동생 창헌과 혜연이 태어났으며, 혜연 역시 병사했다. 6·25 전쟁에 아버지가 해주감옥에서 순교했고, 그 많은 식구를 거느리고 고생하던 어머니는 13년을 더 사시다가 돌아가셨다는 것이었다.

　1980년대 말에 조동진 목사와 그의 동생이자 박창환 목사의 매제인 조동소 목사가 여러 번 북한을 방문했고, 그들을 통해서 박창환 목사는 남은 형제들의 소식을 알 수 있었다. 즉 조동진 목사 형제는 그들의 가까운 친척들이 북한에서 공산당 간부의 위치에 있었기에 그들을 통하여 박창환 목사 식구들의 소식을 수소문한 것이었다. 박창환 목사의 어머니가 돌아가셨다는 것, 창연과 주연이 황해도 송화 근방에 살고 있다는 것, 옥연과 남동생 창헌은 행방불명이라는 것을 알려왔다.

　북한에 남아 있는 동생들을 방문해 보라는 의견들을 제기했으나 박창환 목사는 사양했다. 북한 당국의 방침이 순교자의 가족들은 면담을 허락하지 않는 것이기에 방북해도 그들을 만나지 못할 것이고, 행여 그들을 만난다 해도 결국 그들에게는 감시요, 간섭이요, 여러 가지 어려움을 주는 것이 될 것이기에 방북을 자제했다. 하나님의 때가 오기를 기도하면서 기다리는 수밖에 없었다.

　이스라엘 백성이 나라를 잃고 바벨론에 포로 되어 갔을 때 하나님은 70년이라는 기한을 정해주시며 남은 자들의 귀환을 약속하셨다. 그러면서도 10년을 감하여 60년 만에 귀환하게 하신 역사가 있기에 박창환 목사는 우리 민족에게도 모종의 계획이 있을 것으로 믿었다. 어쨌든 전능자 하나님의 간섭과 역사에 의해서만 이 난제가 풀릴 것으로 믿고 하나님의 섭리를 기다리는 길밖에 없다고 그는 생각했다.

　박창환 목사의 아들 박호진은 사업을 하다가 하나님의 부르심을 받고 뒤늦게 신학 공부를 했다. 1999년 장신대를 졸업한 박호진은 서울동남노회에서 안수받고 목사가 되어 명성교회에서 부교역자로 사역했다. 순교신앙이 흐르는 가계의 영향이었을까. 이후 박호진 목사는 한국교회 순교자 기념사업회에서 한국교회의 순교역사를 후대에 알리는 일에 헌신했다.

그리고 그의 아들 박범 씨가 목사 안수를 받게 된 것이다. 21명의 안수자 명단이 호명되었고 각 안수자는 단에 올라 무릎을 꿇었다. 뒤이어 단에 오르는 선배 목회자들 중에는 박범 목사의 아버지 박호진 목사와 할아버지 박창환 목사가 있었다. 아들과 손자의 머리에 손을 얹은 두 선배 목회자의 눈에서는 눈물이 쏟아졌다. 감격의 눈물이었다.

"너무 감격했습니다. 뭐라 할 말이 없죠. 5대 목회자라. 책임도 무겁고 이제 안수받은 박범 목사가 좋은 목사가 되길 기도해야겠죠." 할아버지 박창환 목사는 손자의 일이라 그런지 무척 말을 아꼈다. 옆에 있던 아버지 박호진 목사도 "좋은 목사"가 되라고 당부했다. 박 목사는 "목회가 힘든 때인데 흔들리지 않는 목회자가 되길 기도한다. 세파에 흔들리지 않는 올곧은 목회자가 되어라"라고 당부했다.

신앙의 열정이 무척 컸다는 박범 목사, 그는 군 제대하고 3개월이나 더 군인교회에서 교회학교 학생들을 돌봤을 정도로 '뜨거운 청년'이었다. 항공대를 졸업하고 항공기술자가 되려고 했던 박범 목사는 군 복무 중 매일 새벽기도에 참석해 기도하면서 신학의 길로 이끄시는 하나님의 인도를 체험했다.

현재 연신교회에서 사역 중인 박범 목사는 조만간 공부하던 미국 뉴욕의 뉴브런즈웍 대학교로 돌아가 학업을 마칠 예정이다. "할아버지처럼 학자가 되기보다는 목회에 도움이 되는 공부를 더 하고 싶습니다. 그보다 목회자상을 잘 갖는 것이 중요한데, '한 영혼을 위해 눈물 흘리는 목회자가 되라. 하나님을 사랑하는 목회자가 되어야 한다'

는 할아버지와 아버지의 조언에 따라 겸손한 목회자가 되겠습니다."

목사 안수식 후 친지들이 모인 자리에서 이순창 목사는 "너무 기쁜 날"이라면서, 5대 목회자 배출을 축하했다. 이순창 목사는 "5대 목사가 한 신학교에서 배출되었고 모두 한 교단이다. 한국교회 역사에서 귀한 일이고, 이 가문에 복이 많다. 오늘 임직의 기쁨을 말로 표현할 수 없다. 특히 박범 목사가 우리 교회에서 사역하는 것도 기쁘고 감사한 일이다"라고 했고, 박범 목사는 "늘 사랑으로 지도해주신 이순창 목사님과 연신교회 당회의 관심으로 오늘 이 자리까지 올 수 있었다. 그 사랑에 깊이 감사드린다"라고 답했다.

박범 목사는 말했다. "북한 체제는 미워요. 증조부는 해주 감옥에서 '순악질 박 목사'로 불렸대요. 북한 체제를 끝까지 거부해 '총알도 아깝다'고 즉각 처형하지 않았답니다. 팔다리를 부러뜨리고 살을 찢는 고문을 했다고 당시 감옥에서 살아남은 분이 할아버지께 증언했어요. 하지만 사람을 미워하진 않아요. 내 양을 먹이고 한 영혼을 소중히 하는 건 목회자의 기본자세이지요. 그들도 구원받을 대상이고요. 북한의 통치체제가 기독교를 받아들이는 게 먼저일 거고요, 그런 움직임도 남북 화해 시대에 반영되었으면 좋겠어요."

한국교회에서 파악한 한국전쟁 기독교인 순교자는 190명이었다. 경기도 용인 추계리에 있는 '한국기독교 순교자 기념관'에 이들의 존영(尊影)이 안치되어 있다.

1866년 평양 대동강변에서 순교한 영국 출신 로버트 저메인 토마스 선교사로부터 일제강점기 한국전쟁에 이어 2007년 아프가니스탄 피랍 사태까지 총 265명의 순교자가 있었다. 이 가운데 손양원 목사, 문준경 전도사 같은 6·25 전쟁 순교자가 72%를 차지했다. 기념관을 지키는 김순식 목사는 "2,000명이 넘는 기독교 순교자 가운데 증언과 자료가 수집된 분들 위주로 일부만 모신 것"이라고 말했다.

순교자 기념관 입구에 들어서면 혜촌 김학수 화백이 그린 평양 대동강변의 토마스 선교사 순교 모습이 1층 벽면에 걸려 있다. 그 위에는 역시 대형 사진으로 1984년 8월 15일 옛 서울 여의도광장 전체를 뒤덮은 100만 성도들이 한국교회 선교 100주년 기념 예배를 드리는 모습이 전시되어 있다. 당시 8월 15일부터 나흘간 350만 명의 기독교인들이 지금의 국민일보 앞 여의도공원 자리에 모여 예배를 드렸다. 하나의 밀알이 땅에 떨어져 복음의 씨앗을 뿌리고 수백만 배 열매를 맺은 한국 기독교의 역사를 웅변하고 있다.

교회는 순교자들의 피 위에 세워졌다. 한국 기독교도 예외가 아니었다. 박범 목사는 증조부인 박경구 목사가 목숨을 버리면서까지 신앙을 지키려 했던 이유에 대해 다음과 같이 말했다. "저는 자유의지라 봅니다. 월남할 수 있었으나 스스로 신앙과 교회를 지키려는 의지가 강했어요. 목숨이 위태롭더라도 하나님 편에서 스스로 찾아가는 것. 그런 자유의지를 북에 알려주고 들려주고 싶어요."

### 박창환(朴昶煥) 목사의 유서

나의 육신 목숨이 어느 순간에 끊어질지 모를 일이다. 하나님이 나에게 생명을 주시고 이 땅 여러 곳에서 살게 하셨다. 나의 지난날들을 회고해 보면 한마디로 말해서 하나님의 축복이 차고도 넘쳤다. 여한이 없다. 그저 감사할 뿐이다. 나의 육체가 점점 약해지고 어느 순간에 목숨이 끊어질지 모르기 때문에 마지막으로 남겨두어야 할 말이 있을 것 같아서 컴퓨터 자판 앞에 앉았다.

하나님과 나, 하나님께는 내가 죽는 순간, 곧바로 그 앞에 면대하고 설 것이기에 여기서 할 말이 없고 할 필요도 없다.

자연과 나, 나는 하나님이 만드신 아름다운 자연 속에서 살아왔다. 강산도 많이 변하고 나도 따라서 변해왔다. 자연 속에 나를 두신 하나님은 자연에 대한 모종의 책임을 나에게 맡기시지 않았겠는가. 자연을 사랑하고 아끼고 가꾸고 발전시키고 더 아름답고 바람직한 상태로 변화시켜야 하는 책임이 주어진 것인데 과연 나는 자연에 대한 나의 책임을 다했는가? 아쉽다.

적극적인 생각과 행위로 그 의무를 감당하지 못한 것을 부끄럽게, 그리고 미안하게 생각하며 하나님과 자연 앞에 뉘우친다. 나는 자연을 사랑한다. 가능한 한 자연을 보살피려고 노력했다. 그러나 어떻게 하는 것이 최선인지를 알지 못했고, 연구하지 않았기 때문에 무지해서 제대로 못한 것이 솔직한 고백이었다. 하나님 앞에 서면 나의 이 모자람에 대한 추궁을 당할 것이라는 예감을 가졌다.

이웃과 나, 이웃에 대해서는 자기 몸처럼 사랑하라는 계명(레 19:18)을 알고 또 그래야 한다고 남을 가르치면서도 너무나 무성의했던 것을 고백한다. 바리새인들의 태도였다고 할까? 남들에게 사랑을 가르치면서도 나 스스로는 적극적으로 사랑을 실천하지 못한 것을 자백한다. 남을 미워한 적은 없다. 일부러 손해를 끼치려는 생각을 한 적은 더더욱 없는 것 같다. 그러나 적극적으로 사랑을 실천한 일이 별로 없었다는 말이다. World Vision을 통하여 에티오피아와 엘살바도르 어린이들 몇을 돕는 일을 수십 년 해왔다. 먼저 간 나의 처 수삼이 많은 사람에게 도움을 준 것을 내가 알고 있다. 나는 그만큼 이웃을 사랑하는 행동을 하지 못한 것을 뉘우친다.

전 세계 특히 북한의 굶주리는 이웃을 불쌍히 여기는 마음이 있어 그들을 위해 기도는 하면서도 행함이 없는 기도뿐이었으니 그게 무슨 소용이 있는가.

목사와 신학 교수로서의 나는 스스로 목사가 될 재질이나 자격이 없다고 생각했던 사람이었다. 그러나 오산고등보통학교 4학년 때 가족회의 결의로 나에게 목사가 되라는 명령이 떨어졌을 때, 일단 항거했다. 그러나 어머니의 위압적인 책망과 권면에 굴복하고, 타의에 의해서 목사 수련의 길로 들어섰다.

성실한 목사, 목사다운 목사가 되려는 마음을 가졌다. 적어도 음악을 아는 목사가 되어야 한다는 생각으로 일본 동경 유학을 하며 음악공부를 하기도 했다. 참으로 목사가 되는 것이 무엇인지 모르면서 더없이 존경스러운 부친을 모시는 부목사가 되려는 것이 내가 처음 가졌던 이상이었다.

그러나 부친을 닮는 목사가 되어 그를 돕는 목회자가 되려던 꿈은 6·25 전쟁에 순교하신 부친의 서거(逝去) 때문에 깨지고 말았다. 목사가 되는 일은 황해노회 목사 후보생이었던 나에게 자연적으로 오는 절차였다. 1952년 봄, 부산에서 모인 피난 황해노회에서 부친의 친구인 김정묵(金晶默) 목사의 안수 기도를 받으면서 정식 목사가 되었다. 그러나 일반 교회를 목회하는 목사의 길은 주어지지 않았다. 꿈도 꾸지 않았던 신학 교수의 길이 나에게 주어졌다.

하나님은 한국장로교회 과도기에 필요한 도구로 사용하시려고 나를 부르신 것으로 생각된다. 자격이 있어서가 아니라 아무도 없으므로 무자격자인 내가 나름대로 사용되어야 하는 처지였다. 무호동중이작호(無虎洞中狸作虎) 격이었다고나 할까. 대용품으로나마 사용하시려고 하나님은 나를 인도하셨다. 학문이 학문을 낳는 법이다. 초창기 한국교회 지도자들은 학자들이 아니었기에 학자를 길러낼 수 없었다.

나도 자각하지 못하는 가운데 하나님은 학문의 씨를 내 속에 뿌려 주셨다. 성경 원어를 익히고 역사 비평학을 공부하는 것이 신학을 제대로 할 수 있는 기초가 되는 것인데 하나님은 남들이 하려고 하지 않는 성경 원어 공부에 대한 열정을 나에게 주셨다. 나는 왜인지도 모르고 열심히 성경 원어 공부에 몰두했다. 특별히 잘했다는 말은 아니다. 그런 운동이 거의 없는 시대에 초보적인 나에게 의욕을 주셨고, 다소나마 한국 신학 교육과 교회에 도움이 되었다고 자부했다.

한국에서는 최초로 히브리어 교본, 헬라어 교본과 헬라어 사전을 만들었고, 그것들이 한국의 많은 신학교의 교재로 사용된 것은 하나님의 섭리 가운데서 이루어진 쾌거라고 생각하며 감사한다. 1961년에 대한성서공회 위촉으로 신약성경 번역 초역 책임을 맡고 그 결실이 1967년 신약성경 새번역이라는 이름으로 완성되었고, 이어서 신약 공동번역 작업에 참여하여 1971년 부활절을 기하여 완성된 것도 의미 있는 일이었다.

신학교 교재가 전무하던 시기에 신약성서 개론(1964), 신약성서 신학(1963) 공저 작업에 참여했고, 성경 형성사(1969)를 집필하여, TEF(Theological Education Fund)의 후원으로 출간하게 된 것도 과도기적 결실로서 의미 있는 일들이었다. 그 작업에 내가 사용된 영예를 가졌다는 것을 하나님께 감사할 수밖에 없다. 장로회 총회 교육부가 교단 장년부 성경교재 저술 작업을 1982년에 나에게 맡겼고, 그 결실이 2007년에 22권 총서로 나왔다. 한국교회를 위하여 미력이나 공헌할 수 있는 영광을 받았다.

하나님께서 부족한 나를 들어서 하신 일 세 가지를 잊을 수 없다. 1) 조국 광복과 함께 요구된 성경 새번역 작업에 하나님께서 나를 써 주셨다. 1961년 대한성서공회 주관으로 시작된 신약 새번역 작업에 내가 초역자로 선발되었고, 신약 새번역이 1967년에 출판되어 빛을 보았다. 그러나 그것은 위원회의 작업이었고, 외부의 많은 간섭 특히 보수 교단들의 간섭 때문에 초역자인 나의 의견이 무시된 채 괴이한 번역서가 되고 말았다. 그래서 나 홀로의 사역 작업을 통하여 2007년에 나의 사역(私譯)이 출판되었다.

2) 1982년에 내가 속한 통합 측 장로교회가 장년들을 위한 성경교재를 만들기로 작정하고 그 작업을 나에게 위촉했기에 그 작업을 오랫동안 해서 2016년 끝냈다. 구약 14권, 신약 8권으로 된 평신도 성경교재였다.

3) 내가 1991년부터 미국 LA에서 장로회신학교 대학원 책임을 지고 가르치던 중 1994년에 북한의 김일성이 죽었다는 소식을 들었다. 김일성이 죽었으니 38선이 곧 열리지 않을까 하는 성급한 생각을 하면서 다짜고짜 서울로 나갔다. 38선이 열리기를 기다리면서 남한에서 무언가 교회에 공헌할 수 있는 일을 찾다가, 설교하는 목사들을 돕는 작업을 해보기로 하고 한국성경연구원을 조직했다. 내가 본 입장에서 한국교회의 문제는 설교자들이 성경에서 벗어난 설교를 하고 있다고 보였기 때문이었다.

대교회 주의에 빠진 많은 목사가 바쁘기에 성경을 연구할 짬이 없었다. 그리고 성경해석 방법론을 신학교에서 가르치지 않았기 때문에 성경을 읽어도 그 뜻을 바로 이해하지 못하고 주관적으로 마구 해석하고 설교하는 것 때문에 참된 설교가 될 수 없다는 것이 나의 판단이었다.

그래서 그런 형편을 타개하기 위해서 설교 본문들을 학자들로 연구하게 하고, 그것을 모아 잡지에 실어서 설교자들에게 제공하는 작업을 하기로 했다. 많은 양의 성경을 다 해석할 도리가 없기에 성경

일과표에 들어 있는 것만이라도 하기로 했다. 그것만도 12년이 소요되는 작업이었다. 1994년 11월에 시작한 그 작업이 2007년에 끝났다. 이렇게 해서 나에게 맡겨진 숙제 세 가지를 마친 셈이었다. 고마운 일이 아닐 수 없다.

장로회신학대학에서 가르치는 사역은 1948년, 즉 그 학교를 졸업하는 즉시 시작했다. 그것도 전혀 꿈도 꾸지 않았던 일이고 과분한 일이었다. 신학교를 졸업했으나 38선은 막혀 있고 어디서도 나를 부르는 곳이 없었다. 그러나 느닷없이 박형룡 교장께 신학교에서 어학을 가르치라는 명령을 받고 졸지에 신학교 전임 교수의 생활이 시작되었다. 하나님의 섭리가 아니고 무엇인가? 그저 하나님께 감사할 뿐이었다. 그렇게 시작된 장신대학교 교수 생활이 1988년까지 계속되었다.

그동안에 미국 유학 생활 3년, 1971~74년에 걸친 인도네시아(Indonesia) 선교 3년을 빼면 만 34년의 교수 생활이었다. 은퇴 후에도 약 4년간 객원교수로 가르친 일을 합하면 도합 38년의 장신대학 교수 생활을 한 셈이다. 아마도 누구보다도 가장 긴 신학 교수 생활을 한 사람이었다. 부족하지만 하나님께서 들어 써 주셨다고 믿고 감사할 뿐이다.

하나님은 나를 여러 번 선교지로 보내시어 일하게 하셨다. 인도네시아 선교사로서 방카(Banka) 섬, 숭아이리앗트(Sungailiat)의 Pra et Labora 교회 담임목사로 시무하면서 선교에 임했고, 1996~2001년에 걸쳐 러시아 모스크바 장로회신학대학 학장으로 만 5년간 봉사했고, 2009~2012년에는 중미 니카라과(Nicaragua)의 수도 마나과(Managua)의 신학교 학장으로 만 3년 봉사하는 영광을 가졌다. 남들이 별로 가지지 못한 경험들을 주신 하나님께 감사했다.

나에게 이렇게 다양한 기회를 주셨고, 여러 곳에서 즐겁게 일하면서 여기에 이르렀다. 조금도 여한이 없는 만족 또 만족의 생활을 하게 하신 하나님의 은혜는 헤아릴 수 없다. 이제는 하나님 앞에 가는 일만 남았다. 내가 바라는 것은 나의 친할아버지가 가신 죽음의 길을 나에게도 주셨으면 좋겠다. 분에 넘치는 욕심이기는 하지만 말이다.

할아버지는 당신이 돌아가실 날을 하나님께 듣고 계시다가 그 작정된 날(1946년 봄, 어떤 주일) 가족과 친지들을 다 불러모으고 제 부친의 임종 설교가 끝나자 숨을 거두셨다. 지병도 없이 건강한 몸을 가지신 채 70세 일기로 하늘로 불려가셨다. 광복과 함께 북한에 공산정권이 들어서면서 토지개혁을 한다는 소문이 파다한 시점이었다. 정직하게, 성실하게 일해서 자수성가하여 마련한 농토를 공산국가에 강제 몰수당하는 더러운 꼴을 보기 전에 깨끗하게 천사처럼 소천하셨다. 아! 참 부러운 죽음이었다. 나에게도 그런 죽음을 주시는 축복이 주어진다면 얼마나 좋을까!

죽은 몸은 곧 썩어져 없어진다. 아무 가치도 없는 분토 같은 나의 시체에 올 필요가 없다. 화장해서 날려 보내고 시체 때문에 자손이나 친지들이 어떤 수고도 하지 말기를 바란다. 나의 이 마지막 시간을 막내아들 선진 목사 가정과 그의 교회의 사랑을 받으면서 평안히 지낼 수 있으니 그 얼마나 큰 축복인가! 우리 가족과 친지들이여! 먼저 하늘나라에 가 있는 나의 영화로운 몸을 거기서 다시 만날 소망으로 나날의 삶에 충성하기를 바란다. (소기천 페이스북에서 옮겨옴, 2020.11.15)

16
# 김관주 목사(1904~1950)

　김관주(金冠柱)는 1904년 8월 평안남도 안주군 안주읍 미상리 558번지에서 안주동교회 김현하 영수와 김정숙 권사의 아들로 태어났다. 대대로 성리학을 중시하던 그 가정에 시집와서 남편과 아들에게 예수를 전해주신 분은 성수주일과 산기도에 전념하며 온 동네 사람들을 예수 믿게 한 그의 어머니 김정숙 권사였다.
　어머니 김정숙 권사는 결혼하기 전부터 예수를 믿었다. 시집온 후에는 예수 믿지 않는 온 식구를 예수 믿게 하려고 매일 새벽 산에 올라가 눈물로 기도했다. 그 기도는 평생 이어졌다. 결국, 남편을 예수 믿게 했고, 세 아들을 모두 예수 믿게 했다. 어머니의 신앙으로 남편이 예수를 믿어 영수가 되었고, 두 아들이 목사가 되었다.

김관주는 어려서부터 자연스레 복음을 접했다. 김관주는 숭실전문학교를 다닐 때 선교사들과 사귀었다. 그들의 도움으로 졸업하고 일본 유학을 했다. 유달리 명석한 머리로 동지사대학 법학부에 입학해서 두각을 나타내던 그는 불현듯 동경 일본신학교로 옮겼다. 법을 공부해서 법관이 되어 독립운동을 하던 동족을 구속하거나 재판하는 자신의 모습을 상상할 때 이것은 아니라고 여겨서 평소 생각하던 목회자의 길을 선택했다.

일본신학교를 졸업한 김관주는 일본에서 결혼한 여의사 아내와 막 태어난 아들 명혁을 데리고 1938년 신의주 제2교회에 부교역자로 부임했다. 당시 신의주 제2교회의 담임목사는 한경직 목사였는데 한 목사는 미국에서 돌아오는 길에 들른 일본에서 신학을 공부하고 있던 김관주를 만나 그의 믿음과 비전을 보고 훗날 자신의 동역자로 부른 것이었다. 당시 한 목사는 일제에 의해 요시찰인물로 지목되어 교회에서의 설교권이 많은 제약을 받고 있었기에 자신의 설교를 이어갈 목회자가 필요하다고 여겨서 당회를 열어 일본에 있는 김관주를 교회 부목사로 추천하여 청빙 승인을 받았다. 김관주 목사는 부임 1년 만에 교인들의 사랑받는 설교자요, 목회자로 자리매김했다.

1941년 일제는 태평양전쟁을 일으키면서 미국 선교사들을 일제히 추방하고, 미국에서 신학을 공부한 한경직 목사를 미 제국주의의 앞잡이라고 비난하며 신의주 제2교회 담임목사 자리에서 쫓아냈다. 1942년 한경직 목사는 일본 세력에 의해 신의주 제2교회에서 추방당하면서 김관주 목사를 후임으로 추천했다. 김관주 목사는 이처럼 뜻하지 않게 신의주 제2교회의 담임목사 역할을 하게 되었다.

김관주 목사는 목회하면서 항상 한복에 고무신을 신었다. 그리고 일본어를 잘했지만 일제의 탄압에도 불구하고 강단에서 설교와 기도할 때마다 한국어를 사용했다. 학생들에게 성경공부를 얼마나 쉽게 열심히 가르치는지 인기가 대단했다. 한편, 일본에서 의학을 공부한 아내는 교회 안에 애린의원이라는 병원을 세워 의사로 헌신했다.

김관주 목사는 정치력도 있어 일제 말기 교회와의 마찰을 잘 해결하곤 했다. 한경직 목사의 〈장로 시무 핸드북〉이라는 회고록에 보면, "김관주 목사는 유능한 설교자, 학자풍에 성격은 강직하고 진실하고 능력도 있어 일제 말기 당국과의 마찰에서 교회의 어려움을 잘 해결해서 교회의 환영을 받았다"라고 기록되어 있다.

의산노회장까지 맡으며 선교 활동을 했던 김 목사는 신사참배에 협조하라고 했지만 "하나님의 사명자로서 이 부분은 절대 안 된다"라고 한 치의 양보도 하지 않았다. 일제가 위협도 하고 폭력을 가하기도 했으나 항상 고개를 가로저었다. "당신들은 일본 유학을 한 나를 일본통으로 몰아 신사참배에 협조하라고 하지만 하나님의 사명자로서 이 부분은 절대 안 됩니다." 결국 김관주 목사에게 돌아온 것은 형벌이었다. 신의주감옥에 수감된 김관주 목사는 1년 8개월 옥고를 치렀다.

김관주 목사의 아들 김명혁 목사는 당시를 이렇게 회상했다. "신의주 감옥에 갇혀 있던 아버지를 뵙기 위해 어머니와 동생과 함께 감옥을 찾아가곤 했습니다. 아버지는 일제의 신사참배 강요에 한 치의 양보도 없이 절대 반대하다가 감옥에 투옥되었습니다. 우리는 아버지를 직접 뵙지 못하고 감옥 담장 밖에서 목소리를 돋우어서 노래를 부리거나 소리쳐 아버지를 부르곤 했습니다. 그때 나는 아버지가 들으시라고 목소리를 돋우어 '뜸북 뜸북 뜸북새 논에서 울고 뻐꾹 뻐꾹 뻐꾹새 숲에서 울제 우리 오빠 말 타고 서울 가시며 비단 구두 사가지고 오신다더니'(최순애 시, 1925년 작시, 박태준 곡, 1930년 작곡)라는 노래를 불렀고, '아버지! 아버지! 아버지!'라 소리를 질렀습니다."

김관주 목사는 해방된 뒤에도 신의주 제2교회에서 목회했다. 그런데 이번에는 북한에 들어선 공산정권이 그를 가만두지 않았다. 소련이 참여하는 정치에 협조할 것을 강요받았으나 이를 거부하자 압력을 가했다.

당시 의산노회장이던 김 목사는 1946년 3월 1일 해방 후 첫 번째 3·1 운동 기념식을 신의주 동교회에서 개최했다. 이날 공산주의자들이 교회에 난입하여 강단과 성경을 훼파한 후 사회하던 김석구 목사를 끌어내어 시내를 일주하며 갖은 야유와 모욕을 가했다. 이러한 만행은 곳곳에서 일어났다.

더 이상의 신의주 목회가 어렵게 된 김관주 목사는 1946년 5월 신의주 제2교회를 사임하고 고향 안주에 돌아와 무임 목사로 안거하며 기도 중 1947년 평양 서문밖교회 청빙을 받았다. 마침 평양에서는 기독교 자유당을 결성해 기독교 정신을 펼치자는 정치 운동이 전개되었다. 김관주 목사도 이 일에 동참하여 조만식 장로가 이끄는 기독교 민주당 창당에 관여하였다. 그러나 1947년 11월 창당 거사 하루를 앞두고 김화식 목사와 김관주 목사 등 주동자들이 검거되었다.

김관주 목사는 평양 인근 사동 탄광 강제 노역형에 처해졌다. 이때 김일성의 외숙인 강양욱 목사가 당시 장로회신학교에 다니던 김관주 목사의 조카 김명식을 보내 손잡고 일할 것을 권유했으나 이를 거절했다. "내가 그들에게 협조할 것 같으면 벌써 이런 고생을 하지 않는다네. 아무리 강양욱 목사가 그런 부탁을 하더라도 두 번 다시 내 앞에서 그런 말 하지 말게. 아마 내가 소련으로 보내질 것 같으니 소련어 사전이나 한 권 구해주겠나." 김명식 목사는 사전을 구하지 못하고 러시아어 책만 구해 전해주었다. 이것이 삼촌 김관주 목사와의 마지막 만남이었다.

김명혁 목사는 사동으로 아버지 김관주 목사를 찾아가곤 했다. "나는 어머니와 함께 사동 탄광에 찾아가곤 했는데 죄수복을 입은 아버지를 몇 번 만나 뵌 기억이 납니다. 아버지는 사동 탄광에서 중노동을 하면서도 동료 죄수들의 존경을 받고 간수들의 신임을 받는 죄수였다고 들었습니다. 나는 아버지로부터 신앙적인 감화를 은은하게 받았습니다." 김관주 목사는 강한 목사였다.

"우리가 이 직분이 비방을 받지 않게 하려고 무엇에든지 아무에게도 거리끼지 않게 하고 오직 모든 일에 하나님의 일꾼으로 자천하여 많이 견디는 것과 환난과 궁핍과 고난과 매 맞음과 갇힘과 난동와 수고로움과 자지 못함과 먹지 못함 가운데서도 깨끗함과 지식과 오래 참음과 자비함과 성령의 감화와 거짓이 없는 사랑과 진리의 말씀과 하나님의 능력으로 의의 무기를 좌우에 가지고 영광과 욕됨으로 그러했으며 악한 이름과 아름다운 이름으로 그러했느니라 우리는 속이는 자 같으나 참되고 무명한 자 같으나 유명한 자요 죽은 자 같으나 보라 우리가 살아 있고 징계를 받는 자 같으나 죽임을 당하지 아니하고 근심하는 자 같으나 항상 기뻐하고 가난한 자 같으나 많은 사람을 부요하게 하고 아무것도 없는 자 같으나 모든 것을 가진 자로다…너희는 믿지 않는 자와 멍에를 함께 메지 말라 의와 불법이 어찌 함께하며 빛과 어둠이 어찌 사귀며 그리스도와 벨리알이 어찌 조화되며 믿는 자와 믿지 않는 자가 어찌 상관하며 하나님의 성전과 우상이 어찌 일치가 되리요 우리는 살아 계신 하나님의 성전이라 이같이 하나님께서 이르시되 내가 그들 가운에 거하며 두루 행하여 나는 그들의 하나님이 되고 그들은 나의 백성이 되리라 그러므로 너희는 그들 중에서 나와서 따로 있고 부정한 것을 만지지 말라 내가 너희를 영접하여 너희에게 아버지가 되고 너희는 내게 자녀가 되리라 전능하신 주의 말씀이니라"(고후 6:3-10, 14-18).

"신앙 절개를 지키기 위해서는 고난도 받아야 한다는 교훈을 실제로 받았습니다. 내가 평양 제5인민학교에 다닐 때 일요일 학교에 오지 않는다는 이유로 2년 동안 월요일마다 벌을 서고 매를 맞고 정학까지 당하면서도 주일 성수를 끝까지 고수했던 이유도 아버지의 신앙적인 감화와 교훈이라고 생각합니다"라고 아들 김명혁 목사는 말하였다.

당시 만 열한 살이던 김명혁이 마지막으로 사동 탄광을 찾아 아버지를 뵌 것이 1948년 7월이었다. "몇 시간을 뙤약볕 밑에서 기다린 끝에 탄광에서 나오는 아버지를 만날 수 있었어요. 강대상 위에서 설교하시던 근엄한 모습 대신 땀과 석탄가루가 뒤엉킨 마른 모습이었지요. 남루한 작업복 차림이지만 나를 반갑게 맞아주시며 환하게 웃으시던 모습이 눈에 선합니다."

김명혁은 이때 자신이 주일 성수와 신앙의 자유가 있는 남한으로 내려가겠다고 말했다. 김관주 목사는 아들을 한참 바라보다가 말했다. "그래, 너만이라도 제대로 하나님을 섬기고 살 수 있다면…" 김관주 목사의 얼굴에 굵은 눈물방울이 흘렀다. 이것이 김명혁 목사가 본 아버지의 마지막 모습이자 음성이었다. 결국, 다음 달인 1948년 8월 주일 성수를 위해서 김명혁 소년은 혼자서 38선을 넘어 월남하였다.

이후 김관주 목사의 마지막에 대해 정확한 자료는 없으나 사동 탄광의 정치범들이 6·25 이틀 전에 모두 사살된 것으로 미루어, 이 때 순교한 것으로 가족들은 생각했다. 그 후 10월 29일 국군이 평양을 탈환했을 때 평양형무소 시체 더미에서도 김관주 목사의 시체를 찾지 못했다.

김관주 목사는 누구보다 주님과 교회를 사랑한 충성스러운 주님의 종이었다. 김관주 목사가 좋아하던 성경 말씀은 "네가 죽도록 충성하라"(계 2:10 하)는 말씀이었다.

신앙의 절개를 지키며 47세 나이에 북한 공산당에 의해 순교한 김관주 목사는 그를 기억하는 많은 사람에 의해 아직도 고귀한 인품과 강직한 신앙이 말로 전해지고 있다. 더구나 맏아들 김명혁 목사에 의해 목회 유업이 성공적으로 전수되고 있어 이 땅에 뿌려진 순교의 피가 헛되지 않았음을 보여주었다.

김관주 목사의 강직한 성품을 이어 단신 월남한 아들 김명혁 목사는 성공적인 목회를 했다. 김명혁 목사는 서울 중·고와 서울대 사학과를 졸업한 후 미국 웨스트민스터대학, 예일대학교 신학대학원, 풀러신학교 신학원 등을 졸업하고 철학박사 학위를 받았다. 합동신학교 교수로, 또 강변교회 담임목사로, 한국세계선교협의회 공동회장으로 활발히 활동했으며, 특히 북한선교에 다방면으로 지원했다.

"하나님께서는 제게 많은 기회와 복을 주셨습니다. 부친의 목회와 고난을 목격한 저로서 아버님이 못하신 목회 사역을 제가 배로 하겠다는 각오를 항상 다지고 있습니다." 김명혁 목사는 "한경직 목사님이 저를 볼 때마다 제 부친이 생각나신다며 제 손을 꼭 잡아주시곤 하셨습니다. 또 서문밖교회를 다니셨던 이승만 목사와 숭실대

총장을 지낸 김치선 박사도 아버님을 회고하며 격려와 용기를 주셨습니다"라고 말했다.

신의주 제2교회 출신으로 서울대학교 법과대학을 졸업하고 법대 학장을 지낸 분 김치선의 회고담이다.

"김관주 목사님께서 신의주 제2교회에서 목회를 시작하실 무렵 나는 중학생이었으며, 총독정치가 점점 기독교를 탄압하고 교역자들의 목회 활동을 감시 내지는 시찰을 강화하였습니다. 김관주 목사는 될 수 있으면 일본어를 사용하지 않으셨습니다. 당시 일본 신학을 졸업하셨기에 일본어를 문법적으로 또는 발음에 있어 능하실 터인데도 의식적으로 부자유스럽게 표현하셨고, 기회가 있을 때마다 한국어로 설교하고 기도하셨습니다. 목사님의 옷차림은 항상 한복을 입으셨습니다. 심방 오실 때에도 꼭 두루마기를 입으시고 고무신을 신으셨습니다. 당시에는 대부분의 한국 사람은 외출복으로 양복과 구두를 신었습니다.

1946년 나의 결혼식을 주례해 주셨으며, 그때에도 한복 차림으로 수고하셨는데 매우 뜻 있었습니다. 1945년 8·15 해방이 되고 공산군의 교회 활동에 대한 감시가 시작될 때 약 2개월간 중·고등학교 성경공부를 할 때 교회 종각 밀실에서 목사님께서 인도하시던 모습이 아직도 기억이 새롭습니다."

김양선 목사는 그의 저서 《한국기독교 해방 십년사》에서 김관주 목사에 대하여 신의주와 평양에서 기독교 지도자로 민족독립 운동과 남북통일 운동에 적극적으로 참여했던 사실을 기술했다.

"1946년 해방 후 첫 번째 3·1절 기념행사를 신의주 동교회에서 수천 신도들이 모인 가운데 김석구 목사의 사회로 성대하게 거행했는데 공산당들이 3·1절 기념행사를 극심하게 반대했다. 공산도배들은 수천 군중을 이끌고 동교회로 달려들어 강단과 성경을 훼파한 후 김석구 목사를 끌어내어 우차에 싣고 '민족 반역자' '미국의 주구' 등의 극악한 문구를 목에 걸어놓고 시내를 일주하며 갖은 야유와 모욕을 가했다.

의산노회장 김관주 목사는 공산도배의 이와 같은 만행을 남한에 알리기 위하여 3월 17일 신도대회를 소집하고 성토연설을 강행했다. 그러나 저들은 이것을 이유로 본격적인 교회 탄압을 시행했으며, 지목되는 지도자의 제거를 위하여는 수단을 가리지 않았다. 이 일로 인하여 김관주 목사는 감옥에 투옥되었다. 김관주 목사는 민족을 사랑하는 애국심과 정의를 사랑하는 의협심이 강했다."

그러나 한경직 목사도 그랬지만 김관주 목사가 편협한 민족주의자는 아니었다. 김관주 목사는 일본에 대한 분노나 증오심은 품지 않았고, 마지막까지 북한 동족을 사랑했다. 김양선 목사는 계속해서 다음과 같이 기술했다.

"해방 직후 신의주에서 한경직 목사를 중심으로 기독교 사회당이 결성되었던 것과 마찬가지로 평양에서는 김화식 목사를 중심으로 기독교 자유당의 결성이 준비, 진행되었다. 38선으로 남북이 분단되었으나 한번은 남북 통일정부 수립이 있을 것을 예상한 사회 지도자들은 민주주의 정부의 수립을 확보하기 위하여 기독교인을 기반으로 한 강력한 민주주의 정당조직을 계획하고 있었다.

1945년 11월 초 평양에서 장로회의 김관주와 김화식, 감리회의 송정근과 신석구 등이 기독교 자유당을 창립하려고 했으나 공산주의자들의 방해로 무산되었다. 최초에 이들은 평안북도 정주의 옥호동에서 기독교 자유당 조직을 위한 정강 등을 마련했으나 상황이 여의치 못해 쉽게 정당을 조직하지 못했는데 1947년 9월 23일 유엔총회에서 한국 문제를 논의할 것이 사실화되면서 남북 통일정부의 수립은 가까운 일로 보였다. 김화식 목사와 김관주 목사, 황봉창 목사, 우경천 장로 등이 고한규 장로를 당수로 하여 기독교 자유당 결성을 추진하여 11월 19일 결당식을 거행하기로 했으나 하루 전인 11월 18일 내무서에 탐지되어 김화식 목사 등과 함께 투옥되었고, 그 후 평양 외곽에 있는 사동 탄광으로 옮겨져 그곳에서 복역하다가 6·25 전쟁 이틀 전인 1950년 6월 23일경 순교한 것으로 전해졌다."

1945년 해방 이후 조카 김명식 목사가 학생 시절 신의주에 와서 얼마 동안 함께 살았는데, 김명식 목사는 1996년 9월 8일 김명혁 목사에게 보낸 편지에서 그 당시의 상황을 이렇게 말했다.

"한경직 목사께서 일제 요시찰인물로 설교권을 박탈당하자 김관주 목사가 신의주 제2교회 동사 목사로 목회를 하셨다. 김관주 목사의 설교는 카랑카랑한 목소리의 강한 어조로 명령형이면서도 호소적이었는데 그때 받은 강한 인상을 지금도 잊을 수 없다. 예배 30분 전에는 강단 옆방에서 기도와 묵상으로 준비하고 있어 어떤 특별한 일이 아니면 만나기가 어려웠다."

김관주 목사가 설교 시 애용하여 주로 인용하신 구절은 "너는 장차 받을 고난을 두려워하지 말라 볼지어다 마귀가 장차 너희 가운데에서 몇 사람을 옥에 던져 시험을 받게 하리니 너희가 십 일 동안 환난을 받으리라 네가 죽도록 충성하라 그리하면 내가 생명의 관을 네게 주리라"(계 2:10), "이것을 너희에게 이르는 것은 너희로 내 안에서 평안을 누리게 하려 함이라 세상에서는 너희가 환난을 당하나 담대하라 내가 세상을 이기었노라"(요 16:33), "오직 성령의 열매는 사랑과 희락과 화평과 오래 참음과 자비와 양선과 충성과 온유와 절제니 이 같은 것을 금지할 법이 없느니라"(갈 5:22-23)라는 말씀이었다. 잘 부르신 찬송가는 "환난과 핍박 중에도", "주 안에 있는 나에게", "삼천리 반도 금수강산" 등이었다고 했다.

김관주 목사는 의산노회장으로 피선되었을 때 소련군이 의주교회당에 침입한 것을 인민위원회에 정식으로 항의하고 인민해방군이 무례하게 성전에 군화를 신고 침입한 것은 용서할 수 없는 일이라고 하여 사과를 받은 일이 있었다. 그 후 인민정치보위부 요원이 이남에서 왔다는 편지를 김관주 목사에게 전해주고 갔는데 이것을 빌미로 재수감 입건하여 조사를 받은 일이 있었다. 그 후 김관주 목사는 1947년에 평양 서문밖교회로 옮겨 목회했는데 목회를 시작하고 얼마 후 공산당에게 붙잡혀 감옥으로 갔다.

김관주 목사는 신의주에 있을 때나 평양에 있을 때 월남할 기회가 있었다. 그러나 김관주 목사는 주님과 교회와 양무리들을 사랑하는 마음으로 마지막까지 월남을 거부하고 북한 땅에 머물렀던 것이다.

김명식 목사는 당시 상황을 이렇게 기술했다.

"내가 사동 탄광에 김관주 목사님을 면회 갔을 때, 한번은 이런 제안한 적이 있다. 김일성 주석의 외숙인 강양욱 목사에게 말씀드려서 큰아버지를 석방하도록 하겠다고 했다. 그러니까 김관주 목사님께서는 다시는 그런 말을 입밖에도 내지 못하게 하셨다."

강양욱 목사는 이런 식으로 많은 목사를 회유했다. 그때마다 거절당하면 그가 누구든지 목회에서 쫓아내고 교회를 폐쇄하고 죽는 자리에 내몰았다. 이렇게 해서 북한에서 순교한 목사가 얼마인지 알 수 없다. 북한에서 목사들을 죽인 강양욱은 목사도 아니요, 평양신학교를 졸업한 선배와 동기, 후배인 목사들을 죽였다.

평양 서문밖교회 출신인 이승만 목사는 1996년 7월 9일 자로 미국에서 김명혁 목사에게 보낸 팩스 편지에서 다음과 같이 언급했다. 이승만 목사는 미국 기독교 교회협의회 총무와 미국 장로교회 총회장을 역임한 미국교회와 미국 한인교회의 지도자였다.

"여러 면으로 수고 많이 하신다는 소식을 듣고 자랑스럽게 생각하며, 옛날 김관주 목사의 모습은 지금까지도 나의 기억에 새롭습니다. 공산 치하에서 순교를 각오하고 말씀을 전하시던 장엄한 모습의 기억이 오늘까지도 깊이 남았지요. 제가 그때는 어려서 목사님께서 순교하신 그때의 형편에 대해서는 잘 알지 못합니다."

이승만 목사의 아버지도 북한에서 공산당에게 순교하신 분이시다. 그래서 순교자의 아들인 김명혁 목사의 심정을 너무 잘 알고 있었다.

"김관주 목사님은 주님과 교회를 사랑한 충성스러운 주님의 종이 었습니다. 그래서 평양에서 순교하신 최권능 목사님과 주기철 목사님의 뒤를 이어 죽도록 충성하며 주님과 교회를 사랑으로 섬기다가 평양에서 순교의 제물이 된 것이었습니다."

양은 제단에 올려져서 불에 타 제물이 된다. 주의 종들은 이렇게 제물이 되어 하나님의 제단에 드려지는 것이다. 이것이 순교였다.

비밀재판에 관해 실제로 체험한 박현각(朴賢珏) 전 제일변호사회 회장의 회고담이 있다.

"내가 북한에서 변호사로 시무한 때 일이었다. 나는 평양변호사회 회장에게 특청하여 조선예수교장로회 목사인 김관주 목사의 변호인이 되었다. 공산당원이 아닌 나로서는 이 비밀재판 수임이 처음인 동시에 마지막이었다.

추운 겨울 아침이었다. 재판소로부터 8시 반 정각에 개정한다는 통보를 받고 김관주 목사 가족과 함께 최고 재판소에 나갔다. 가족을 정문 밖에 대기시키고 담당 판사실로 들어갔다. 벌써 참심원(參審員)과 변호인들도 와 있었다. 판사가 '잠깐 개정 전에 보아 둘 것이 있다고 하니 같이 갔다 오자' 하면서 모두 동행하기를 원하자 나도 뒤를 따라 재판소 후문을 나섰다. 그런데 빨리 차에 오르라는 것이었다. 나는 개정이 늦어지리라는 것을 가족에게 알리려 했으나 판사의 독촉에 그대로 차에 올랐다.

차는 일본 시대의 미인루(美人樓) 앞에 멈췄다. 그곳은 정치보위부였다. 순간 나는 의문이 풀렸다. 그곳이 곧 비밀재판을 할 비밀 공판장인 것이었다. 물론 임시 법정이었다. 피의자 가족들을 떼버리고 비밀 공판장으로 온 것이었다. 임시 법정은 책상을 모아 놓은 임시 법정이었다. 그 자리에는 정치보위부원 10여 명이 방청석이란 곳에 앉아 있었다. 피소자가 15~16명쯤 되었는데 개별적으로 기소장에 따라서 심문했다.

특히 김관주 목사는 미·소 공동위원회가 평양에서 개최되는 기회로 그의 자문기관인 '기독교 자유당'이란 정당을 조직하려고 소련군 사령부와 북한 당국의 허락 없이 정당 정파를 준비하고 동지들을 규합하고 수차 모였다는 것이 그 죄목이었다. 공판 심리는 자정까지 계속되었고, 판결 선고는 다음 날 오전 1시에 내려졌다.

김관주 목사는 3년 형이 선고되었다. 선고 후 각 변호사에게는 함구령이 내려졌다. 그리고 밤이 늦었다며 지프차로 나를 귀가시켰다. 이것이 비밀재판의 참상이었다. 비밀재판에서 피의자의 변호인은 사건 기록 열람권은 물론 피고인과의 접견도 박탈당했다."

김명혁 목사는 아버지의 충성스러운 순교신앙과 어머니의 희생적이고 눈물 어린 사랑을 받으면서 살아온 자신의 삶 이야기를 했다. 우선 김명혁 목사는 어머니 이야기를 했다. 어머니(유춘택)는 그 누구보다도 맏아들 명혁을 사랑하셨다. "나는 너 없이는 못 살아"라는 말을 자주 하셨다. "둘째는 십 리 밖에, 셋째는 백 리 밖에 두고 살아도, 첫째는 내 옆에 두고 살겠다"라는 말을 자주 했다.

어머니는 명혁이 좋아하는 것을 알아서 해주곤 했다. 명혁도 어머니를 너무너무 사랑했다. 그런데 명혁이 남쪽으로 가겠다고 말했을 때 어머니는 울면서 그러면 가라고 말씀하셨다. 그렇게도 사랑하는 맏아들을 포기하는 희생을 감수하시는 것이었다.

16 김관주 목사(1904~1950)

명혁이 어머니에게 편지를 한 일이 있었다. 그런데 두 달 후에 편지 한 통이 왔다. 분명히 어머니의 멋진 필체로 써서 보내주신 편지였다. 명혁은 그 편지를 받아들고 읽고 또 읽으면서 울고 또 울고 또 울었다. 사랑하는 어머니의 눈물 어린 사랑이 평생 가슴에 남아 있게 되었고, 명혁을 지탱하는 자양분과 활력소가 되었다.

언제나 어머니의 사랑은 이어지고 있다. 함께 있을 때도 떠나 있을 때도 그렇다. 그런데 김명혁 목사에게는 더욱 그리운 어머니였다. 그 어머니가 남한에 오지 못하고 그 험한 북한에 계시는 얼마나 더 그립고 안타깝겠는가. 이러한 어머니를 둔 김명혁 목사는 항상 어머니를 위해서 기도하며, 어서 속히 북한에 자유가 생겨서 마음껏 예수를 믿고 찬송하며 성경 말씀을 전하는 날이 오기를 기도하고 있다.

그 편지의 내용이다.

내 아들 명혁에게.
9월 5일에 너의 편지와 동시에 외로히 자라 의인이 된 내 아들 명혁이에 얼굴 더욱 생각나 훌륭하게 된 내 아들을… 나는 보고 싶구나. 손이라도 한번 꽉 쥐어보고 싶구나. 이 내 기쁨을 지면상으로는 표현할 수 없다. 명혁아, 나는 네 말 그대로 오래오래 살아서 내 사랑하는 아들 만날 날을 기다리겠다. 夢中엔들 잊었스랴, 내 명혁이. 부디 건강하기를 축원하면서. 9월 29일.

사실 명혁은 부모님과 이별하여 평생토록 주일 성수의 신앙과 새벽기도의 신앙과 순교 신앙을 가장 귀중한 신앙으로 알고 몸에 지니고 실천하면서 살기 위해 최선을 다했다. 명혁의 아버지 김관주 목사가 명혁의 몸에 남겨주신 주님의 사랑과 교회 사랑과 예배 사랑과 기도 사랑의 영적인 유산을 몸에 지니고 실천하면서 한평생 살도록 최선을 다했다.

하나님께서 부족한 명혁에게 너무 많은 은혜와 사랑과 축복을 베풀어 주셨다. 평생 한국과 미국에서 좋은 학교에서 마음껏 공부도 하게 하셨고, 12년 동안 미국 유학 후 귀국해서 목회와 교수와 선교와 구제와 협력 사역에 종사하게 하셨다. 건강도 넉넉하게 주셨고, 필요한 물질도 넉넉하게 주셨으며, 좋은 선배님들과 동역자들과 후배들도 넉넉하게 주셨다.

고난과 슬픔과 아픔도 주셨으나 그것들을 오히려 유익한 보석이 되었다. 모두가 하나님의 망극하신 긍휼과 용서와 자비와 사랑과 은혜와 축복이요, 모두가 아버님 순교의 은혜이고 어머님의 사랑의 은혜라고 생각했다. 이제 김명혁 목사의 남은 과업은 하나님께서 넉넉하게 베풀어 주신 신앙의 자유와 목회 및 선교 사역의 경험과 축복을 북한 동포와 무슬림 형제들에게 나누어주는 일이라고 생각했다.

하나님께서 허락하시면 자신의 아버지처럼 북한동포들을 위하여 제물 되는 삶을 살다가 제물 되는 죽음을 죽게 되기를 간절히 바라고 소원했다. "성부 성자 성령 하나님이여! 감사와 찬송과 영광을 세세토록 돌립니다! 아멘! 아멘! 아멘!"

김명혁 목사는 2008년 강변교회 담임목사를 내려놓고 지금껏 13년 동안 주말마다 작은 교회를 돌며 설교를 해왔다. 여든을 훌쩍 넘겼지만 지금도 직접 승용차를 몰고 전국의 작은 교회를 찾으며 설교하고 있다. 경북 영천, 충북 보은도 갔었다. "얼마 전부터 강변교회에서 지방에 갈 때는 쏘나타 차량을 내줘서 내가 몰고 가요. 내 차 아반떼는 주행 거리가 44만 킬로미터나 달렸습니다. 요즘은 가까운 거리는 이 차로 다니죠."

16 김관주 목사(1904~1950)

지난 초여름부터 그의 승용차가 할 일이 하나 더 늘었다. 그는 작년 6월부터 매주 첫 번째 토요일에 강남 지역 판자촌인 구룡마을을 찾아 40가구에 빵과 현금 3만 원씩을 전하고 있다. "특별한 이유는 없어요. 강변교회에서 목회할 때 몇 번 갔던 구룡마을이 문득 생각나서 찾았죠. 마을 통장을 오래 하신 분의 안내로 가정을 방문하는데 주민들이 반가워하고 좋아해요. 전체 주민이 200여 분인데 신자는 거의 없어요."

그는 지난 20년 동안 중국의 조선족이나 탈북자 가정의 불우한 아이들을 돕는 데 힘써 왔다. 매년 평균 150명에게 월 5만 원씩 후원금을 보냈다. 지금껏 3,100여 명이 도움을 받았다. 이 후원 활동에는 강변교회를 포함해 교회 37곳이 참여하고 있다. 그는 지난 연말에도 도움을 받은 아이들이 편지를 많이 보내왔다면서 기쁨이 가득한 표정으로 직접 편지를 읽어 보였다. 이 중에는 '후원받은 아이들이 커서 법관이나 인민 교사가 되었다. 미국, 일본에 진출하기도 했다'는 내용도 있었다. "90년대 중반 이후에 기근에 시달리는 북한 주민을 도우려고 북·중 국경 지역을 갔다가 그곳에 탈북자 고아가 많다는 것을 알고 후원을 시작했어요."

김명혁 목사는 강변교회를 은퇴한 후 작은 교회를 다니며 설교하고 글을 쓰는 동안 한경직 목사에 대한 글과 설교를 40여 차례 쓰고 전했다며, "나도 모르게 생각과 마음을 지배하고 계시다"라고 전했다.

1948년 주일 성수와 신앙의 자유를 찾아 아버지를 뒤로하고 홀로 월남한 그는 오랜 세월 한경직 목사와 인연을 이어갔던 것이다. 김명혁 목사는 "그분은 약하고 겸손하고 부드럽고 착한 분이셨다. 마음이 넓으시고 정이 많으셨다. 특별한 인연으로 한 살 때부터 나를 안

아주시고 아껴주셨다. 내가 홀로 월남한 후에는 한경직 목사님이 나의 손을 붙잡고 '아버지, 아버지' 하시곤 하셨다"라고 말했다. 김명혁 목사는 "한국교회에서 존경받는 목사님을 많이 찾는 이때, 더욱 한 목사님이 보고 싶어진다"라며, "세상에 있을 때도, 천국에 올라가서도 가장 깊은 영향을 주실 분"이라고 전했다.

김명혁 목사는 한경직 목사를 세 가지 단어로 표현하며 한국교회 반면의 교사로 삼았다. 첫째로, 한경직 목사를 '약한 분'이라고 했다. "목사님은 자신을 늘 '넘어지고 절망하고 약한 사람'이라고 표현하셨다. 미국 유학 시절 요양하시면서도 바울의 '내가 약할 그때가 강함이라' 하는 글을 읽으며 힘을 얻으셨다. 일생을 '연약한 몸으로 살아온 삶이 제일 괴로웠다'라고 말할 정도였다." 그러면서 김명혁 목사는 "약한 분이 너무 보고 싶어지는 때다. 하지만 지금은 모든 것이 세다. 정치력, 경제력이 너무 강하고 교인들의 힘이 너무 강하다"라고 말했다.

둘째로, '착한 분'이라고 표현했다. 김명혁 목사는 "한경직 목사님은 사자 후 같은 명설교로, 가슴을 쥐어뜯게 하는 감동적인 말씀으로 설교하신 게 아니라 자신의 몸으로, 손과 발로, 삶으로 설교하셨던 분이시다. 그분의 착한 행실은 사랑과 봉사로 나타났다"라고 말했다. 이어서 "한경직 목사님, 성 프랜시스에게는 모두 긍휼함이 있었다. 하지만 지금의 기독교는 분노, 저주가 강하다. 이것은 기독교가 아니다"라며, "한경직 목사님은 자신에게 고통을 안겨준 북한과 일본을 위해 마지막까지 기도하셨던 분"이라고 말했다.

셋째로, 김명혁 목사는 한경직 목사를 '주변을 향한 분'이라고 했다. "한경직 목사님은 나라를 너무나도 사랑했다. 하지만 민족주의와 국가주의를 초월, 세계주의, 땅끝을 향한 마음을 품으셨던 분"이라며 "한경직 목사님이 강조한 성경적 애국심은 민족지상주의, 국가지상주의가 아니었다. 어떠한 국가도 하나님 위에 있을 수 없다. 애국심이 잘못되어 독재주의, 배타주의를 경계해야 한다"라고 말했다.

"일본 복음 동맹회장, 인도, 필리핀, 호주 지도자 등 많은 분이 한국을 방문할 때마다 나는 한경직 목사님께서 퇴임 후 26년 동안 머무셨던 남한산성 자락의 작은 사택 등 목사님의 흔적을 전하는데 모두들 감동했다" 하면서 김명혁 목사는 한경직 목사를 기리는 사업에 힘써 줄 것을 요청했다.

## 17
# 김철훈 목사(1904~1948)

　한국교회사에 많은 순교자가 있다. 지금도 북한에서는 순교자가 계속 나오고 있다. 그들이 뿌려낸 예수의 피를 우리는 기억해야 한다. 소홀히 하거나 잊을 수 없는 우리 교회의 숭고한 신앙유산이다. 1907년 대부흥 운동의 발자취가 어려 있는 평양에서 올곧은 신앙으로 부끄럼 없는 신앙 선배의 모습을 보여준 고 김철훈 목사의 삶은 고귀한 흔적을 한국교회에 남겼다.

"부러질지언정 휘지 않는 강직한 사람"으로 순교역사에 아로새겨져 있는 김철훈 목사는 1904년 10월 7일 아버지 김경덕 목사와 어머니 안독신 사모의 3남으로 태어났다. 김경덕 목사는 평양신학교를 1923년 제16회로 졸업하고 1919년 3·1 만세운동으로 3년 8개월간 옥고를 치렀으며, 1941년 3월부터 1943년 12월 어간에 2차에 걸쳐 미국 정부의 첩자 혐의로 검거되었다. 이 일로 9개월을 감옥에서 살고 병보석으로 출옥한 그는 결국 후유증으로 순직하였다.

김철훈(金哲勳)은 이미 초등학교 시절부터 요시찰인물로 '찍혔을' 정도로 특별한 인물이었다. 김철훈이 초등학교 4학년 때 교장이 "독립운동은 잘못된 것이다"라고 학생들 앞에서 공공연하게 말했다. 그러자 김철훈이 손을 번쩍 들고 일어나 "항상 머슴으로 살고 싶은 사람이 어디 있습니까? 언젠가는 독립해서 살고 싶을 것이 아니겠습니까? 우리나라가 우리끼리 살겠다고 주장하고 운동하는 것은 잘하는 일입니다"라고 말하였다. 그러자 얼굴이 새파랗게 질린 교장은 당장 그를 학교에서 쫓아냈다. 그런데 쫓겨난 김철훈이 집에도 안 가고 밤새도록 교실 밖에서 울자 교장은 다음 날 아침 학교에 와도 좋다고 허락해 주었다.

김철훈 목사의 일생은 고난의 길이었다. 그는 고매한 인격의 소유자였다. 그는 훌륭한 애국자였다. 그리고 학자였다. 언제나 서재에서 손님을 맞았고, 서재에는 책이 꽉 차 있었다. 김철훈 목사는 기도의 사람이었다. 새벽에 강대 밑에 꿇어 엎드려 아침 해가 떠오르기까지 기도했고, 산에 올라가서 며칠씩 기도했다. 불의와는 추호도 타협하지 않았다.

북한 공산당의 탄압이 심해지자 그는 신앙을 지켜 평양성의 순교 제물이 되었다.

"나는 선한 싸움을 싸우고 나의 달려갈 길을 마치고 믿음을 지켰으니 이제 후로는 나를 위하여 의의 면류관이 예비되었으므로 주 곧 의로우신 재판장이 그날에 내게 주실 것이며 내게만 아니라 주의 나타나심을 사모하는 모든 자에게도니라"(딤후 4:7-8).

김철훈 목사는 이 성경말씀대로 살았던 것이다.

당시 교계에는 민족주의 독립사상이 강하게 작용했다. 민족대표들이 잡혀가자 우국지사들이 모여 이 운동을 계승하여 도 대표들이 3월 12일 서울 서린동 중국집 영흥관에 모였다. 여기에 양평교회의 김경덕, 문성호, 백관형 등도 있었다.

조선독립은 2천만 동포의 소망이요, 우리는 33인의 민족대표자의 후계자로 조선독립을 요구한다는 요지의 애원서를 만들어 차상진, 문성호가 총독부에 제출하고 김백원, 문일평, 김경덕, 조형균 등은 종로 보신각 앞에서 시민을 모아 문일평이 애원서를 낭독한 후 시가행진을 하면서 만세시위를 했다. 이로 인해 대표들은 경찰에 잡혀 호되게 취조를 받았다. 김경덕 목사는 1심에서 무기징역을, 2심에서 3년 8월의 선고를 받아 서대문형무소에서 옥고를 치렀다.

아버지가 옥고를 치르는 가운데 보통학교를 졸업한 김철훈은 서울에 상경하여 고학하기로 결심했다. 고학은 쉬운 일이 아니었다. 그런데 양평 일대를 전도하던 곽안련 선교사가 평양신학교 교수라는 소식을 듣고, 평양 모란봉 가까이에 있는 양촌 곽안련 목사 댁에 찾아가 학업을 계속하게 해달라고 요청했다. 그는 기대 이상으로 친절하게 대해 주었고, 김철훈은 선교사 집에서 심부름하면서 학교에 다닐 기회를 얻었다. 그래서 명문 숭실중학교에 입학하여 향학의 소원을 이루었다.

17 김철훈 목사(1904~1948)

김철훈은 제24회로 숭실중학교를 졸업했고, 숭실전문학교 철학과에 진학한 것은 1928년 24세였다. 누구보다 열심히 공부했으며, 교내 각종 활동도 누구 못지않게 열심히 해서 상급학년 때는 종교부장으로 뽑혔다.

3·1 만세운동 이후 일제의 만행이 더욱 심해지자 한국의 지성인들도 일제에 대한 저항의식을 높여갔다. 민족독립 운동을 하던 주체들이 망명하자 국내에서의 저항운동은 학생들이 맡았다. 1926년 6월 10일 일어난 6·10 만세운동과 1929년 11월 3일에 일어난 광주학생의거는 반일본, 반제국주의 독립운동의 한 표본이 되었다. 광주학생의거 때 김철훈은 숭실전문학교 2학년이었다.

1929년 11월 광주학생의거는 나주를 오가는 통학 열차 안에서 조선인 학생과 일본인 학생 사이에 일어난 싸움이 항일운동으로 번져 전국에 파급되어 평양까지 왔다.

그해 12월 초순의 어느 새벽, 학생들이 자고 있던 기숙사에 조만식 선생이 찾아왔다. "지금 광주학생사건으로 전국은 들끓고 있는데 숭실은 자고 있는가?" 그 음성을 들은 후 김철훈, 강태국, 박준용, 박태기 네 사람은 당시 잠들어 있던 평양 사회를 깨웠다.

그들은 격문을 작성하여 여러 학교 정문에 붙였다. 그리고 이날 최초로 숭실전문에서 학생들은 시험에 불응하고 백지 답안을 제출하고 휴교했다. 이것이 시호가 되어 광성고보, 평양여고보, 숭인학교, 평양농업학교, 숭실중학교 등에서 휴교사태가 잇따랐다.

평양에서 번진 학생운동은 방학으로 잠잠해졌으나 개학과 동시에 술렁거리기 시작하여 마침내 1930년 1월 12일 다시 격문이 살포되더니 1월 21일 숭실전문학교를 필두로 전교 학생 600여 명이 참석하는 만세시위로 바뀌었다. 10여 개 학교가 동참한 평양 거리는 만세 물결로 가득했다. 이 일로 140명이 검거되었고, 김철훈과 강택민은 검사국에 이송, 1개월간 수감되었다.

일본 경찰은 출동하여 거리에 나온 학생들을 체포했고, 주모자를 색출했다. 김철훈 학생은 강태국 학생과 주동자로 구속되어 재판을 받았다. 그 결과 보안법 위반으로 기소되었고, 2차로 검사국에 이송된 김철훈과 강태국은 기소유예로 출옥되었다.

한 달여 동안 지낸 평양의 감옥은 몹시 추웠다. 김철훈은 과거 아버지가 겪은 3년 8월의 긴 영어 생활을 생각하고 이를 악물고 견디었다. 그때 김철훈은 모진 고문을 하면서 공모자를 대라는 일경의 요구에 끝까지 입을 열지 않았다.

숭실전문대학 졸업을 앞둔 김철훈은 장래 의사가 되어 낙후된 한국 의료계에서 봉사하는 것이 희망이었으나 곽안련 선교사의 권유로 목사가 될 것을 결심했다. 그는 숭실전문학교를 졸업한 것으로 1932년 평양장로회신학교에 무시험으로 입학했다.

때는 1932년 일본이 만주사변을 일으켜 승리한 해였으며, 각 학교에는 학생들로 서기산에 있는 신사에 참배하도록 명령이 내려진 때였다. 그것은 호국신의 가호로 전쟁에서 승리했다는 이유에서였다. 그리하여 한국 교계는 큰 시련에 직면했다.

이때 아버지 김경덕 목사는 양평에 살면서 근처에 있는 6개 교회에 겸임 목사로 바쁜 목회를 했는데 아들의 신학교 입학 소식을 듣고 기뻐했다. 김철훈은 평양신학교 때 훗날 목사가 된 박윤선의 뒤를 이어 학생회장에 뽑히기도 했다. 그는 3년 동안 신학교의 기숙사 생활을 했다. 31세의 노총각이었던 그는 서울에서 숙명여고를 졸업하고 신갈초등학교 교사이며 믿음 좋은 27세의 여선생을 소개받아 1935년 12월, 곽안련 목사의 주례로 평양신학교에서 각계각층의 축하를 받으면서 연금봉 선생과 결혼했다.

　김철훈은 1936년 2월 제29회로 평양신학교를 졸업하고 그해 봄 노회에서 목사 안수를 받았다. 그리고 신의주 제2교회에서 청빙하는 것도 마다하고 먼저 사회 경험을 얻고자 숭실학교 교목으로 부임했다. 고생 끝에 학업을 마치고 세상에 첫발을 디딘 지 3개월 만에 만세 사건 전과자라는 이유로 더 큰 고난의 길이 시작되었다.

　김철훈 목사가 교실에서 수업하고 있는데 일본 경찰이 와서 김철훈 목사의 등을 밀어 학교 밖으로 끌어냈다. 이유는 학생 사건으로 형무소에 갔던 사람이 학생을 가르칠 수 없다는 것이었다. 그는 사상이 불순한 요사찰인물이었다. 재학 시절 평양 만세운동의 주동자였으며, 김철훈 목사의 부친 김경덕 목사는 3·1 운동 때 3년 8개월의 옥고를 겪은 반대자요 민족주의 사상가라는 이유였다. 그래서 그는 갈 곳이 없었다. 무엇보다 신혼인 아내에게 면목이 없었다. 그러나 그녀는 남편이 걸어온 발자취를 낱낱이 듣고는 오히려 남편을 자랑스럽게 생각했다.

　목사 안수를 받은 김철훈은 1936년 8월에 용강읍교회에 부임했다. 용강읍교회는 역사가 있는 교회이며 김치근 목사가 계시던 곳으로, 풋내기 목사가 부임해서 조심스러운 점이 많았다. 용강읍교회는 기도를 많이 하는 신앙적인 교회이기보다는 사교적인 점이 많았다. 그러나 김철훈 목사는 학교에서 배운 목회 원리를 그대로 적용하면서 기도와 말씀 증거, 심방을 통해서 교인들을 돌보았다. 그러던 중에 당국으로부터 교회 뜰에 일장기를 게양하고 예배 전에 일본 천황에 충성하는 황국신민서사 낭독을 요구받자 "교회 문을 잠글지언정 일본의 요구를 거부하겠다"라고 강경하게 맞섰다.

　그러나 장로들은 그렇게 반대하면 교회 문을 닫아야 하므로 양보해야 한다고 했다. 하지만 김철훈 목사의 태도는 단호했다. "내 신앙 양심으로는 도저히 할 수 없다. 차라리 폐쇄된 예배당 문을 붙들고 기도하는 한이 있더라도 일본기를 게양하고 예배를 볼 수 없다"고 했다. 그러나 장로들 태반이 비협조적으로 행동했으므로 김철훈 목사는 결국 그곳을 떠날 생각이었는데 때마침 박형룡 목사의 소개로 1938년 2월 평양에서 가까운 대동군 송산리교회로 옮기게 되었다.

송산리교회는 전형적인 반농반상의 농촌교회였다. 교인들의 신앙심이 깊었기 때문에 김철훈 목사의 목회도 자연히 뜨거워졌다. 그는 새벽기도를 강화하여 교인들의 믿음을 더욱 강화했다. 그리고 저녁이면 뒷산으로 올라가 밤새도록 나라와 민족을 위하여 통곡의 기도를 올렸다. 김철훈 목사는 이때 자주 묘향산이나 대보산에 있는 도산 안창호 선생의 별장 뒤 동굴에 가서 금식기도를 했다.

그러나 이곳에도 일제의 마수가 뻗쳤다. 신사참배의 문제가 큰 쟁점이 되었다. 하루는 신사참배를 권유하기 위해 서장과 형사부장이 고평면에 들러서 면 산하 교회의 목사, 장로들을 모두 강당에 모으고 "신사참배는 국가의식이지 종교의식이 아니다. 어떤 이들은 이것을 종교의식으로 오해하고 있는 모양인데 그것은 오해이다"라고 일장 연설을 했다.

이날 김철훈 목사는 준비했던 《신사도》(紳社道) 책을 들고 와서 책장을 넘기며 신사참배는 종교의식임을 입증하여 서장과 부장의 체면을 깎았다. 그래도 서장은 신사참배를 하지 않겠다는 사람은 손을 들도록 했는데 오직 김철훈 목사만이 손을 들었다. 연설이 끝난 후 김철훈 목사를 불러 경찰서에 가서 계속 토의하자는 요구를 했는데 김철훈 목사는 주일 예배를 드리고 월요일에 경찰서로 가겠다는 약속을 하고 집으로 돌아왔다.

17 김철훈 목사(1904~1948)

주일날 예배 때 김철훈 목사는 어떻게나 힘을 써서 설교했는지 속옷이 땀에 흠뻑 젖었다. 교인들은 아무래도 이번에 그냥 넘어가지 않을 것 같다면서 눈물을 흘렸다. 이튿날 경찰서로 가기 위해 집을 나설 때 교인들이 몰려와서 근심 어린 시선으로 목사님을 배웅했다.

서에 도착하자 기다렸다는 듯이 형사부장이 김철훈 목사를 데리고 지하실 어느 무시무시한 방으로 데리고 갔다. 고문을 할 참이었다. 우선 김철훈 목사를 앉혀 놓고는 양다리를 뻗게 하여 그 위에다 걸상을 올려놓고 두 사람이 걸터앉아 다른 한 사람은 가죽띠로 발바닥을 때리기 시작했다. 팔이 아프면 다른 사람이 번갈아 치는데 눈빛과 행동이 악마같이 보였다. 김철훈 목사는 이때 아픔을 참느라고 땀을 얼마나 흘렸는지 목이 타올랐다.

그는 문득 예수님이 십자가 위에서 "내가 목마르다" 하신 말씀이 생각났다. 갖가지 고문이 이어졌다. 한 시간쯤이 되자 발바닥이 부어올랐다. 그들은 김철훈 목사를 끌고 자갈이 깔린 방으로 가 계속 다니게 하였다. 부은 발바닥이 자갈에 닿을 때마다 바늘로 찌르는 듯한 통증이 밀려와 비명을 질렀다. 정말로 참기 힘든 순간이었다.

견디다 못해 기절하니 감방 안으로 밀쳐 넣어 버렸다. 김철훈 목사는 한참 동안 의식을 잃고 넘어진 채 누워 있었다. 얼마 후에 눈을 뜨자 이를 지켜보고 있던 죄수들이 이 사람이 살았다며 한 마디씩 거들었다.

이 무렵 교회에서는 김철훈 목사가 잡혀간 후 매일 밤 철야하며 부르짖었다. 이런 모임이 한 달쯤 계속되었다. 장로들이 모여 의논해서 "목사님이 혼자 십자가를 지고 고생하고 있으니 우리가 자발적으로 들어가 같이 고생하는 것이 어떤가?" 신앙심이 좋은 신풍윤 장로와 홍봉식 장로가 경찰서로 찾아가 한 달쯤 억류된 후 풀려나왔다.

김철훈 목사는 그해 신사참배를 결의한 9월 27회 총회가 끝나자 9개월 만에 석방되었다.

당회원들이 김 목사를 모시러 갔는데 김 목사의 얼굴은 몰라볼 정도로 뼈만 앙상하게 남아 있었다. 의치를 해 넣었던 앞니도 빠져버려 흡사 합죽이 노인같이 일그러져 있었다. "주님을 위해 자청한 고생인데 무슨 말로 표현할꼬? 고생이 영생인 걸 미처 몰라 눈물만 흘렸다네." 김 목사는 신사참배를 결의한 총회에 대해 그날 이후부터 계속 흐르는 눈물로써 기도를 드릴 뿐이었다.

1939년 10월 말경이었다. 농우회 사건이 터졌다. 당시 의성교회의 유재기 목사가 평양신학교 시절 김철훈, 주기철, 이유택 등 10여 명과 함께 농우회를 조직하고 졸업 후에도 유지해 왔는데 일본 경찰은 농우회를 독립운동 위장단체라 하며 감시를 계속했다.

김철훈 목사는 출옥 후 몸이 어느 정도 회복되었을 때 사택에서 2킬로미터 정도 떨어진 곳에서 결혼식 주례를 마친 후 교인 집에서 예찬을 받고 있는데 경북 의성에서 배만수 형사가 찾아왔다. 김철훈 목사를 농우회 사건의 혐의자로 체포하러 온 것이었다. 그는 부들부들 떨고 있는 사모를 집 모퉁이로 데리고 가서 증인으로 출두하는 것이니 염려하지 말라며 명함을 한 장 주고 사식 차입금을 송금하고 싶으면 이 주소로 하라고 했다.

김철훈 목사의 연행 내력은 이러했다. 의성읍교회에 시무한 유재기 목사가 평신도 시절 배민수, 박학전, 송영길, 김철훈 등 10여 명과 조직한 농우회를 김철훈이 졸업 후에도 계속 이끌어 왔는데 이것이 독립운동을 위장한 단체였다는 일본 경찰의 조사 내용이었다.

이 농우회 사건의 배후 인물로 당시 산정현교회 주기철 목사가 연루되어 8월에 이미 체포되었으며, 김철훈 목사를 늦게 연행하러 온

17 김철훈 목사(1904~1948)

것은 그동안 신사참배 사건으로 평양에서 구류되어 있었던 까닭이었다.

그날 연행되어 간 김철훈 목사는 하룻밤 평양경찰서에서 보낸 후 경북 의성으로 갔다. 의성경찰서 구치소에 수감되던 날 밤 이미 몇 달 전에 잡혀 온 이유택, 송영길 목사로부터 "우리가 다 고백했으니 사실대로 다 털어놓으라"고 말해서 고문을 받지 않았다. 그곳에는 동지와 친우들만 있어 반갑고 편안히 있다가 12월 말에 석방되었다.

의성경찰서에 있는 동안 안국동교회는 김철훈 목사를 담임목사로 청빙하겠다며 아버지인 김경덕 목사에게 간청해서 그렇게 하도록 하겠다고 했으나 출옥 후 김철훈 목사는 한사코 거절했다. 아직 송산리교회 사면도 하지 않은 상태에서 다른 교회로 훌쩍 떠난다는 것을 목회 윤리상 있을 수 없는 일이라는 것이 그 이유였다.

이 무렵 국내는 전시체제로 들어가 동원령이 내려져서 사상 불온한 사람들에 대한 감시가 더욱 강화되었다. 이때 동기인 강태국 목사는 김철훈 목사를 만주로 데려갈 준비를 서둘렀다. 그래서 송산리교회 당회에다 사표를 제출했다. 이 소식이 사방으로 퍼져나가 안주노회장이 찾아와 안주로 와서 같이 목회하자고 졸라댔다.

때마침 노회로부터도 청빙을 받았다. 그러나 당국에서는 문제의 인물이 자기 관할 구역으로 오면 골치 아프다며 압력을 가하자 노회장인 김화식 목사와 임원들이 모여 이를 걱정했다. 이 소식을 들은 삼성리교회 장로들이 찾아와 김철훈 목사가 안고 있는 신변상의 문제들을 고등계 형사한테 이야기해서 잘 해결해 주겠다고 하며 1941년 봄 김철훈 목사를 삼성리교회로 모시고 갔다. 태평양전쟁이 한참 밀리기 시작할 무렵 조선 곳곳에서는 일제의 감시가 강화되었다. 당시 좌절 속에 빠져 있던 교계에 광야의 소리 같았던 신학 잡지 〈성서조선〉(聖書 朝鮮)은 비록 무교회주의자들에 의해 편집되긴 했으나 지식인, 기독교인들 사이에 큰 인기를 얻고 있었다. 편집인이 6명의 동호인으로 시작했으나 훗날엔 김교신이 단독으로 펴낸 개인 잡지가 되었다. 1942년 3월, 제158호가 나오자 신경이 날카로웠던 총독부가 수필문에 나오는 기사를 꼬투리 잡아 〈성서조선〉을 폐간시킬 음모를 꾸몄다.

당시 〈성서조선〉은 계간지로 300명가량의 고정 독자가 있었는데 이들의 명단이 잡지사에 비치된 관계로 이들을 전부 불러서 조사했다. 이들 중 사상적으로 과거 전과가 있는 사람들을 골라 이 사건에 연루자로 가두었다. 김철훈 목사도 구독자였는데 과거 몇 차례 사상 불온으로 구속된 전력이 있었으므로 제1차로 지목되었다.

교회 장로들은 당회장 목사가 구금되자 손을 써서 몇 달 후 풀려났다. 늦은 가을 11월 초순이었다. 두 형사가 다시 찾아와 집안 책들을 조사하고 김철훈 목사를 다시 연행했다. 그해 안으로 사건을 종료한다더니 다음해 3월이 되어도 전혀 소식이 없었다. 당시는 식량과 물자가 귀했던 때인지라 생활이 몹시 어려웠다. 이때 김철훈 목사 사모는 어린 딸을 업고 선교리경찰서 고등계 주임을 만나 병보석을 요구했으나 허사였다.

김철훈 목사의 부친 김경덕 목사는 당시 양평읍교회에 시무하고 있었다. 김경덕 목사는 태평양전쟁이 일어나기 두 달 전에 잡혀가 이듬해 3월 30일에 석방되었는데 죄목은 그들이 멋대로 붙인 것이지만 미국 정부의 첩자라는 혐의였다. 평소 김경덕 목사가 미국 선교사들과 가까이 지냈으니 그것이 이유가 된 것이었다.

이 무렵 아들 김철훈 목사가 〈성서조선〉 사건으로 또 잡혀가 있었다. 이것은 그가 〈성서조선〉의 집필자가 아니라 정기 구독자였다는 혐의였다. 그래서 김철훈 목사는 8개월간 옥살이를 했다. 아버지와 아들은 이처럼 남북에서 릴레이식으로 감옥을 안방 드나들듯 했다.

　일본은 전쟁의 패색이 짙어지자 국내 요시찰인물에게 옥쇄를 조였다. 1943년 12월 1일, 아버지는 70세의 고령이었으나 일제는 다시 그를 미국의 첩자 혐의로 체포했다. 김경덕 목사는 추운 감옥에서 그해 겨울을 보내고 이듬해 2월 말일에 석방되었다. 그 후 9개월이 지난 1945년 1월 1일 소천하셨다는 소식은 아들 김철훈 목사에게 큰 충격이었다. 그토록 염원한 자유 대한민국의 광복을 보지 못한 채 눈을 감은 것이었다.

　해방의 기쁨은 누구보다 김철훈 목사에게 각별했다. 잔악한 일제로부터 무수한 세월을 감시와 투옥과 고문을 받았기에 해방은 이들의 마수에서 벗어났다는 현실 그것이었다. 삼성리교회 교우들과 동리 사람들은 매일 예배당에 모여 애국가를 부르고 또 불렀다.

　하루는 김철훈 목사가 부인에게 평양에 다녀오겠다고 말한 후 훌쩍 떠났다. 제일 먼저 찾아간 곳이 고당 조만식 장로가 위원장으로 있는 평남 건국준비위원회 사무실이었다. 고당 조만식은 김철훈 목사에게 그동안 수고했다고 하며 자기의 일을 도와줄 것을 간청했다.

　고당은 김철훈 목사에게 해방 후 일본 사람들이 남기고 간 생필품을 정리하고 재고 등을 확인하는 일들을 맡겼다. 얼마 후 그는 남한에다 북한의 어려운 실정이 담긴 문서를 전달하는 일을 맡겼다. 김철훈 목사는 지프 차를 타고 38선에서 내려서 걸어서 서울에 갔다. 조선호텔에 있는 이승만 박사를 만날 수 없어서 건국준비위원회를 조직한 여운형 선생을 만나 그 문서를 전했다. 여운형 선생은 김철훈 목사 부친의 친구로, 아버지 이름을 대고 만났다. 문서 속에는 조만식 선생의 서신이 들어 있었는데 김철훈 목사에게 나라 위해 일

할 수 있도록 기회를 주라는 내용도 있었으나 김철훈 목사는 목사이므로 정치는 못한다고 완강히 거절했다.

평양에 와보니 사무실도 없어지고 조만식 장로도 어디로 잡혀갔는지 보이지 않았다. 김철훈 목사는 해방 후 이처럼 잠시 타의에 의하여 정치에 관심을 두었으나 하나님의 종은 역시 목장에서 주님의 양을 돌보는 것이 사명임을 깨닫고 그 후 일체 정치에 관여하지 않았다.

그해 가을 김철훈 목사는 노회가 열리는 평양으로 갔다. 해방 후 처음 열리는 노회인지라 각지에서 모인 총대들의 얼굴엔 기쁨과 수심이 교차했다. 낯익은 교역자가 보이지 않았고 노회가 옛날과는 달리 차가운 분위기였다. 참석자들의 얼굴엔 시국을 염려하는 빛이 역력했다. 김철훈 목사는 이번이 마지막 노회 참석으로 생각하고 안면 있는 목사, 장로들을 만나 월남한다는 말을 하였다.

김철훈 목사는 노회 총대들과 인사를 나누며 환담하고 있는 중 송산리교회 장로들을 만나 오랜 시간 동안 이야기했다. 그들은 김철훈 목사에게 다시 자신들의 교회로 오시기를 요청했으나 김철훈 목사는 월남하므로 그곳에 갈 수 없다고 양해시키고 노회가 끝나기 전에 귀가했다. 오는 도중에 뒤에서 헐떡이며 쫓아온 동평양교회 김인규 장로와 연로한 허섭 목사를 노상에서 만났다.

"우리는 노회에 가면 목사님을 만날 줄 알고 갔는데 떠나셨다는 소식을 듣고 이렇게 달려왔습니다. 저희 동평양교회는 지금 황은균 목사 후임으로 일곱 후보자를 선임했으나 적임자가 없어 고민하던 중 목사님을 청빙하기로 최후 결정하고 오늘 노회로 달려온 것입니다. 김철훈 목사님, 제발 저희의 청빙을 들어주시기 바랍니다."

그들은 정말 정중하게 청빙에 응해달라고 간청했다. 그는 그 자리에서 이를 허락하고 귀가했다. 다시스로 가려던 요나를 니느웨로 가게 하나님은 역사하신 것일까? 이남으로 가기 위해 꾸려놓은 이삿짐이 평양으로 되돌아갈 줄이야…. 인간의 생각으로는 전혀 예상 밖의 일이었다.

1945년 11월 초에 동평양교회로 부임한 김철훈 목사는 800여 명 교인의 대교회를 맡고 보니 시골 삼성리교회와는 차원이 달랐다. 교육적으로, 재정적으로 차이가 있었다. 김철훈 목사는 어릴 때부터 기도로 살아온 분이며 기도 없이는 한시도 살 수 없는 분이었다. 그는 기도로써 교회에 불을 붙여갔다. 새벽기도는 최적의 기회였다.

목회가 순조로우면서 해가 바뀌자 3·1절 사건이 터졌다. 이때 교회를 보는 공산당의 시선이 달라졌다. 연행과 납치가 일어나 교역자들에게 예언자적인 설교가 원망스러워질 만큼 사회 분위기가 경직되었다. 감시망이 북한 전역에 뻗쳐서 자칫하면 반동이라는 누명을 쓰고 불시에 잡혀갔다.

그는 '이북 5도 연합 노회' 서기로 일했으며, 1946년 11월 3일 북조선 총선거 보이콧으로 공산정권에 정면으로 맞섰다.

1947년 강양욱은 목사들로 '기독교도 연맹'을 조직하고, 박상순 목사를 위원장으로 하고 김익두, 김응순 목사 등을 포섭했다. 이어서 강양욱은 '이북 5도 연합 노회' 목사들을 설득해 기독교도 연맹에 가입하게 하여 남한 정부를 부인하고 북조선을 지지하도록 김일성으로부터 지령을 받았다. 1946년 11월 3일 주일 총선거에 기독교인을 앞장세우려 했으나 이북 5도 연합 노회장 김진수 목사와 김화식, 김길수, 김철훈 목사가 주일 선거에 반대하자 반동분자로 낙인을 찍어 검거했다.

당시 상황은 조선기독교도 연맹 강양욱 목사의 집에서 가끔 총소리가 나는 험악한 형편이었다. 조선기독교도 연맹은 사상범 색출방법으로 목사들에게 조선기독교도 연맹 가입공문을 보냈으나 김철훈 목사는 되돌려보냈다. 김철훈 목사는 평양장로회신학교 1936년 제29회 졸업생이고, 강양욱은 장로회신학교 제36회 졸업생이었다. 7년이나 선배인 김철훈 목사를 체포해 갔다.

김철훈 목사는 일제 치하에서는 신사참배, 공산 치하에서는 김일성 정권과 충돌했다. 따라서 해방을 맞이하고 시대가 변했음에도 불구하고 요시찰 감시대상으로 언제 잡혀갈지 모르는 나날을 보냈다.

시국이 점차 험악해지고 감시체제가 강화되었다. 그렇게 되자 자유 세계를 염원하는 성도들이 급증하여 하루가 다르게 월남길에 오르는 사람의 수가 증가했다.

1947년을 그렇게 보내고 이듬해가 되자 공산당의 행패도 날로 가중되어 숨통이 막힐 지경이었다. 이 무렵 미국에서 귀국한 배민수 목사로부터 인편으로 빨리 월남하라는 기별이 왔다. 김철훈 목사는 교인들을 두고 월남할 수 없다는 답변을 보냈다.

동평양교회에서 목회한 지도 오래됐다. 교회는 여러모로 발전하였고, 교인들은 한 식구처럼 정이 들었다. 그런데 산정현교회에서 오라는 것이었다. 산정현교회는 일제 치하에서 최후까지 신사참배를 거부한 주기철 목사를 낳은 교회였다. 일제 치하에서 평양노회는 주기철 목사를 목사직에서 파면했다. 그리고 일제는 산정현교회를 폐쇄했으며, 일본 군인은 산정현교회를 군대 막사로 사용했다. 이제 해방을 맞이하여 예배당을 다시 찾은 기쁨이 컸으나 교회를 복구하는 과정에서 문제가 야기되었다. 옥중에서 주기철 목사와 같이 싸우다가 출옥한 방계성 전도사 등은 강경노선을 택했고, 그 반면에 주기철 목사를 뒷바라지하던 유계준 장로를 중심으로 교인들은 온건

노선을 취하여 대립되었다.

이 싸움은 교회당을 누가 점령하느냐 하는 교회쟁탈전으로 확대되었다. 그래서 1947년 한 해는 7개월 동안 강단 쟁탈전으로 세월을 보냈다. 결국, 방계성 전도사와 강경파들이 세에 밀려 따로 나가 교회를 개척함으로 싸움은 끝났다. 그래서 유계준 장로를 중심으로 산정현교회를 평양노회에 복귀시키게 되었다.

이들 싸움에 상처받은 것은 성도들이었다. 그동안 교인들이 싸움에 지쳐서 다른 교회로 흩어졌고, 또 150여 명이 분열해 나가 최후로 남아 있는 교인은 불과 200명 정도였다. 한때는 1,000명이 넘었던 교회가 이토록 작은 교회가 된 것은 눈물겨운 일이었다.

유계준 장로를 위시한 몇몇 장로들은 교회를 이끌어갈 훌륭한 목사를 사방에 수소문하여 찾아 청빙하기로 했다. 결국, 김철훈 목사를 모셨으면 하는 생각 가운데 유계준 장로는 김철훈 목사 댁을 방문했다.

"김철훈 목사님, 소식을 들어서 아시겠으나 우리 산정현교회는 과거의 명성과 걸맞지 않게 싸움만 하다가 하나님의 영광을 많이 가렸는데 부디 오셔서 이 무너진 산정현교회를 다시 일으켜 하나님의 영광을 드러내 주시기 바랍니다." 그는 눈물을 흘리다시피 하며 애원했다.

김철훈 목사는 그날 밤 기도하는 가운데, '산정현교회는 순교자 주기철 목사가 목회했던 교회가 아닌가? 이 교회가 피투성이의 싸움을 벌여 과거의 영광이 땅에 떨어졌다는 것은 평양의 수치요, 나아가 한국교회의 가슴 아픈 일이다'라고 생각하며 드디어 이 제단을 복구할 결심을 했다.

이 소문이 퍼지자 동평양교회는 하루아침에 벌집을 쑤셔놓은 듯

시끄러워졌다. 목회 잘하는 김철훈 목사를 데려간다며 야단들이었다. 그러나 김철훈 목사는 "내가 편한 교회로 간다면 미안하지만 좋은 교회 두고 시끄럽고 어려운 교회로 가지 않습니까? 동평양교회 목사라기보다 한국교회 목사라고 생각하세요. 산정현교회가 무너지면 한국교회가 무너집니다"라고 하였다. 한번 결심한 그는 돌이키지 않았다. 이때가 1948년 2월이었다.

그는 주기철 목사의 목회지인 산정현교회에서 목회하다가 순교하리라는 각오로 그는 1948년 2월 그믐에 산정현교회로 부임했다. 목회하면서 그는 하루도 집에 가서 자지 않았으며, 자녀에게 관심을 접는 등 완전히 집안 살림에 관심을 끊고 교회 2층 기도실에서 매일 매순간 기도하며 전도하며 교회를 일으켜 세웠다.

김철훈 목사는 외국 유학을 떠날 수도 있었다. 그러나 평양의 산정현교회가 무너지면 평양의 모든 교회가 무너진다며 고난의 길을 택한 것이었다. 그는 순교의 길을 예비하며 살았다. 이것이 예수님의 길을 따르는 충성된 목회자의 선택이었다.

이삿짐을 옮긴 김철훈 목사는 역사 깊은 예배당 구석구석을 돌아보았다. 교회가 아름답고 웅장하기도 하거니와 우아했다. 다음날 새벽 제단에 선 김철훈 목사 앞에는 몇 사람의 성도들만 나와 있었다. 찬바람이 돌았다. 김철훈 목사는 우선 동평양교회에서 기도 열심히 하고 신앙 좋은 10여 명의 성도에게 편지를 보냈다. "능력 있는 성도들의 기도 지원이 아쉽습니다. 부디 산정현교회에 성령의 불이 내리도록 기도해 주십시오." 편지를 부치고 난 후 김철훈 목사는 각오를 단단히 했고, 교회가 본궤도에 오르기 전에는 절대로 집에 가서 자지 않겠다고 결심하고 성가대석 옆에 있는 작은 방을 치우고 거기에다 임시 기도 제단을 쌓았다. 저녁이면 이곳에서 밤새도록 기도하고 성경 읽고 말씀을 준비했다.

　며칠이 지나자 새벽기도회에 많은 교인이 모였다. 기도 소리가 높아졌다. 회개의 눈물로 새벽의 어두움을 밝혔다. 새벽기도가 뜨거워지자 온 교회가 뜨거워졌다. 낮에는 심방, 밤에는 철야기도회가 이어지니 교회가 하루가 다르게 과거 영광의 자리로 돌아왔다.

　김철훈 목사는 이 무렵 평양신학교에서 강의를 했다. 그러나 한 가지 근심과 걱정은 공산당의 행패였다. 하루가 다르게 교회를 괴롭히고 교역자를 납치해갔다. 살벌한 사회 분위기였다. 유계준 장로는 혹시나 해서 백인숙 전도사에게 항상 김철훈 목사를 수행하도록 당부했다.

　1948년 6월 25일, 유계준 장로의 염려가 현실로 다가왔다. 이날은 금요일이었다. 연화동교회에 평소 친했던 전도사의 장례식 날이었다. 김철훈 목사는 시간을 앞당겨 이순경 목사를 모 교회의 집사와 만나게 해주고 혼자 연화동교회로 걸어갔다. 그 후로 행방불명이 되었다. 아무도 현장을 본 사람이 없었다. 그날 이순경 목사와 만나기로 했던 집사가 예감이 이상해서 "김 목사가 무사히 연화동교회를 찾아갔을까?" 하고 걱정되어 가던 길을 돌이켜 현장에 가보았는데 거기에 없었다. 다시 산정현교회 사택으로 갔으나 거기도 안 계셨다. "그렇다면 어디로 갔을까?" 그는 걱정되어 찾아봤으나 행방이 묘연했다. 저녁에 귀가하겠지 하는 막연한 기대가 이틀, 사흘이 지나도 영영 소식이 없었고, 산정현교회 교우들과 가족들의 안타까움만이 더해갔다.

　그는 그렇게 납치된 후 희생되었다. 그는 그렇게 갔으나 우리에게 말했다. "인간은 한 번 왔다가 가는 것이지만 정직하게, 그리고 의를 위하여 어떠한 고난도 감수하다가 주님 앞에 섰을 때 부끄러움 없는 모습을 보이자."

김철훈 목사의 후임으로 산정현교회에 시무한 정일선(丁一善) 목사, 평양 산정현교회를 대들보처럼 굳건히 지키던 유계준 장로, 청렴 전도인의 대명사인 백인숙 전도사와 충성된 계희중 집사로 이어지는 순교자를 배출한 평양 산정현교회는 그 이름이 우리에게 주는 메시지가 크다고 할 수 있다.

그들이 뿌린 피의 열매는 오늘 한국교회 발전으로 승화되었다. 우리는 그들의 피를 이어가야 한다. 한국교회는 주님의 명령대로 땅끝까지 이르러 복음을 증거해야만 한다. 오늘 한국교회는 이 사명을 따라 끝까지 포기하지 말고 오늘을 극복하며 미래를 향하여 굳건히 나아가야 한다.

후배 방지일 목사는 김철훈 목사를 가리켜 "강직한 성격으로 부러질지언정 구부러지지 않는 분"이라고 회고했다.

일제 강점기와 해방 후 공산 치하에서 순교한 많은 믿음의 선배들이 보여준 공통점은 유일신 하나님을 믿는 신앙에서 한치의 타협이나 양보도 하지 않은 것이다. 이런 점에서 공산당에 납치되어 순교 당한 목사의 삶은 마치 한국교회가 겪어 온 고난의 교회사를 압축해 놓은 여정이라 해도 지나침이 없다.

김철훈 목사가 동평양교회를 시무하면서 장로회신학교 학생들에게 설교한 "로마를 정복하라"에서 다음과 같이 결론을 맺었다.

"바울은 드디어 황금 도성, 무력의 요새, 금성철벽을 자랑하던 로마 성에 복음의 폭탄을 던져 점령하고 승리의 개선가를 드높이 불렀다. '내가 선한 싸움을 힘써 싸워 이기고 달려갈 영적 경주를 힘차게 달려 골인하고 믿음을 파수했다'고 디모데후서 4장 7절에서 역설했다.

오늘 우리가 사는 이 세상은 어떠한가? 주위 환경이나 정치적 여건들이 우리 앞에 로마 성처럼 가로막고 있다. 이제 복음의 일꾼 된 십자가 군병들은 모두 복음 폭탄을 가지고 적진을 향해 힘차게 던져야 한다. 이 복음을 부끄러워하지 말고 자랑하며 용감하게 도전하면 모든 마귀의 세력은 순식간에 무너지리니, 십자가 군병들은 모두 궐기하여 승리의 진군하자! 우리에게도 의의 면류관이 예비되었으니 반드시 받아 쓰리라."

순교자 김철훈 목사의 아내 연금봉 전도사는 1909년생으로 100세가 되었다. 그분은 2007년 회고록을 펴내는 등 고령에도 연부역강(年富力强) 하는 모습을 보여주었다. 연금봉 사모는 김철훈 목사에 대해 강직하고 고매한 인품을 지니셨던 분이라고 했다.

"불의를 참지 못하는 곧은 사람이었습니다. 아닌 것은 끝까지 아니었던 분입니다. 신사참배를 총회 가결할 때 김철훈 목사님이 옥고를 치르고 나오셨는데 교인들이 이왕 가결되었으니 적당히 타협하자는 제안에 끝까지 묵묵부답이셨고, 이에 교인들은 몸에 바늘 하나 들어가도 피 한방을 안 나겠다고 말하면서 놀라워했다는 일화도 있습니다.
생전에 목사님은 세상에 그만큼 기도한 분이 없을 정도였습니다. 빌립보서를 즐겨 읽으셨습니다. 야산 바위에 올라가 밤에 기도하시다 밤 12시 되어서야 내려오셨던 모습이 눈에 선합니다. 찬송가는 지금의 35장 '큰 영화로신 주'를 좋아하셨습니다. 매주 토요일에 철야하고 주일에는 온종일 금식하시기도 했습니다."

연금봉 사모는 경기도 광주군 남한산성에서 출생했고, 경기 용인의 기흥 공립보통학교 교사로 재직 중이던 27세 때 당시 31세인 평양 신학생 김철훈과 결혼했다. 김철훈 목사 순교 후 1950년 12월 어린 자녀들과 함께 대동강을 건너 월남한 후 충북 보은과 부산 등지에서 살다가 1952년 12월 부산 다비다모자원의 원모로 봉사했고, 1954년 2월 상경하여 순교자 유족회장으로 봉사했다.

그해 4월 경북 안동에서 거행된 제39회 총회에서 회장 자격으로 유가족 자녀 교육비 보조를 청원하여 총회 석상에서 연보 5만 환을 보조받았고, 그해 가을에는 순교자 유족의 집인 순혜원을 건립했으며, 1956년에는 서울 산정현교회를 창립했으며, 1960년부터 그 교회 전도사로 봉사했다. 이어 그녀는 영세교회 전도사를 거쳐서 1980년대에는 영세교회 명예 전도사로 추대되었다. 연금봉 전도사의 소원은 순교자 유족들을 위한 모임을 정기적으로 하는 것이었다.

순교자 김철훈 목사의 자녀 손들의 면면을 보면 순교자의 피가 헛되지 않고 교회의 자양분과 씨앗이 되었음을 알 수 있다. 김철훈 목사 내외는 슬하에 1남 2녀를 두었다. 사모는 남편이 다하지 못한 복음 사역에 여생을 바쳤다. 장남 김기영은 숭실대학교와 장신대 신대원을 거쳐 목회자가 되었고, 장녀 김명희는 서울대학교 음악대학을 졸업하고 영세교회 이금세 장로와 결혼했으며 권사로서 봉사하고 있다. 차녀 김성희는 경희대 음대와 장신대학원 기독교교육과를 졸업하고 현재 산정현교회 장로이며, 유치원 원장으로 어린이 사역을 펼치고 있다. 순교자 김철훈 목사의 거룩한 순교의 피는 대대손손 면면히 흘러 한국교회의 한 편을 환히 밝히고 있다.

김철훈 목사 유족으로는 연금봉 사모, 아들 김기영 목사, 장녀 김명희 권사, 맏사위 이금세 장로, 차녀 김성희 장로가 있다. 김철훈 목사의 순교 피가 헛되지 않게 충성하는 유족들이다. 그중에서도 김철훈 목사의 사모 연금봉은 목사의 아내로서 너무나 훌륭한 열매를 맺었다. 순교자 유족들을 위해서 쌓은 그 노력은 기도와 열정의 믿음으로 많은 인재를 키웠으며, 순교자 유족들이 고독하고 가난하게 살았는데 그들을 위하여 눈물로 기도하며 총회에 호소하므로 많은 위로를 받게 했다. 여기에 특별히 귀기울여 들어주시고 도와주신 분은 한경직 목사였다.

# 허은 목사(1913~1952)

한 사람의 순교의 피는 많은 열매를 맺는다. 순교자 터툴리아누스는 "교회는 순교자의 피 위에 세웠다"라고 했다. 예수의 제자들은 모두 순교자였다. 사도 베드로는 십자가에 거꾸로 못 박혀 죽었다. 사도 요한의 형 야고보는 칼에 죽었다. 의심 많던 도마는 인도에서 순교했다. 사도 요한은 사약과 끓는 기름 가마에서도 살아났다. 그는 사도 중에 가장 오래 살았다. 밧모 섬에서 강제노역을 한 후 풀려났고, 100세 가까워 소천했다. 기독교 역사는 320년대까지 수많은 순교자를 냈다. 기독교 역사는 처음부터 순교자들의 피로 이어져 왔다. 그들은 비참하게 순교했으나 기독교 역사에는 그들이 큰 빛이 되었다.

허은(許殷)은 1913년 2월 28일 평안북도 철산군 여한면 연수동 316번지에서 허석현(許碩鉉) 장로의 맏아들로 태어났다. 허은의 부친은 애국지사였으며, 교회 건축을 위해 500평의 땅을 내놓았고 목재를 사들여 교회를 건축한 열정적인 신앙인이었다.

허은은 고향에서 보통학교를 졸업하고 선천성경학교를 수료했다. 이어 서울로 와서 1935년 피어선고등성경학교에 다니면서 양반교회로 소문난 안동교회 조사로 시무하면서 윤치소 장로 댁에 유숙하게 되었다. 그 댁은 아주 호화로운 저택이었다. 아침에 일어나면 고령이신 윤치소(尹致昭) 장로께서 찾아와 "조사님, 안녕히 주무셨습니까?" 하고 인사를 했는데 20대의 시골 출신 조사에게 큰 감명을 주었다.

허은 조사는 학업을 이어갔다. 허은 조사의 설교가 은혜롭고 담임목사를 돕는 목회가 젊은이로서 훌륭하게 인정되었다. 윤치소 장로는 허은 조사가 장래성이 있다고 인정해서 외국 유학을 제안했다. 허은 조사는 아버지 허석현 장로에게 전했다. 이 제안에 접한 허 장로는 아들의 유학을 결심하고 학비도 허락하신 것은 감사하나 사양했다. 아들 공부하는 데 학비를 아버지가 맡는 것이 당연했다고 여겼다.

1938년 동경 일본 닛폰대학교 종교과에 입학했다. 일본 닛폰대학교에 가게 된 연유는 안동교회를 담임하시는 최거덕 목사께서 일본 닛폰대학교 종교과에서 공부하고 졸업했으므로 기쁜 마음으로 추천서를 써 주었다.

1941년 동 대학을 졸업하고 돌아왔을 때 아마도 윤치소 장로께서 대학 교수로 천거했으나 거절했다. 자신은 목회자가 되어야지 대학 교수가 아니라고 여겼기 때문이었다. 그해에 평양장로회신학교에 입학했다. 신학교에 재학하면서 철산읍교회 전도사로 시무했다. 1944년 제37회로 평양장로회신학교를 졸업했다.

1년 후 1945년 8월 15일에 해방을 맞았다. 북한을 공산주의가 점령했으므로 많은 목회자가 남한으로 피난을 떠났다. 1946년 풍천교회 목사 청빙으로 평북노회에서 목사 안수를 받았다. 그는 평안북도 철산군 백량면 풍천교회(豊川敎會)를 담임했다. 그해 가을 노회에서 부서기로 피선되었는데 32세의 초년생 목사였다.

1946년 3월 1일 독립운동기념일을 맞이하여 평양 교회 사회에서는 3월 1일 독립기념 예배를 장대현교회에서 드리기로 했다. 같은 날 공산당 측에서는 평양역 앞에서 기념식을 예정했다. 그러자 기념 예배하는 장대현교회에 공산당원들이 들이닥쳐 교인들을 구타했다. 이때 교인들은 신앙의 자유를 부르짖으며 항의했다. 당시 공산당이 주도했던 역전 기념식장에서는 수류탄 투척 사건이 발생해서 온통 식장이 혼란해서 기념식을 진행하지 못했다.

공산당원들은 이 수류탄 투척 사건이 기독교가 공산당을 방해하기 위해 저지른 일이라고 뒤집어씌우면서 기회가 있는 대로 기독교를 탄압하고 교회 지도자를 영장 없이 구속했다. 그리고 김일성과 공산당을 지지하는 어용 조선기독교도 연맹을 조직했다.

북한 공산당은 1946년 9월 5일 입법부 설립을 위한 시, 도, 군 인민위원 선거를 1946년 11월 3일 주일에 실시한다고 법령을 포고했다. 이처럼 주일에 선거하려는 것은 참여하지 않은 교역자나 교인을 색출해서 숙청하려는 의도가 숨어 있었다. 이렇게 날짜를 정한 것은 과거 일제 강점기의 신사참배, 동방요배 강요와 다를 것 없는 일로, 교회에 대한 선전포고였다.

이러한 소식을 들은 교계는 반대했다. 당시 평양에는 30여 개 교회의 목회자 대부분이 신사참배에 참여했으나 그중에는 감옥에 간 성도도 있고, 신사참배 문제로 교회를 사임하고 은거한 목회자들도 있었다. 이들은 한 목소리로 주일 선거에 강경하게 반대했다.

1946년 10월 25일 '북한 5도 연합 노회'가 평양 산정현교회에서 모였다. 이때 5도 연합회 노회장인 김진수 목사의 사회로 개회된 회의에서 총선거를 전면 거부하기로 결의했다. 이 결의문을 작성하여 김일성과 소련군 사령관에게 보내기로 하고 7인 위원을 선출했다. 7인 위원은 장대현교회 이유택 목사, 산정현교회 김철훈 목사, 사인장교회 최감은 목사, 연화동교회 김윤찬 목사, 신암교회 김길수 목사 등이었다.

이때 결의한 5개 조항은 다음과 같다.

> 첫째, 성수 주일을 생명으로 하는 교회는 주일에는 예배 외의 여하한 행사에도 참석하지 않는다.
> 둘째, 정치와 기독교는 엄격히 구분한다.
> 셋째, 예배당의 신성을 확보하는 것은 교회의 당연한 의무요, 권리이다.
> 넷째, 현직 교역자로서 정계에 종사할 경우에는 교직을 사면해야 한다.
> 다섯째, 교회는 신앙과 집회의 자유를 확보한다.

'북한 5도 연합회'의 7인 위원들은 다음과 같은 성명서를 발표했다. "우리는 목숨을 다할 때까지 평양을 사수한다. 우리는 신앙을 위하여 한국의 예루살렘 평양성을 위하여 이 작은 몸을 주님의 제단에 바치기로 한다."

이들은 교인들에게 투표에 참여하지 말 것을 통보했으며, 투표일인 주일은 새벽기도회부터 12시까지 남아서 기도하며 온종일 교회에서 보내도록 했다. 많은 교인은 이러한 지시에 따라 하루를 보내고 집으로 돌아갔다. 이때 지역 공산당원들은 투표에 참여하지 않는 교역자와 교인들을 정치보위부로 연행해서 무자비한 고문을 시작했다.

### 조선기독교도 연맹(朝鮮 基督敎徒 聯盟)

이 무렵 공산당 당원들은 강양욱 목사를 비롯해 기독교 어용 단체인 '조선기독교도 연맹'을 결성하고 김익두, 박상순, 김응순 목사를 강제로 가입시켰으며, 초대 총회장에 박상순 목사, 부총회장에 김응순 목사, 서기에 조택수 목사를 선출했다. 이들은 11월 3일 주일에 꼭 투표장에 나와 투표에 참여하도록 열심히 선전했다. 여기에 조선기독교도 연맹은 11월 3일로 예정된 선거를 지지했다. 그리고 다음과 같은 강령을 주장했다.

첫째, 우리는 김일성 정부를 절대 지지한다.
둘째, 우리는 남한 정권을 인정하지 않는다.
셋째, 교회는 민중의 지도자가 될 것을 공약한다.
넷째, 교회는 선거에 솔선하여 참여하기로 한다.

김일성의 장인 강돈욱 장로와 육촌인 강양욱 목사는 당대 실력자

18 허은 목사(1913~1952)

로 부상했다. 강양욱은 1943년 평양신학교를 졸업하고 목사 안수를 받은 자였다. 그는 1948년 조선기독교도 연맹을 조직하고 민족진영의 목사와 오도 연합회 소속 목사들에게 조선기독교도 연맹 가입을 강요했으며, 응하지 않는 사람은 공산당에 고발해 갖은 고초를 당하게 했다.

이러한 상황에서 목사들은 어용파, 거부파, 불가피파로 나뉘었다. 이 일로 북한교회는 분열되면서 상호 모략과 중상했다. 이 과정에서 조선기독교도 연맹이 공산당의 지지를 얻으면서 활기를 띠게 되었다. 조선기독교도 연맹은 자신들의 힘을 과시하기 위해 발표했다.

> 첫째, 기독교의 박애 원칙에 기초하여 인민의 애국열을 환기하며 조선의 완전 독립을 위하여 건국사업에 일치 협력할 것.
> 둘째, 민주 조선 건국에 해독인 죄악과 항쟁하고 도의 건설을 위하여 분투할 것.
> 셋째, 언론, 출판, 집회, 결사와 신교의 자유를 보장하기 위하여 전력할 것.
> 넷째, 기독교의 발전을 위하여 매진할 것.

조선기독교도 연맹에서 발표한 강령에 반대하고 신앙의 자유를 부르짖은 5도 연합 노회는 탄압과 숙청을 당하기 시작했다. 광복 당시 평양신학교 교장 이성휘 목사는 신학교가 '조선기독교신학교'로 통폐합되자 자리에서 물러났다. 그 뒤 공산당의 감시를 받다가 한국전쟁 당시 우익 인사들과 함께 총살당했다.

조선기독교도 연맹에 가입하지 않은 목회자는 추방되거나 인민재판을 받아야 했다. 인민재판은 공개여론재판이기에 목회자나 평신도들은 살아남지 못했다. 당시 북한교회를 실질적으로 이끌어왔던 김화식 목사를 비롯하여 김인준, 이정심, 김철훈, 이유택 등 많은 목사가 순교당했다. 일부 목회자는 목숨을 건지기 위해 야밤에 38선을 넘어 도피했다. 이러한 탈출은 계속되었다. 이처럼 목회자들이 숙청당하거나 월남하자 한때 북한에는 기독교가 사라지는 듯했다.

허은 목사에게도 연맹 가입 강요가 심했다. 허은 목사는 조선기독교도 연맹에 가입하지 않을 뿐 아니라 그 조직 자체를 부정했다. 끝까지 반대하며 공산당에 맞섰다. 강양욱 목사는 계속해서 허은 목사를 압박했다. 그러다가 할 수 없이 허은 목사에게 설교하지 못하게 했다. 그래도 복종하지 않았다. 그러니까 이제는 교회를 폐쇄하겠다고 강압했다. 교회를 폐쇄하겠다는 말에 허은 목사는 겁이 났다.

나중에는 피할 길이 없다고 여겨져서 1948년 5월, 교회 성도들에게 인사 한마디 못하고 딸 하나를 데리고 월남했다. 가족들이 월남하지 못해서 목회하지 않았다. 후에 가족들이 월남했다. 그런데 전라북도 줄포교회에서 목회하는 친구 김성모 목사의 소개로 10월에 전라북도 고창읍교회에 부임하게 되어 남한에서 목회를 시작했다. 그러나 목사가 되어 처음 목회를 시작했던 풍천교회를 두고 온 것이 하나님 앞에 죄송하기 그지없었다.

그 후 영락교회 한경직 목사께서 영락교회 부흥회를 인도해 달라는 청탁을 받고 부흥회를 한 주간 인도했다. 허은 목사가 가르치는 오전 성경공부 시간에는 시장에서 장사하던 여신도들이 장사를 팽개치고 참석할 정도로 대단히 환영을 받았다. 허은 목사가 다른 교회에서 사경회 강사로 초빙을 받았을 때는 본교회 당회의 허락을 받고 갔으며, 사경회를 마치고 그 교회에서 사례비를 드리면 꼭 본교회에 와서 헌금했다.

해방촌에 1947년 3월 해방교회가 개척되었다. 해방촌은 일본 제정 시대에 신사 자리였다. 그런데 해방이 되면서 이북에서 피난민들이 내려왔을 때 이승만 대통령께서 움막을 치고 살도록 이 지역을 허용했다. 현재 법적 명칭은 서울특별시 용산구 용산동 2가이고, 행정구역상으로는 용산 2가 동에 속했다.

그러나 처음에는 행정구역 이름도 없이 해방 후 이북에서 피난 온 사람들이 사는 곳이라 해서 '해방촌'이라고 자연스럽게 불렀다. 이북에서 공산주의가 싫다고, 기독교 신앙을 가진 사람들이 월남했다. 그러므로 이곳은 가난하고 불쌍한 사람들이 모여 살았다.

서울 해방촌에는 평안북도 선천과 철산에서 피난 온 사람들이 많이 살았다. 그래서 선천군민회와 철산군민회가 있었다. 허은 목사가 풍천교회에서 목회했으므로 풍천교회 성도들도 여러 가정이 있었다. 그들은 허은 목사의 소식을 들었다. 허은 목사가 영락교회 부흥회를 인도할 때 참석한 교인들도 있었다. 교회 안에 소문이 퍼지게 되었다. 의견이 합해져서 장로들이 직접 고창읍교회에 내려가서 청빙했다.

허은 목사는 고향에서 함께했던 이들이며 한 교회에서 목사와 교인으로 있었던 사람들이었기 때문에 비록 6개월밖에 안 되었으나 고창읍교회를 떠나게 되었다. 고창읍교회에서는 허은 목사를 붙잡았으나 허은 목사는 마다하고 해방교회에 부임했다.

1949년 3월에 해방교회에 청빙을 받아 담임목사로 부임했다. 1949년 6월 위임식을 거행했는데 이날 새로 취임한 이백산, 이은보, 정치경 장로와 박승혁 집사가 장로로 장립했다.

이은보 장로는 철산 풍천교회의 장로였다. 허은 목사는 고향교회에 온 것 같은 느낌이었으며, 고향교회 분위기였다. 고향에다 성도들을 두고 온 송구한 마음이 다소나마 위로를 받을 수 있었다. 이리하여 해방교회는 목회자가 부임하고 장로가 7명이나 되어 성장하는 교회가 되어갔다. 허은 목사는 3대 목사요, 위임으로는 2대로, 1949년 6월 6일 위임식을 거행했다.

허은 목사는 새벽 제단에 엎드려 하나님께 눈물로 감사했다. 최선을 다해 목회할 것을 다짐했다. 제일 먼저 해야 할 일은 예배당 건축이었다. 온 교우들은 힘이 났다. 열심히 흙을 나르고 벽을 쌓아 올리고 기와를 놓고 십자가를 높이 달았다. 1949년 11월 7일, 2층 107평 현대식 건물을 완공했다.

그 후 해방교회는 날로 부흥하여 서울에서는 영락교회 다음으로 교인이 많이 모이는 교회로 부흥했다. 완공 두 달도 되지 않아 1949년 성탄 이브에 축하 행사를 위해서 많이 모였다. 성전을 완공하고 처음 맞는 성탄절이라 성대했다. 어린이들이 축하 순서를 하는 자리에 어른과 아이들이 함께 모이게 되니 앉을 자리가 없어서 좁혀 앉는 가운데 어른들은 서 있는 사람들도 많았다.

그때는 의자가 없었고 마루에 앉았다. 그러니까 좁혀 앉으면 많은 사람이 앉을 수 있었다. 한참 어린이들의 축하 순서가 진행되고 있었다. 겨울이라 난로에 불도 피어 있었다. 목조건물 2층이었는데 2층 마루가 무너져 내리는 사고가 일어났다. 축하 순서는 중단되었고 아수라장이 되었다.

교인들이 밖으로 뛰어나가고 아이들의 우는 소리가 크게 났고 난로에서는 불이 타고 있었다. 허은 목사는 침착하게 사람들을 안정시켰으며 모두 질서 있게 움직였다. 그 큰 불상사 속에서도 하나님이 보호하셔서 한 사람의 인명피해도 없었다.

부임 15개월, 예배당 건축 7개월, 교회는 부흥하고 뜨거운 신앙운동이 일어나고 있는데 1950년 6월 25일 주일에 북한 김일성이 남침하는 전쟁이 일어났다. 누가 이런 일을 예측했겠는가. 6월 25일은 주일이었다. 편안히 예배드리고 성도들은 돌아갔다. 라디오에서 전쟁이 났다는 소식에 모두 어리둥절했다.

라디오 방송에서는 남침해 내려오는 적군을 국군이 물리치고 북진한다고 했다. 모든 사람은 라디오에 귀를 대고 뉴스에 집중했다. 허은 목사는 6월 25일 주일 예배 후에 북한성도협의회 모임(회장 한경직 목사, 서기 김성준 목사, 회계 허은 목사, 위원 강신명 목사, 이창로 장로)에 갔다가 돌아왔으나 마음이 편하지 못했다.

정부에서 발표하는 것을 들으면 북진하고 있다고 하지만 포성은 점점 가까이 들려오고 있었다. 서울의 북쪽인 의정부에서 오는 사람들에게서 인민군이 계속 남진하고 있다는 말도 들렸다. 이런 상황에서 성도들은 모두 당황하게 되었고 불안한 표정들이었다.

6월 27일 저녁에 인민군은 서울에 침입했고, 28일에 완전 장악하기에 이른 것이다. 정부만 믿던 성도들은 가자니 길이 막혔고, 있자니 불안해서 문자 그대로 우왕좌왕하며 제멋대로 교회를 등지고 떠나는 신세가 되었다. 해방촌에 머물러 있자니 불안하고 후퇴의 길은 막혔으니 자하문 밖으로 경기도 용인으로 흩어져 유랑생활을 계속했다.

1950년 6월 27일 저녁, 임시 제직회를 소집했다. 이 회의는 어떤 안건을 결의하기 위함이 아니었다. 허은 목사는 기도하고 먼저 말을 시작했다. 침착한 어조로 천천히 "양 떼를 버리고 온 내가 또다시 양 떼를 버리고 피난할 수는 없소. 나는 본래 마음이 약한 사람이라 여러분이 자꾸 피난을 권유하면 마음이 흔들릴지 모르니 나에게 절대로 피난을 권유하지 마시오. 나는 끝까지 이 제단을 지킬 것이오"라고 했다. 허은 목사는 공산군에게 점령당한 서울에 있으면서 교회를 지켰다.

성도들은 전혀 목사에게 피난을 권유할 수 없었다. 목사님은 교회를 지켰다. 용산은 미군 부대의 중심지였는데 인민군이 서울을 점령한 후에는 그 본부를 용산으로 정했다. 그래서 국군과 미군이 서울을 폭격할 때는 용산이 그 중심지로 타격을 받았다. 심한 폭격이 계속되었다.

남한 전체에 미친 참혹한 참화는 재론의 여지가 없었다. 생명과 재산의 피해는 물론이고, 인간성의 피폐와 불안감은 모든 이들의 심성을 뒤흔들어 놓았다. 우리 민족으로서는 일제 침략과 통치를 능가하는 금세기 최대의 시련이 아닐 수 없었다.

특히 이미 해방과 분단 이후 북한에서 공산당의 학정을 체험한 뒤 그들의 마수를 피해 사선을 넘었던 월남민들에게 있어서 6·25 전쟁은 남다른 고통과 불안을 안겨주는 것이었다.

당시 남한 정부는 민심 동요를 방지한다는 단견에서 전황을 반대로 발표했고, 정부의 그와 같은 호언장담을 믿은 많은 이들이 피난의 기회도 잃고 말았다.

전체적으로 대다수 교인들이 월남 피난민이었던 해방교회가 6·25의 와중에 입은 타격은 남다를 수밖에 없었다. 결국 이 6·25의 수난사 속에서 해방교회는 담임 허은 목사의 납북, 순교라는 치명적인 고난을 입어야 했고, 전쟁의 포연에 의한 직접적인 소실은 아니나 누군가의 방화로 목조 예배당이 전소되어 교인들의 신앙 보금자리가 유실되는 시련에 직면했다.

허은 목사는 가족들을 좀 안전한 곳에 잠시 피하게 하고자 아랫마을에 있는 회현동의 한 곳으로 몸만 피했다. 이곳을 누가 지켜본 듯했다. 그다음 날, 그러니까 7월 25일 새벽이었다. 공산당 내무서원들이 와서 허은 목사를 체포했다.

어떻게 내무서원이 허은 목사의 집을 알아냈을까? 누가 그 집을 밀고한 것이 아닌가? 이동할 때 그 누가 숨어서 따라갔는가? 결국 허은 목사는 체포되었다. 어두움이 가시지 않은 새벽에 집을 나서면서 가족들에게 인사도 한마디 못하고 나갔다. 다만 아들 전(쓮)에게 "예수 잘 믿어야 한다"라고 했을 뿐이었다. 이것이 허은 목사의 마지막 모습이었다.

그때 허은 목사의 나이 37세였으며, 남은 가족으로는 부인 전옥자(田玉子) 권사(신광교회 권사)와 2남 4녀가 있었다.

허은 목사의 맏아들 허전(許쓮)은 연세대학교 철학과를 공부하면서 아버님의 뒤를 이어 목사가 되고자 하는 마음도 있었으나 목회자의 길은 특별한 소명을 체험하지 못하고서는 갈 수 없는 길이라는 사실을 깨달았다.

후학들에게 바른 교육을 통해서 복음을 증거하는 일과 선교하는 일을 돕고자 하는 마음을 가졌다. 그래서 연세대학교를 졸업하고 보성여자고등학교 교사를 했으며, 나중에는 교장으로 은퇴했다. 그리고 아버지가 목회하시다가 납북된 해방교회에서 평생 봉사했고, 시무장로 20년으로 은퇴하여 원로로 추대되었다.

사모는 신광교회에 출석했다. 목사님이 납북된 후 총회에서 순교자 가족들이 살 수 있는 가옥으로 마련한 장충동 순혜원에서 살았다. 그러므로 가까운 신광교회에 출석했다. 해방교회에 출석하지 않은 것은 목사님이 납북된 교회이므로 해방교회에 오면 남편의 영상이 떠올라서 오지 못하신 것으로 여겨졌다.

1997년 해방교회 창립 50주년 기념예배 때 세 분에게 공로패를 드렸다. 허은 목사께서 순교하셨으므로 전옥자 사모님, 해방교회를 위해 열정의 목회를 하신 김찬호 목사님, 해방교회에서 목회하신 후원로로 추대되시고 총회장으로 선출되셨던 박치순 목사님이 별세하셨으므로 미국에 계시는 이명애 사모님을 초청하여 모셨다. 그때 전옥자 사모님이 해방교회에 오랜만에 오셨다.

해방교회당은 인민군들이 후퇴할 때 누구의 방화인지 불타고 말았다. 허은 목사께서 공산당에게 납치되어 갔는데 그가 건축한 예배당마저 불타 없어진 것이었다. 허은 목사의 목회는 섬세했고, 특히 설교는 유명해서 각처에서 부흥회를 인도했다.

허은 목사께서 해방 직후 선천남교회에서 부흥 집회를 인도했다. 1946년 선천에서 열린 평북노회 도 사경회 강사로 선정되어 남녀 제직반을 맡았다. 교인들이 너무 많이 모여서 선천남교회의 새로 지은 예배당이 꽉 차서 들어갈 수 없어 예배당 밖에까지 서서 설교를 들었다.

월남 후에는 전국을 돌며 부흥회를 인도했다. 강사로 청빙받으면 반드시 당회에 보고했고, 사례금과 선물은 교회에 내놓았다. 허은 목사의 설교는 뜨거웠다. 1948년 서울 영락교회 부흥 사경회를 인도했는데 집회마다 초만원을 이루어 장안의 화제가 되었고, 특히 성경공부 시간에는 시장에서 장사하던 성도들이 장사를 팽개치고 참석하면서 대단한 성황을 이루었다. 허 목사는 설교하면서 많은 눈물을 흘렸다. 북한에 두고 온 성도들을 생각할 때 너무나 측은해서 흘린 눈물이었다.

허은 목사의 납북, 행방불명과 순교는 6·25 전쟁 때문에 해방교회가 입은 수난의 아픔을 보여주고 있다. 허은 목사의 생애와 신앙, 그 순교적 자세는 귀한 신앙의 모범이 되어 해방교회 역사에 흐르고 있다. 사도 바울이 고백한 말씀에는 "나는 이제 너희를 위하여 받는 괴로움을 기뻐하고 그리스도의 남은 고난을 그의 몸 된 교회를 위하여 내 육체에 채우노라"(골 1:24)고 했다. 그는 이 말씀을 실천하였다.

특히 그의 생애 기록 중에 주목해야 할 점은 오히려 평범하고 유약해 보이는 삶의 결단으로 위대한 순교의 신앙을 이루어 낸 점이다. 때로는 영웅적이거나 강고(强固)한 태도로 신앙의 정절과 순교의 각오를 말하는 이들도 있다. 그러나 후대 신앙인에게 큰 감동을 주고 귀한 선례로 남는 일은 허은 목사의 고백과 같은 소박한 죄책감에서도 볼 수 있다. 북한에 양 떼를 두고 온 목사로서의 회한을 반복할 수 없다는 결연함이 있었다. 그리고 마음이 약한 자신을 그대로 내보이며 피난을 권유하여 마음이 흔들리게 하지 말아 달라는 솔직한 고백에서 한 인간의 고뇌를 엿볼 수 있다. 그러기 때문에 이러한 모습에서 더욱 감동하게 된다.

역사를 통해 보면 그와 같은 진솔한 인간의 고뇌 속에서 오히려 위대한 순교자의 증언을 듣게 된다. 허은 목사에게서 그렇게 순박하고 올곧게 배어 나오는 모습을 발견할 수 있다. 이는 하루하루 인간적 고통을 견뎌내고 최후까지 승리하는 영성을 이룩해 왔다는 증거였다.

> "그의 경건한 자들의 죽음은 여호와께서 보시기에 귀중한 것이로다 여호와여 나는 진실로 주의 종이요 주의 여종의 아들 곧 주의 종이라 주께서 나의 결박을 푸셨나이다"(시 116:15-16).

그는 항상 자신이 순교적 자세를 이루어가는 데 부족한 사람이라고 여겼다. 그러므로 기도하며 순교의 그날까지 소박한 인간의 고뇌 속에서 삶을 이어갔다. 허은 목사의 순교적 삶에서 한국교회사의 대표적 순교자 주기철 목사와 손양원 목사의 순교신앙의 맥을 모두 볼 수 있다.

해방교회의 믿음의 성도들은 주님의 몸 된 해방교회를 사랑하시고 예수의 마지막 명령인 땅끝까지 복음을 전파하라는 사명을 다하신 허은 목사의 순교적 신앙을 본받고 기리기 위하여 2011년 10월 23일 개최된 본 교회 정책 당회에서 2012년 3월 30일 본교회 창립 65주년을 맞이하여 허은 목사 순교자 기념비를 건립하기로 위임목사 박영국 목사가 인도한 당회에서 당회원 전원 만장일치로 결의했다.

3월 25일 오후 3시, 예배당 계단 아래에 순교비를 세우고 다음에 순교비 헌시를 벽에 세웠다. 이 모든 예식을 당회장 박영국 목사께서 집례했고, 참석자는 당회원들과 총회 순교자기념사업회 총무 이응삼 목사, 그리고 원로목사 이승하, 유족 대표 허전 원로장로와 다른 유족들, 차봉오 원로장로, 그리고 여러 교인이었다.

대개 목회자의 스타일을 세 종류로 구분하는 방법이 있다.

1) 사도 베드로 형. 성격이 괄괄하고 거칠다고 할까 과격한 성품의 목회자이다. 실수도 있으나 큰 능력으로 기적을 나타내며 많은 사람에게 열정적 설교와 능력의 실천으로 많은 열매를 맺는다. 이러한 목회자로 김익두 목사나 최권능 목사 같은 분을 들 수 있다. 사도 베드로는 능력의 목회자였다.

2) 사도 바울 형. 학식이 풍부하고 권위가 있어서 누구에게나 위엄 있는 목회자로 서는 분이다. 율법적인 신앙을 개혁해서 예수 그리스도의 신앙적 체계를 이룩한 사도였다. 교회를 질서 있고 조직적으로 다스리거나 또는 모든 성도가 평등한 가운데 복음을 수용하고 구원의 감격을 지닐 수 있도록 조직적으로 설교했다. 사도 바울은

반듯한 목회자였다. 이러한 목회자로 이상근 목사와 같은 분을 들 수 있다.

3) 사도 요한 형. 외모가 차분하고 인자하며 사랑하고 싶은 사람이다. 그래서 "예수를 가장 사랑한 제자는 베드로요, 예수가 가장 사랑한 제자는 요한이었다"라는 성 아우구스티누스의 말이 있다. 요한은 '사랑의 사도'란 별명을 갖고 있었다. 그만큼 사랑을 실천한 가장 훌륭한 사도였다. 끝까지 사랑으로 예수 그리스도를 전파한 사람이었다. 사도 요한은 사랑을 가장 큰 계명으로 실천했다.

이렇게 볼 때 허은 목사는 어떤 형에 속할까? 어떤 목회자도 한 사도에게 치우치지는 않을 것이다. 그러나 어느 사도의 특징이 잘 나타나는 것을 찾을 수 있을 것이다.

이런 점에서 볼 때 허은 목사는 목회를 잘하는 사람은 설교 잘하는 목사라야 한다는 공식이 있다. 허은 목사는 대설교가였다. 목사가 되면서부터 집회를 인도했으며, 서울로 월남한 후에는 전국을 다니며 부흥회를 인도했다. 그의 설교에 감동이 컸다. 그의 호소력이 성도들을 신앙으로 돌아서서 구원의 감격으로 그리스도인으로의 삶을 바르게 이어가게 했다. 그의 설교를 많이 들었던 어느 장로는 "허은 목사의 설교는 날아가는 새도 얼러서 손 위에 앉게 한다"라고 했다. 그만큼 감격이 있었다. 교회가 크게 부흥한 것도 그의 설교가 지닌 큰 능력 때문이라고 할 수 있었다.

유감스러운 것은 허은 목사의 설교 원고가 단 한 편도 남아 있지 않다는 것이다. 그의 설교 원고가 남아 있었다면 목회자들이나 설교를 연구하는 이들에게 좋은 자료가 될 수 있었을 것이다. 훌륭한 설교자는 예수의 말씀을 바르게 전달했다. 듣고 믿음이 돈독해진 사람들은 진정으로 회개하며 참된 복음적 삶을 이룰 뿐 아니라 복음을 전파하는 사람으로 그리스도인의 본분을 다하게 될 것이다.

그는 인자한 목회자였다. 나약한 듯이 보이면서도 강력한 감동을 주는 분이었다. 모든 사람을 사랑으로 대하고 인자한 말로 온유한 성품으로 가르쳤다. 철산에서 처음 목회를 시작했던 풍천교회 성도들을 두고 월남한 것이 그렇게 마음 아픈 것으로 남아서 눈물을 흘리며 기도하고, 설교할 때도 그 정을 이기지 못해 울었다.

6·25 전쟁이 일어나고 27일 저녁 임시 제직회를 모아 놓고 하신 말씀은 자신을 돌보는 말씀이 아니었다. 정작 하신 말씀은 성도들이 모두 피난할 것을 권면하기 위함이었다. 그는 성도들을 극진히 사랑했다. 그들의 안전이 우선이었다. 교회는 내가 지킬 것이니 성도들은 아무 걱정하지 말고 떠나라고 했다. 그의 목회는 자신이 예수를 사랑하신 만큼 성도들을 사랑하는 목회였다.

또한 허은 목사는 추진력이 있었다. 해방교회에 부임하고 첫 번째로 하신 일이 성전 건축이었다. 성도들을 격려해서 당시 해방촌에는 변변한 건물이 없고 모두 판자로 지은 집에서 살고 있을 때였는데 해방예배당은 양옥으로 기와를 올렸다. 그리고 2층 건물이었다. 해방촌에서 가장 크고 아름다운 건물이었다. 그렇게 가난한 성도들과 힘을 합해서 건축한 예배당은 목회를 시작한 허은 목사에게는 최초로 성공한 일이었다. 그런 후에 허은 목사는 교회의 모든 행정적인 업무를 추진하는 데 장로들과 마찰 없이 교회 사업을 추진하는 목회 베테랑의 면모를 나타냈다.

마지막으로, 평생 순교의 신앙을 이어갔다. 주기철 목사나 손양원 목사의 목회를 보면서 느끼는 것은 그들의 목회에서 항상 순교적인 면모가 나타나고 있다는 것이었다. 그렇게 설교했고, 그렇게 기도했고, 그렇게 살았다. 그리스도의 증인은 말로만이 아니라 증인 자신이 그 고난에 참여함으로써 증인이 된다는 것이다. 바울은 자기가 당하고 있는 고난이 바로 그리스도의 고난에 참여하는 것이라는 신념을 지니고 있었다. 그러므로 그는 마침내 고난의 기쁨을 역설했다.

"다만 이뿐 아니라 우리가 환난 중에도 즐거워하나니 이는 환난은 인내를, 인내는 연단을, 연단은 소망을 이루는 줄 앎이로다"(롬 5:3-4).

"자녀이면 또한 상속자 곧 하나님의 상속자요 그리스도와 함께한 상속자니 우리가 그와 함께 영광을 받기 위하여 고난도 함께 받아야 할 것이니라"(롬 8:17).

그의 묘가 있다면 묘비에 써 드리고 싶은 것은 "우리가 살아도 주를 위하여 살고 죽어도 주를 위하여 죽나니 그러므로 사나 죽으나 우리가 주의 것이로다"(롬 14:8)라는 말씀이다. 나의 글로 드린다면, "예수의 이름을 높이라고 세상에 보내셨고, 죽을 만큼 예수를 사랑하셨고, 부활 승천하신 예수의 보좌 옆으로 가신 허은 목사님"이라고 쓰고 싶다.

신성종 목사의 《내가 본 지옥과 천국》에는 천국에 들어간 모든 성도가 열두 줄로 섰는데 맨 앞줄에 선 사람들이 순교자들이었다. 모세는 둘째 줄에 있었고, 마르틴 루터와 존 칼빈도 앞줄에는 없었다. 초기 순교자들은 물론 대동강의 순교자 토마스도 맨 앞줄에 있었다. 계속되는 글로 "6·25 전쟁 때 납북되어 순교한 사람들까지 전부가 이 첫 줄에 있었다"라고 했다. 그 맨 앞줄이 해방교회 허은 목사의 자리였다. 천국에서 예수를 가장 앞에서 뵐 분들은 순교자들이었다.

다음은 그의 순교비에 적힌 헌시이다.

〈당신은〉

예수님의 제자이신 당신은
언제나 주님의 뒤를 묵묵히
따라가셨습니다

성도들을 사랑하신 당신은
자신은 교회에 남으시고
피난 가라고 속삭이셨습니다

교회를 사랑하신 당신은
두 번 다시 주의 곁을
떠날 수 없다고 제단에
온몸으로 꿇으셨습니다

예수님을 사랑하신 당신은
죽음의 총탄, 폭발 속에서도
고요히 주님을 향하셨습니다

영원한 생명을 향한 당신은
잡히시어 캄캄한 골고다를 향해
예수님 따라 말없이 가셨습니다

목숨으로 교회를 지키신 당신은
오늘도 성도들 마음에 계시며

18 허은 목사(1913~1952)

따스한 예수님의 손을 잡고
믿음의 길을 함께 가십니다

해방교회를 사랑하신 당신은
통일되는 날 당신의 피를 쏟으신
그 산하에 십자가를 세우고
영원한 주님의 나라에서 만납시다

주후 2012년 3월 25일
해방교회 창립 65주년을 맞이하여
해방교회 원로목사 이승하

## 19
# 주재명 목사(1919~1950)

　주재명(朱在明)은 1919년 평북 태천군 서면 신송리에서 아버지 주관익(朱寬益) 집사와 어머니 이관달(李寬達) 집사 사이에서 장남으로 태어났다. 중국 요녕성 철령현 사투자촌에서 할아버지 주남훈이 조선인 친구의 권유를 받아 가족 전체가 기독교로 개종했다.
　주재명의 숙부는 주관준 목사였다. 주관준 목사는 한국에서 태어났으나 주로 중국에서 어린 시절과 젊은 시절을 보냈다. 그는 그곳 화북신학교를 졸업하고 한국에서 서울 상도중앙교회에서 20여 년 목회하고 원로로 추대되었다. 미국 뉴욕으로 건너가 계속 여러 가지 간접 사역을 하면서 여생을 보내다가 21세기 초 하늘나라로 떠났다. 그는 평생 중국에서 신학생들을 위하여 일했다. 중국은 외국인이 중국인에게 선교하는 것을 금지했다.

일제는 한반도를 실제로 점령할 목적으로 주민들을 괴롭혀 이민길에 오르게 했다. 세금을 과하게 매겨 징수하고 여차하면 사상범으로 몰아 투옥하는 등 가혹한 정책으로 일관했다. 견디다 못한 주민들은 하나둘 보따리를 싸서 이고 지고 고국을 떠났다. 주관익 집사 가족도 일제의 수탈에 견디지 못하고 아버지가 사시는 북만주로 이주한 집안 중 하나였다.

주재명은 부친을 따라 만주에 가서 살면서 조선인 민족학교 철영중학교를 졸업했다. 여기서 민족애를 알게 되었고 조선 민족을 위하여 일하겠다는 다짐을 했다. 중등학교를 졸업한 후에는 영구교회(營口敎會) 전도사로 시무했다. 봉천에 있는 조선인 신학교에 입학해서 열심히 공부했다. 그리하여 1944년 졸업했다.

주재명 목사의 성격을 나타내는 신학교 시절의 일화가 있다. 그는 어떤 사람이라도 포용하는 넓은 가슴이 있어 방학 때면 오갈 곳 없는 급우들이 떼 지어 몰려와 그의 집에서 진을 쳤다. 먹을 것이 없으면 없는 대로, 있으면 풍족하게 한 식구처럼 살았다. 그래서 방학이면 잔치하는 집처럼 들끓었.

그의 집이 그렇게 풍부한 가정은 아니었다. 그러나 주재명과 그의 부모가 동족애에 집중하고 있었으며 조국에 대한 그리움으로 가득했다는 증거였다. 이렇게 해서 주재명은 같은 신학교 학우들을 돕는 일을 열심히 했다. 이것이 주재명의 이름을 널리 알리는 계기가 되었다.

그런데 식구들을 이끌고 만주로 떠났던 부친 주 집사가 일찍 세상을 떠나는 바람에 장남인 재명이 4남매 동생들과 모친, 연로하신 할머니까지 책임을 져야 했다. 이때부터 주재명은 고생이 시작되었다. 그래서 신학교를 다니면서도 여러 가지 일을 해야만 했다. 육신으로 많은 고생이 있었으나 그는 항상 웃으면서 가족들을 봉양했고, 신학생들을 위해서 할 수 있는 대로 봉사했다.

1945년 8월 15일 일제가 패망하고 만주에 공산주의가 창궐하여 주 전도사는 그곳에 더 머물 수가 없었다. 그는 죽더라도 내 나라에 가서 죽겠다는 90세가 된 할머니의 애원을 이루어 드리기 위해 그해 12월 조모를 업고 압록강을 건너 평북 선천으로 돌아왔다. 귀국하면서 그는 안산교회를 맡아 시무했고, 이듬해 평북노회 봄 노회에서 목사 안수를 받았다. 주 목사는 안산교회를 떠나 마산교회로 자리를 옮기게 되었다.

북한에는 공산정권이 들어서서 교회를 탄압하기 시작했다. 주재명 목사가 첫 번째 맞닥뜨린 시련은 1946년 11월 3일 실시한 주일 선거였다. 철저한 보수신앙으로 무장한 주재명 목사는 공산주의 세력이 아무리 무섭다 해도 주일 선거를 용납할 수 없었다. 거기에다 그는 어용 기독교 지도자 획책을 목표로 결성한 기독교도 연맹에도 전혀 협조하지 않았다. 자연 그는 공산당 권력의 미움을 사게 되었다.

1947년 봄이었다. 보안서에서 주 목사를 소환했다. 그는 도수장으로 끌려가는 소처럼 보안서에 출두했다. 보안서장은 추상 같았다. "동무는 기독교 목사라는 사람이 사회주의에 반하는 행동으로 임하고 있소. 사회주의 국가에 살면서 사회주의에 반기를 들면 어떻게 된다는 것쯤은 익히 알고 있지요? 방법은 딱 하나요. 사회주의 인민공화국 정책에 협조하든가, 아니면 인민의 이름으로 처벌을 받든지.

그것은 전적으로 동무의 자유의사에 맡기겠소."

그것은 무서운 협박이었다. 주재명 목사가 1차 소환에서 풀려났다. 그것은 공산당이 얼마의 기회를 주었다는 뜻이었다. 풀려난 지 얼마 지나지 않아서 2차 소환장이 날아왔다. 그가 보안서에 출두했을 때 내무서원들은 무자비한 폭행을 가했다. 고문실로 주 목사를 끌고 들어간 내무서원은 인정사정없이 무자비하게 때리기만 했다. 고막이 파괴되고 얼굴엔 피멍이 들었으며 몸은 구렁이 감은 듯했다. 종래 주 목사는 실신하여 가족들의 등에 업혀서 나왔다.

주 목사가 보안서에 미움을 받게 된 것은 교회에서 상주하는 비밀 정보원 때문이었다. 그의 직분은 집사이면서 자신의 교회 목사인 주 목사의 행동거지, 설교내용 등을 과장해서 일일이 보고했다. 90세 조모는 손자가 거대한 악령 공산주의에 얻어맞고 업혀 들어오는 모습은 참아 눈 뜨고 볼 수 없었고, 충격이 얼마나 컸던지 결국 숨을 거두고 말았다.

주 목사는 조모 장례 후 슬픔을 견디지 못해서 안산교회를 떠나 가물남리 마산교회로 목회지를 옮겼다. 그런데 바로 마산교회에서 동생 계명의 중학교 입학 불합격 통보를 받았다. "북한에서는 더 이상 목사들이 설 자리가 없게 되었구나!" 그때부터 그는 월남을 계획했고, 1949년 7월 단신 월남했다. "내가 미리 가서 자리를 잡고 있을 것이니 소리 없이 월남해야 한다." 주 목사는 동생들과 부인에게 신신당부한 후 월남해서 마포에 있는 서교동교회를 담임했다.

주 목사는 주어진 생을 주님을 위해 적극적으로 살겠다는 일념으로 더욱 기도 생활에 정진했고, 전도 생활에 적극성을 띠었다. 그는 마음이 클클하여 삼각산에 올라가서 철야하며 부르짖어 기도했으며, 낮이면 파고다공원으로 나와 노방전도를 했다. 그가 공원의 인파를 향하여 사자 같은 소리를 토할 때면 많은 사람이 몰려들어 귀를 기울이곤 했다. 스데반과도 같았다. 그는 전도할 때 항상 홀로 서 있었다. 그러나 많은 사람에게 감동을 주었다. 그것은 열정으로 복음을 전하는 내용이 진실하고 아름다웠기 때문이었다.

그가 월남하여 불과 2년 만에 6·25 전쟁이 터졌다. 공산군이 쏘아대는 포 소리, 탱크 소리를 들으며 모두 피난 가려고 짐을 쌌고, 도망하듯이 남쪽으로 내려갔다. 그런데 그는 달랐다. 주변의 목사들이 피난을 권했으나 고개를 저었다. "북에서 성도를 다 떼어놓고 온 내가 또 어디까지 도망치겠소. 이제 나는 여기 남아서 교회를 사수하겠소!"

그는 적의 치하에서도 주일이면 종을 치고 예배를 드렸는데 피난 가지 못한 여기저기 교회의 교인들이 모여들었다. 그리고 오후에는 파고다공원에 나가서 노방 설교로 힘차게 외쳤다. 그러나 그것도 몇 주일뿐이었다. 주 목사가 스스로 자수하겠다고 보안서로 갈 때 교회의 김애열 권사가 주재명 목사의 옷소매를 잡고 가지 말라고 간곡히 만류했다. 김애열 권사는 공산당의 악한 행위를 너무나 잘 알고 있었던 것이다. 주 목사는 "자수하는 것이 교인들을 안전하게 하는 것"이라고 하면서 뿌리치고 갔다. 내무서에서는 그를 용납하지 않았다. 교인은 떠나고 교회당 문은 닫히고 말았다.

목사의 가족은 먹을 양식마저 떨어졌다. 주 목사는 리어카를 끌고 아현동 굴레방 다리로 나가 배추, 호박 등 채소를 받아다가 남대문시장에서 팔아서 끼니를 연명했다. 전시라서 채소를 실은 리어카를 끌며 노력해도 생활하기가 어려웠다. 모두가 죽음보다 못한 삶을 영위해야 했고, 리어카를 끌며 노동자의 모습으로 살면서도 신앙을 사수해야 했다.

19 주재명 목사(1919~1950)

보안서에서 부르면 언제든지 갔고, 1950년 8월 3일 보안서에 다시 불러서 갔다. 상의할 것이 있으니 출두해 달라는 것이었다. 주 목사의 이웃인 이학인 목사가 회현동에서 충무로교회에 시무하고 있었다. 그날 이 목사를 찾아 나섰다. 밀짚모자를 깊게 눌러쓰고 충무로교회를 찾아갔다. "이 목사님 계십니까?" 마침 사모님이 계셨다. 그녀는 주 목사의 손을 끌었다. "목사님, 지금이 어느 땐데 이렇게 나다니십니까? 어서 피하세요." "목사님은요?" "피했어요."

주 목사는 슬퍼지는 마음으로 돌아섰다. 그가 막 남대문시장을 돌아 나오는데 가까운 최 목사가 그의 앞에 웃으며 서 있었다. "어찌 된 것인가?" "소환됐다가 오는 중이구요." "가니까 뭐래?" 최 목사는 씨익 웃었다. 그리곤 휘적휘적 사라졌다.

주 목사는 그 길로 내무서로 들어갔다. 그러나 그 길이 교회와 그의 가족에게는 마지막 길이었다.

1953년 〈동아일보〉 보도엔 주재명 목사의 순교 소식이 실려 있었다. 체포될 때 나이는 31세였다. 그는 서대문형무소에 갇혀 있다가 우익인사와 함께 납북돼 끌려가 소식이 끊겼고, 남쪽에서 끌려온 납북인사 중에는 강계교화소에 수감되어 있는 이들이 있었는데 1950년 주재명 목사를 포함한 수감자들이 처형되었다. 이때 그의 나이 31세였다. 주재명 목사가 순교하던 때 방서창 전도사, 염윤의 전도사도 함께 순교했다.

1951년 다시 고향으로 돌아온 성도들은 교회가 불타고 없어진 자리에서 눈물로 첫 예배를 드렸다. 1953년에는 교회 재건 예배를, 1955년 9월 10일 건평 약 60평으로 흑색 벽돌 예배당을 짓고 봉헌예배를 드렸다. 1961년 4월 2일 배영유치원을 개원했다. 1976년 현재의 예배당을 봉헌하고 교회 창립 80주년 행사를 했다.

서교동교회는 1986년부터 주재명 목사 순교 기념 신학 공개강좌를 열었다. 주 목사의 유족으로는 주계명 목사와 충남 온양에 있는 소천리기도원 원장으로 있는 부인이 있었다.

전쟁은 수많은 사람의 목숨을 앗아갔고, 크고 작은 예배당을 무참히 파괴했다. 한국교회 역사에 뿌리 깊이 남아 있는 평양에 있던 장대현교회, 산정현교회 등 70여 개의 교회뿐 아니라 전국에 있는 2,000여 교회를 한순간에 잿더미로 만들었다.

이후 재건된 수많은 교회 중에 순교 정신이 깃든 교회는 한국전쟁이 끝난 이 순간도 하나님 사랑과 나라 사랑, 민족 사랑과 교회 사랑의 거룩한 순교 역사를 계승하며 한국교회 다음 세대까지 그 순교 신앙의 전통을 전수하고 있다. 지금도 선진의 순교 신앙은 지역과 교회 공동체에 영적 신앙적 기둥이 되고 있다.

서교동교회는 2015년 9월 19일 오후 5시 마포아트센터에서 교회 창립 120주년 기념연주회로 창작 뮤지컬 〈생명의 바람 언더우드〉를 초연했다. 이번 뮤지컬은 새문안교회와 서교동교회, 연세대학 등을 세운 언더우드 선교사와 6·25 전쟁 시 교회를 지키다가 순교한 주재명 목사의 선교와 목회적 삶을 뮤지컬로 만들었다는 데 큰 의의가 있다.

특히 금번 창작 뮤지컬은 서교동교회 담임인 우영수 목사가 원작을 집필했으며, 강신향 집사가 작곡과 편곡을 맡았고, 총감독은 서울대학교 음악대학과 이탈리아 'F. Torrefranca' 국립 음악원을 졸업하고 폭스 캄머 앙상블 연주 이사, 전문연주자로 활동 중인 김종우 집사가 맡았다.

금번 연주회를 위해 서교동교회 성도 120명의 연합 찬양대가 조직되었으며, 연합합주단이 연주하고, 오페라, 뮤지컬, 합창의 조화로 120년 기독교 역사성과 발전된 모습을 표현하고 그 기쁨을 함께 나누고자 했다.

뮤지컬 후반에 민족의 비극인 6·25로 인해 순교자가 된 서교동교회 위임목사 주재명 목사를 조명했고, 다시 만날 천국을 소망하며, 민족의 아픔과 전쟁을 이겨낸 우리 성도들의 천국 신앙을 표현했다. 이 연주에서 서교동교회 성도들은 순교자를 향한 눈물을 흘렸다.

순교자 추모예배에서 설교한 정영택 목사는 "스데반이 죽자 경건한 사람들이 그를 장사하고 크게 울었다. 경건한 이들 안에는 스데반이 돌에 맞아 죽을 수밖에 없는 것에 대한 애통함이 있었기에 크게 울었던 것"이라고 말했다. 이어 "과연 오늘 이 시대에 경건한 자들을 위한 눈물이 있는가. 그것이 없다면 이는 우리가 가진 신앙의 가치보다 다른 가치를 더 중요하게 생각하기 때문"이라며, "순교자 앞에서 눈물을 흘릴 수 있는 신앙의 열정과 뜨거움이 살아나야 할 것이다. 그렇게 순교의 정신을 회복해야만 한다. 순교자들에 대한 눈물이 회복될 때 한국교회는 다시 한번 하나님께 영광을 돌릴 수 있는 것"이라고 역설했다.

한국기독교의 역사는 한마디로 '순교의 역사'라고 할 수 있다. 이들 순교자의 피와 생명을 바탕으로 오늘의 부흥이 이뤄졌다. 1866년 선교를 위해 조선 땅을 밟은 첫 선교사인 토마스 목사는 제너럴셔먼호를 타고 와서 대동강변에서 조선 땅을 밟고 첫걸음을 떼기도 전에 순교했고, 한국기독교 최초의 세례교인인 백홍준 장로는 사교를 퍼뜨렸다는 죄목으로 순교했다. 이처럼 한국기독교는 첫걸음부터 순교였다.

한국기독교 역사는 100여 년에 불과하다. 그러나 신앙을 지키기 위해 자신의 목숨을 버린 순교자는 모두 2,600여 명에 이르는 것으로 추산된다. 특히 일제강점기에는 주기철 목사를 비롯한 많은 기독교인이 일본 제국주의자들에 의해 강요된 신사참배를 거부하며 순교했다. 해방 이후에는 '사랑의 원자탄'으로 칭송받는 손양원 목사와 염산교회 성도들을 비롯해 더 많은 성도가 공산주의자들의 탄압으로 순교했다.

한국교회의 순교 역사는 세계 기독교 역사 2천 년에서 다시 찾아볼 수 없는 기록이었다. 짧은 한국교회 역사에서 이렇게 많은 순교자가 나왔다는 것은 한국교회의 부흥과 세계 선교의 사명을 주셨다는 하나님의 역사 섭리를 말하고 있다.

한국교회는 이 사명을 감당해야만 한다. 그것이 순교자를 낸 한국교회의 가장 큰 사명이라 여겨진다. 세계 선교, 그것은 예수의 명령이었다. 예수께서 승천하시기 전 마지막으로 주신 명령이었다.

"그러므로 너희는 가서 모든 민족을 제자로 삼아 아버지와 아들과 성령의 이름으로 세례를 베풀고 내가 너희에게 분부한 모든 것을 가르쳐 지키게 하라 볼지어다 내가 세상 끝날까지 너희와 항상 함께 있으리라"(마 28:19-20).

이것이 오늘 한국교회에 주어졌다고 믿는 이유가 무엇인가?

스데반이 순교한 후에 예루살렘의 기독교인들이 사방으로 흩어졌다. 그들은 가는 곳마다 전도했다. 그리하여 이방에까지 선교영역이 넓어졌다. 이것이 기독교 선교의 시작되었다. 이것을 사도 바울에게 이어주셨다. 그리하여 이방인의 전도가 사도 바울에게서 시작되었다. 그 복음 전파가 19세기를 지나 세계 지구를 돌아 아시아까지 왔다. 먼저는 중국이요, 다음은 일본이었다. 그리고 마지막으로 조선 땅에 들어왔다. 아시아 3국 중에 가장 많은 순교자를 낸 교회가 한국은 아니었다. 그러나 한국교회에서 계속 순교자들이 나오고 있다. 이것이 예수의 세계 선교 명령이 한국교회에 주어진 것을 보여준다.

오늘 한 교회의 목회자인 주재명 목사가 순교한 것이 한 교회에 머물지 않고 한국 전체 교회에 주어졌다는 것을 명심해야 할 것이다. 앞으로 한국교회는 세계 선교를 열정적으로 해야만 한다.

미국교회가 어두운 조선 땅에 선교사를 파송한 것은 당시 세계적으로 중요한 나라로 여겨졌기 때문에 선교사들이 와서 순교적 사명으로 전도한 것이 아니었다. 오히려 조선은 세계에 알려진 나라도 아니요, 영향력도 없던 나라였다. 숨겨져 있었고 보잘것없는 연약하고 알려지지 않은 나라였으므로 중국의 속국으로 5백 년을 살았고, 그 후에 일본으로 넘어가서 식민지가 되었다. 미국은 일본과 비밀리에 조선과 필리핀을 놓고 거래하므로 서로 식민지로 내놓은 곳이었다.

그런데 미국 장로교와 감리교에서는 정치적인 정책으로 선교사를 파송한 것이 아니라, 순전한 복음을 이 연약한 조선 땅에 전하고자 오직 믿음으로 선교사를 파송하였다.

그랬기 때문에 일본의 식민정책에 의하여 많은 순교자를 냈고, 더욱이 북한에 소련 공산주의 사상이 유입됨으로 일본 식민지에서 순교자를 낸 것보다 엄청나게 더 많은 순교자를 냈다. 이러한 한국의 순교 역사가 세계를 향한 선교의 꿈을 갖게 했다. 이 모든 것이 주님의 은혜요, 한국교회를 향하신 주님의 소망이 성취되는 역사인 것이다.

이처럼 피와 생명으로 상징되는 '순교 신앙'을 기리기 위한 '2014년 제2차 한국교회 순교자 추모예배'가 경기도 용인시 양지면 한국기독교순교자기념관에서 한국교회 순교자기념사업회 주최로 열렸다.

이날 추모예배는 임석순 목사의 인도로 정주채 목사의 기도, 서교동교회 중창단의 특별 찬양, 정영택 목사의 설교, 임은빈 목사의 감사와 추모의 말씀 순으로 진행되었다. 정영택 목사는 "경건한 자를 위한 눈물"(행 8:2)이라는 제목의 설교를 통해 "과연 이 시대에 경건한 자들을 위해 눈물을 흘릴 수 있는 사람들이 있는가? 한국교회 역시 경건한 자들을 위해 눈물을 흘릴 수 있는 사람들이 적어졌다"라고 안타까움을 나타냈다.

> "그의 경건한 자들의 죽음은 여호와께서 보시기에 귀중한 것이로다 여호와여 나는 진실로 주의 종이요 주의 여종의 아들 곧 주의 종이라 주께서 나의 결박을 푸셨나이다 내가 주께 감사제를 드리고 여호와의 이름을 부르리이다 내가 여호와께 서원한 것을 그의 모든 백성이 보는 앞에서 내가 지키리로다 예루살렘아, 네 한가운데에서 곧 여호와의 성전 뜰에서 지키리로다 할렐루야"(시 116:15-19).

시편 116편에는 '죽음' 혹은 '사망'이라는 히브리어 단어 '무트'가 세 번씩이나 반복해서 나온다. 그런데 그런 죽음과 사망에서 하나님께서 건져 주셨으니 어찌 그 구원의 감격을 하나님께 찬양하지 않을 수 있겠는가?

정영택 목사는 "이 시대는 신앙의 가치보다 다른 것들을 더 귀하게 여기고 있다. 순교자 앞에서 눈물을 흘릴 수 있는 뜨거운 신앙의 열정과 경건함이 살아나야 한다. 눈물을 잃어버린 성도들이 가슴속에 순교자의 신앙을 생각하며, 은혜와 감격이 되살아나야 한다"라고 권면했다.

임은빈 목사는 '감사와 추모의 말씀'을 통해 "한국교회에 귀한 순교자를 허락하신 하나님께 감사드린다" 하면서, 순교자들은 '예수'를 무엇보다 귀한 것으로 여겼기 때문에 '순교 신앙'이 나올 수 있었다고 전했다.

한편 이날 예배가 드려진 한국기독교순교자기념관은 1984년 11월 개관했다. 한국기독교순교자기념관은 건평 366평 규모의 직사각형 3층 건물로, 자연 채광되는 중앙홀을 따라 나선형 계단이 2층과 3층으로 이어져 있다. 1층 중앙홀과 계단 전시실에는 초기 한국교회사를 보여주는 역사화 40여 점이 전시되어 있다. 2층 예배실에는 한국교회 초창기(1884~1920)의 선교현장기록 사진 120여 점이 전시되어 있다. 3층 순교자 전시실에는 순교자 200여 분의 존영과 유품이 진열되어 있다.

'교회 정치'라는 말이 있다. 교회 역시 사람들이 모인 곳이라 정치가 없을 수는 없다. 그런데 사회에서의 정치가 그렇고 그런 대접을 받는 것처럼 교회 정치 역시 본래의 의미 대신 좋지 못한 이미지로 사용되는 때가 더 많다. 교회 정치 얘기를 이처럼 장황하게 늘어놓은 이유는 여기서 소개할 가족의 인물이 범상하지 않기 때문이다.

본 교단 총회 총무를 역임하고 현재 중국에서 활동하고 있는 주계명 목사, 그는 해병대와 해군에서 각각 군종감을 지내고 대령으로 예편한 군종 목사였다. 그가 처음 육군 군목 시험에 응했으나 무슨 이유인지 알 수 없이 실패한 후 해군으로 가서 합격해서 빠르게 진급하여 대한민국 해군 군종감을 역임한 것은 하나님의 특별하신 은혜였다고 고백했다. 해군 군목으로 해병대에 파견되어 근무했으므로 그는 근무 연수의 반반으로 해군과 해병대에서 군목 수업을 수행했다.

그는 1972년 2월 15일 해병대 군종감으로 발령이 났다. 그러나 1973년 10월 10일 해병대 사령부가 해체되고 해군본부에 예속되었다. 그리고 1974년 4월 10일 해군 군종감으로 발령이 났다. 해군 중위로 임관하여 17년 만에 군목으로서는 누구나 바라는 군종감이 되었다. 이상하게도 군종감이 꼭 되겠다고 꿈꾸던 군목, 신부들은 거의 다 예편되고 조국애와 신앙으로 묵묵히 평생 사역으로 생각하고 근무하던 그에게 진급의 기회가 돌아왔다. 진급의 경쟁자나 군종감 선임의 경쟁자 없이 순서대로 때맞춰 하나님께서 은혜를 주신 것이었다.

부산 동래교회와 이사벨여자중고등학교 이사장이었던 신동혁 목사는 그의 장로회신학교 동기동창으로, 군종감의 책임은 무겁고 귀한 것이니 겸허한 자세에서 하나님의 일꾼으로 군 선교 사역을 잘 감당하도록 해달라는 요지의 취임 기도를 했다.

군종감 재임 시에 그는 진해 해군 통제부 교회를 새로 건축하겠다는 목표를 세우고, 진해 해병 기지 교회 건축에 경험이 있는 이동환 군목을 발령해서 교계 모금을 담당하도록 했다. 당시 황정현 해군 참모총장에게 통제부 교회를 교계 모금으로 건축하고 부족한 것은 참모총장이 책임진다는 확약을 받고 1974년 4월에 기공했다. 그리고 마침내 1976년 2월에 헌당예배를 드렸다. 이것은 신앙으로 군목에 임한 사명감을 다하게 해주신 하나님께 영광 돌리며 예수의 제자로서 사명을 감당한 것이었다.

해군 군종감의 임기는 2년이었다. 하루도 연장될 수 없다. 정확히 만 2년 만에 임기 만료와 함께 예편했다.

"내가 나 된 것은 하나님의 은혜로 된 것이니 내게 주신 그의 은혜가 헛되지 아니하여"(고전 15:10).

바울의 고백을 다시 기억하며 지금까지의 삶을 하나님께 감사했다.

군종감을 마치고 예편한 후 평양노회에 속한 해방촌의 은성교회에서 목회했다. 그런데 그 후 총회의 부름으로 총회 총무를 두 차례 8년이나 역임했다. 그는 총무 시절 다른 사람들과는 다르게 특별하게 총무직을 감당했다.

한번은 목회하는 후배가 주계명 목사를 만나 담소하다가 "목회가 꽤 바빠요" 했더니 "바쁘다는 말을 하지 마시오. 그러면 더 바빠져요"라고 했다. 기쁨으로 목회하고 일하라는 것이었다. 그는 장로회신학교 6회로 졸업했다. 동기 중에 신동혁 목사와 매우 가깝게 지냈다. 그래서 신동혁 목사가 총회장으로 출마했을 때 매우 열심히 도왔다. 그러나 돈 한 푼도 쓰지 않은 신동혁 목사는 300명의 지지표밖에 받지 못했다. 그래서 신동혁 목사는 섭섭했다. 그를 돕던 후배 목사가 "돈 한 푼 안 쓰고 300표를 받았으나 목사님 대단하십니다" 했더니 "그런가?" 하고 말았다.

1985년부터 1993년까지 8년 동안 대한예수교장로회 총회 총무를 지내면서 "반대도 협조"라는 유명한 일화를 남긴 '대쪽 총무', 출근길에 학생들을 태우고 등교하며 얘기 나누기를 즐겨 했던 영신여자실업고등학교 교장 선생이 바로 그 주계명 목사였다. 그가 영신여자실업고등학교 교장으로 봉사하게 된 것은 총회장을 지낸 김창인 목사께서 영신여자실업고등학교 이사장이었으므로 주계명 목사에게 교장직을 맡긴 것이었다.

주계명 목사가 본 교단 총회에서 총무로 재직한 8년 3개월은 그의 생애에 비추면 그다지 긴 시간이 아니었다. 그러나 장로교단 총회의 실무자로 보낸 길지 않은 시간으로 인해 심어진 '목사 주계명'의 이미지는 결코 작지 않다. 그가 총회를 떠난 시간이 총회를 섬겼던 시간만큼 되어가나 아직도 그를 기억하고 회상하는 주변 인물이 적지 않은 것이 이 같은 사실을 증명한다.

알게 모르게, 한발 두발 잘못된 길을 걷는 한국교회의 지도자들에게 주계명 목사는 따끔한 일침을 가하고 "똑바로 걸으라. 그렇지 않으면 목사 하지 말라"고 서슴없이 말할 수 있는 흔치 않은 지도자였다. 주계명 목사는 교인들이 피와 땀이 밴 헌금으로 총회가 운영된다는 사실을 끊임없이 상기시키며 함부로 사용하지 말 것을 강조하며, 목사, 장로 등 교회 지도자들의 무분별한 호텔 출입에 "정신 나간 짓"이라고 호통을 쳐대는 그런 목사였다.

적당히 타협하지 않고 정해진 원칙을 끝까지 지키는 그의 성품은 그래서 작금의 교회 정치와는 잘 어울리지 않는 듯했다. 총무직 부임 당시부터 많은 반대에 부딪히며 순탄하지 않은 4년 임기의 총회 총무를 한차례 더 연임한 그가 1993년, 세 번째 연임 기회를 놓치고 총회를 떠난 것도 이 같은 성품 탓이라는 것이 주위의 지인들이 내리는 일반적인 평가이다. 주 목사 자신도 이 같은 평가에 고개를 흔들지는 않았다.

이 같은 강성 체질은 어디에

서 기인하는 것일까? 군인 출신이라는 전력만으로는 설명이 부족하다. 주계명 목사에게는 한국전쟁 당시 교회를 지키다 순교한 형이 있었다. 1백 년이 넘는 역사를 자랑하는 서교동교회 마당에는 순교비가 서 있다. 바로 주계명 목사의 형 주재명 목사의 순교비이다. 6·25 전쟁 발발 직전인 1949년 서교동교회에 부임한 주재명 목사는 피난 대신 교회를 지키는 쪽을 선택하고 예배를 멈추지 않았다. 서울을 점령한 공산군에게 불려갔다 오기를 여러 차례 하던 그는 그해 8월 3일 불려간 이후 돌아오지 못했고, 동생 주계명 목사는 훗날 주재명 목사가 강계교도소에서 사망한 사실을 일간신문 보도를 통해 확인했다고 했다.

형제가 어쩌면 그렇게도 닮았을까? "그 형에 그 동생"이라는 말에 고개가 끄떡여진다. 피신해 있으라는 주변의 권고에도 불구하고 '목사가 교회를 지키고 주일에 예배를 인도해야 한다'는 원칙을 굽히지 않았을 주재명 목사의 모습이 그려지는 듯하다.

1993년 총회를 떠난 '대쪽 총무' 주계명 목사는 실업고등학교 교장을 거쳐 1996년 고향 중국으로 돌아갔다. 그가 1933년 태어난 중국 요녕성 철령현 사투자촌으로 돌아가 교회를 돌보며 고향 사람들과 함께 살고 있다. 할아버지가 복음을 받아들인 기독교 신앙의 뿌리를 찾아간 그를 두고 사투자촌의 사람들은 이렇게 말했다. "한 사람의 고향이 이렇게 큰 것이로구나."

중국에서 남보다 한 발 일찍 복음을 받아들였으므로 그 아들 손자들이 교육받을 수 있었다는 사실, 목사가 되어 다시 고향 땅으로 돌아와 신앙의 본을 보이는 그 모습을 부러워했다.

주계명 목사는 1920년대 할아버지 세대에 설립된 사투자교회에서는 아직도 예배가 계속되고 있으며, 철령현 지역으로 계속해서 교회가 들어서고 있다고 설명했다. 또한 주계명 목사는 이 같은 활동 중에 로스 선교사에 의해 설립된 이루(懿路)교회가 50년 동안 향(鄕) 정부의 청사로 사용되면서 묻혀 있던 것을 찾아내는 수확도 있었다.

중국에서 시작된 한 집안의 신앙이 세대를 타고 이어져 대한예수장로회에 뚜렷한 흔적을 남기고, 이제 다시 중국에서 그 수려한 꽃을 피우고 있다.

주계명 목사의 형 주재명 목사는 순교자로 자신의 신앙을 뚜렷하게 천명했다. 그의 동생 주계명 목사는 본 교단이 깨끗한 모습을 회복하는 데 노력했다. 그는 해군 군목으로 군종감까지 하면서 대한민국 청년들에게 애국심을 가지라고 끝까지 외쳤다. 그러므로 형제는 용감한 예수의 군사로 충성했다.

그의 가정에서 이 두 형제만 아니라 그들의 숙부, 즉 아버지의 동생 주관준 목사가 있다. 그는 중국 화북신학교를 졸업했다. 그리고 마산에서 주기철 목사가 있는 문창교회에서 전도사로 봉직했다.

그는 1915년생으로 중국에서 공산주의 세력이 창궐할 때 신학교에서 한국인 목회를 하겠다고 공부하는 학생들이 너무 가난해서 점심을 먹지 못하는 상황을 보면서 측은한 마음을 품었다. 1990년대 말 중국신학교 수는 모두 17개교뿐이었다.

그래서 주관준 목사는 이 사명을 여생의 과업으로 여겨, 여러 차례 미국과 한국에서 모금해서 대륙을 여러 차례 드나들면서 현지 신학교를 직접 순회 방문해 기금을 전하는 사역을 말년에 병이 들어 더 할 수 없을 때까지 계속 꾸준히 진행했다.

주관준 목사를 알던 이들은 그를 인격적으로 도무지 흠이 없을 만큼 고매하고 원만한 성품의 소유자로 기억했다. 평소 만년 선비처럼 늘 과묵하고 조용하면서도 속에 남달리 깊고 뜨거운 신앙 열정을 품고 있었다. 이를테면 경건한 뚝심이 그에게서 풍겼다. 하나님은 그의 그런 점을 활용하여 평생 사역자로 쓰셨다.

그가 모금한 돈으로 가난하고 어렵던 많은 중국인 신학도들이 도움을 받아 교회 사역자가 되어 지방의 사역 일선에서 활약하고 있다. 그는 공산주의 중국에서 복음을 들고 싸우는 사역자들을 도왔다. 그의 중국신학교 돕기 사역은 주관준 목사의 유지를 받들어 지금도 많은 성도에 의하여 현재까지 한국과 미국에서 계속되고 있다.

이렇게 주재명 목사의 순교와 동생 주계명 목사의 특수 목회와 숙부 주관준 목사의 중국을 향한 선교의 꿈은 성령의 역사를 힘입어 계속되었다. 한 가문에서 이렇게 주님의 복음을 위한 역사가 일어났다는 것은 그 가문이 매우 중요한 주님의 비밀을 전달하는 통로였다는 것이다.

이 역사적 사실은 한국교회가 세계 선교를 감당해야 한다는 사명을 자각하게 한다. 오늘도 한국교회는 세계 선교에 대한 사명감을 잊어서는 결코 안 된다. 이 사명은 한국교회 목사들을 통해서 세계로 뻗어가는 예수 그리스도의 복음을 전파하는 것이다. 이 사명을 감당하기 위하여 한국교회 목사들은 연합하여 충성되게 성취해 나아가야 할 것이다.

주재명 목사는 서교동교회에서 목회를 오래 한 분은 아니었다. 그러나 서교동교회를 지키다가 순교하셨다. 그래서 서교동교회는 100년이 넘은 교회였으나 주재명 목사를 본교회의 순교자로 바른 자세로 모시고 있다. 모든 성도가 새로운 순교 신앙을 깨닫게 되었고, 그분을 추모하게 되었다. 한 교회에서 순교자를 냈다는 것을 통해 서교동교회의 신앙 역사를 분명히 알 수 있다. 이것은 가장 아름다운 순교 정신을 얻고 갖게 된 역사이다.

"이때로부터 예수 그리스도께서 자기가 예루살렘에 올라가 장로들과 대제사장들과 서기관들에게 많은 고난을 받고 죽임을 당하고 제삼일에 살아나야 할 것을 제자들에게 비로소 나타내시니 베드로가 예수를 붙들고 항변하여 이르되 주여 그리 마옵소서 이 일이 결코 주께 미치지 아니하리이다 예수께서 돌이키시며 베드로에게 이르시되 사탄아 내 뒤로 물러가라 너는 나를 넘어지게 하는 자로다 네가 하나님의 일을 생각하지 아니하고 도리어 사람의 일을 생각하는도다 이에 예수께서 제자들에게 이르시되 누구든지 나를 따라오려거든 자기를 부인하고 자기 십자가를 지고 나를 따를 것이니라"
(마 16:21-24).

## 20
# 김계용 목사(1921~1990)

　김계용(金啓榕)은 평북 의주군 고진면 탑상동 안자골에서 1921년 1월 14일(음)에 부친 김정책과 모친 고정옥의 5남매 중 셋째로 태어났다.

　부모의 사랑과 형제들 간의 사랑을 받고 자랐으며, 백석지기의 시골 농사일을 보살피는 어머니는 항상 집 안팎 일에 바빠서 어린 아들 계용은 갓 시집온 둘째 형수 김성주가 키웠다. 어린 계용은

6~7세 어린 나이부터 어머니의 손을 잡고 예배당에 다녔다. 친구를 인도하면 상을 받으니 서당 친구들을 인도했다. 미국 선교사들의 영향으로 찬송가도 무곡이지만 가지고 있었다.

한 2년 후 신의주 제2교회가 이웃 동네에 방 한 칸을 세내서 개척교회를 시작할 때 그곳에 다녔다. "예수께서 오실 때에", "예수 사랑하심은"이 그때 부르던 찬송이었다.

그는 13세까지 서당에 다녔다. 계용은 서당에서 천자문, 계몽편(啓蒙篇), 명심보감, 소학, 대학, 맹자, 논어를 배웠다.

그는 신의주에서 좀 떨어진 석하의 고진공립보통학교에 다니고 싶었다. 학교를 보내달라고 떼를 썼다. 뜻밖에도 아버지가 학교에 보내주었다. 그런데 한문은 잘 알았으나 일본 말을 몰라서 공립학교에는 못 가고 사립학교 3학년에 들어가 4학년에 졸업했다.

그 후 고진공립보통학교에 편입생으로 시험을 보고 5학년으로 들어갔는데 그곳은 일류 고등학교였다. 과목도 새로운 것이었다. 교사진은 교장과 여선생 한 사람 외에 모두 한국 사람이었다. 그때 6학년이면 15세쯤인데 장가간 사람도 있었다.

그중에도 훌륭한 교사는 일본에 대한 감정을 표현하며 애국사상을 고취했다. 교회에서도 사상교육을 했다. 교회 교사들은 감옥살이 얘기며, 만주 벌판에서 독립운동한다는 얘기며, 일본사람들에 대한 노골적인 반감정을 말했다. 친한 친구끼리는 독립이 될까 의논도 하며, 일본인들에 대한 공포 속에서도 애국심이 있었고 나라 걱정을 했다.

그런데 개척교회 전도사들이 끌려가고, 신사참배를 강요당하고, 기독교가 탄압을 받았다. 부흥회는 면 주재소에서 허락해야 하는데 애국 목사들은 사상이 불순하다고 허가해 주지 않았다. 부흥회 기간에도 경찰이 지키고 있다가 조금만 이상하면 구둣발로 들어와 집회를 중단시켰다. 한 전도사는 신사참배를 반대하여 책상다리로 맞고 죽었다.

계용은 교사가 희망이었으므로 평양사범학교에 입학했다. 그 학교는 일본사람들과 함께 공부했고 좋은 학교였다.

당시 그 작은 마을은 모두 샤머니즘에 젖어 있었다. 그런데 그중 두 분이 예수를 믿었는데 계용의 모친과 외숙이었다. 외숙은 약 1킬로미터쯤 떨어진 마을에 살았는데 교회에 다녔다. 계용은 "우리 어머니가 예수를 믿은 것은 외숙의 영향을 받았다"라고 했다. 후에 외숙은 신사참배 반대로 옥고를 치렀다. 계용의 모친은 매일 새벽기도를 다녔다. "우리 어머니는 1장부터 2백 장까지 같은 곡조로 찬송을 부르셨어요. 이상한 것은 글씨도 모르면서 예수 믿고 성경 읽고 찬송도 읽는데 다른 책은 못 읽었어요." 그의 부친은 백석 소작인을 거느리는 작은 지주였는데 기독교는 서양 귀신이라고 싫어했다. 어머니와 계용은 교회를 다녀서 쫓겨나 친척 집에 가기도 했다.

당시 평양을 중심으로 1907년에 기독교 대부흥 운동이 전국으로 퍼졌으며, 한편 일제의 핍박이 있을 때도 맞서던 시대였다. 1910년 한일병합이 되고 1918년 조선 기독교를 창설, 일본 정권에 아부하는 어용 기독교 단체가 나왔다.

1919년 3·1 독립운동이 기독교를 중심으로 일어났다. 우리나라에 일본 신사가 들어온 해는 1918년이고, 1930년대에 일본이 만주를 침략했다. 1935년 11월부터 기독교 말살 정책으로 신사참배를 강요했다. 드디어 1938년 2월에는 신사참배를 각 교회에 강요하면서 일본 정부가 각 교회에 실천 방침을 하달했다.

1941년 12월 8일 미일전쟁과 함께 일본 세력에 아부하는 기독교 어용 단체들이 나왔고, 기독교 핍박과 교단 해체를 강요받았다.

사범학교는 무척 대우가 좋았으므로 그는 공부를 잘 마쳤다. 그 때 대동아전쟁으로 매사에 일본 정신으로 무장시켰다. 그는 책 읽기를 좋아해서 20대까지 한국 역사, 문학 소설을 거의 읽다시피 했고, 《상록수》, 《흙》, 《무정》 등의 문학과 교육 교수법 또는 일본 소설도 읽었다.

그런데 어느 날 순사가 와서 하숙방을 뒤졌다. 오산학교 학생 사건으로 사상을 검사했다. "민족과 핏줄은 못 속인다"라는 낙서가 문제가 되어 사상 불온으로 동향 선교리 경찰서에 이틀간 유치장 생활을 했다. 졸업을 앞두고 그는 교생 실습 성적과 학교 성적이 좋아서 한국인 수학 선생이 많은 힘을 써서 졸업했다. 그는 평생을 교육자로서의 바르고 곧은 길을 걸으며 시대의 깨끗한 주인공들을 길러내려고 결심했다. 당시는 일제 강점기였으므로 교육자의 역할이 컸다.

드디어 19세에 평북 강계, 회룡 초등학교 교사로 발령받았다. 그 해부터 맑은 눈망울의 아이들에게 덧셈을 가르치고, 자연의 법칙을 가르치고, 꽃과 나무의 신비를 가르쳤다. 그러나 무엇보다도 진실하고 성실한 나라의 일꾼이 되라고 가르쳤다. 곧고 바른 시대적 주인공이 되라고 울부짖었다. 어리지만 애국심을 가르치고 나라 사랑을 일깨웠다. 25세 때는 강계읍에서 10여 리 떨어진 곳에 7학급짜리 학교에 교장 전보 발령이 났으나 사양했다. 회룡초등학교에 할 일이 많았기 때문이었다.

8·15 해방이 되었다. 뛸 듯한 기쁨에 교감으로 승진까지 해서 더욱 열심히 가르쳤다. 학교 발전을 의논하며 한국말을 가르치고 동요도 교실이 떠나라고 불렀다. 조선말을 만들어 철판으로 긁고 손수 등사해서 교과서도 만들었다. 그 열심, 그 감격, 그 기쁨은 교사들의 뿌듯함이었다.

먼 친척이 중매를 했는데, 이진숙은 20세로서 믿음의 가정에서 자랐으며 용모 단정했다. 성경학교를 졸업했고 좋은 집안이었다. 사람들은 청년 집사로 교회 일에 열심인 신랑 김계용과 신앙 좋고 흠잡을 데 없는 이진숙은 천생연분이라 했다. 누구보다도 양가 부모들이 만족했고 서둘러서 결혼이 성립되어 결혼식을 올리게 되었다. 신의주 마천교회 계효원 목사의 주례로 결혼식을 했다. 둘은 행복하게 신혼살림을 시작했다.

천사 같은 아이들에게 내 나라말로 목청 돋우어 동요를 가르치던 어느 날 공산주의가 나타났다. 유물사관, 자본론 등을 들으며 소련사람들을 대하니 모두 도둑 같고 부당한 일이 많아 예수 믿는 양심으로는 견딜 수 없어 등을 돌리게 되었다. 그리하여 학교 안에서는 예수 믿는다는 이유로 미움을 받았고, 교감에서 교사로 강등되었다.

당시 북한에는 노동당, 신민당(기독교), 청무당(천도교)이 있었다. 김계용은 신민당 선전부장이었다. 공산당 세력은 강해졌고, 기독교인은 남한을 그리워했다. 김계용 가족도 신의주, 강계, 평양 등지로 돌아다녔고, 생활도 갈수록 어려워 콩깻묵을 먹었으며, 소나무 껍질을 벗겨서 만든 송구떡도 먹었다. 그러나 신앙은 강해서 교회 일을 하며 목사님을 도와 전도사의 일을 했다. 담임이신 장로회신학교 1938년 31회로 졸업한 이학인 목사가 평양신학교에 가라고 권했다. 26세의 김계용은 대답하지 않았다.

종교탄압이 심해졌다. 지주들은 쫓겨났고, 백성들은 배급이 모자라서 식량난이 심했다. 그때 농민동맹, 여성동맹, 청년동맹이 생겼으며, 기독교에서는 강양욱 목사가 기독교도 연맹을 조직했다. 신앙을 지키려는 교역자가 붙들려가면 행방불명되었다. 목사나 신자들을 연행하는 방법은 이랬다. 당원들이 찾아와 반장 집이 어디냐, 통장

집이 어디냐 물으면 안내하러 나갔고, 그것이 끝이었다.

점점 신변 위험을 느끼던 김계용은 철산으로 피신했다가 서울로 가려고 배를 기다렸다. 빨리 이곳을 빠져나가 이남에 갔다가 안정되면 오려고 했다. 굴에 숨어서 배가 들어오기만 기다리는데 배가 고팠다. 그는 어두운데 기어나가 굴 밖에서 물을 찾느라고 이리저리 망을 보다가 그만 붙잡혔다. 경찰에 붙들린 김계용은 수감되었다. 죄목은 이남으로 도망가려 했으며 반동죄가 덧붙여졌다. 죄인으로 신의주형무소에서 옥고를 치렀다.

형무소에서 김계용의 인생관이 바뀌었다. 주의 종이 되라던 이학인 목사의 권면이 가슴에 와 닿았다. 드디어 감방 안에서 그는 하나님께 약속했다. "너는 내 것"이라는 주의 음성을 똑똑히 들었다. 그곳에서 "내 주여 뜻대로 행하시옵소서" 찬송을 부르며 밤을 새워 살든지 죽든지 주의 뜻대로 살겠다는 헌신의 기도를 했다.

그때가 26세로 그는 안수 집사였다. 교역자들에 대한 박해가 극에 달해 생명의 위협을 느끼는 시기에 헌신을 다짐하며 주의 종으로 헌신했다. 이제부터 그에겐 하나님의 음성만이 있을 뿐이었다. 주께서 오라 하시면 오고, 가라 하시면 가고, 죽으라 하시면 죽을 일편단심이었다.

옥중생활 4개월 만에 출옥했다. 하나님께서 쓰시겠다 하셨다. 아니, 밤마다 형무소의 담장을 두 손으로 어루만지며 남편의 출옥을 기도하던 부인 이진숙의 애절한 기도가 있었으니, 이진숙은 남편의 출옥을 위해 밤마다 형무소 밖에서 기도했다.

그는 자유의 몸이 되어 사랑하는 부인의 곁으로 왔다. 그때 출옥의 기적이 부인의 애끓는 기도의 응답이었음을 안 김계용은 뜨거운 사랑을 체험했다. 그는 신의주 마전교회에서 전도사가 되었다. 그러나 그 당시 교역자에게는 위험이 따랐으며 생활도 무척 어려웠다. 어느 분과 인연이 되어 신의주 제2교회 전도사로 부임하여 1년 8개월간 있었다. 신학 공부도 하지 않았는데 당시 큰 교회 전도사였으니 그의 성실함과 교육적 자질을 인정받았던 것이다.

6·25 전쟁이 터졌다. 많은 교역자가 남한으로 피난 가는데 그도 남으로 가려 했다. 그러나 사랑하는 아내와 어린 3남매가 있었다. 이때 둘째 형 김계범은 서울로 피난을 떠났으며, 신의주 사태가 급변한 줄 알고 안내원과 차를 보내 동생 가족을 포함하여 온 가족을 피난시키려 했다. 그러나 완고한 집안의 어른들은 고향을 떠나지 않겠다 했다. 결국 어머니의 고집으로 피난은 어렵게 되었다.

월남하지 못한 김계용은 인민군의 징병으로 끌려가 신의주 한 초등학교에 집합했다. 이때 멀리 운동장 철조망 너머로 사랑하는 아내가 눈물 흘리는 모습을 지켜본 김계용은 도살장으로 끌려가는 소처럼 자꾸만 뒤를 돌아보았고, 남편의 그런 뒷모습을 그저 바라볼 수밖에 없었던 부인의 심정, 피가 거꾸로 흐르는 이 아픈 모습이 바로 김계용 부부의 마지막 모습이었다.

강제 징병된 군인들은 모두 개성으로 가서 훈련을 받았다. 김계용은 훈련 도중 한밤에 탈출에 성공, 산 밑 교회 종탑을 보고 산으로 도망해서 교회에 닿았다. 그 교회의 지하실에는 담임목사가 숨어 있었다. 김계용은 그곳에 함께 숨어 지내다가 국군이 개성을 탈환했을 때 그 담임목사의 소개로 서울 영락교회 한경직 목사에게 연락되어, 한경직 목사가 보낸 헌병 트럭으로 서울 한경직 목사의 사택으로 갔다.

이것이 한경직 목사와의 첫 만남이었다. 한경직 목사 사택에서 인절미를 먹었는데 그동안 잘 먹지 못해 얼마나 배가 고팠던지 그때처럼 인절미가 맛있었던 적이 없었다. 한경직 목사의 안내로 충무로교회의 담임 이학인 목사를 만난 김계용은 극적으로 해방촌에 사는 둘째 형 김계범을 만났다.

그 후 전쟁고아들의 유일한 휴식처인 유엔고아원이 종로초등학교에 생겼다. 이 고아원은 유엔의 도움으로 시청에서 직접 운영하는 고아원으로, 당시엔 박학전 목사의 부인이 시청 사회부 책임자로 있었고, 숭의학교 교목인 박윤삼 목사가 교육을 전공한 사람으로 김계용을 추천하여 남자 보모로서 고아들의 어머니가 되었다. 무엇보다 배가 고파서 쭈그리고 앉아 먹을 것을 기다리는 어린 것들을 끌어안고 전쟁의 한스러움을 눈물로 달랬다.

8백 명이 넘는 많은 고아를 안전한 곳으로 데리고 갈 일이 고민이었다. 당시 이기붕이 서울시장이었는데 김 전도사는 시청 사회부 계장으로 이름이 올라 있었다. 그때 브라이스 텔 군목과 히스 대령이 맥아더 사령관의 승낙으로 수송기 5대로 제주도까지 아이들을 이동시켰는데 그때 하나님의 은혜가 감격스럽고 한없이 기뻤다. 제주도로 간 후에는 소년 마을을 건설했다.

하나님께 약속한 대로 장로회신학교에 입학했다. 공부하는 3년을 그 애절함과 피 끓는 아픔을 부여안고 더욱 주께 헌신을 다짐했으니, 그 아픔만큼의 충성이고 그리움만큼 큰 그릇으로 성장할 수 있기를 기원했다. 1953년 제47회로 장로회신학교를 졸업했다. 그리고 안수받기 전에 경북대학교 문리대 사학과 3년에 편입학하여 2년 후 졸업했다.

그가 처음 목회한 곳은 대구중앙교회였다. 그 교회에는 김지석 목사가 목회자였다. 그의 첫 부임지 대구중앙교회 시절을 그와 가까운 사람이면 다 아는 사실이다. 그는 그곳에서 8년 가까운 세월을 어린 주일 학생부터 청장년, 노인에 이르기까지 한 사람 한 사람 아끼고 사랑하고 이름 불러 기도하며 매사에 하나님 중심, 교회 중심, 신자 중심의 목회로 일관했다.

당시 대구중앙교회는 김지석(독신으로 평생을 살다가 1988년 미국 조카 집에서 하나님의 부르심을 받음) 목사가 담임했고, 김계용은 전도사였다. 그 후 목사 안수를 받고 대구중앙교회 당회장으로 부임 시 김지석 목사는 개척교회인 서울 영암교회로 간 때였다. 김지석 목사는 1947년 장로회신학교 제40회 졸업생이었다.

그때 교세는 300여 명의 교회로 모범적인 제단이었다. 그 후 젊은 목사가 부임하여 더욱 부흥했는데 김계용 목사가 서울 무학교회로 떠날 때 김지석 목사가 대구중앙교회로 다시 부임했으니 대구중앙교회는 훌륭한 교회였고, 또 김지석 목사도 그만큼 다시 돌아올 수 있게 되었으니 좋은 목사였다. 그 후에도 브라질과 미국 등지에서 김지석 목사는 김계용 목사를 돕고 사랑했다. 김지석 목사는 진실한 목회자였으며, 사심과 욕심 없이 독신으로 일생을 살았다.

김계용 목사는 생사의 피난길에서 생명을 지켜주신 하나님께 감격하며 충성했다. 그러기에 경험도 없이 1954년 경북노회에서 안수 받은 후 첫 목회에서 해가 지날수록 교회는 부흥하고 교인들은 축복 속에서 신앙생활을 했다.

김계용 목사는 1960년 12월 8일 서울 무학교회에 부임했다. 그 당시 교회는 박태선의 은사집회 후유증으로 분열이 있었다. 김계용 목사는 성경에 바탕을 둔 신앙으로 교인을 양육하며 교회의 부흥을 기했다. 그의 교육적 자질은 교회의 문제마다 성경에서 배운 것만큼 교인 스스로가 해결하기에 이르렀고, 신앙 있는 교회로 변모했다. 교회의 상처를 따뜻하게 치유하여 하나로 만들었고, 교회는 예배하는 공동체로서 선교, 봉사, 교육, 친교의 사역을 바르게 감당하도록 제도적 발전을 이끌었다.

1961년 이른 봄, 가까운 성냥 공장에서 화재가 발생했다. 이때 주민들의 험구가 쏟아졌다. "저놈의 교회, 매일 싸움질만 하더니 불이 잘 붙었다. 싹 쓸어버리지 않고!" 김계용 목사는 그 주일에 "이미 불이 붙었더라면"이라는 제목으로 설교했다. "성도 여러분! 교인들의 심령에 성령의 불이 붙지 않아서 서로 싸우고 분열했습니다. 지금부터는 성령의 불이 붙도록 기도합시다." 이 설교는 성도들의 마음을 움직였고, 그 화재와 설교를 기점으로 무학교회는 진실로 성령의 불이 붙었다.

김계용 목사 부임 초기 교세는 340명이었다. 김계용 목사의 헌신적인 목회로 온 교회가 성령으로 거듭나게 되었고, 회개운동이 일어났다. 그의 목회는 안정적이고 성경적이었다. 그래서 온 교회가 한마음 한뜻으로 믿음의 삶을 살았고, 또한 교회를 위하여 헌신하는 삶이 살아났다. 교회는 3년 만에 안정을 찾았다.

안식년에 유학하고 와서 1967년까지 목회했는데 1년에 350명이나 증가했다. 무학동에서 그렇게 부흥된 비결은 '겸손'이었다. 미국에서 공부한 후에도 자만하지 않고 늘 기도하며 열심히 목회에 임했으니 하나님께서 축복해 주셨다. 서울에 거주하는 조카 김인선이 무학교회 시무장로이며 부인 조혜순이 권사였다.

교회가 김계용 목사의 발전하는 목회를 지원하기 위하여 외국 유학을 허락했다. 그래서 김계용 목사는 미국 덴버의 침례교신학교에서 공부했다. 그런데 영어 실력이 부족해서 강의시간만 되면 말할 수 없는 고민이었다. 그래서 밤을 새워 공부해서 겨우 미국인 목사와 신학자들의 강의를 알아들었다. 그때부터 열심히 공부하므로 2년 5개월 만에 기독교교육 석사학위를 받았다. 그 사이에 이춘섭 목사가 목회를 담당했다. 1966년 5월 22일 김계용 목사의 귀국 환영 예배를 드렸다.

김계용 목사의 목회로 교세는 증가하여 1966년 유학하고 돌아온 후 1967년에 교세는 750여 명으로 증가했다. 제직회가 활성화되었다. 회칙이 작성되고 맡은 자리에서 활동하며 신앙으로 헌신했다.

통합과 합동의 문제가 제기되었을 때 중립을 지키다가 1962년 5월 15일 통합 측 경기노회에 가입했고, 7월 8일에는 모든 교회 재산을 노회 유지재단에 가입시켜 공교회로서의 성격을 갖추었다.

미국 유학을 마친 후 김계용 목사는 총회 선교부에서 일하면서 목회를 겸임했다. 교회에서는 김계용 목사가 교회만 목회할 것을 기대했으나 해외 선교에 큰 뜻을 품고 있었다. 그는 1965년 말 이미 자신의 선교계획을 당회에 밝히고 후임을 택하도록 했다.

"브라질에 갈 생각은 없었습니다. 기도해 보니 해외에서 외로운 교포들에게 복음을 전하라고 하시므로 하나님의 뜻에 순종했습니다." 언젠가 브라질 선교사로 가게 된 사유를 밝힌 김계용은 결국 모든 것을 다 내려놓고 1967년 교역자도 없이 예배를 드리고 있다는 브라질로 향했다.

1967년 5월 2일 김계용 목사는 총회 선교위원회의 파송으로 브라질 선교사로 떠났다. 그는 브라질 선교의 선구자가 되었다. 그는 정착된 교회에 매이지 않고 나그네의 길을 떠나는 초탈한 기질이었다.

당시 총회 전도부 국제선교위원장이 한경직 목사였으며, 10여 명의 선교위원은 한결같이 이민목회의 어려움을 감안하여 김계용 목사를 선교사로 파송하기로 결의했다. 그때 브라질 상파울루연합교회는 해외 교회로는 제일 큰 교회이며, 정부에서는 남미 이민을 활성화했다.

그러나 그때의 브라질 이민교회는 사정이 어려웠다. 김계용 목사는 그 후 친구에게 40년 목회 중 가장 고통스럽고 힘들었던 때가 브라질이었다고 털어놓았다. 그때는 오장육부를 빼놓고 살았으며, 몇 년 후 그곳을 떠난 후 다시 집어넣고 살았다고 토로했었다. 그는 "이민목회는 그저 사랑이야. 저마다 사랑해 달라는 거야. 고국 떠나 누구나 사랑이 그립거든"이라고 말했다.

그 당시 브라질에 있던 2, 3천 명의 교포들은 안정되지 못했으며, 얼마 안 되는 교포들이 신파, 구파로 갈려서 서로 상종도 안 할 듯이 미워하고 헐뜯었다. 그러므로 그들이 곧 교인이기 때문에 60, 70명 정도 모여 예배를 드릴 때부터 갈등과 분쟁이 계속되었다. 즉 대사관 직원과 정부 관계자, 그리고 이민 햇수가 오래된 측의 구파와 교민회와 이민 온 지 오래되지 않은 신파의 분열이었다.

교회 안에서도 신파, 구파로 인해서 목사는 힘들었다. 중립을 지키고 가만히 있어도 양쪽에서 목사가 신파니 구파니, 심방을 다녀도 구파만 간다느니 신파만 다녔다느니 괴롭게 했다. 교인이 많아져도 갈수록 싸움은 격렬해서 제직회 한 번 제대로 할 수가 없었다.

김계용 목사는 누구나 포용하고 사랑하며 말씀으로 갈고닦아 끝내는 승리했다. 우물쭈물하는 것 같으나 끝나고 보면 그게 답이고 해결이었다. 그는 외유내강했다. 그러기에 신파, 구파 속에서도 오로지 방주만을 만들던 노아처럼 그는 오직 성전 건축에 전념했다. 그는 묵묵히 흙먼지를 뒤집어쓰고 손수 시멘트로 벽을 바르며 성전공사에 전념했다고 당시의 교인들은 전했다.

그는 나성영락교회를 목회하던 때 즉 57~58세까지 다시 늙은 학생의 신분으로 풀러 신학교도 몇 학기 동안 다니고, 1977년에는 샌프란시스코 장로교신학교에서 목회학 박사과정을 수료했다. 거기서는 조직신학, 카운슬링, 성경을 공부했다.

그는 언제나 현대 신학의 동향을 알고 교인을 발전시키고 향상시켜야 한다는 신념으로 공부함으로써 늘 양 떼들을 좋은 꼴로 키우려고 애썼다. 이러한 최선의 노력이 인정받아 1977년 미국 벨링톤 대학에서 명예 신학박사 학위를 받았다.

이제 그는 떠났다. 그리고 브라질연합교회는 그의 어진 마음과 인내심으로 우뚝 세워졌다. 그가 이룩한 높다란 성전 안에 그 당시(1967~1972)에도 5백여 명의 성도가 헌당예배를 드렸거니와 지금은 더욱 들어차 더 큰 목소리로 찬양하며 브라질에서, 아니 남미 전체에서 가장 오래되고 강하게 버티고 성장해 온 교회의 자부심과 긍지를 갖고 상파울루 한복판에 서 있다.

지금도 브라질 교포들은 모이면 말한다. 그는 신자, 비신자, 관공서 직원부터 노인, 청년까지, 그리고 사업, 가정문제, 교육문제까지 아버지처럼 믿고 의지하고 의논하고 상담하던 브라질 이민사에서 빼놓을 수 없는 존경받은 어른이었다.

### 산돌회

"우리는 이 교훈을 1952년 후 지금까지 성실히 지키고 있습니다. 그리하여 우리의 작은 도움으로 학사, 석사, 박사, 그리고 교수가 되신 이들, 한평생 전도사로, 목사로 종신하는 이들도 있습니다. 눈물겹도록 감격스럽고 고마운 일입니다. 자랑스러운 일이지만 묵묵히 우리만 알고 있는 일들입니다."

주 안에 있을 때 '산 돌'(벧전 2:4-5)이 되어 개인과 단체와 사회를 살릴 수 있다는 취지에서 1952년 10월 9일에 설립된 모임이 '산돌회'였다. 말 그대로 산돌회는 그동안 남모르게 십 전, 이십 전 모으고 모아 학비를, 굶주린 신학도에게 식비를, 환자에게 치료비를 은밀히 전달했다. 그리하여 교계의 지도자를 길러냈으며, 실의에 빠진 사람에게 새 힘을 안겨 주었던 산돌회의 업적은 사람들은 알지 못하나 하늘나라에는 수고의 낟알이 쌓였으리라.

한국인은 둘셋만 모여도 교회를 세우고 철야 기도하는 특별한 민족이다. 그러기에 이 민족을 들어 마지막 시대에 세계 선교적 사명을 주셨고, 영적 이스라엘 민족으로 선택하셨다. 미국에만도 작고 큰 2천여 개 한국인 교회들이 백만 교민들의 영혼을 위해 십자가를 반짝이고 있다.

그중에서도 나성영락교회는 1973년 어른과 아이 합쳐 39명이 모여 시작되어, 1974년 3월 김계용 목사를 당회장으로 모셔 양적, 질적 성장을 가져왔고, 이제는 6천 명의 성도와 성전을 비롯하여 교육관, 선교관, 로즈힐에 장미동산까지 미주 최고의 교회로 발돋움했다. 그리고 오렌지카운티영락교회를 세우며 분열과 내분 없이 잘 다져지고 이어지고 성장된 이민 역사의 대표적 교회로 성장했다.

김계용 목사는 광야 길을 걸으며 죽음의 순간까지 고독한 길을 걷는 순례자였다. 선한 목자는 한 벌 옷을 찢기며 피투성이가 되어도 양 떼들을 지키며 살려내야만 했다. 김 목사의 생애는 영혼애(靈魂愛)의 불타는 가슴과 복음의 열정이었다. 슬플 때 함께 울고, 기쁠 때 함께 웃고, 어려울 때 함께 기도하며, 힘들 때 함께 고난받던 진정한 목자요, 스승이었다. "너희는 나와 한시도 깨어 있을 수 없더냐?" 하시던 예수의 음성은 진정으로 사역의 동반자를 찾음이 아니던가?

교역자는 매사에 신뢰받을 만한 권위가 있어야 하며, 양심에 가책받을 일이 없어야 한다. 그리고 그는 그렇게 살았다. 엄한 스승 같으나 그에겐 언제나 너그러움이 있기에 세상사에 시달리고 사랑에 굶주린 사람들은 그의 곁에 있기를 원했다. 대구중앙교회에서 그랬고, 서울 무학교회 신도들도 붙잡고 울었으며, 브라질 연합교회에서는 떠난 지 2년 후까지도 당회장직이 그대로 있었다. 나성영락교회 역시 부임하기 전 잠시 들렀을 때 못 올까 해서 여권을 빼앗아 감추었다.

김계용 목사, 그는 철저한 반공주의, 실력주의, 평화주의, 그리고 복음주의자였다. 은퇴 후 그는 남미 선교와 중국을 비롯한 공산권 선교에 최후의 인생을 바칠 선교적 설계를 세웠다. 공산권 선교의 궁극적인 목표는 그곳 교포들을 통하여 북한까지 한 채널로 연결되어 복음이 북한으로 들어가는 꿈이었다.

그는 전국에서 부흥회로 영적 대각성에 앞장섰으며, 이 말세에 시급한 영혼 구원의 불타는 마음으로 복음을 증거했다. 김계용 목사는 교포들의 영혼 구원을 위해 세워진 모든 교회가 귀하고 소중하다고 여겼기 때문에 부흥회 인도로 강단에 설 때마다 어떤 곳이든 스스로 은혜받곤 했다.

사랑의 쌀 나누기 운동 미주 총 책임자로서 이웃의 어려움을 돕는 것은 물론, 북한 굶주린 동포들에게까지 사랑을 퍼주고 싶은 것이 그의 마음이었다. 분명 그의 진실한 마음과 사랑이 북한에 전달되리라 믿었다.

기독교 백주년 기념행사 실행위원장의 총책을 맡아 미국인 수정교회(로버트 슐러 목사)에서 기념 예배가 있기까지 3년 동안 뛰면서 준비하며 땀 흘려 노력한 모습을 잊을 수 없다.

시카고에서 개최했던 '88세계 선교대회'에서 눈부신 활약과 한국기독교 총연합회 주최 6·25 전쟁 기념 예배 설교를 비롯하여 부활절 연합예배 등 각 연합 행사의 주 강사와 설교자로, LA 기독실업인회, 각 단체의 기도회 인도와 세미나 특강, 그 외에도 LA와 한국에서의 작고 큰 모임과 집회를 통하여 크리스천의 신앙과 사회와 타운 번영 발전에 항상 최선을 다했다. 그리하여 LA시에서 받은 상패를 비롯하여 각계에서 감사패, 공로패 등을 많이 받았다.

"늙어도 결실하며"라는 성경 말씀처럼 은퇴 후 고령에도 한국 장로회신학대학 특강을 맡아 "선교와 실천목회"를 한 학기 동안 강의하는 등 그의 교육적 사명은 더해갔다. 그는 노회에서 공로목사로 추대되었다. 미주 한인장로회에는 현재까지 공로목사가 3인이 있는데 최창덕 목사, 김광훈 목사, 그리고 김계용 목사였다.

후임으로는 사랑하고 아끼던 후배 박희민 목사를 적극적으로 추천하여 당회장을 맡겼다. 이로써 나성영락교회는 이민교회 역사상 가장 평화롭고 무리 없이 전후임이 교체된 좋은 본보기가 되었다.

북한 가족을 만나러 떠날 무렵에는 마치 소풍 가는 전날 밤의 아이처럼 기쁨을 가라앉히지 못하고, 아들의 편지를 본 후부터는 "그게 벌써 40살이 넘었다니…"라고 혼잣말로 중얼거리며 자주 고향 얘기를 했다. 그리고 북한에 가면 40년의 긴 이별을 사과하고 할 수만 있다면 아내를 미국으로 데려와 남은 세월을 함께 보내고 싶어 했다.

김계용 목사는 1990년 8월 21일 하오 1시 JAL 편으로 로스앤젤레스를 떠나 평양으로 향했다. 평양공항에 도착했을 때 그를 기다리는 사람은 아무도 없었다. 그래서 그는 평양의 한 호텔에 유숙했다. 그리고 주일이 되어 봉수교회에 나갔다. 아무도 그를 기다리지 않았다. 그런데 교회 책임자가 예배 기도를 부탁했다. 의외였다. 어떻게 김계용 목사에게 이런 부탁을 할 수 있는가?

분단으로 40년간 헤어져 있었던 아내와 자녀를 만나고자 북한을 방문한 김계용 목사는 지난 25일 평양에 도착, 고려호텔에 유숙했다. 다음날 26일(주일) 김계용 목사는 주일예배에 참석하기 위해 오전 10시 평양 봉수교회를 방문했다.

때마침 봉수교회에는 북한 기독교 지도자들과 홍동근 목사, 범민족대회 미주 대표단이 참석해 송별예배를 드렸다. 예배당에 들어서자 그들은 일제히 김계용 목사를 환영했고, 예배 사회자는 김계용 목사에게 기도를 부탁했다. 순서에 없던 기도 부탁을 받은 김계용 목사는 한순간 당혹한 표정을 지었다.

김계용 목사는 "빨리 남북이 통일을 이루어 합당한 제단을 쌓을 수 있도록 해달라"고 기도의 문을 연 후 남과 북을 에서와 야곱에 비유, 20년간 미워했던 그들이 얍복 강에서 울며 서로 부둥켜안고 입을 맞춘 구약 창세기 32장, 33장의 기사를 인용해 하나님께서 에서와 야곱 형제가 하나로 화해한 것처럼 십자가 밑에서 남과 북이 하나 됨을 우리 민족에게 보여주사 통일되게 해달라는 애절한 기도를 했다.

예배 후 교회당 앞에서 북한 기독교 지도자와 미주 교포단과 함께 기념촬영을 하고 호텔로 돌아와 하루를 휴식한 후 28일 고향인 의주군 고진면으로 떠났다.

김계용 목사는 도쿄와 북경을 거쳐서 26일께 고향인 신의주에 도착했다. 사랑하는 부인과 자녀들을 만나기 위해 40년간 꿈에도 그리던 고향 땅을 밟았다. 그러나 9월 15일에 돌아올 예정을 뒤엎고, 북한은 LA 거주 조국 통일 북미주협회의 홍동근 목사를 통해 다음과 같은 기록을 남겼다.

"재미교포 김계용 목사는 평안북도 구성시 자홍 1동 94반에 사는 부인 이진숙, 아들 김광훈의 집을 방문하고 부인과 아들을 동행하여 9월 1일 고향 신의주 남구역 와이동에 사는 형수의 집과 부모 묘지를 돌아보고 당일 16시 30분 심장마비로 사망했음을 알림.

부인과 자식들의 요구로 유해를 고향 부모 묘지 옆에 안치함. 해당 부문에 알려주기 바람. 동포 원호위."

당시 친북한계 1급 목사인 홍동근 목사는 이 같은 지령을 받았다는 것이었다. 홍동근 목사는 "김계용 목사가 순안비행장에 내렸을 때 혼자 온 것은 사실이었다. 마중 나온 사람이 없어 혼자서 오랫동안 공항에 머물렀다. 그때 해외동포 원호위원회에서 안내자를 보내지 않은 이유는 나도 잘 모른다"라고 말했다.

미주 LA판 한국일보와 중앙일보 등 일간지의 TOP 기사와 KTE TV와 KMBC TV, 라디오 코리아 등 뉴스와 각 주간지 종교신문 등을 통해 알려진 김계용 목사의 급서(急逝) 소식이 미주 전역에 전해지자 밤새도록 신문사와 방송국엔 문의 전화와 확인 전화가 빗발쳤고, 삽시간에 유족과 나성영락교회 교인들, LA 아니 전 미주 교포들은 울음을 터뜨렸다. 도저히 믿을 수 없는 의혹은 시간이 흐를수록 그 폭을 더했고, 하루아침에 LA 교계의 정신적 지주요 살아 있는 성자라 불리던 목자를 잃은 슬픔은 신자뿐 아니라 비신자에게도 충격을 안겼다.

나성영락교회 대책위원회는 북한 측에 사망 경위 공식해명을 요청하는 공식 서한을 보냈으며, 이를 위해 교포들의 지지 서명운동을 벌였다.

1. 경위에 대한 진단서, 장례식 사진 등 자료제공
2. 문상과 사인 규명차 파견하는 유가족 대표 이일숙과 교회 대표 송광율 목사의 비자 발급
3. 김계용 목사의 시신을 LA로 인도
4. 김계용 목사가 소지했던 비디오카메라와 사진기, 유품반환 등의 4개 협조 사항이었다.

이러한 요청을 방북 중인 나성영락교회 장로인 정상호 부부에게 체류를 연장해서 그들을 통해 보내줄 것을 요구했으며, 이에 19일 정상호 장로 부부는 김계용 목사가 가족과 함께 찍은 사진과 장례식 광경, 그리고 사망 진단서를 가지고 왔다. 그 후 영락교회 당회는 사망원인의 의혹이 있는 것은 사실이나 일단 사망은 기정사실로 인정하고 준비 위원회를 구성, 추모 예식을 거행하기로 하였다.

사망진단서의 사인은 "급성 심장기능부전의 원인으로 정신적 흥분, 전신 피로감이 있었음"으로 기록되었으며, 정상호 장로는 김계용 목사 부인 이진숙과 가진 면담을 통해 임종의 순간을 전했다.

"부모 산소에 성묘를 다녀온 후 가슴이 답답하다고 하며 등을 두들겨 달라고 해서 두드려 드렸는데 점점 몸에서 기운이 빠져서 뉘어 놓고 만져보니 수족이 식고 맥박이 뛰지 않았다. 순간 눈을 반쯤 감은 상태로 숨을 거두었다"라고 했다. 임종의 자리에는 부인 이진숙과 2남 김광훈, 그리고 조카 김일영과 형수가 지켜보았다. 한편, 부인 이진숙은 남편에게 선물 받은 좋은 시계도 있었으나 유품으로 김계용 목사가 생존 시 차고 있던 시계를 차고 있다고 했으며, 40년 만에 만난 남편이 세상을 뜬 집에 있고 싶지 않아 동생이 있는 평양에 머물고 있었다.

1990년 9월 27일 오후 6시 30분 김계용 목사 추도 예식이 3천여 명의 성도와 교역자, 그리고 사회 인사들이 모여서 범교포적으로 그의 생전의 모습을 회상하며 애도 속에 진행되었다. 서울 무학교회를 비롯하여 대구중앙교회, 뉴욕, 시카고, 산호세에서도 추모 예식이 있었다.

〈영락뉴스〉 1990년 9월호에 실린 표지 제목에는 "순례의 길 끝내고 선한 목자 본향으로 돌아가시다"라고 하여 통일 8호를 거의 김계용 목사의 소천 소식과 각계의 반응과 추모식 소식으로 꾸며졌으며, 〈한 마음)지 역시 34호 9월호는 김계용 목사의 추모 특집으로 꾸며졌다.

추모식이 다 끝나고 갑자기 꾸며졌던 김계용 목사 추모 기도실이 철거되고 각 언론의 떠들썩한 보도가 조용해지기 시작했는데도 나성영락교회 교인은 물론 LA와 미주 전역과 한국, 심지어는 남미 브라질까지 김계용 목사를 존경하고 사모하던 사람들은 그 슬픔과 비통함의 눈물을 닦을 줄 몰랐다.

전보 쪽지 한 장 놓고 추모예배를 볼 수 없다고 우겨대던 유족들은 아예 몸져누웠으며, 가까운 김계용 목사의 친구들은 믿기지 않는다며 나성의 큰 별 하나가 떨어졌다고 못내 아쉬워했다. 부인이 재혼했고 갑작스러운 김계용 목사의 출현에 부인은 죄책감을 느껴 자살했고 김계용 목사도 충격을 받아 숨졌다는 등, 평상시 김계용 목사는 건강했고 그의 성격상 충격받을 사람이 아니며 독극물에 의한 타살이라는 소문, 갖가지 뜬소문이 떠도는 가운데 북한 당국은 북한 중앙통신을 통해 김계용 목사의 사망 전말에 대해 6페이지에 달하는 긴 보고서를 발표했으며, 나성영락교회 측에 개별 연락도 해왔었다.

김계용 목사는 하나님의 각별하신 섭리 속에서 주의 종으로서 사역을 잘 이루었으며, 이제 인생 말년에 사랑하는 가족과 꿈에도 그리던 부인을 만나고 고향 땅에 묻힌 행복한 죽음의 길을 가신 이라고, 축복된 죽음으로 받아들이는 사람들도 있었다.

그의 죽음은 조국의 분단 비극을 풀어가는 귀한 희생이며, 복음을 위해 하나님이 허락하신 귀한 한 알의 밀알로 북녘땅 한복판에 떨어져 썩은 순교자로서 북한의 복음화를 위한 순교라 하겠다. 그러나 역사는 말없이 흐르고 오랜 침묵과 인내로 기나긴 역사를 전송해야만 역사가 보여주는 참 진실을 알게 될 것이라 믿는다고 사람들은 입을 모았다.

〈박희민 목사의 추모시〉

하늘을 떠받친 거목으로
가뭄더위 눈 비바람 막아주시고
방황하며 허덕이는 거친 광야길
나그네들 그 그늘에 쉬임 얻었네

어둠 속에 길잃고 헤매는 양들
푸른 초장 시냇가로 인도하시고
살찐 꼴로 넉넉하게 먹여주시고
참사랑과 진-리로 길러주셨네

슬퍼하며 눈물질 때 위로하시고
근심하며 낙심될 때 새 힘 주셨네
사십여 년 헤어졌던 만남의 그 길
가까워도 소식 없는 멀고도 먼 길

선한 싸움 달려갈 길 모두 마치고
귀한 믿음 지켰으니 면류관 쓰리
할렐루야 할렐루야 주님께 찬양
승리하신 주님의 종 본받아 살리

박희민 목사는 마침 일정에 따라서 선교여행 도중이었을 때 김계용 목사의 비보 연락을 받았다. 그래서 급히 모든 일정을 중단하고 교회로 돌아오는 길에 비행기에서 그 슬픔과 비통함을 시로 표현했는데 백효죽(영락교회 성가대 지휘자)이 곡을 붙여 추모 예식에서 불렀다.

김계용 목사의 추모예배가 그해 10월 있었는데 그때 한경직 목사께서 김계용 목사의 삶과 죽음을 추모하면서 "김계용 목사는 설교로 말씀했고 이제는 죽음으로 말씀한다"라고 하면서 "아벨이 지금도 죽음으로 말하고 있는 것처럼 김계용 목사도 지금 죽음으로 말하고 있다"라고 하셨다.

김계용 목사의 유산문제를 담당해 온 나성 소재 법률사무소 측에 따르면 18년 동안 김계용 목사 가족을 수소문한 끝에 평북 청주에 살고 있다는 사실이 확인되어 유산 전달 절차를 진행 중이라고 했다. 미주 한인 교계에서 선구자적 역할을 했던 고 김계용 목사의 유산은 현금만 10만 4천 달러이며, 그의 몫으로 남아 있는 저택에 대해서는 아직 구체적인 언급이 없다.

김계용 목사는 순교자이다. 왜냐하면, 김계용 목사가 심장마비로 사망했다. 그가 그렇게 심장마비를 일으킬 강한 충격을 받았다는 뜻이다. 그 강한 충격이 어떤 것이었을까? 분명히 그가 사망할 만큼 강력한 충격이라면 신앙적 복음의 충격이었다고 상상할 수 있다. 그는 복음과 신앙적 문제를 갖고 충격을 받았다. 그러므로 분명히 순교였다. 순교자로서 사망했다고 믿는다. 이것이 김계용 목사의 사망 원인이었다.

그 충격을 준 사람이 누구였을까? 이것은 알 수 없다. 그러나 분명한 사실은 북한 고위 인사의 명령이었다. 김계용 목사는 그들의 제의를 복음으로 거부했다. 그러므로 순교했다.

## 이 사람을 아십니까? 4

1판 1쇄 인쇄 _ 2024년 3월 25일
1판 1쇄 발행 _ 2024년 3월 30일

**지은이** _ 이승하
**펴낸이** _ 이형규
**펴낸곳** _ 쿰란출판사

**주소** _ 서울특별시 종로구 이화장길 6
**편집부** _ 745-1007, 745-1301~2, 743-1300
**영업부** _ 747-1004, FAX 745-8490
**본사평생전화번호** _ 0502-756-1004
**홈페이지** _ http://www.qumran.co.kr
**E-mail** _ qrbooks@daum.net / qrbooks@gmail.com
**한글인터넷주소** _ 쿰란, 쿰란출판사
**페이스북** _ www.facebook.com/qumranpeople
**인스타그램** _ www.instagram.com/qrbooks
**등록** _ 제1-670호(1988.2.27)
**책임교열** _ 박은아 · 최진희

© 이승하 2024 ISBN 979-11-6143-932-7 93230

책값은 뒤표지에 있습니다.
이 출판물은 저작권법에 의해 보호를 받는 저작물이므로 무단 복제할 수 없습니다.
파본(破本)은 구입처에서 교환해 드립니다.